EBS육아대백과
소아과 편

기획 | EBS육아학교pin

육아 전문가들의 믿을 수 있는 정보와 최신 트렌드를 편리하게 제공하는 부모 교육 파트너입니다.
인터넷 라이브 방송을 통해 육아 정보를 얻고, EBS육아학교Pin 애플리케이션을 통해
국내 최고 육아 전문가와 언제 어디서든 직접 만날 수 있습니다.

이 책을 보는 법

아이가 아플 때, 놀다가 갑자기 사고를 당했을 때 EBS육아대백과-소아과 편을 펼치세요.
차례에서 아이에게 의심되는 증상을 찾아서 페이지로 이동하면 그 증상에 대한
간략한 정보와 함께 부모님들이 궁금해하는 질문과 그 답을 바로 찾아볼 수 있습니다.
예를 들어 아이가 감기에 걸린 지 오래되었는데 낫지 않아 걱정이라면
6부 소아 질병의 2장 호흡기 질환 중 감기 쪽을 펼쳐 보세요.
아이의 증상에 맞는 Q&A를 찾아 읽어 본 뒤 대처하면 됩니다.

＊이 책에 표기된 월령은 생후 개월 수이며 나이는 특별한 언급이 없는 한 만 나이입니다.

EBS육아대백과

소아과 편

이창연 강일송 박양동 정유주 안병환 전은영 이지웅 황진복 유호연 정재열
이재은 박귀옥 이정무 경예찬 지음

7만 EBS육아학교 엄마들이 선택한 질문과 답변
가장 궁금한 1004개 질문만 콕! 초보맘의 고민을 해결해드립니다

 북폴리오

추천의 글

아이를 키우는 데 있어
괜찮은 선배 부모가 되고자 합니다

세상 어떤 부모도 아이가 태어난 순간만큼은 평생 잊을 수 없을 겁니다. 뭐라 표현할 수 없는 뭉클한 감정이 심장을 거쳐 눈물샘을 자극합니다. 더불어 '건강하게만 자라 다오' 하는 소망을 마음에 새깁니다. 아이가 배 속에 있을 때 그랬던 것처럼 말입니다.

그러나 몸과 마음이 튼튼한 아이로 키운다는 게 생각처럼 쉽지 않습니다. 병치레 없이 자라는 아이는 없으며 누군가는 힘든 시기도 겪게 마련입니다. 게다가 정서 발달 쪽은 눈으로 확인하기도 어려워 종종 막연한 두려움에 휩싸이기도 합니다.

그럴 때마다 습관처럼 이런저런 인터넷 사이트를 들락거리는 게 현실입니다. 궁금한 것이 하나둘도 아니고, 클릭 몇 번에 쉽게 해결이 되지도 않습니다. 무엇보다 전문가를 찾아갈 '시점이 언제'인지 잘 풀리지 않습니다. 실제로 굳이 안 가도 되는 병원을 지레 겁먹어 가기도 하고, 반대로 너무 늦게 찾아가 일을 키우기도 합니다.

EBS육아대백과 시리즈는 선배 부모들이 겪었던 실수에 주목해서 기획되었습니다. 후배 부모의 입장에서 굳이 경험하지 않아도 될 실수를 되풀이할 이유는 없겠다는 사명감을 갖고 세상에 나왔습니다.

이를 위해 우선 현실 속에 살아 움직이는 질문을 최대한 많이 반영하고자 했습니다. EBS육아학교Pin 애플리케이션에 올라온 질문 2만여 개를 추려 부모들이 가장 궁금해하는 것을 모았습니다. 두 번째, 전문가 공동 저술의 원칙입니다. 어떤 전문가도 한 명은 오류가 있을 수 있다는 전제하에 많게는 14명까지 전문가 협업을 통해 제작했습니다.

완벽한 부모가 없는 만큼, 부모 교육에 있어 완벽한 가이드도 없습니다. 그러나 도움이 필요한 시기는 누구에게나 찾아옵니다. 모쪼록 이 책이 아이를 키우는 데 있어 괜찮은 선배 부모가 되기를 바랍니다.

김민태(EBS육아학교Pin 총괄프로듀서)

프롤로그

우리 집 소아과 선생님이 되겠습니다

EBS육아학교Pin 앱에 쌓인 부모들의 궁금증에 14명의 소아과 의사들이 내 아이를 키우는 마음으로 답변을 달아 온 것을 모아 드디어 책으로 펴내게 되었습니다. 많은 훌륭한 육아책과 소아과 관련 책들을 참고하고, 소아과 의사들의 진료 경험으로 현장감을 살려서 오랜 시간의 고민 끝에 옥동자 같은 책을 내놓게 되었습니다. 그동안 낮에는 본연의 임무인 진료를 하고 밤에는 잠을 줄여 가며 책을 만드는 데 노력해 주신 동료 소아과 선생님들께 감사를 드립니다.

『EBS육아대백과 소아과 편』은 아이를 키우는 부모라면 누구나 활용하기 쉽도록 육아 관련 궁금증을 주제별로 담고, 필요한 주제는 다시 아이의 월령별, 연령별로 나누어 담았습니다. 모든 육아 궁금증에 대한 해답은 안 되겠지만, 부모들이 가장 궁금해하는 빈도수 높은 질문들을 위주로 구성했으며 우리나라 육아책으로는 가장 많은 Q&A를 담고자 노력했습니다. 소아과 관련 육아에서 더 나아가 쌍둥이·다둥이 가정, 장애아 가정, 입양아 가정, 맞벌이 부부를 위한 육아 궁금증까지 놓치지 않고 담고자 했습니다.

육아에는 왕도가 없습니다. 또한 영원한 정답도 없습니다. 육아는 시대와 환경에 따라 변하기 때문입니다. 육아에는 쉴 틈이 없을 만큼 노력과 밤잠을 설치는 고통이 뒤따릅니다. 그래서 육아는 엄마, 아빠 모두가 힘을 합쳐야만 잘 해낼 수 있는 일입니다. 아이 하나를 기르는 데는 온 마을이 힘을 합쳐야 한다는 말처럼 엄마, 아빠는 물론이고 할머니, 할아버지, 이모, 고모 그리고 아이가 아플 때 봐 주는 소아과 의사, 낮에 아이를 봐 주는 어린이집이나 유치원 교사들의 모든 노력과 정성이 합쳐져야 아이가 제대로 커 나갑니다. 이 책이 아이를 키우는 가정마다 우리 집 소아과 선생님이 되기를 바라면서 저자들도 더욱더 노력해서 부모들에게 더 많은 육아 지식을 알려 주고, 육아 고민에 보다 명쾌한 답을 제시하도록 하겠습니다.

이창연 (서울아동병원 대표원장 · 소아과전문의)

EBS
육아학교

1부

—

신생아에서
3세까지

10달 동안 기대하고 고대하던 새로운 식구가 왔습니다. 기대 반 불안 반의 설렘을 갖고 갓 태어난 아이를 보면서, 부모가 되었다는 생각에 어깨가 무거워집니다. '과연 내가 이 아이를 잘 키울 수 있을까?' 책임감을 마음속 깊이 느낍니다. 하지만 걱정 안 해도 됩니다. 천 리 길도 한 걸음부터이고 시작이 반입니다. 한 걸음씩 부모라는 새로운 세상으로 나아가면 됩니다.

의학적으로 신생아란 출생 후 첫 4주간을 말하며 생후 첫 24시간을 신생아 제1기, 생후 24시간~7일을 신생아 제2기, 생후 7~28일을 신생아 제3기로 나눕니다. 의학적으로 신생아의 약한 상태가 생후 3개월까지 지속되므로 생후 3개월까지 신생아에 준하는 의학적 판단을 하게 되는 경우가 많습니다.

태아는 중심 체온이 엄마보다 1도 더 높습니다. 갓 태어난 신생아는 열 손실이 성인에 비해 4배나 높아서 일시적인 피부 반응—독성홍반, 연어반, 점상출혈, harlequin 색조 변화—등이 일어나므로, 체온을 뺏기지 않도록 해 줘야 합니다. 생후 2~3일이 지나야 폐가 전부 공기로 채워집니다. 신생아는 복식 호흡을 하므로, 숨을 들이마실 때 배가 불룩하게 올라오나 부드러운 가슴은 대개 함몰되는 양상을 보입니다.

태변은 태어나서 24시간 이내에 누는데 대개 암녹색이고, 끈적입니다. 수유를 시작하면 변이 녹갈색으로 변하고, 4~5일 후에는 황갈색으로 변합니다. 대변에 혈액이 섞여 있거나 하얀색 변이 나오는 경우를 제외하고는 변 색깔은 괜찮으며, 횟수는 하루 0~7회 정도로 다양합니다. 분유 수유 중인 신생아는 출생 후 첫 1~2주 동안은 변을 안 보다가 정상 변을 보는 경우도 있습니다. 신생아의 간 기능은 미숙하여 약물을 제대로 분해를 못 해 약물을 투여해야 하는 경우 그야말로 쥐꼬리만큼 혹은 더 적게 투여하는 경우가 많습니다.

태어난 첫날은 오줌 양이 약 15cc에 불과합니다. 생후 24시간까지 오줌을 안 누는 경우도 있습니다. 신진대사가 활발하여 요산이 많이 생성되어 배설되면 요산염으로 기저귀가 붉게 보이는 경우도 있지만 정상입니다.

임신 시기의 호르몬 영향으로 신생아의 젖꼭지가 두드러져 보이고, 여아의 경우 분비물까지 나오는 경우가 있습니다. 이러한 현상은 일시적이므로 짜지 말고 두고 보면 됩니다. 남아는 고환이 크게 보이는 경우가 흔하며, 발기 현상도 일어납니다.

만삭아의 체중은 생후 2~4일을 지나는 동안 체중의 10% 이내에서 감소하며 탯줄 혈관은 출생 후 10~20일간 열려 있어 균이 쉽게 침투합니다. 따라서 하루에 한 번 이상 닦고 말리고 살균제 혹은 항생제 연고를 발라 주는 게 좋습니다. 정상적으로 오는 생리적 황달은 생후 2~3일에 나타나며 그 후 1~2일 안에 가장 심했다가 5~7일경에 소실됩니다. 오래 지속되거나 심한 경우에는 병원을 방문해야 합니다.

임균 감염을 예방하기 위해서 태어나자마자 1% 질산은 용액을 신생아의 눈에 몇 방울 떨어뜨리는데 멸균 증류수로 닦아 내야 합니다. 최근에는 안연고를 넣습니다. 태어나서 1개월 안에 눈곱이 생기고 눈이 붉어지는 모든 결막염을 통틀어서 신생아 농루안이라고 합니다. 생후 1~4일에 생기는 임균 결막염, 생후 5~14일에 생기는 클라미디아 결막염, 분만 시 혹은 신생아기에 바이러스에 노출되어서 5~7일 후 발생하는 바이러스성 결막염, 그 외 화학성 결막염 등이 있으니 눈곱이 끼거나 눈이 붉어진다면 병원에 가서 확인해야 합니다.

신생아의 머리는 체중의 1/10을 차지할 만큼 크며, 성인 뇌 크기의 1/4이나 됩니다. 몸무게는 성인의 1/20인 데 비해 뇌의 크기는 1/4이니 뇌가 얼마나 큰지 짐작할 수 있습니다. 뇌는 생후 1년 동안은 급속도로 자랍니다.

1장

소아과 선택 및 검진

아이가 아플 때 어떻해야 하나요?

아이가 아플 때는 소아과를 찾아가야 합니다. 육아에 대해 궁금한 것
역시 소아과에 물어봐야 합니다. 소아과 의사들은 소아의 질환뿐만
아니라 육아, 건강검진에 대해 가장 해박한 지식을 가지고 있습니다.
예전의 소아과 의사와는 달리 요즈음의 소아과 의사들은 소아 수면,
소아 비만, 모유 수유, 소아 보행 장애 등 다양한 공부를 하고 서로 지
식을 공유하고 있습니다. 그러니 아기에 대해 궁금한 점은 소아과 전
문의와 상담하기 바랍니다.

1. 우리 아이 첫 소아과 선택

아기를 잘 보살펴 줄 담당 의사를 출산 전에 미리 찾는 것이 좋습니다. 결정을 미루다가 예정일보다 일찍 출산을 하면 아기를 자상하게 보살필지 어떨지 확신이 가지 않는 의사를 담당 의사로 맞을 수도 있습니다. 만에 하나 신생아에게 문제가 생길 경우 생판 모르는 의사와 대면해야 할 수도 있습니다.

Q1　아기에 대해 누구에게 조언을 얻어야 할까요?

A  소아과의 도움을 받으면 됩니다. 생후 9개월 된 아기가 고열에 시달릴 때 새벽 두 시에도 조언을 해 줄 누군가, 6세 된 아이가 갑자기 자기 생식기에 특별히 관심을 갖는 문제에 대해 물어봐도 전혀 어색하지 않을 누군가, 처방된 항생제가 꼭 필요한 건지 확신이 들지 않을 때 거리낌 없이 물어볼 수 있는 누군가가 꼭 필요합니다. 우리나라에는 동네마다 소아과가 있어서 육아에 대한 전문 지식과 진료를 제공하고 있습니다. 사전 진단이나 가족의 병력을 통해 아기에게 특정한 질병이 있을 것으로 예상되는 경우(다운증후군이나 알레르기, 천식 등)에는 이런 종류의 문제가 있는 아동을 보살피는 데 특별한 관심이 있거나 전문 지식이 있는 소아과 의사를 찾아갈 수도 있습니다.

Q2 모든 소아과 병원이 비슷한가요?

A 소아과 병의원은 혼자 개원하는 개인 소아과 의원과 2명 이상의 소아과 전문의가 공동 개원하는 연합 소아과 의원 그리고 입원실이 있고 다른 과 의사들도 같이 근무하는 큰 종합병원 혹은 대학병원의 소아과, 연합 소아과와 종합병원 소아과의 중간 형태인 아동병원이 있습니다. 선택할 수 있는 병원은 여러 가지지만 자신에게 가장 매력적인 형태는 개인적인 선호와 우선 사항에 따라 다를 것입니다.

1. 의사 혼자 진료하는 병원

의사 혼자 진료를 담당하고, 의사가 자리를 비우거나 치료할 수 없는 경우 다른 의사를 이용한다. 의사 혼자 진료하는 병원의 주된 장점은 의사와 환자가 일대일의 친밀한 관계를 유지한다는 것이다. 하지만 단점도 있는데, 의사 혼자 환자를 담당하기 때문에 1년 365일 하루 24시간 대기할 수는 없다. 의사가 휴가를 간다든지 밤이나 주말에 병원을 비우면 당장 치료를 받아야 하는 응급 상황이 생길 때 치료를 받을 수 없거나 낯선 의사에게 상담을 받아야 한다. 의사 혼자 진료하는 병원을 선택할 경우 담당 의사가 자리를 비울 때 대신 진료하는 의사가 어떤 사람인지, 응급 상황이 생길 때 담당 의사가 없더라도 아이의 기록을 이용할 수 있는지 문의해 봐야 한다. 앞으로 15년에서 18년 동안 이 병원이 계속 지속될 것인가도 중요한 고려 요소가 될 것이다.

2. 두 명의 의사가 진료하는 병원

한 명이 병원을 비우더라도 다른 한 명이 있을 테니 편리한 점이 있다. 의사가 둘이어도 생후 1년 동안은 정기적으로 자주 병원에 가므로 두 명의 의사와 친밀한 관계를 쌓게 된다. 두 의사가 대부분 견해가 같고 의료 철학이 비슷하다 해도 이따금 서로 다른 의견을 제시하면 혼란스러울 수도 있지만, 혼란스러운 경우 다른 방식으로 접근하는 의견이 도움이 될 수도 있다.(가령 한 의사는 아기의 수면 문제를 해결할 수 없을 것 같다고 의견을 제시하는 반면, 다른 의사는 해결이 가능하다고 제시할지도 모른다.)

두 명의 의사가 진료하는 병원으로 결정하기 전에, 예약할 때 내가 선택한 의사에게 진료를 받을 수 있는지 알아 두는 것이 좋다. 한 의사는 마음에 들고 한 의사는 마음에 들지 않을 경우, 절반 정도는 불편한 의사에게 진료를 받아야 할지도 모르기 때문이다.

3. 여러 의사가 진료하는 병원

여러 의사가 진료하면 좀 늦은 시간에도 의사의 진료를 받을 수 있지만, 정기검진을 받을 때마다 같은 의사를 선택하지 않는 한 의사와 환자 간에 친밀한 관계가 형성되기는 어렵다. 정기검진을 받으러 병원에 가든 아파서 병원에 가든 아기가 만나는 의사의 수가 많으면 의사를 편안하게 대하는 데 오랜 시간이 걸릴 수 있다. 그뿐만 아니라 여러 의사에게 돌아가면서 진료를 받으면 의견이 상반될 경우 혼란을 겪을 수 있다. 진료하는 의사의 수보다 더 중요한 것은 개개인의 의사와 전체 의사들에게 갖는 신뢰감일 것이다. 여러 명의 의사가 진료하는 병원에서는 필요할 경우 시행하는 검사나 방사선 장치, 입원실 등이 다 구비되어 있어 시기를 놓치지 않고 초기에 더 정확한 진단과 치료를 받을 수 있다.

Q3 어떤 소아과 의사가 우리에게 맞을까요?

A 먼저 어떤 형태의 병원에서 어떤 종류의 의사를 찾을지를 생각합니다. 그런 뒤 누구에게서 혹은 어디에서 정보를 얻을 수 있는지 알아봅니다. 좋은 정보원으로부터 의사들 명단을 입수하는 것은 완벽

한 의사를 찾기 위한 좋은 출발입니다. 하지만 명단의 후보들 가운데 '나에게 맞는' 의사들을 추리고, 내 아이의 건강을 위해 이상적으로 진료해 줄 단 한 사람의 의사를 선택하려면, 최종 후보자들에 대해 좀 더 상세히 조사하고 발품도 팔고 개인적으로 면담도 해 보는 등 여러 가지 작업이 필요합니다.

1. 아이가 태어난 병원에서 추천받는 경우

의사들은 진료 방식과 의료 철학이 자신과 유사하며 업무 방식에 대해 아주 잘 아는 존경하는 의사들을 추천한다. 그러므로 임신 기간에 자신을 담당한 산과 의사가 만족스러웠다면 거주하는 동네 소아과 의사를 추천해 달라고 한다. 좋은 의사끼리 어울릴 가능성이 많기 때문이다. 소아과 의사와 함께 일하는 간호사를 알고 있다면 어떤 의사가 유능하고 양심적이며 자상하고 부모와 아이에게 질병 및 치료 방법에 대해 자세하게 설명하는지 아주 잘 아는 좋은 정보원이 될 것이다. 아는 간호사가 없다면 소아과 병동의 간호사 근무실이나 분만한 병원의 신생아실에 부탁해 본다.

2. 아이를 키우는 동네 부모들

성향과 자녀 양육에 관한 철학이 나와 유사한 친구나 지인들로부터 추천을 받는 것이 가장 좋을 수 있다. 하지만 그들이 칭찬하는 소아과 의사의 태도가 오히려 나에게는 한바탕 욕을 퍼붓고 싶을 만큼 못마땅한 특징이 될 수도 있다.

3. 지역의 의사회 사무실

소아과 의사들을 비교해 가며 가장 좋은 의사를 추천해 주지는 않지만, 해당 지역에서 선택할 수 있는 평판이 좋은 소아과 의사들을 선정해 그에 대한 정보를 제공해 줄 수도 있다.

4. 인터넷/앱상의 의료 정보 서비스 업체

가장 손쉽게 정보를 얻을 수 있는 곳이다. 하지만 믿을 수 없는 정보가 판을 치기도 하니 반드시 답사를 해서 정보를 확인하는 것이 좋다.

5. 전화번호부

전화번호부에 나와 있는 '의사' 목록에서 '소아과' 혹은 '가정의'를 찾아 본다. 하지만 성공적으로 병원을 운영하는 의사들은 대개 전화번호부에 단순 수록만 하지 광고하길 좋아하지 않는다.

Q4 소아과 병원을 선택하는 데 의사 외에 고려할 점에는 어떤 것이 있나요?

A 병원이 걸어서 갈 수 없는 곳에 있으면 어린 아기를 데리고 병원에 가는 일이 쉽지 않습니다. 특히 날이라도 궂으면 더욱 힘이 듭니다. 아기가 아프거나 다쳤을 경우 가깝거나 주차가 편한 병원이 편리하고 치료도 더 빨리 이루어질 수 있습니다. 하지만 의사가 정말 친절하면 조금 먼 거리 정도는 감수할 만합니다.

1. 병원 진료 시간

병원의 진료 시간은 자기에게 맞는 게 좋다. 부부 가운데 한 사람 혹은 둘 다 직장 생활을 하는 경우 조금 이른 아침이나 저녁, 주말에도 진료를 하는 병원이면 좋고 차가 있는 경우에는 주차가 편한 병원이 좋을 것이다.

2. 병원 분위기

병원 분위기는 방문하기 전에도 대략 알 수 있다. 통화를 할 때 퉁명스러운 느낌을 받았다면 직접 방문할 때라고 다르지 않을 것이다. 반면 상냥한 목소리로 반갑게 전화를 받아 주었다면 친절하게 아이를 돌봐 줄 것이다. '접수 담당자가 친절한가? 의료진이 아기에게 즉시 반응해 주고 잘 참아 주는가, 아니면 아이들과 나누는 대화가 '앉아라.', '만지지 마라.', '조용히 해라.' 정도로 한정되는가?' 등을 관찰해 보는 것이 좋다.

3. 병원 인테리어

병원을 방문할 때 장차 태어날 아기와 부모 둘 다 기다리는 시간이 덜 지루하도록 배려되어 있는지 살펴본다. 유아들을 위한 안전한 공간은 물론이고 좀 더 큰 어린이들을 위한 대기실(그럴 만한 공간이 있다면) 이 있는지, 연령대에 맞는 물건과 책이 깨끗하게 잘 관리되어 있는지, 어린 아기들의 체형에 맞게 디자인된 의자 등이 있는지 살펴본다. 선명한 색상과 흥미를 끄는 그림이 그려진 벽지(고상하게 절제된 황토색 벽지보다는 오렌지색 캥거루와 노란색 호랑이가 그려진 벽지)와 밝은색 그림(대기실과 진료실 모두에)은 두근거리며 검진을 기다리는 동안 무언가에 집중할 수 있게 해 주어 불안한 마음을 진정시켜 줄 수 있다.

4. 대기 시간

병원의 평균 대기 시간을 가늠할 때 상담을 위해 기다린 시간으로 판단해서는 안 된다. 아픈 아이를 진찰하기 위해 병원을 방문하므로, 고열로 괴로워 소리 지르는 아기들이나 심하게 아픈 어린이들이 먼저 의사를 만날 수 있도록 양보해야 한다. 그러므로 접수 담당자에게 대기 시간이 얼마나 되는지 묻거나, 담당자의 대답이 모호하거나 어정쩡하면 기다리는 다른 부모에게 물어본다.

대기 시간이 길다는 것은 병원의 체계가 제대로 잡혀 있지 않거나 의사가 감당할 수 있는 수보다 많은 환자를 받는다는 표시일 수 있다. 하지만 대기 시간으로 의료 서비스의 질을 충분히 알기는 어렵다. 진료는 매우 훌륭하게 잘 보지만 관리 능력은 좀 달리는 의사도 있다. 이런 의사들은 환자를 오랜 시간 공들여 진료를 하는 경향이 있다.(대기실에서 기다리려면 아주 괴롭지만 진료실에서는 무척 고마울 것이다.) 혹은 이미 일정이 꽉 차 있는데도 아픈 아이들을 차마 거절하지 못할 수도 있다.(내 아이가 아플 때는 정말 고마운 일일 것이다.)

5. 전화로 상담을 할 수 있는지 여부

한국의 의료 시스템은 상담료를 인정하지 않기 때문에 전화로 의사의 시간을 뺏는 것은 불편한 일이 되기 십상이다. 직접 병원에 전화해서 상담을 하는 경우도 있고 답신 전화를 받는 경우도 있다. 소아과 의사들이 이용하는 또 다른 방법은 간호사의 전화 서비스나 병원 공식 채팅 서비스(카카오톡, 라인 같은 채팅 서비스)이다. 이 경우 당직 간호사들이 부모들의 일반적인 질문에 대답하고 조언을 해 주는데, 다급하거나 복잡한 문제는 의사에게 넘긴다. 흔하지는 않지만 일부 의사들은 이메일을 이용하기도 한다.

6. 응급 상황에 대처하는 방식

사고가 일어날 경우 담당 의사가 응급 상황에 대처하는 방식은 아주 중요한 문제가 될 수 있다. 부모에게 해당 지역의 종합병원 응급실로 가 치료를 받으라고 하는 의사도 있고, 질병이나 부상의 특징에 따라 병원에서 아기를 치료하거나 종합병원 응급실에서 부모와 환자를 기다리는 의사도 있다. 응급 상황이 벌어지면(시외로 나가 있지 않는 한) 낮이든 밤이든 주말이든 환자를 보러 달려오는 의사가 있는가 하면, 근무 시간 외에는 동료 의사나 다른 의사를 보내는 의사도 있다.

7. 입원

대부분의 아이들은 입원하지 않고 건강하게 잘 자란다. 하지만 뜻하지 않게 입원해야 할 경우도 있으므로 마음에 드는 의사가 어느 병원과 연관되어 있는지 알아 두면 좋다. 다른 병원보다 더 좋은 시설을 갖추고 아픈 아이들을 잘 돌봐 주는 병원도 있으므로(어린이 병원들이 대체로 가장 좋지만 각 지역마다 어린이 병원이 있는 것은 아니다.) 아이를 믿

고 맡길 의사가 근무하는 병원을 알아 두는 게 좋다. 이런 것들도 소아
과 의사를 선택하는 중요한 결정 요인이다.

8. 의사의 스타일

느긋하고 편안한 의사를 선호하는지, 정중하고 업무에 충실한 의사를
선호하는지, 그 중간을 선호하는지 생각해 본다. 아버지 같은(혹은 어
머니 같은) 분위기의 의사를 가장 편하게 여기는지, 아이를 돌보는 파
트너로서 부모를 대하는 의사를 가장 편하게 여기는지 생각해 본다. 무
엇이든 척척 대답할 것 같은 인상을 주는 의사를 원하는지, 모르는 걸
물어보면 "잘 모르겠지만 한번 찾아보겠습니다."라고 기꺼이 인정하는
의사를 원하는지도 생각해 본다.

아기를 담당할 의사에게 바라는 모든 점, 가령 이야기를 경청하는지(다
음 예약 대기자의 이름을 흘끔거리지 않고), 어떠한 질문에도 솔직하게
대답하고 기꺼이 성실하고 명쾌하게 반응하는지(방어적이거나 위협적
인 느낌 없이), 아이들을 진심으로 좋아하는지 등을 찬찬히 살펴본다.

9. 철학

의사와 환자의 관계도 양쪽 모두 커다란 문제들에 대해 대체로 의견 일
치를 보면 성공적인 관계를 유지할 가능성이 높다. 장차 아기를 담당할
의사의 철학과 자신의 철학이 서로 일치하는지 알아볼 수 있는 가장
이상적인 시기는 본격적으로 진료를 받기로 결정하기 전에 면담을 할
때다. 중요하게 생각하는 다음 내용에 대해 의사의 철학과 입장은 어떤
지 알아본다.

1) **모유 수유** 엄마가 모유를 먹이길 간절히 바라는 경우, 이 문제에 대해
그저 시큰둥한 반응을 보이거나 거의 아는 바가 없다고 고백하는 의사라
면 초보 엄마에게 필요한 지원과 도움을 충분히 제공하지 못할 것이다.

2) **산부인과 병원에서 빨리 퇴원하고 싶은 경우** 산모가 출산 후 빨리 퇴원하

길 원할 경우, 산모는 별 문제가 없는 한 소아과 의사가 자신의 바람을 들어주어 아기와 함께 퇴원할 수 있길 바랄 것이다.(하지만 무조건 엄마가 하자는 대로 해서 무엇이 아기에게 가장 좋은지 생각하지 않는 의사여서는 안 된다.)

3) 예방 의학 예방을 중요하게 생각한다면, 같은 철학을 갖고 있으며 아기를 보살필 때 예방의 중요성(충분한 영양 섭취, 육체적인 활동, 예방 접종 등)을 강조하는 의사를 선택하는 것이 바람직하다.

4) 항생제 항생제를 처방할 시기와 용량에 대한 가장 최근의 권장 지침을 바로바로 숙지하는 의사를 선택하는 것이 좋다. 연구 결과에 따르면 많은 의사가 꼭 필요하지 않은 상황에서도 너무나 자주(대개 부모의 요청에 의해) 항생제를 처방한다고 한다. 하지만 요즈음은 항생제의 위험성이 강조된 나머지 항생제가 필요한 경우에도 제대로 사용을 안 하고 관찰하는 경우가 많아 문제가 된다.

5) 대체보완의학 가족의 건강 관리를 위해 몸과 마음을 동시에 치유해주는 전인적인 의료를 중요하게 생각한다면 대체보완의학에 대해 잘 알고 아이에게 안전하고 효과적인 비주류 의학을 기꺼이 인정하는 의사를 찾아본다.

6) 관계가 원만하지 않으면 다른 의사를 알아본다 세상에 완벽한 의사는 없다. 최상의 협력 관계를 유지한다 해도 의견 차이는 있게 마련이다. 하지만 조화롭게 지내기보다는 불화를 일으킬 때가 더 많다면, 허심탄회하게 불만 사항을 이야기한다. 사이가 벌어진 원인이 심오한 철학적 견해 차이가 아니라 오해 때문이라는 걸 발견할 수도 있다. 내가 선택한 의사가 알고 보니 영 별로였다면, 훨씬 현명하고 끝까지 잘 지낼 수 있는 다른 의사를 알아본다. 단, 다른 의사를 새로 알아보는 동안 아기를 담당할 의사 없이 지내서는 안 되므로 새로운 의사를 구하기 전까지는 현재의 관계를 유지하면서 새 의사를 구하면 아이의 진료 기록 모두를

즉시 넘겨받는다. 나에게는 주치의지만 그 의사에게는 내가 수많은 아이의 부모 중 한 사람에 불과하다는 것을 잊지 않는다.

2. 신생아에서 3세까지 건강검진

아이의 정기 건강검진은 그 중요성을 아무리 강조해도 지나치지 않습니다. 아기에게는 주기적이고 규칙적인 건강검진이 필수입니다.

Q5 신생아 건강검진은 언제 어떻게 누가 하나요?

A 아기는 출산 직후 분만실에서 생애 첫 건강검진을 받습니다. 분만실 혹은 나중에 신생아실에서 의사나 간호사가 다음 내용의 일부나 전부를 실시합니다.

- 신생아의 코를 흡입해 기도를 청소한다.(아기의 머리가 보이거나 나머지 몸이 모두 나온 후에 즉시 실시한다.)
- 배꼽 집게로 탯줄을 집어 자른다. 아빠가 탯줄을 자르기도 한다.(배꼽에 항생 연고나 소독약을 바르고, 배꼽 집게는 일반적으로 최소 24시간 동안 그대로 둔다.)
- 신생아의 아프가 점수(출생 1분과 5분 후에 신생아의 건강 상태를 평가하는 데 사용하는 방법)를 매긴다.

- 신생아의 임균성 안염이나 클라미디아 안염을 예방하기 위해 눈에 항생제를 바른다.
- 신생아의 체중을 측정한다.(신생아의 평균 체중은 3.5kg이며, 만삭아의 95%가 2.5~4.5kg의 체중으로 태어난다.)
- 신생아의 신장을 측정한다.(신생아의 평균 신장은 50cm이며, 신생아의 95%가 45~55cm의 신장으로 태어난다.)
- 머리 둘레를 측정한다.(평균 머리 둘레는 35cm이고, 평균 범위는 32~37cm이다.)
- 손가락과 발가락 수를 세고, 눈으로 식별할 수 있는 신체 부위와 특징들이 정상인지 살펴본다.
- 만삭 전에 태어난 아기는 임신 주수(자궁 안에서 보낸 시간)로 판단한다.
- 모유 수유를 하거나 안을 때 아기를 건네받는다.
- 분만실을 나서기 전에 아기와 엄마 아빠 모두 이름표를 찬다. 아기의 발자국과 엄마의 지문을 남길 수도 있다.(아기 발에 묻은 잉크는 물로 씻기면 없어지고 남은 잉크 자국도 곧 사라진다.)

엄마 아빠가 선택하는 아기의 담당 의사는 때때로 출산 후 24시간 동안 보다 완벽한 검사를 실시할 것입니다. 부모도 함께 참여할 경우 그동안 생각해 둔 질문을 던질 수 있는 좋은 기회입니다. 담당 의사가 검사할 내용은 다음과 같습니다.

- 체중(아마도 출산 후에 감소하고, 며칠 후에 조금 더 감소할 것이다.), 머리 둘레(머리 형태가 둥글게 잡혀 가기 시작하는 만큼 처음보다 좀 더 커질 것이다.), 신장(사실상 신장에 변화가 생기는 건 아니

지만, 아기가 똑바로 서거나 잘 협조하지 못해 정확하게 측정하지 못
해 측정치가 달라질 수 있다.)

- 심장박동과 호흡
- 콩팥, 간, 비장 등의 내장 기관의 촉진(겉으로 만져 보아 검사)
- 신생아의 반사 작용
- 엉덩이의 탈구 여부
- 손, 발, 팔, 다리, 생식기

아기가 퇴원하기 전에 간호사와 의사는 다음과 같은 조치를 일부
혹은 전부 취합니다.

- 소변과 대변의 흐름 정도를 기록한다(배설 기관의 문제를 예방하기
  위해).
- 아기의 혈액 응고 능력을 향상시키기 위해 비타민 K를 주사한다.
- 페닐케톤뇨증과 갑상선기능저하증을 선별 검사하기 위해 아기의 발
  뒤꿈치에서 혈액을 채취한다(가늘고 긴 스틱으로 재빨리). 혈액으로
  특정한 대사 장애 여부도 검사한다.
- 부모의 동의하에 퇴원하기 전에 1차 B형간염 백신을 접종할 수도 있
  다. 엄마가 B형간염 보균자라면 반드시 접종해야 한다. 엄마가 보균
  자가 아닌 경우 생후 2개월 이내에 1차 접종을 하거나, 2개월이 시
  작되는 초기에 DTaP(파상풍, 디프테리아, 백일해 예방 백신)-소아
  마비-B형간염의 혼합 백신을 맞을 수도 있다. 출생 당시 1차 접종을
  한 아기들도 혼합 백신을 맞을 수 있으며, B형간염을 추가로 접종할
  수도 있다. 담당 의사의 권고를 따른다.
- 청력 선별 검사를 실시한다.

Q6 이 밖에 또 어떤 검사를 받아야 하나요?

A 🧑 신생아기에 치료가 늦으면 나중에 치명적인 결과를 초래할 수 있는 여러 유전, 대사, 혈액학적 및 내분비 질환에 대한 신생아 선별 검사는 반드시 필요합니다. 우리나라에서는 흔히 발뒤꿈치 혈액으로 여러 가지 질환에 대한 유전적 선별 검사를 시행합니다. 그리고 언어 발달에 영향을 주는 청각 장애에 대한 청각 검사가 필요합니다. 그때 다음과 같은 반사 운동 검사를 합니다.

아프가 검사

아기들이 생후 처음으로 받는 검사이며 대부분 좋은 점수로 통과한다. 출산 1분 후와 5분 후에 다섯 가지 평가 범위 안에서 신생아를 관찰해 산출한 점수를 토대로 신생아의 전반적인 건강 상태를 알아본다. 7점에서 10점 사이는 아주 건강한 상태이므로 대개 통상적인 분만 후 관리만 받으면 된다. 4점에서 6점 사이인 경우 그럭저럭 건강한 상태로 약간의 소생 조치를 취할 수도 있다. 4점 이하인 경우 건강이 좋지 않으므로 생명을 구하기 위해 즉시 최대한 조치를 취해야 한다. 연구 결과에 따르면 출산 후 5분 동안 계속해서 아프가 점수가 낮게 나온 아기들도 대체로 건강하고 정상적으로 성장한다고 한다.

신생아의 반사 운동

신생아는 반사 운동을 한다. 반사 운동 가운데 일부는 저절로 나타나고, 일부는 특정한 행동에 대한 반응으로 나타난다. 어떤 행동은 아기를 위험에서 지켜 주기 위한 반응으로 보인다.(가령 아기의 얼굴에 무언가가 덮여 있을 때 아기가 팔을 휘두르는 식의 행동은 질식을 예방하기 위한 반사 운동으로 보인다.) 어떤 행동은 엄마 젖을 먹고 말겠다는 결연한 의지가 담겨 있는 것 같다(엄마 젖꼭지를 향해 얼굴을 파묻을 때). 대부분의 반사 운동은 생존을 위한 기제로서 분명한 가치가 있다.

놀람 반사 혹은 모로 반사

갑자기 큰 소리가 나거나 떨어지는 느낌이 들 때 깜짝 놀라며 팔, 다리, 손가락이 활짝 퍼지고 등이 구부러지며 머리가 뒤로 젖혀진 다음, 주먹을 꼭 쥐고 양팔을 가슴으로 오므린다.

기간 생후 4~6개월 사이에 사라진다.

바빈스키 반사 혹은 발바닥 반사

아기의 발바닥을 살살 간질이면 발가락을 부채 모양으로 활짝 펼쳤다가 다시 오므린다.

기간 생후 6개월~2년 사이에 사라진다. 이후로는 발가락을 아래로 구부린다.

먹이 찾기 반사

신생아의 뺨을 톡톡 두드리면 입을 벌리면서 두드리는 방향으로 뺨을 돌려 젖을 빨 준비를 한다. 이런 반사 운동은 아기가 엄마 젖이나 젖병을 잡고 수유를 하도록 도와준다.

기간 생후 3, 4개월까지 지속된다. 단, 아기가 자고 있을 땐 이 기간 후에도 계속될 수 있다.

보행 반사

양팔을 잡고 탁자나 평평한 바닥 위에 세우면 마치 '걷기'라도 할 것처럼 한쪽 다리를 든 다음 다른 쪽 다리를 들어 보인다. 이런 '보행' 반사 운동은 생후 4일이 지난 후 가장 활발하게 나타난다.

기간 정도의 차이는 있지만 대체로 생후 2개월 무렵에 사라진다.(이런 반응을 보인다고 해서 일찍 걸을 거라고 예측할 수는 없다.)

흡입 반사

신생아는 무언가가 입천장에 닿으면 반사적으로 빤다.

기간 출생 직후부터 시작해 흡입 동작이 자발적으로 끝나는 2~4개월까지 계속된다.

움켜잡기 반사

아기의 손바닥을 건드리면 손가락을 오므려 부모의 손가락(혹은 물체)을 움켜쥔다.

기간 생후 3개월에서 6개월까지 지속될 수 있다.

긴장성 목반사 혹은 펜싱 반사

등을 대고 누울 때 고개를 한쪽으로 돌리면 얼굴이 향하는 쪽의 팔과 다리가 펴지고 반대편 팔과 다리는 구부러진다.

기간 아기마다 다양하며 출생 직후 나타나는 아기도 있고 최소 2개월 동안 나타나지 않는 아기도 있다. 대략 생후 4개월에서 6개월 전후로 사라진다.

아기가 배가 고프거나 피곤하면 반사 운동이 뚜렷하게 나타나지 않을 수 있다. 그러므로 다른 날 다시 살펴보고, 여전히 반사 운동이 나타나지 않으면 의사와 상담한다. 아기들은 대부분 반사 운동을 하기 때문에 담당 의사는 이미 아기의 반사 운동을 성공적으로 테스트했겠지만, 부모가 부탁하면 다음에 병원을 방문할 때 여러 반사 운동을 다시 검사한다.

Q7 생후 1개월은 건강검진을 어떻게 하나요?

A 건강검진을 하러 병원에 가면 궁금했던 사항을 메모해 가서 의사에게 물어봅니다. 의사마다 신생아 건강검진에 대한 방식이 다르고, 아기의 필요에 따라 전반적인 건강검진 순서나 평가 기법, 실행 절차의 수와 종류도 다르겠지만, 생후 1~4주가 되면 대체로 다음과 같은 방식으로 검진을 진행합니다. 아기가 황달에 걸렸거나 조기 분만

으로 태어났거나, 모유 수유에 문제가 있는 등 특수한 상황일 경우 생후 1개월 안에 여러 차례 검진을 할 수 있습니다.

건강검진 절차

- 담당 의사는 아기랑 가족들이 집에서 어떻게 생활하는지, 아기는 잘 먹고, 잘 자고, 변은 잘 보는지, 전반적인 발달 상황은 어떤지 묻는다.
- 아기의 체중, 신장, 머리 둘레를 측정하고 출생 이후 발달 상황을 도표로 나타낸다.
- 시력과 청력을 측정한다.
- 지난번 검진 때 알려 주지 않았다면 신생아 선별 검사(페닐케톤뇨증, 갑상선기능저하증, 그 밖에 선천성 신진대사 이상 등에 대한) 결과를 알려 준다. 의사가 검사 결과에 대해 별다른 언급을 하지 않는다면 결과가 정상일 가능성이 높지만, 확실히 해 두기 위해 반드시 물어본다. 아기가 선별 검사를 받기 전에 퇴원했거나 태어난 지 22시간 이전에 검사를 받았다면, 다시 검사를 받거나 재검을 받게 될 것이다.
- 건강검진을 실시한다. 의사나 임상 간호사가 다음 내용의 전부 혹은 대부분을 검사한다. 일부 평가는 경험이 풍부한 전문가가 눈으로 보거나 손으로 만져 판단한다.

1. 청진기로 심장박동 소리를 듣고 흉벽에서 심장이 뛰는 모습을 육안으로 확인한다.
2. 복부 촉진으로 비정상적인 덩어리가 만져지는지 확인한다.
3. 다리를 회전시켜 보아 골반 부위의 탈구 여부를 확인한다.
4. 손과 팔, 발과 다리가 정상적으로 발달하고 움직이는지 확인한다.
5. 등과 척추에 이상이 없는지 확인한다.

6. 검안경이나 펜라이트를 이용해 눈이 정상적인 반사 운동을 하는지, 초점을 잘 맞추는지, 누관이 정상적으로 기능하는지 확인한다.

7. 검이경을 이용해 귀의 색깔과 귀 내부에 체액이 있는지, 잘 움직이는지 확인한다.

8. 검이경을 이용해 코의 색깔과 점막 상태를 확인한다.

9. 설압자를 이용해 입과 목구멍의 색깔, 상처, 혹 등을 확인한다.

10. 목이 정상적으로 움직이는지 확인하고, 갑상선과 임파선의 크기를 확인한다.(유아는 임파선이 쉽게 만져지는데 이는 정상적인 현상이다.)

11. 겨드랑이의 임파선이 부었는지 확인한다.

12. 손으로 숫구멍(머리 한가운데 부드러운 부분)을 만져 본다.

13. 호흡과 호흡 기능을 눈으로 관찰한다. 간혹 청진기로 확인하거나 등과 가슴을 가볍게 톡톡 치기도 한다.

14. 탈장이나 불강하 고환 같은 이상이 있는지 생식기를 확인하고, 항문 열구나 열창이 있는지 항문을 확인하며, 사타구니 안쪽의 대퇴부 맥박을 만져 보아 규칙적으로 강하게 뛰는지 확인한다.

15. 탯줄과 포경 수술 부위가 아물었는지 확인한다.

16. 피부색, 피부 탄력, 발진, 모반과 같은 피부 병변이 있는지 확인한다.

17. 연령에 맞는 반사 운동을 하는지 확인한다.

18. 전반적인 운동 능력과 움직임, 다른 사람과 관계하는 능력을 확인한다.

- 아기의 수유, 수면, 발달, 안전과 관련해 다음 달에 아기에게 어떤 변화가 일어날지 설명을 듣는다.
- 아기가 태어날 때 B형간염 백신을 맞지 않았고, 생후 2개월 초에 DTaP-B형간염-IPV 백신(페디아릭스Pediarix 백신)을 맞을 계획이 아니라면 B형간염 백신을 맞는다.

건강검진이 끝나기 전에 잊지 말고 해야 할 것

- 아기가 아플 때 전화 상담에 대한 지침을 문의한다.(한밤중에 부득이하게 전화해야 할 경우 어떻게 해야 하나? 정규 전화 상담 시간 외에 담당 의사와 통화하려면 어떻게 해야 하나?)
- 그동안 아기를 키우면서 생긴 걱정들을 이야기한다. 아기의 건강, 행동, 수면, 수유 등에 대해 의사가 하는 말과 지시 사항을 잊어버리지 않도록 받아 적는다.

집에 돌아오면 관련된 모든 정보를 건강 기록부에 기록한다(아기의 체중, 신장, 머리 둘레, 혈액형, 검사 결과, 모반 등).

Q8   생후 2~3개월의 건강검진은 어떻게 하나요?

A 신생아도 단단한 바닥에 엎어 놓으면 머리를 좌우로 돌려 코가 막혀 질식하지는 않습니다. 신생아의 시력은 근시이며 눈앞 20~30cm 이내의 물체를 응시할 수 있습니다. 본능적으로 사람의 얼굴을 더 선호하며 생후 2개월만 되어도 바로 누운 자세에서 눈앞에서 천천히 좌우로 움직이는 물체를 180도 따라 볼 수 있습니다. 3개월이 되면 엎드린 자세에서 팔을 뻗어 머리와 가슴을 약간 들 수 있습니다. 사람을 보면 빵긋빵긋 웃는데 이것은 원시 시대부터 아이가 생존하기 위한 하나의 기술로, 사회적 미소라고 합니다. 상대방의 호감을 사서 생존 가능성을 높이는 기술입니다.

생후 2개월이 되면 대체로 다음과 같은 방식으로 건강검진을 진행합니다.

건강검진 절차

- 담당 의사는 아기와 가족들이 집에서 어떻게 생활하는지, 아기는 잘 먹고 잘 자는지, 전반적인 발달 상황은 어떤지 질문한다. 엄마가 직장에 복직할 계획이라면 육아는 누가 담당하는지도 확인한다.
- 아기의 체중, 신장, 머리 둘레를 측정하고, 출생 이후 발달 상황을 도표로 나타낸다.
- 지난번 검진 때 이상이 있었던 부분을 포함한 신체검사를 실시한다.
- 발달 평가를 실시한다. 아기의 고개 통제 능력과 손 사용 능력, 시력, 청력, 사회적 상호 작용 등 일련의 '테스트'를 실시하거나 눈으로 관찰하고 아기의 행동에 대한 부모의 의견을 참조해 평가한다.
- 아기가 건강하고 약물 사용 금지 사유가 없을 경우 예방 주사를 놓는다.
- 아기의 수유, 수면, 발달과 관련해 다음 달에 아기에게 어떤 변화가 일어날지 설명한다. 아기의 안전에 대한 조언도 한다.

궁금한 내용 의사에게 묻기

- 아기가 예방 주사를 맞으면 어떤 반응을 보이는가? 그럴 경우 어떻게 대비해야 하는가? 어떤 반응을 보일 경우 병원에 와야 하는가?

아기의 건강과 수유 문제, 가족들의 적응 문제 등 궁금했던 점에 대해 의사와 상담한다. 의사가 하는 말과 지시 사항을 받아 적는다. 집에 돌아오면 관련된 모든 정보(아기의 체중, 신장, 머리 둘레, 모반, 예방 접종, 질병, 병원에서 받은 약, 검사 결과 등)를 건강 기록부에 기록한다.

Q9 생후 4~5개월의 건강검진은 어떻게 하나요?

A 생후 3~4개월에는 원시 반사들이 약해지면서 자발적으로 움직입니다. 양손을 모아서 몸 가운데서 물체를 다루고 물체를 보고 손을 뻗어 잡으려고 합니다. 빠른 아이는 4~5개월이 되면 뒤집을 수도 있습니다. 바로 누운 자세로 키운 아이는 엎드려 키운 아이보다 뒤집기가 약간 늦는 경향이 있습니다. 먹을 것을 보면 좋아합니다.

의사마다 건강검진에 대한 방식이 다르고, 아기의 필요에 따라 전반적인 건강검진 순서뿐 아니라 평가 기법, 실행 절차의 수와 종류도 다르지만, 아기가 생후 4개월이 되면 대체로 다음과 같은 방식으로 건강검진을 진행합니다.

건강검진 절차

- 담당 의사는 아기와 가족들이 집에서 어떻게 생활하는지, 아기는 잘 먹고 잘 자는지, 전반적인 발달 상황은 어떤지 등을 묻는다. 엄마가 직장에 복직할 계획이라면 육아는 누가 담당하는지도 확인한다.
- 아기의 체중, 신장, 머리 둘레를 측정하고, 출생 이후 발달 상황을 도표로 나타낸다.
- 지난번 검진 때 이상이 있었던 부분을 재검하는 등 신체검사를 실시한다.
- 발달 평가를 실시한다. 아기의 고개 통제 능력과 손 사용 능력, 시력, 청력, 사회적 상호 작용 등 일련의 '테스트'를 실시하거나 눈으로 관찰하고 아기의 행동에 대한 부모의 의견을 참조해 평가한다.
- 아기가 건강하고 약물 사용 금지 사유가 없을 경우 2차 예방 접종을 실시한다. 예방 접종 일정은 259쪽을 참조한다. 1차 접종 때 어떤 반

응이 나타났는지 사전에 이야기한다.
- 아기의 수유, 수면, 발달과 관련해 다음 달에 아기에게 어떤 변화가
일어날지 설명한다. 아기의 안전에 대한 조언도 한다.

궁금한 내용 의사에게 묻기

- 2차 예방 접종을 실시하면 아기에게 어떤 반응이 나타나는가? 그럴
경우 어떻게 대비해야 하는가? 어떤 반응을 보일 경우 병원에 와야
하는가?
- 언제쯤 이유식을 시작하면 좋은가?

궁금했던 점에 대해 의사와 상담한다. 발달이 지연되거나, 중요한 발달
단계를 그냥 넘겼다 싶으면 의사에게 이야기한다. 의사가 하는 말과 지
시 사항을 받아 적는다. 집에 돌아오면 관련된 모든 정보(아기의 체중,
신장, 머리 둘레, 모반, 예방 접종, 질병, 병원에서 받은 약, 검사 결과 등)
를 건강 기록부에 기록한다.

Q10 생후 6~8개월의 건강검진은 어떻게 하나요?

A 아이가 스스로 뒤집고 앉혀 놓으면 혼자 앉아 있는 시기입니
다. 배밀이를 하는 아이도 있습니다. 작은 물체를 보면 손에 움켜쥐고
여러 의미 없는 소리를 재잘거리며 상대방의 감정 변화에 반응합니다.
　의사마다 건강검진에 대한 방식이 다르고, 아기의 필요에 따라 전반
적인 건강검진 순서뿐 아니라 평가 기법, 실행 절차의 수와 종류도 다
르지만, 아기가 생후 6개월이 되면 대체로 다음과 같은 방식으로 정기
검진을 진행합니다.

건강검진 절차

- 담당 의사는 아기와 가족들이 집에서 어떻게 생활하는지, 아기는 잘 먹고 잘 자는지, 전반적인 발달 상황은 어떤지 등을 묻는다. 엄마가 직장에 복직할 계획이라면 육아는 누가 담당하는지도 확인한다.
- 아기의 체중, 신장, 머리 둘레를 측정하고, 출생 이후 발달 상황을 도표로 나타낸다.
- 지난번 검진 때 이상이 있었던 부분을 재검하는 등 신체검사를 실시한다. 이번 검진과 다음 검진 때 아기의 이가 났는지 혹은 곧 날 예정인지 확인하기 위해 구강 검사를 한다.
- 발달 평가를 실시한다. 아기를 앉혔을 때 고개를 통제하는 능력, 시력, 청력, 손을 뻗어 물건을 잡는 능력, 작은 물건을 손으로 끌어당기는 능력, 뒤집는 능력, 두 다리에 어느 정도 체중을 실을 줄 아는 능력, 사회적 상호 작용과 발성 등 일련의 '테스트'를 실시하거나 눈으로 관찰하고, 아기의 행동에 대한 부모의 의견을 참조해 평가한다.
- 아기가 건강하고 약물 사용 금지 사유가 없을 경우 3차 예방 접종을 실시한다. 예방 접종 일정은 259쪽을 참조하되, 일정은 각자의 상황에 따라 달라질 수 있다. 1, 2차 접종 때 어떤 반응이 나타났는지 사전에 이야기한다.
- 출생체중이 적은 아기의 경우 빈혈 여부를 확인하기 위해 헤모글로빈이나 적혈구 용적률 검사를 한다.
- 아기의 수유, 수면, 발달과 관련해 다음 달에 아기에게 어떤 변화가 일어날지 설명한다. 아기의 안전에 대한 조언도 한다.

궁금한 내용 의사에게 묻기

- 3차 예방 접종을 실시하면 아기에게 어떤 반응이 나타나는가? 그럴 경우 어떻게 대비해야 하는가? 어떤 반응을 보일 경우 병원에 와야

하는가?

• 이 시기에는 어떤 음식으로 이유식을 시작하면 좋은가?

궁금했던 점에 대해 의사와 상담한다. 의사가 하는 말과 지시 사항을 받아 적는다. 집에 돌아오면 관련된 모든 정보(아기의 체중, 신장, 머리 둘레, 모반, 예방 접종, 질병, 병원에서 받은 약, 검사 결과 등)를 건강 기록부에 기록한다.

Q11 생후 9~11개월의 건강검진은 어떻게 하나요?

A 아이가 손으로 잡고 한두 발자국을 뗄 수 있습니다. 여러 음절의 소리를 냅니다. '가', '다', '마' 같은 소리를 내다가 곧 엄마라고 합니다. 생후 7개월부터 분리불안이 나타날 수 있습니다. 부모와 잠시도 떨어지지 않으려고 하는 아기가 9개월이면 눈에 보이지 않아도 존재한다는 것을 알 수도 있습니다. 까꿍 놀이를 통하여 눈에 보이지 않아도 물체가 없어지는 것이 아니라는 것을 반복해서 알게 합니다.

의사마다 건강검진에 대한 방식이 다르고, 아기의 필요에 따라 전반적인 건강검진 순서뿐 아니라 평가 기법, 실행 절차의 수와 종류도 다르지만, 아기가 생후 9개월이 되면 대체로 다음과 같은 방식으로 정기검진을 진행합니다.

건강검진 절차

• 담당 의사는 아기와 가족들이 집에서 어떻게 생활하는지, 아기는 잘 먹고 잘 자는지, 전반적인 발달 상황은 어떤지 등을 묻는다. 엄마가

직장에 복직할 계획이라면 육아는 누가 담당하는지도 확인한다.

• 아기의 체중, 신장, 머리 둘레를 측정하고, 출생 이후 발달 상황을 도표로 나타낸다.

• 지난번 검진 때 이상이 있었던 부분 등 신체검사를 실시한다.

• 발달 평가를 실시한다. 아기가 혼자 앉을 줄 아는지, 도움을 받지 않고 설 수 있는지, 물건을 향해 손을 뻗어 잡을 수 있는지, 작은 물건을 손으로 끌어당길 수 있는지, 떨어진 물건이나 감춘 물건을 찾는지, 자신의 이름을 듣고 반응할 줄 아는지, '엄마', '아빠', '빠이빠이', '안 돼' 같은 말을 이해하는지, 짝짜꿍과 까꿍 놀이 같은 사교적 놀이를 재미있어하는지 등 일련의 '테스트'를 실시하거나 눈으로 관찰하고, 아기의 행동에 대한 부모의 의견을 참조해 평가한다.

• 지난번 정기검진 때 예방 접종을 받지 않았고 아기가 건강하며 약물 사용 금지 사유가 없을 경우 예방 접종을 실시한다. 1, 2차 접종 때 어떤 반응이 나타났다면 사전에 이야기한다.

• 빈혈 여부를 확인하기 위해 헤모글로빈이나 적혈구 용적률 검사를 할 수 있다(대개 손가락 끝에서 약간의 혈액을 채취해서).

• 아기의 수유, 수면, 발달에 관해 다음 달에 아기에게 어떤 변화가 일어날지 설명한다. 아기의 안전에 대한 조언도 한다.

궁금한 내용 의사에게 묻기

• 이 시기에는 어떤 음식을 도입하면 좋을까? 감귤류, 생선, 육류, 달걀 흰자는 언제부터 시작할 수 있는가?

• 분유나 모유를 먹이는 경우 언제쯤 젖을 떼는 것이 좋은가?

궁금했던 점에 대해 의사와 상담한다. 의사가 하는 말과 지시 사항을 받아 적는다. 집에 돌아오면 관련된 모든 정보(아기의 체중, 신장, 머리 둘레, 예방 접종, 시작한 음식, 검사 결과, 질병, 병원에서 받은 약 등)를 건강 기록부에 기록한다.

Q12 생후 12개월의 건강검진은 어떻게 하나요?

A 쉽게 옷을 입힐 수 있게 자세를 잡아 주기도 합니다. '엄마', '빠빠'도 말합니다. 혼자 일어나고 혼자 한두 발자국 떼는 것을 보면서 앞으로 부모는 아이를 잡으려고 뛰어다녀야 한다는 것을 예감하기도 합니다.

의사마다 건강검진에 대한 방식이 다르고, 아기의 필요에 따라 전반적인 건강검진 순서뿐 아니라 평가 기법, 실행 절차의 수와 종류도 다르지만, 아기가 생후 12개월이 되면 대체로 다음과 같은 방식으로 정기검진을 진행합니다.

건강검진 절차

- 담당 의사는 아기와 가족들이 집에서 어떻게 생활하는지, 아기는 잘 먹고 잘 자는지, 전반적인 발달 상황은 어떤지 질문한다.
- 아기의 체중, 신장, 머리 둘레를 측정하고, 출생 이후 발달 상황을 도표로 나타낸다.
- 지난번 검진 때 이상이 있었던 부분을 재검하는 등 신체검사를 실시한다. 아기가 설 수 있으므로 도움을 받거나 받지 않고 서 있을 때, 걸음마를 하면 걸을 때 발과 다리 길이를 측정한다.
- 빈혈 여부를 검사하지 않았다면 검사한다.
- 발달 평가를 실시한다. 아기가 혼자 앉을 줄 아는지, 일어서서 가구

를 잡고 걷거나 아무런 도움 없이 걸을 수 있는지, 물건을 향해 손을 뻗어 잡을 수 있는지, 작은 물건을 검지와 집게로 잘 잡을 수 있는지, 떨어진 물건이나 감춘 물건을 찾는지, 자신의 이름을 듣고 반응할 줄 아는지, 옷을 갈아입을 때 협조하는지, '엄마', '아빠', '빠이빠이', '안 돼' 같은 말을 이해하고 할 줄 아는지, 짝짜꿍과 까꿍 놀이 같은 사교적 놀이를 재미있어하는지 등 일련의 '테스트'를 실시하거나 눈으로 관찰하고, 아기의 행동에 대한 부모의 의견을 참조해 평가한다.

- 지난번 정기검진 때 예방 접종을 받지 않았고 아기가 건강하며 약물 사용 금지 사유가 없을 경우 예방 접종을 실시한다. 1, 2차 접종 때 어떤 반응이 나타났다면 사전에 이야기한다.(아기가 폐결핵에 감염된 사람과 접촉할 위험이 높을 경우에 한해 폐결핵 검사를 실시한다. MMR 백신 접종과 동시에 혹은 그 이전에 접종받을 수 있다.)

- 아기의 음식 섭취, 수면, 발달에 관해 다음 달에 아기에게 어떤 변화가 일어날지 설명한다. 아기의 안전에 대한 조언도 한다.

- 필요하면 불소 보조제를 추천한다.

궁금한 내용 의사에게 묻기

- 이 시기에는 어떤 음식을 도입하면 좋을까? 밀, 감귤류, 과일, 생선, 육류, 토마토, 딸기, 달걀흰자는 언제부터 시작할 수 있을까?

- 분유를 먹이는 경우 언제쯤 젖병을 떼야 할까? 아직 젖을 떼지 않았다면 언제쯤 모유를 끊어야 할까? 전유는 언제부터 시작하면 좋을까?

- 아기를 치과에 데리고 가야 할까?

궁금했던 점에 대해 의사와 상담한다. 의사가 하는 말과 지시 사항을 받아 적는다. 집에 돌아오면 관련된 모든 정보(아기의 체중, 신장, 머리 둘레, 예방 접종, 검사 결과, 질병, 병원에서 받은 약 등)를 건강 기록부에 기록한다.

Q13 생후 13~14개월 아이의 건강검진은 어떻게 하나요?

A 몇 걸음씩 걷습니다. 부모가 "주세요." 하면, 아기가 줄 줄도 압니다. 지난번 아이의 담당 의사를 방문한 이후에 생긴 걱정과 궁금한 내용들(행동, 건강, 식습관, 수면, 가정 문제 등)을 적어 둔 메모를 가져가서 의사에게 물어봅니다. 아이가 보여 주는 새로운 기술들(손뼉 치기, 빠이빠이 손 흔들기, 뽀뽀하기, 걷기, 계단 오르기 등)도 메모해 두면 "요즘 아이가 어떤 재주를 보여 주나요?"라고 물을 때 얼른 대답할 수 있습니다. 병원에 갈 때에는 건강기록부도 가지고 가서 아이의 키, 체중, 예방 접종 등 건강검진을 통해 얻은 정보들을 기록하는 것이 좋습니다.

건강검진을 수행하는 담당 의사나 임상 간호사에 따라 절차가 조금씩 다를 수 있지만, 생후 13~14개월 아기의 건강검진은 대체로 다음과 같이 이루어집니다.

건강검진 절차

- 지난번 건강검진 이후 아이의 성장을 평가한다(키, 체중, 머리 둘레). 이 결과들을 성장 도표에 표시하면 아이의 키에 비해 체중이 어느 정도인지 평가할 수 있고 과거 측정치들과 비교할 수도 있다. 만 2세가 지나면 성장 속도가 느려진다.

- 지난번 건강검진 이후 아이의 발달, 행동, 식습관, 건강에 대해 질문한다. 주된 스트레스나 변화는 없었는지, 아이가 형제들과 잘 지내는지, 부모가 아이를 돌보는 데 어려움은 없는지, 보육 시설은 어떤지 등 아이의 전반적인 생활에 대해서도 질문한다. 의사나 간호사는 부모가 다른 질문이나 걱정이 있는지도 알고 싶어 한다.
- 관찰과 면담을 기반으로 신체 발달과 지능 발달, 청력과 시력에 대해 비공식적으로 평가한다.
- 아이가 빈혈의 위험이 있는 경우 손가락 끝 혈액을 채취해 혈액 검사를 실시한다(헤마토크리트 혹은 헤모글로빈 검사). 이 검사는 통상 12개월에서 만 4세 사이에 한 차례 실시한다.
- 생후 9개월에서 12개월 사이에 납 성분을 검사하기 위해 대체로 손가락 끝 혈액을 채취해 혈액 검사를 실시한다.
- 고위험 아이들의 경우 투베르쿨린 검사를 통해 폐결핵 여부를 알아본다. 이 간단한 피부 테스트(최근 폐결핵이 다시 출현하면서 중요성이 강조되고 있다.)는 15개월에 실시할 수도 있다.

예방 접종

- Hib(헤모필루스 인플루엔자 b). 15개월에 실시할 수도 있다.

선행 지도

바람직한 육아 방법, 아이가 혼자 하겠다고 떼를 쓰는 경우, 훈육 방법, 아이와 대화하기, 영양 섭취, 젖떼기, 필요한 경우 불소 보충제 이용 방법, 부상 예방법, 말을 하도록 자극을 주는 방법, 그 밖에 앞으로 몇 달 동안 아이의 발달에 중요한 문제들을 안내하기도 한다.

다음 건강검진

15개월이 될 때 다시 건강검진을 하며 그 전에 궁금한 사항이 있거나 아이가 질병의 증상을 보이는 경우 간호사나 의사에게 연락한다.

Q14 생후 15개월 아이의 건강검진은 어떻게 하나요?

A 😊 아이가 머리어깨무릎발 놀이를 할 수 있습니다. 물건을 2개 쌓기도 합니다. 생후 15개월까지 혼자 걷지 않는 아이도 있으니, 못 걷는다고 걱정할 필요는 없습니다. 활동적이고 겁이 없는 아이는 더 일찍 걷는 경향이 있으나 일찍 걷는다고 다른 발달이 앞서는 것은 아닙니다. 아이를 키울 때에는 나무를 보지 말고 숲을 봐야 합니다.

건강검진을 수행하는 담당 의사나 임상 간호사에 따라 절차가 조금씩 다를 수 있지만, 생후 15개월 아기의 건강검진은 대체로 다음과 같이 이루어집니다.

건강검진 절차

- 지난번 건강검진 이후 아이의 발달, 행동, 식습관, 건강에 대해 질문한다. 가족이 대체로 잘 지내는지, 주된 스트레스나 변화는 없었는지, 아이가 형제들과 잘 지내는지, 부모가 아이를 돌보는 데 어려움은 없는지, 보육 시설은 어떤지(보육 시설에 보낼 경우) 등 아이의 전반적인 생활에 대해서 질문한다. 의사는 부모가 다른 궁금한 사항이나 걱정이 있는지 확인한다.
- 지난번 건강검진 이후 아이의 성장을 평가한다(키, 체중, 머리 둘레). 이 결과를 성장 도표에 표시하면 아이의 키에 비해 체중이 어느 정도인지 평가할 수 있고 과거 측정치들과 비교할 수도 있다.
- 관찰과 면담을 기반으로 신체 발달과 지능 발달, 청력과 시력에 대해 비공식적으로 평가한다.
- 아이가 빈혈의 위험이 있는 경우 손가락 끝 혈액을 채취해 혈액 검사를 실시한다(헤마토크리트 혹은 헤모글로빈 검사). 이 검사는 통상

12개월에서 만 4세 사이에 한 차례 실시한다.

- 납 성분에 대한 노출이 의심될 경우에 한해, 주로 손가락 끝 혈액을 채취해 혈액 검사를 실시한다.
- 고위험 아이들의 경우 생후 12개월에 검사를 실시하지 않았다면, 투베르쿨린 검사를 통해 폐결핵 여부를 알아본다.

예방 접종

- MMR(홍역, 유행성 이하선염, 풍진) 백신
- Hib(헤모필루스 인플루엔자 b). 사전에 접종을 실시하지 않은 경우 실시한다.
- HBV(B형간염 바이러스). 사전에 3차까지 모두 맞지 않은 경우.
- DTP(디프테리아, 파상풍, 백일해) 혹은 DTaP. 접종을 실시하거나 18개월 정기검진 때 접종한다.
- HbOC-DTP(HBV와 DTP 대신 이 결합 백신을 접종할 수 있다.)
- OPV(생경구적 폴리오바이러스 백신). 접종을 실시하거나 18개월 정기검진 때 접종한다.

선행 지도

바람직한 육아 방법, 훈육 방법, 부상 예방법, 스스로 심리적 위안을 찾는 행동(엄지손가락 빨기, 이행 대상(부모를 대신해 아이에게 심리적 안정을 주는 물건) 등), 텔레비전 시청, 부모의 지지, 배변 훈련을 할 준비, 수면과 수면 장애, 영양, 식습관, 젖떼기, 간식, 비타민 보충제, 육아 시설, 그 밖에 앞으로 몇 달 동안 꼭 알아 두어야 할 문제들을 안내한다.

다음 건강검진

아이가 건강하다면 18개월 때 다시 건강검진을 한다. 궁금한 사항이 있거나 아이가 질병의 증상을 보이는 경우 간호사나 의사에게 연락한다.

Q15 생후 18개월 아이의 건강검진은 어떻게 하나요?

A 혼자 먹기도 하고, 소변을 보고 쉬를 했다고 부모에게 알리기도 하고, 뽀뽀도 합니다. 한 손으로 잡고 층계도 올라가고, 뒤뚱뒤뚱 뛰어가기도 합니다.

건강검진을 수행하는 담당 의사나 임상 간호사에 따라 절차가 조금씩 다를 수 있지만, 생후 18개월 아기의 건강검진은 대체로 다음과 같이 이루어집니다.

건강검진 절차

- 지난번 건강검진 이후 아이의 발달, 행동, 식습관, 건강에 대해 질문한다. 가족이 대체로 잘 지내는지, 주된 스트레스나 변화는 없었는지, 아이가 형제들과 잘 지내는지, 부모가 아이를 돌보는 데 어려움은 없는지, 보육 시설은 어떤지(보육 시설에 보낼 경우) 등 아이의 전반적인 생활에 대해서도 질문한다. 의사나 간호사는 부모가 다른 질문이나 걱정이 있는지도 확인한다.
- 지난번 건강검진 이후 아이의 성장을 평가한다(키, 체중, 머리 둘레). 이 결과를 성장 도표에 표시하면 아이의 키에 비해 체중이 어느 정도인지 평가할 수 있고 과거 측정치들과 비교할 수도 있다.
- 관찰과 면담을 기반으로 신체 발달과 지능 발달, 청력과 시력에 대해 비공식적으로 평가한다. 걸음걸이(아이가 걷는 방식)도 점검한다.
- 아이가 빈혈의 위험이 있는 경우 손가락 끝 혈액을 채취해 혈액 검사를 실시한다(헤마토크리트 혹은 헤모글로빈 검사). 이 검사는 통상 12개월에서 만 4세 사이에 한 차례 실시한다.
- 납 성분에 노출이 의심될 경우에 한해, 주로 손가락 끝 혈액을 채취해 혈액 검사를 실시한다.

- 위험 아이들의 경우 투베르쿨린 검사를 통해 폐결핵 여부를 알아본다. 이 간단한 피부 테스트(최근 폐결핵이 다시 출현하면서 중요성이 강조되고 있다.)는 15개월에 실시할 수도 있다.

예방 접종

- DTP(디프테리아, 파상풍, 백일해). 15개월 정기검진 때 접종하지 않은 경우.
- OPV(생경구적 폴리오바이러스 백신). 15개월에 접종하지 않은 경우.

선행 지도

바람직한 육아 방법, 부상 예방법, 아이에게 책 읽어 주기, 사이좋게 노는 법 가르치기, 충분한 영양 섭취, 식습관, 간식, 비타민 보충제, 모유나 분유 떼기(아직 떼지 못했다면), 심리적 위안을 찾기 위한 습관들(엄지손가락 빨기, 노리개 젖꼭지 이용, 이행 대상), 낮잠과 밤잠의 수면 문제, 밤을 두려워함, 배변 훈련 준비, 훈육, 육아 시설, 부모의 지원, 그 밖에 앞으로 몇 달 동안 꼭 알아 두어야 할 문제들을 안내한다.

다음 건강검진

아이가 건강하다면 24개월 때 다시 건강검진을 한다. 궁금한 사항이 있거나 아이가 질병의 증상을 보이는 경우 간호사나 의사에게 연락한다.

Q16 생후 24개월의 건강검진은 어떻게 하나요?

A 아이가 마음대로 계단도 오르내리고 잘 뛰어다닙니다. 혼자 숟가락질을 해서 밥을 먹고, 간단한 옷은 혼자 벗기도 합니다. 그림책을 읽어 주면 귀 기울여 듣습니다. 건강검진을 수행하는 담당 의사나 임상 간호사에 따라 절차가 조금씩 다를 수 있지만, 생후 두 돌 아이의 건강검진은 대체로 다음과 같이 이루어집니다.

건강검진 절차

- 지난번 건강검진 이후 아이의 발달, 행동, 식습관, 건강에 대해 질문한다. 가족이 대체로 잘 지내는지, 주된 스트레스나 변화는 없었는지, 아이가 형제들과 잘 지내는지, 부모가 아이를 돌보는 데 어려움은 없는지, 보육 시설은 어떤지(보육 시설에 보낼 경우) 등 아이의 전반적인 생활에 대해서 질문한다. 의사는 부모가 다른 궁금한 사항이나 걱정이 있는지도 알고 싶어 한다.

- 지난번 건강검진 이후 아이의 성장을 평가한다(키, 체중, 머리 둘레). 이 결과를 성장 도표에 표시하면 아이의 키에 비해 체중이 어느 정도인지 평가할 수 있고 과거 측정치들과 비교할 수도 있다.

- 신체 발달과 지능 발달에 대해 비공식적으로 평가한다.

- 청력 검사와 시력 검사(양쪽 눈의 위치가 일직선으로 가지런한지 확인한다.)

- 아이가 빈혈의 위험이 있는 경우 손가락 끝 혈액을 채취해 혈액 검사를 실시한다(헤마토크리트 혹은 헤모글로빈 검사). 이 검사는 통상 12개월에서 만 4세 사이에 한 차례 실시한다.

- 주로 손가락 끝 혈액을 채취해 혈액 검사를 실시하여 납 성분이 있는지 확인한다.

- 고위험 아이들은 투베르쿨린 검사를 통해 폐결핵 여부를 알아본다.

예방 접종

이전에 실시하지 않은 예방 접종이 있다면 실시한다.

선행 지도

바람직한 육아 방법, 부상 예방법, 적절한 장난감과 놀이 활동, 영양, 수면, 배변 훈련, 보육 시설, 유치원, 언어 발달 등 앞으로 꼭 알아 두어야 할 문제에 대한 교육을 안내한다.

다음 건강검진

아이가 건강하다면 세 살이 될 때 건강검진을 하며 궁금한 사항이 있
거나 아이가 질병의 증상이나 기타 문제를 보이는 경우 간호사나 의사
에게 연락한다.

Q17 3세 아이의 건강검진은 어떻게 하나요?

A 세발자전거를 탈 수 있습니다. 이름을 물으면 '○○○'라고 대답
하고, '하나, 둘, 셋' 수도 셉니다. 혼자 단추를 풀고, 신발을 신고, 손을
씻습니다.

건강검진 절차

- 지난번 건강검진 이후 아이의 발달, 행동, 식습관, 건강에 대해 질문
  한다. 가족이 대체로 잘 지내는지, 주된 스트레스나 변화는 없었는
  지, 아이가 형제들과 잘 지내는지, 부모가 아이를 돌보는 데 어려움
  은 없는지, 보육 시설은 어떤지(보육 시설에 보낼 경우) 등 아이의 전
  반적인 생활에 대해서 질문한다. 의사나 간호사는 부모가 다른 궁금
  한 사항이나 걱정이 있는지 확인하고, 아이와도 '면담'을 한다.
- 지난번 건강검진 이후 아이의 성장을 평가한다(키, 체중, 머리 둘레).
  이 결과를 성장 도표에 표시하면 아이의 키에 비해 체중이 어느 정
  도인지 평가할 수 있고 과거 측정치들과 비교할 수도 있다.
- 관찰과 면담을 기반으로 신체 발달과 지능 발달, 청력과 시력에 대해
  비공식적으로 평가한다. 눈에 사시(내사시, 외사시, 상하사시) 증상
  이 있는지 확인한다.

- 아이가 빈혈의 위험이 있는 경우 손가락 끝 혈액을 채취해 혈액 검사를 실시한다(헤마토크리트 혹은 헤모글로빈 검사). 이 검사는 통상 12개월에서 만 4세 사이에 한 차례 실시한다.
- 납 성분에 노출이 의심될 경우에 한해, 혈액 검사를 통해 납 성분이 있는지 판별한다.
- 12개월에서 4세 사이에 소변 검사를 한 차례 실시한다.
- 고위험 아이들은 투베르쿨린 검사를 통해 폐결핵 여부를 알아본다.

선행 지도

바람직한 육아 방법, 부상 예방법, 적절한 장난감과 놀이 활동, 충분한 영양 섭취, 훈육, 치아 건강, 배변 훈련(아직 기저귀를 차고 있다면), 어린이집이나 유치원, 기타 앞으로 알아 두어야 할 중요한 문제들을 안내한다.

예방 접종

예방 접종을 스케줄대로 시행해 왔다면 독감 접종 이외에는 특별히 할 접종이 없다.

다음 건강검진

아이가 건강하고 별 문제 없다면, 다음 건강검진은 4세에 실시하며 궁금한 사항이 있거나 아이가 질병의 증상을 보이는 경우 간호사나 의사에게 연락한다.

2장

아기의 변화

잘 자라고 있는 걸까요?

연약했던 아기가 시간이 흐름에 따라 기고 걷고 뛰다가, 어느 사이에 반항기 가득한 사춘기 청소년이 되어 갑니다. 아기는 태어난 순간부터 경주를 시작합니다. 부모는 아기를 출발선에 세워 두고 자신이 출전시킨 선수가 좋은 성적을 거두지 못하면 크게 실망합니다. 어떤 아기는 10주 만에 뒤집기를 시작하는데 왜 우리 애는 12주가 됐는데도 뒤집을 생각을 안 하지? 옆집 애는 석 달 반 만에 물건을 잡기 시작했는데 왜 우리 애는 못 하지? 다른 애들은 생후 5개월이 되면 똑바로 앉는다는데 6개월째인 우리 애는 왜 푹 쓰러지지? 하지만 일찌감치 성장

기술을 익혀 일등으로 출발했다고 해서 끝까지 승자가 된다는 보장도 없고, 발달이 느리다고 해서 끝까지 뒤처지는 법도 없습니다. 아이의 변화에 일희일비하기보다는 큰 안목으로 멀리 보면서 느긋하게 키우는 것이 부모의 의무이자 지혜입니다.

Q18 빨리 크면 똑똑한가요? 늦게 크면 지능이 떨어지나요?

A 아기의 지능을 측정하여 그것을 근거로 몇 년 후 지능을 추측하려는 시도는 아무런 소용이 없는 일입니다. 연구 결과에 따르면 3세부터 17세까지 아이 일곱 명 가운데 한 명꼴로 IQ 40을 유지한다고 합니다. 다시 말해 '평균적인' 두 살배기 아기들은 '재능이 많은' 청소년으로 성장한다고 봐도 좋습니다.

물론 유아기 때 지능이 어떤 식으로 나타나는지, 나타나기는 하는지 알 수 없다는 것이 어려운 문제이기는 합니다. 아기가 똑똑하다고 해도 아기는 말을 할 줄 모르기 때문에 증명할 길이 없습니다. 아기들과 함께 생활해 온 사람은 아이마다 발달 속도가 각각 다르다는 것을 알 것입니다. 발달 속도가 각기 다른 원인은 영양 때문이 아니라 많은 부분 선천적인 특징 때문입니다. 아이들은 태어날 때부터 특정한 시기가 되면 미소를 짓고, 고개를 들고, 똑바로 앉고, 첫 걸음을 떼도록 프로그램되어 있는 것 같습니다.

여러 연구 결과에 따르면 아기의 발달을 위해 충분한 환경을 제공하지 않고, 자극이나 기회를 제대로 주지 않으며, 영양 공급이 부실하고, 건강 관리가 제대로 이루어지지 않으며(특정한 의료적·정서적 문제들이 발달에 지장을 줄 수 있다.), 충분한 사랑과 관심을 제공하지 않음으로써 아기의 성장을 늦출 수는 있어도, 성장 과정을 가속화하기 위해 할 수 있는 방법은 거의 없다고 합니다.

Q19 아기의 발달은 여러 분야의 발달이 합쳐진 것이라고 들었습니다. 여러 분야란 어떤 부분을 말하나요?

A 아이는 사회, 언어, 대동작, 소동작 분야에서 고른 발달을 보여야 건강하다고 볼 수 있습니다. 부모는 아이가 각 분야에서 잘 발달할 수 있도록 도와야 합니다.

1. 사회적 분야 발달

미소를 짓고, 옹알이를 하고, 사람 얼굴과 목소리에 반응하는 법을 얼마나 빨리 익히는지에 따라 아기의 사회적 발달 정도를 알 수 있다. 천성적으로 다른 아기들보다 진지한 아기도 있고 애교가 더 많은 아기도 있지만, 이 분야의 발달이 많이 늦어지면 시력이나 청력의 발달, 혹은 정서적·지능적 발달에 문제가 있을 수 있다.

2. 언어적 분야 발달

어려서부터 단어를 많이 알거나 다른 아이들보다 일찍 구절과 문장으로 말을 할 줄 아는 아이는 앞으로도 단어 구사 능력이 뛰어날 것이다. 하지만 만 2세에 접어들었는데도 말을 할 때마다 어떤 단어를 선택해야 할지 몰라 망설이고 몸짓을 활용하는 아이라도 나중에 다른 아이들 정도의 언어 구사력을 충분히 따라잡을 수 있고 심지어 다른 아이들보다 훨씬 말을 잘할 수도 있다. 발달 과정에서는 표현 언어 발달(실제로 말하는 능력)보다 수용 언어 발달(상대방이 하는 말을 이해하는 능력)

이 더 정확한 척도가 되기 때문에, '모든 것을 이해'하지만 거의 말을 하지 않는 경우 발달이 지연될 가능성은 거의 없다. 이 분야 역시 발달이 아주 느린 경우 시력이나 청력의 문제가 있을 수 있으므로 평가를 받아 봐야 한다.

3. 대근육 운동 분야 기능 발달

자궁 안에서 발차기할 때부터 신체적으로 활발한 아기들이 있는 것 같다. 그런 아기들은 태어난 후에도 대부분의 다른 아기들보다 일찍 고개를 지탱하고, 앉고, 서고, 걷고, 운동 신경이 발달할 가능성도 높다. 하지만 처음에 진도가 느린 아기라도 나중에 축구 경기장이나 테니스 코트에서 누구보다 우수한 기량을 자랑하기도 한다. 그러나 운동 신경이 지나치게 느리다면 신체적 장애나 건강상의 장애가 없는지 확실하게 평가를 받아 봐야 한다.

4. 소근육 운동 분야 기능 발달

눈과 손의 조정 능력, 손을 뻗어 물건을 잡고 조작하는 능력이 평균 또래 아이들보다 빨리 발달한 아기들은 손재주가 있다고 예상해도 좋다. 그러나 이 분야의 기능이 발달하는 데 오랜 시간이 걸린다고 해서 나중에 반드시 '손재주가 없는' 사람이 되는 건 아니다.

Q20 아기의 발달에 여러 분야가 있다면 여러 분야의 발달이 동시에 되는지 혹은 각각 다른 속도로 발달하는지 궁금합니다.

A 대개는 모든 분야의 발달 속도가 똑같이 빠르거나 느리게 진행되지는 않습니다. 생후 6주에 미소를 지을 줄 알아도 6개월이 지날 때까지 장난감을 향해 손을 뻗지 못할 수도 있고, 생후 8개월에 걷기를 시작해도 1년 6개월이 지나야 겨우 말을 하게 되기도 합니다. 간

혹 모든 분야가 고르게 발달하는 아이도 있는데, 이 경우 장차 아기의 가능성을 보다 확실하게 짐작할 수 있습니다. 가령 일찌감치 모든 분야가 고루 발달한 아이는 일반적인 아이들보다 더 똑똑할 가능성이 있는 반면, 모든 분야에서 유독 발달이 느린 아이는 발달상으로나 건강상 심각한 문제가 있을 수 있으므로 전문가의 평가와 개입이 필요합니다. 발달 속도는 아이들마다 다르지만, 환경적·신체적 장애가 없다는 가정하에 공통적으로 적용되는 세 가지 기본 패턴의 원칙이 있습니다. 첫째, 아이들은 위에서 아래로, 머리에서 발가락을 향해 발달합니다. 머리를 똑바로 세울 줄 안 다음 등을 바로 세워 앉고, 등을 바로 세워 앉은 다음 혼자 힘으로 일어섭니다. 둘째, 아이들은 몸통에서 팔다리를 향해 발달합니다. 팔을 사용한 다음 손을 사용하고, 손을 사용한 다음 손가락을 사용합니다. 셋째, 간단한 단계에서 복잡한 단계로 발달합니다.

Q21 각 분야의 발달이 항상 발전과 향상을 하나요?

A 유아의 학습에 대한 또 다른 양상은 특정한 기술을 습득할 때 깊이 집중한다는 것입니다. 아이들은 일어서는 연습을 하는 동안에는 옹알이를 시작하는 데 관심을 보이지 않습니다. 일단 한 가지 기술이 완성되면 다른 관심 대상을 향해 집중력을 보이는데, 이땐 새로운 분야에 깊이 몰두한 나머지 적어도 한동안은 지난번에 익힌 기술을 잊어버린 것처럼 보입니다. 때가 되면 결국 다양한 모든 기술을 한데 종합하고, 각각의 기술을 필요할 때 자유자재로 적절하게 사용합니다.

Q22 갓 태어난 신생아는 어떤 발달 과정을 보이나요?

A 😊 생후 며칠 내에 아기를 엎어 놓으면 고개를 살짝 들어 올립니다. 질식의 위험성 때문에 옆에서 지켜보는 사람이 있을 때만 엎어 놓아야 합니다. 팔다리를 몸통의 양쪽으로 똑같이 잘 움직입니다. 20~40cm 이내의 물체에 초점을 맞춥니다. 특히 부모의 얼굴에 잘 맞춥니다.

Q23 생후 1개월까지 신생아의 상태는 어떠합니까?

A 😊 모든 아기는 각자의 성장 연대표에서 그 나이에 맞는 적절한 단계에 도달하게 됩니다. 아이가 이런 단계들 가운데 한두 개 정도에 아직 도달하지 못한 것 같다고 해도 전혀 걱정할 필요 없습니다. 조만간 거뜬하게 도착합니다. 아기들은 나름의 발달 속도를 지니고 있으므로, 조금 빨라도 조금 느려도 모두 지극히 정상입니다. 아기가 엎드린 자세로 할 수 있는 기술들은 실제로 해 볼 기회가 주어져야만 완전히 익힐 수 있다는 사실도 기억해야 합니다. 아기의 성장이 걱정된다면 담당 의사와 상의해 봅니다. 조기 분만으로 태어난 아기들은 또래 아기들에 비해 대체로 성장이 늦으며, 주로 조정 연령(아기가 달을 다 채우고 태어났을 때 연령)보다 늦게 성장합니다.

- 평평한 바닥에 엎드려 있을 때 고개를 살짝 들 수 있다.
- 얼굴을 주시한다.
- 간혹 벨소리가 들리면 깜짝 놀라거나, 울거나, 조용해지는 등 여러 방법으로 반응할 수도 있다.

- 간혹 엎드려서 45도 각도로 고개를 들 수도 있다.
- 간혹 우는 것 외에 여러 가지 방법으로 목소리를 낼 수도 있다(옹알이를 한다든지).
- 간혹 엄마 아빠의 미소에 미소로 반응할 수 있다.
- 드물게 엎드려서 고개를 90도 각도로 들 수 있다.
- 드물게 똑바로 서 있을 때 고개를 안정되게 들 수 있다.
- 드물게 두 손을 모을 수 있다.
- 드물게 마음에서 우러난 미소를 짓는다.

Q24 생후 2개월 아기는 어떤 발달 과정을 보이나요?

A 아기가 차츰 활동적이고 똘망똘망하게 성장했으며, 잠은 덜 자고 상호 작용은 더 많아졌을 것입니다. 부모 역시 좀 더 노련해져 한 손으로 기저귀를 갈 줄 알고, 아기 트림시키기 달인이 되었으며, 자면서도 아기에게 젖을 물릴 수 있을 것입니다. 그렇지만 아기가 울음 발작을 일으키고, 배설물에 낯선 분비물이 보이면 마음을 졸이며 의사에게 수시로 전화를 하고 싶을 것입니다. 하지만 아기가 자라고 부모로서의 균형 감각이 커질수록 매일매일 닥치는 어려움에 침착하게 대처하게 될 것입니다. 또 하나, 엄마 아빠를 향해 애정을 담뿍 담아 지어 보이는 아기의 진짜 미소를 보게 될 것입니다.

- 엄마 아빠의 미소에 미소로 반응한다.
- 벨소리가 들리면 깜짝 놀라거나, 울거나, 조용해지는 등 여러 가지 방법으로 반응한다.

- 드물게 우는 것 외에도 여러 가지 방법으로 목소리를 낼 수도 있다 (옹알이를 한다든지).
- 드물게 엎드려서 45도 각도로 고개를 들 수도 있다.
- 드물게 똑바로 서 있을 때 고개를 안정되게 들 수 있다.
- 드물게 엎드려서 팔로 지탱해 가슴을 든다.
- 간혹 드물게 뒤집는다(한쪽 방향으로).
- 간혹 드물게 손등이나 손가락 끝에 매달린 딸랑이를 꽉 잡는다.
- 간혹 드물게 건포도같이 작은 물체를 주의 깊게 본다.(이런 물체를 아기의 손이 닿지 않는 곳에 두어야 한다.)
- 간혹 드물게 물체를 향해 손을 뻗는다.
- 간혹 드물게 '아-구' 같은 모음과 자음이 결합된 말을 한다.
- 아주 드물게 마음에서 우러난 미소를 짓는다.
- 아주 드물게 두 손을 모은다.
- 아주 드물게 엎드려서 고개를 90도 각도로 들 수 있다.
- 아주 드물게 큰 소리로 웃는다.
- 아주 드물게 기분 좋으면 꺄악 소리를 지른다.
- 아주 드물게 얼굴에서 15cm 정도 위에 달린 물체를 계속해서 바라보고 그 물체가 180도 각도(한쪽 끝에서 다른 쪽 끝으로)로 움직이면 시선이 같이 따라간다.

Q25 생후 3개월 아기는 어떤 발달 과정을 보이나요?

A 이 달에 아기는 세상엔 먹고 자고 우는 것 말고도 할 일이 많다는 걸 발견합니다. 이 시기 아기들이 이 많은 일을 다 해내지는 않더라도(산통을 앓는 아기들은 생후 3개월이 지날 때까지 계속해서 늦은 오후와

초저녁에 한바탕 크게 울어 댈 것입니다.) 관심의 지평이 한층 확대됩니다. 이맘때 아기들은 자기 손을 좋아합니다. 생후 2, 3개월 아기들에게 손은 더할 나위 없이 흥미로운 장난감입니다. 낮에 오랜 시간 깨어 놀고 밤에 오랜 시간 잠을 자기도 합니다. 미소를 짓고, 까르륵 소리를 내고, 꺅 소리를 지르고, 옹알이를 하는 등 사랑스러운 모습을 보여 주어 엄마 아빠를 기쁘게 합니다.

- 엎드려서 45도 각도로 고개를 든다.
- 큰 소리로 웃는다.
- 간혹 기분 좋으면 꺄악 소리를 지를 수 있다.
- 간혹 두 손을 모을 수 있다.
- 간혹 마음에서 우러난 미소를 지을 수 있다.
- 간혹 얼굴에서 15cm 정도 위에 달린 물체를 계속해서 바라보고 그 물체가 180도 각도(한쪽 끝에서 다른 쪽 끝으로)로 움직이면 시선이 같이 따라갈 수도 있다.
- 드물게 똑바로 서 있을 때 고개를 안정되게 들 수 있다.
- 드물게 엎드려서 팔로 지탱해 가슴을 든다.
- 드물게 뒤집는다(한쪽 방향으로).
- 드물게 손등이나 손가락 끝에 매달린 딸랑이를 꽉 잡는다.
- 드물게 건포도같이 작은 물체를 주의 깊게 본다.(이런 물체를 아기의 손이 닿지 않는 곳에 두어야 한다.)
- 아주 드물게 똑바로 세우면 다리에 체중을 싣는다.
- 아주 드물게 물체를 향해 손을 뻗는다.
- 아주 드물게 앉히려고 일으켜 세우면 몸통과 함께 머리도 같이 움직인다.

- 아주 드물게 목소리가 들리는 방향으로, 특히 엄마 목소리가 들리는 방향으로 고개를 돌린다.
- 아주 드물게 '아-구' 같은 모음과 자음이 결합된 말을 한다.
- 아주 드물게 브브브 하는 소리를 낸다(입에 침을 튀기면서).

Q26 생후 4개월 아기는 어떤 발달 과정을 보이나요?

A 아기는 그야말로 유아기의 황금기에 들어섰습니다. 아기는 앞으로 몇 달간 낮에는 기분이 좋아 방긋방긋 웃고 밤에는 숙면을 취합니다. 독립적으로 움직이지 못해 부모가 눕혀 놓은 장소에 한참 동안 그대로 누워 있고 주변을 어지럽히거나 장난을 치지 않습니다. 사람들과 어울리길 좋아하고, 호기심이 많으며, 옹알이를 하면서 대화를 하고, 주변 세상을 둘러보길 좋아합니다.

- 엎드려서 45~90도 각도까지도 고개를 든다.
- 큰 소리로 웃는다.
- 얼굴에서 15cm 정도 위에 달린 물체를 계속해서 바라보고 그 물체가 180도 각도(한쪽 끝에서 다른 쪽 끝으로)로 움직이면 시선이 같이 따라간다.
- 똑바로 서 있을 때 고개를 안정되게 들 수도 있다.
- 엎드려서 팔로 지탱해 가슴을 들 수도 있다.
- 손등이나 손가락 끝에 매달린 딸랑이를 꽉 잡을 수도 있다.
- 건포도같이 작은 물체를 주의 깊게 본다. 이런 물체를 아기의 손이 닿지 않는 곳에 두어야 한다.

- 물체를 향해 손을 뻗을 수도 있다.
- 기분 좋으면 꺄악 소리를 지를 수도 있다.
- 드물게 앉히려고 일으켜 세우면 몸통과 함께 머리도 같이 움직인다.
- 드물게 뒤집는다(한쪽 방향으로).
- 드물게 목소리가 들리는 방향으로, 특히 엄마 목소리가 들리는 방향으로 고개를 돌린다.
- 드물게 '아-구' 같은 모음과 자음이 결합된 말을 한다.
- 드물게 브브브 하는 소리를 낸다(입에 침을 튀기면서).
- 아주 드물게 똑바로 세우면 다리에 체중을 싣는다.
- 아주 드물게 받쳐 주지 않아도 앉을 수 있다.
- 아주 드물게 장난감을 멀리 떨어뜨려 놓으려 하면 싫어하는 내색을 보인다.
- 아주 드물게 목소리가 들리는 방향으로 고개를 돌린다.

Q27 생후 5개월 아기는 어떤 발달 과정을 보이나요?

A 생후 5개월 동안 아기는 끊임없이 놀잇거리를 찾습니다. 거의 매일 새로운 장난거리를 찾고, 세상에서 가장 좋아하는 친구(바로 부모!)와 지칠 줄 모르고 사회적 상호 작용을 하려 듭니다. 주의를 집중하는 시간이 상대적으로 길어지면서 불과 2주 전에 비해 상호 작용이 훨씬 활발해집니다. 아기는 자신을 둘러싼 세상에 점점 푹 빠져듭니다. 아기는 주변의 것을 만지고, 손에 닿는 모든 것을 탐색하며, 입에 넣을 수 있는 건 죄다 입으로 가져갑니다.

- 똑바로 서 있을 때 고개를 안정되게 들 수 있다.
- 엎드려서 팔로 지탱해 가슴을 든다.
- 건포도같이 작은 물체를 주의 깊게 본다.(이런 물체를 아기의 손이 닿지 않는 곳에 두어야 한다.)
- 기분 좋으면 꺄악 소리를 지른다.
- 마음에서 우러난 미소를 짓는다.
- 부모가 미소를 지으면 미소로 응답한다.
- 손등이나 손가락 끝에 매달린 딸랑이를 꽉 잡는다.
- 간혹 앉히려고 일으켜 세우면 몸통과 함께 머리도 같이 움직인다.
- 간혹 뒤집는다(한쪽 방향으로).
- 간혹 똑바로 세우면 다리에 체중을 싣는다.
- 간혹 '아-구' 같은 모음과 자음이 결합된 말을 한다.
- 간혹 브브브 하는 소리를 낸다(입에 침을 튀기면서).
- 간혹 목소리가 들리는 방향으로 고개를 돌린다.
- 드물게 받쳐 주지 않아도 앉을 수 있다.
- 아주 드물게 앉은 자세에서 일어설 수 있다.
- 아주 드물게 사람이나 사물을 잡고 서 있을 수 있다.
- 아주 드물게 장난감을 멀리 떨어뜨려 놓으려 하면 싫어하는 내색을 보인다.
- 아주 드물게 손이 닿지 않는 곳에 놓인 장난감을 잡기 위해 다가간다.
- 아주 드물게 네모난 물체를 한 손에서 다른 손으로 옮긴다.
- 아주 드물게 떨어진 물체를 찾는다.
- 아주 드물게 손가락으로 작은 물체를 끌어와 주먹 안에 쥔다.(위험한 물건은 반드시 아기의 손이 닿지 않는 곳에 두어야 한다.)
- 아주 드물게 가-가-가, 바-바-바, 마-마-마, 다-다-다 같은 모음과 자음이 결합된 옹알이를 한다.

Q28　생후 6개월 아기는 어떤 발달 과정을 보이나요?

A　이 시기에는 아기의 개성이 더욱 뚜렷해집니다. 제법 옹알이도 길어지고, 간간이 깔깔대며 웃기도 하는 등 점점 재주가 늘어 갑니다. 딸랑이 흔들기뿐 아니라 까꿍 놀이를 아주 좋아합니다. 탐색에 대한 열정은 여전하며, 마치 자신의 장난감인 양 부모의 얼굴을 잡아당깁니다.(당분간 안경과 귀걸이를 착용하지 말고 머리카락을 자르는 것이 안전합니다.) 첫 이유식을 시도하기 위해 턱받이와 유아용 식탁 의자를 사용하게 될 것입니다(아직 개시하지 않았다면).

- 앉히려고 일으켜 세우면 몸통과 함께 머리도 같이 움직인다.
- '아-구' 같은 모음과 자음이 결합된 말을 한다.
- 간혹 똑바로 세우면 다리에 체중을 싣는다.
- 간혹 받쳐 주지 않아도 앉을 수 있다.
- 간혹 목소리가 들리는 방향으로 고개를 돌린다.
- 간혹 브브브 하는 소리를 낸다(입에 침을 튀기면서).
- 드물게 사람이나 사물을 잡고 서 있을 수 있다.
- 드물게 장난감을 멀리 떨어뜨려 놓으려 하면 싫어하는 내색을 보인다.
- 드물게 손이 닿지 않는 곳에 놓인 장난감을 잡기 위해 다가간다.
- 네모난 물체를 한 손에서 다른 손으로 옮긴다.
- 떨어진 물체를 찾는다.
- 손가락으로 작은 물체를 끌어와 주먹 안에 쥔다.(위험한 물건은 반드시 아기의 손이 닿지 않는 곳에 두어야 한다.)
- 가-가-가, 바-바-바, 마-마-마, 다-다-다 같은 모음과 자음이 결합된 옹알이를 한다.
- 손으로 집어 먹을 수 있는 핑거 푸드를 먹는다.

- 아주 드물게 배밀이를 하거나 길 줄 안다.
- 아주 드물게 앉은 자세에서 일어설 수 있다.
- 아주 드물게 엎드려 있다가 앉을 수 있다.
- 아주 드물게 작은 물체를 엄지손가락과 나머지 손가락을 이용해 집을 수 있다.(이런 물체를 아기의 손이 닿지 않는 곳에 두어야 한다.)
- 아주 드물게 '맘마'나 '빠빠' 같은 말을 구별 없이 한다.

Q29   생후 7개월 아기는 어떤 발달 과정을 보이나요?

A 🙋 아기는 여전히 사교적이지만, 가끔은 일대일 상호 작용은 뒷전이고 탐색을 하느라 온 정신을 쏟기도 합니다. 호기심이 커지고 독립심이 싹트면서 탐색에 대한 관심이 높아집니다.(앞으로 몇 달 후면 이런 모습을 아주 많이 목격하게 됩니다.) 구속받고 싶지 않은 욕구와 더불어 독립적으로 돌아다니고 싶은 욕구가 생깁니다. 아기가 몸을 비틀고, 구르고, 배밀이를 하고, 방 한쪽 끝에서 반대편 끝까지 기어가는 등 많은 재주를 보여 줄 것입니다.(배밀이나 기는 단계를 건너뛰는 아기도 있는데, 특히 엎드려서 보내는 시간이 많지 않을 때 그렇습니다.) 아기가 독립적으로 움직일 날이 머지않은 만큼, 집 안에 안전시설을 설치하지 않았다면 서둘러 빈틈없이 설치해야 합니다.

- 혼자서 크래커를 먹는다.
- 브브브 하는 소리를 낸다(입에 침을 튀기면서).
- 기분이 좋으면 옹알이를 한다.

- 부모와 상호 작용을 할 땐 자주 미소를 짓는다.
- 간혹 받쳐 주지 않아도 앉을 수 있다.
- 간혹 똑바로 세우면 다리에 체중을 싣는다.
- 간혹 장난감을 멀리 떨어뜨려 놓으려 하면 싫어하는 내색을 보인다.
- 간혹 손이 닿지 않는 곳에 놓인 장난감을 잡기 위해 다가간다.
- 간혹 떨어진 물체를 찾는다.
- 간혹 손가락으로 작은 물체를 끌어와 주먹 안에 쥔다.(위험한 물건은 반드시 아기의 손이 닿지 않는 곳에 두어야 한다.)
- 간혹 목소리가 들리는 방향으로 고개를 돌린다.
- 간혹 가-가-가, 바-바-바, 마-마-마, 다-다-다 같은 모음과 자음이 결합된 옹알이를 한다.
- 간혹 까꿍 놀이를 한다.
- 드물게 배밀이를 하거나 길 줄 안다.
- 드물게 네모난 물체를 한 손에서 다른 손으로 옮긴다.
- 드물게 사람이나 사물을 잡고 서 있을 수 있다.
- 아주 드물게 앉은 자세에서 일어설 수 있다.
- 아주 드물게 엎드려 있다가 앉을 수 있다.
- 아주 드물게 짝짜꿍 놀이를 하거나 빠이빠이 하고 손을 흔든다.
- 아주 드물게 작은 물체를 엄지손가락과 나머지 손가락을 이용해 집을 수 있다.(이런 물체를 아기의 손이 닿지 않는 곳에 두어야 한다.)
- 아주 드물게 가구를 잡고 걷는다.
- 아주 드물게 '맘마'나 '빠빠' 같은 말을 구별 없이 한다.

Q30 생후 8개월 아기는 어떤 발달 과정을 보이나요?

A 생후 7개월과 8개월 아기들은 바쁩니다. 이미 익힌 기능을(아

마도 기기 같은) 연습하고, 익히고 싶은 기능을(일어서기 같은) 연습하고, 노느라 바쁩니다. 손가락과 손을 꽤 능숙하게 움직일 줄 알기 때문에 노는 재미가 최소한 두 배는 더 크고, 집중력도 크게 향상되어 최소한 두 배는 깊이 몰두합니다. 탐색하고 발견하고 학습하기 바쁘고, 유머 감각이 생기기 시작하면서 웃음도 많아집니다. 이달에도 아기는 여전히 자음과 모음을 결합해 소리를 내고, 이달 말쯤이면 엄마 아빠가 그토록 기다리던 단어("엄-마"나 "아-빠")를 발음할 수 있을지도 모릅니다. 이해력은 아직 상당히 부족하지만, 몇몇 단어의 의미는 이해하기 시작합니다. '싫어'를 가장 먼저 이해하게 될 것입니다. 아직 거울에 비친 모습이 누구인지 인식하지 못하지만 거울을 가지고 노는 걸 무척 좋아합니다.

- 똑바로 세우면 다리에 체중을 싣는다.
- 혼자서 크래커를 먹는다.
- 손가락으로 작은 물체를 끌어와 주먹 안에 쥔다.(위험한 물건은 반드시 아기의 손이 닿지 않는 곳에 두어야 한다.)
- 목소리가 들리는 방향으로 고개를 돌린다.
- 떨어진 물체를 찾는다.
- 간혹 네모난 물체를 한 손에서 다른 손으로 옮긴다.
- 간혹 사람이나 사물을 잡고 서 있을 수 있다.
- 간혹 장난감을 멀리 떨어뜨려 놓으려 하면 싫어하는 내색을 보인다.
- 간혹 손이 닿지 않는 곳에 놓인 장난감을 잡기 위해 다가간다.
- 간혹 까꿍 놀이를 한다.
- 간혹 엎드려 있다가 앉을 수 있다.

- 드물게 배밀이를 하거나 길 줄 안다.
- 드물게 앉은 자세에서 일어설 수 있다.
- 드물게 작은 물체를 엄지손가락과 나머지 손가락을 이용해 집을 수 있다.(이런 물체를 아기의 손이 닿지 않는 곳에 두어야 한다.)
- 드물게 '엄마'나 '아빠' 같은 말을 구별 없이 한다.
- 아주 드물게 짝짜꿍 놀이를 하거나 빠이빠이 하고 손을 흔든다.
- 아주 드물게 가구를 잡고 걷는다.
- 아주 드물게 잠깐 혼자 선다.
- 아주 드물게 "안 된다."는 말의 의미를 이해한다.(그러나 늘 이해하는 건 아니다.)

Q31 생후 9개월 아기는 어떤 발달 과정을 보이나요?

A 지난달에는 배밀이를 하더니 이제 기어 다니고, 까꿍 놀이를 합니다. 아기는 흉내쟁이이며(엄마 아빠가 내는 소리를 신나게 따라 합니다.) 타고난 연기자로(언제든 필요에 따라 기침하는 척합니다.) 활약하기 시작합니다. 대상 영속성 같은—아빠가 메뉴판 뒤에 숨어 있어도 여전히 그 자리에 있다는 걸 아는—복잡한 개념을 이해하고(까꿍 놀이), 놀이 방식도 훨씬 정교해집니다. 그러나 이런 성숙함 뒤에 낯가림이라는 대가가 따릅니다. 자주 보던 사람에게도 갑자기 까다롭게 굽니다. 엄마, 아빠, 베이비시터 외에는 아무도 건드리지 못하게 하기도 합니다.

- 손이 닿지 않는 곳에 놓인 장난감을 잡기 위해 다가간다.
- 떨어진 물체를 찾는다.

- 간혹 앉은 자세에서 일어설 수 있다.

- 간혹 배밀이를 하거나 길 줄 안다.

- 간혹 엎드려 있다가 앉을 수 있다.

- 장난감을 멀리 떨어뜨려 놓으려 하면 싫어하는 내색을 보인다.

- 사람이나 사물을 잡고 서 있을 수 있다.

- 작은 물체를 엄지손가락과 나머지 손가락을 이용해 집을 수 있다.(이런 물체를 아기의 손이 닿지 않는 곳에 두어야 한다.)

- '엄마'나 '아빠' 같은 말을 구별 없이 한다.

- 까꿍 놀이를 한다.

- 드물게 짝짜꿍 놀이를 하거나 빠이빠이 하고 손을 흔든다.

- 드물게 가구를 잡고 걷는다.

- 드물게 "안 된다."는 말의 의미를 이해한다.(그러나 늘 이해하는 건 아니다.)

- 아주 드물게 '공놀이'를 한다.(상대에게 다시 공을 굴린다.)

- 아주 드물게 혼자서 컵으로 음료를 마신다.

- 아주 드물게 작은 물체를 엄지와 검지 끝으로 정확하게 잡는다.(위험한 물건은 반드시 아기의 손이 닿지 않는 곳에 두어야 한다.)

- 아주 드물게 잠깐 혼자 선다.

- 아주 드물게 '아빠', '엄마'를 구별해서 말하는 경우도 있다.

- 아주 드물게 '엄마'나 '아빠'가 아닌 다른 단어를 말한다.

- 아주 드물게 손짓을 하면서 간단히 지시하면 반응한다.(손짓을 하면서 "그거 아빠한테 가지고 와."라고 말한다.)

Q32 생후 10개월 아기는 어떤 발달 과정을 보이나요?

A 이달에 아기는 성장 속도와 함께 그에 영향을 미치는 식욕이

다소 부진해지는 경향을 보입니다. 그럴 만도 합니다. 한창 바쁘게 몸을 움직이는 시기이니만큼 유아용 식탁 의자에 얌전히 앉아 있기보다는 거실을 활보하며 탐색하는 걸 훨씬 좋아할 테니 말입니다. 탐험가들이 그렇듯, 아기 역시 지금까지 가 보지 못한 영역을 탐색해 보기로 결심하고, 이제부터 어딘가를 올라가 보기로 마음먹습니다. 하지만 안타깝게도 그럭저럭 올라가기는 하는데, 다시 내려갈 정도로 신체적인 능력이 발달하려면 한참 더 지나야 하기 때문에 아기는 이러지도 못하고 저러지도 못하는 상황에 처하기 일쑤입니다.(이처럼 고급 탐색 과정을 밟는 시기에도 위험한 상태에 처할 가능성이 높으므로, 한시도 경계를 늦추어서는 안 됩니다.) 아기는 "안 돼."라는 말의 의미를 이해하면서도 한번 저항해 보아 엄마 아빠의 한계를 시험해 보거나, 어쩌면 눈치를 살피면서 말을 듣지 않을지도 모릅니다. 기억력이 향상되고, 겁이 많아지기 시작합니다.(인지 능력이 향상되는 것과 관련이 있습니다.) 가령 진공청소기 소리에 겁을 낸다면 아기가 잘 때만 청소기를 돌려야 할 것입니다.

- 사람이나 사물을 잡고 서 있을 수 있다.
- 앉은 자세에서 일어설 수 있다.
- 장난감을 멀리 떨어뜨려 놓으려 하면 싫어하는 내색을 보인다.
- '엄마'나 '아빠' 같은 말을 구별해서 하는 경우도 있다.
- 까꿍 놀이를 한다.
- 부모와 몸짓을 주고받는다.
- 엎드려 있다가 앉을 수 있다.
- 짝짜꿍 놀이를 하거나 빠이빠이 하고 손을 흔든다.
- 작은 물체를 엄지손가락과 나머지 손가락을 이용해 집을 수 있다.(이

런 물체를 아기의 손이 닿지 않는 곳에 두어야 한다.)

- 가구를 잡고 걷는다.
- "안 된다."는 말의 의미를 이해한다.(그러나 늘 이해하는 건 아니다.)
- 잠깐 혼자 선다.
- '아빠', '엄마'를 구별해서 말한다.
- 욕구를 충족시키기 위해 무언가를 손으로 가리킨다.
- 아주 드물게 우는 것 외에 여러 가지 방법으로 원하는 것을 표현한다.
- 아주 드물게 '공놀이'를 한다.(상대에게 다시 공을 굴린다.)
- 아주 드물게 혼자서 컵으로 음료를 마신다.
- 아주 드물게 작은 물체를 엄지와 검지 끝으로 정확하게 잡는다.(위험한 물건은 반드시 아기의 손이 닿지 않는 곳에 두어야 한다.)
- 아주 드물게 혼자서도 선다.
- 아주 드물게 알아들을 수 없는 말을 한다.(생소한 외국어로 말하는 것 같은 소리를 한참 낸다.)
- 아주 드물게 '엄마'나 '아빠'가 아닌 다른 단어를 말한다.
- 아주 드물게 손짓을 하면서 간단히 지시하면 반응한다.(손짓을 하면서 "그거 아빠한테 가지고 와."라고 말한다.)

Q33 생후 11개월 아기는 어떤 발달 과정을 보이나요?

A 이달에 아기는 탈출 전문가가 되어 있을 것입니다. 아무리 높은 선반도, 아무리 열기 힘든 캐비닛 손잡이도 생후 10개월 아기가 달려가 파괴하지 못할 것은 없습니다. 탈출의 전문가로 기량을 닦은 아기는 어디에서라도 잠시도 가만히 있지 못하고 연신 꿈틀대며 그 자리를 벗어나려 합니다. 신체적으로 커다란 발달을 보이는 한편(첫 걸음

을 떼는 아이도 있습니다.) 언어 발달 면에서도 말할 줄 아는 단어의 수뿐 아니라 이해하는 단어의 수도 크게 증가합니다. 책을 보는 걸 무척 흥미로워하고, 친숙한 그림을 알아보고 심지어 손으로 가리키면서 경험도 풍부해집니다. 가리킨다는 것은 아기가 무엇을 하든 가장 좋아하는 행동이 됩니다. 말을 하지 않고 의사소통할 수 있는 유일한 방법이기도 합니다.

- 엎드려 있다가 앉을 수 있다.
- 작은 물체를 엄지손가락과 나머지 손가락을 이용해 집을 수 있다.(이런 물체를 아기의 손이 닿지 않는 곳에 두어야 한다.)
- "안 된다."는 말의 의미를 이해한다.(그러나 늘 이해하는 건 아니다.)
- 간혹 짝짜꿍 놀이를 하거나 빠이빠이 하고 손을 흔든다.
- 간혹 가구를 잡고 걷는다.
- 간혹 욕구를 충족시키기 위해 무언가를 가리키거나 몸짓을 한다.
- 드물게 작은 물체를 엄지와 검지 끝으로 정확하게 잡는다.(위험한 물건은 반드시 아기의 손이 닿지 않는 곳에 두어야 한다.)
- 드물게 잠깐 혼자 선다.
- 드물게 '아빠', '엄마'를 구별해서 말한다.
- 드물게 '엄마'나 '아빠'가 아닌 다른 단어를 말한다.
- 아주 드물게 혼자서도 선다.
- 아주 드물게 우는 것 외에 여러 가지 방법으로 원하는 것을 표현한다.
- 아주 드물게 '공놀이'를 한다.(상대에게 다시 공을 굴린다.)
- 아주 드물게 혼자서 컵으로 음료를 마신다.
- 아주 드물게 알아들을 수 없는 말을 한다.(생소한 외국어로 말하는 것 같은 소리를 한참 낸다.)

- 아주 드물게 '엄마', '아빠' 외에도 세 단어 이상의 말을 한다.
- 아주 드물게 손짓을 하지 않아도 간단한 지시에 반응한다.(손짓을 하지 않고 "그거 아빠한테 가지고 와."라고 말한다.)

Q34 생후 12개월 아기는 어떤 발달 과정을 보이나요?

A 이 시기 아기에게 인생은 놀이입니다. 그리고 곧 특별한 게임에 돌입하게 될 것입니다. 물건 떨어뜨리기, 떨어지는 물건 보기, 엄마나 아빠가 물건을 집는 모습 관찰하기, 그런 다음 이 연속적인 행동을 무한 반복하기가 그것입니다. 이 시기에는 밀면서 움직이는 장난감이 인기 만점입니다. 아기는 걷기를 완전히 익히기 위해 열심히 버둥거립니다. 그러므로 이런 장난감들은 아기가 서 있을 때 필요한 안정감을 제공하는 것은 물론이고, 한 발을 다른 발 앞으로 내딛게 도와줄 것입니다. 다음 해에 보일 행동의 조짐들(독립성 증가, 부정적인 성향이 조금씩 드러남, 초기 단계의 감정 격분 행동, 무조건 자기 마음대로 하려고 떼쓰기)이 서서히, 그러나 분명하게 언뜻언뜻 드러나기 시작합니다.

- 가구를 잡고 걷는다.
- 욕구를 충족시키기 위해 몇 가지 몸짓을 이용한다.
- 간혹 짝짜꿍 놀이를 하거나 빠이빠이 하고 손을 흔든다.(대부분의 아이들은 13개월 무렵에 이 동작을 완벽하게 한다.)
- 간혹 혼자서 컵으로 음료를 마신다.
- 간혹 작은 물체를 엄지와 검지 끝으로 정확하게 잡는다.(많은 아기들이 대략 15개월이 지나서야 이 동작을 원만하게 할 줄 안다. 위험한

물건은 반드시 아기의 손이 닿지 않는 곳에 두어야 한다.)

- 간혹 잠깐 혼자 선다.(많은 아기들이 13개월 이후에야 이 동작을 완벽하게 할 수 있다.)

- 간혹 '아빠', '엄마'를 구별해서 말한다.(대부분의 아기들이 14개월 무렵에 둘 중 적어도 한 가지 말을 하게 된다.)

- 간혹 '엄마'나 '아빠'가 아닌 다른 단어를 말한다.(많은 아기들이 14개월이 지난 후에야 첫 단어를 말한다.)

- 드물게 '공놀이'를 한다.(상대에게 다시 공을 굴린다. 많은 아기가 16개월까지는 이 동작을 완벽하게 하지 못한다.)

- 드물게 혼자서도 잘 선다.(14개월까지 이 단계에 도달하지 못하는 아기가 많다.)

- 드물게 알아들을 수 없는 말을 한다.(생소한 외국어로 말하는 것 같은 소리를 한참 낸다. 아기들의 절반가량이 첫돌 이후 이런 중얼거리는 소리를 처음 내기 시작하고, 15개월이 지난 후에 이런 소리를 내는 아기도 많다.)

- 드물게 잘 걷는다.(네 명 가운데 세 명이 13개월 중반이 지나야 잘 걷고, 개월 수가 꽤 됐는데도 잘 걷지 못하는 아기도 많다. 잘 기는 아기가 걸음이 느릴 수도 있다. 다른 발달이 정상이라면 걸음마가 늦어지더라도 걱정할 필요는 없다.)

- 아주 드물게 '엄마', '아빠' 외에도 세 단어 이상의 말을 한다.(모든 아기의 절반가량이 13개월 이후에 이 단계에 다다르며, 많은 아기가 16개월이 지나서야 이렇게 할 수 있다.)

- 아주 드물게 손짓을 하지 않아도 간단한 지시에 반응한다.(손짓을 하지 않고 "그거 아빠한테 가지고 와."라고 말한다. 대부분의 아기가 첫돌 이후에 이 단계에 도달하고, 16개월 이후에야 이 단계에 이르는 아기도 많다.)

Q35　생후 13개월 아기는 어떤 발달 과정을 보이나요?

A 🧑 만 1세 초 아기들은 탐험가이자 과학자들입니다. 아이들은 오가다 발견한 물건은 무엇이든 집어 보고, 탐색하고, 실험하고, 조작하고, 입에 넣어 봅니다. 원인과 결과가 주된 관심사이고, 현재 일어나는 일에만 관심을 보이며, 아직 상상력을 발휘하거나 추상적인 사고를 할 줄 모릅니다. 아이는 많은 것을 보고 듣고 느끼기 시작하면서 기분과 감정과 행동도 다양해집니다. 폭넓은 아이의 반응은 성장의 일부이므로 아이가 다양한 반응을 보일 거라 기대하고 받아들여야 합니다. 아이는 애착, 자립, 좌절감, 두려움, 분노, 반항, 고집, 제멋대로 함, 슬픔, 불안, 어리둥절함 등 다양한 감정을 보일 것입니다.

　아이가 아직 이 단계에 이르지 못했거나 물건을 집는 등 목적이 있는 활동을 위해 손을 사용하지 않을 경우 의사와 상담합니다. 아직 이 단계에 다다르지 않았더라도 얼마든지 정상일 수 있지만(발달 속도가 느린 아이도 있으니까), 평가를 받아 볼 필요가 있습니다. 또한 아이가 반응을 보이지 않거나, 미소를 짓지 않거나, 소리를 거의 혹은 전혀 내지 않거나, 잘 듣지 못하는 것 같거나, 지속적으로 짜증을 내거나, 끊임없이 관심을 요구하는 경우에도 의사와 상담을 하는 게 좋습니다. 단, 예정일보다 일찍 태어난 만 1세 아기는 생활 연령이 같은 또래 아이들보다 대체로 발달이 느린 편입니다. 이런 발달상의 차이는 차츰 좁혀지다가 대개 만 2세 무렵이면 완전히 사라집니다.

- 물건을 통에 담는다(12개월 2주 무렵부터).
- 동작을 따라 한다(12개월 2주 무렵부터).

- 혼자 선다(12개월 2주 무렵부터).
- 알아들을 만한 단어 하나를 사용한다.
- 간혹 컵으로 음료를 마신다.
- 간혹 알아들을 만한 단어를 두 개 정도 사용한다(12개월 2주 무렵 부터).
- 간혹 원하는 물건을 가리킨다(12개월 2주 무렵부터).
- 간혹 아무렇게나 그림을 그린다.
- 간혹 잘 걷는다.
- 드물게 숟가락/포크를 사용한다.(한 가지만 사용하지는 않는다.)
- 드물게 옷을 벗는다.
- 드물게 신체 어느 부분을 가리켜 보라고 요구하면 가리킬 줄 안다.
- 드물게 쓰레기통에 쓰레기 버리는 흉내를 낸다.

Q36   생후 14개월 아이는 어떤 행동 발달 과정을 거치나요?

A 아빠가 출근할 때 '빠이빠이' 하면 같이 '빠이빠이' 합니다. 아이의 소통 및 언어 발달은 인지 및 정서 발달 수준을 잘 반영합니다.

- 빠이빠이 하고 손을 흔든다.
- 혼자 선다.
- 물건을 상자 안에 넣는다.
- 의도를 갖고 엄마/아빠를 부른다(13개월 2주 무렵부터).
- 몸짓을 보여 주지 않아도 1단계 언어적 지시에 따른다(13개월 2주 무렵부터).
- 물건 위로 몸을 굽혀 물건을 집는다(13개월 2주 무렵부터).

- 잘 걷는다(13개월 2주 무렵부터).
- 간혹 다른 사람을 흉내 내 물건을 버린다.
- 간혹 3개의 단어를 사용한다(13개월 2주 무렵부터).
- 드물게 정육면체 블록 2개를 쌓는다(13개월 2주 무렵부터).
- 드물게 달린다.
- 드물게 계단을 올라간다.
- 드물게 몸짓을 보여 주지 않아도 2단계 언어적 지시에 따른다.

Q37 생후 15개월 아기는 어떤 발달 과정을 거치며 어떤 점을 주의해야 하나요?

A 생후 15개월 된 아기는 새로운 경험에 대한 흥미를 전달하고, 부모와 놀이를 하며, 반항을 하고, 한계를 받아들이기 시작합니다.

아이가 아직 이 단계에 이르지 못했다면 의사와 상담합니다. 아직 이 단계에 다다르지 않았더라도 얼마든지 정상일 수 있지만(발달 속도가 느린 아이도 있으니까), 어쨌든 평가를 받아 볼 필요가 있습니다. 또한 아이가 통제가 되지 않거나, 말이 별로 없거나, 너무 소극적이거나, 너무 부정적이거나, 미소를 짓지 않거나, 소리를 거의 혹은 전혀 내지 않거나, 잘 듣지 못하는 것 같거나, 지속적으로 짜증을 내거나, 끊임없이 관심을 요구하는 경우에도 의사와 상담을 하는 게 좋습니다. 단, 예정일보다 일찍 태어난 만 1세 아기들은 생활 연령이 같은 또래 아이들보다 대체로 발달이 느린 편이며 이런 발달상의 차이는 차츰 좁혀지다가 대개 만 2세 무렵이면 완전히 사라집니다.

- 잘 걷는다.
- 물건 위로 몸을 굽혀 물건을 집는다.
- 최소한 한 개의 단어를 사용한다.
- 2개의 단어를 사용한다(14개월 2주 무렵부터).
- 컵으로 음료를 마신다.
- 낙서를 한다.
- 원하는 물건을 가리킨다.
- 간혹 요구를 받으면 신체 부위 한 곳을 가리킨다.
- 간혹 숟가락/포크를 사용한다.(그러나 한 가지만 사용하지는 않는다.)
- 간혹 정육면체 블록 2개를 쌓는다.
- 드물게 인형에게 '맘마'를 먹인다.

Q38 생후 16개월 아기는 어떤 행동 발달 과정을 거치나요?

A 벽에 낙서를 하고, 공을 앞으로 차기도 합니다. 겨우 첫 걸음을 뗀 지 반 년 만에 달리기도 합니다.

- 행동을 흉내 낸다.
- 낙서를 한다(16개월 1주 무렵부터).
- 다른 사람을 따라서 물건을 버린다.
- 6개의 단어를 사용한다.
- 달린다.
- 간혹 공을 앞으로 찬다.
- 간혹 도움을 받아 이를 닦는다.

Q39   생후 17개월 아기는 어떤 행동 발달 과정을 거치나요?

A 🙂 형을 따라 엉거주춤 엉덩이만 빼면서 부모에게 인사하기도 합니다. 맘마를 받아먹던 아이가 인형에게 우유를 먹이려고 합니다.

- 두 개의 단어를 사용한다(17개월 2주 무렵부터).
- 컵으로 음료를 마신다.
- 정육면체 블록 2개를 쌓는다.
- 간혹 계단을 올라간다(17개월 2주 무렵부터).
- 간혹 옷을 벗는다.
- 간혹 인형에게 음식을 '먹인다'.
- 드물게 육면체 블록 4개를 쌓는다(17개월 2주 무렵부터).
- 드물게 그림 2개를 알아보고 손으로 가리킨다.
- 드물게 여러 개의 단어를 결합한다.
- 드물게 머리 위로 공을 던진다.
- 드물게 자주 말을 하고 대충 사람들이 이해할 수 있게 말한다.

Q40   생후 18개월 아기는 어떤 발달 과정을 거치나요?

A 🙂 18개월 아이들은 대부분 기쁨, 화, 따뜻함, 자기주장, 호기심 등을 비롯한 다양한 감정과 행동을 드러냅니다. 일부 한계를 이해할 줄 알고, 부모를 떠나서 놀고 탐색할 줄 알며, 부모의 애정을 즐거워합니다. 자신의 바람과 의도를 전달하고, 장난감을 모방적이고 상징적으로 이용하기 시작합니다.

- 원하는 대상을 가리킨다.

- 달린다.

- 숟가락/포크를 사용하지만 한 가지만 사용하지는 않는다.

- 요구하면 신체의 한 부분을 가리킨다.

- 간혹 앞으로 공을 찬다.

- 간혹 몸짓을 보여 주지 않아도 2단계 지시를 수행한다.

- 드물게 그림 1개를 알아보고 이름을 말한다.

- 드물게 50개 이상의 단어를 사용한다.

Q41 생후 19개월 아기는 어떤 행동 발달 과정을 거치나요?

A 이전보다 더 부모에게서 떨어지지 않으려 하고 때를 쓰고 인형이나 베개 등 특정 물건에 집착합니다. 커 가면서 사라지는 일시적인 현상이니 걱정할 필요가 없습니다.

- 인형에게 밥을 먹인다.

- 6개의 단어를 사용한다.

- 계단을 걸어 올라간다.

- 간혹 빠른 경우 정육면체 블록 4개를 쌓아 올린다.

- 간혹 그림 2개를 알아보고 손으로 가리킨다.

- 드물게 신체 부위 6군데의 이름을 말한다(18개월 2주 무렵부터).

- 드물게 손을 씻고 수건에 닦는다.

Q42 생후 20개월 아기는 어떤 행동 발달 과정을 거치나요?

A 지난달부터 시작한 머리어깨무릎발 놀이를 제법 능숙하게 합니다. 쌓아 놓은 물건을 와르르 무너뜨리면서 깔깔거립니다.

- 다른 사람을 흉내 내 물건을 와르르 무너뜨린다(19개월 2주 무렵부터).
- 숟가락/포크를 사용한다.(그러나 하나만 사용하지는 않는다.)
- 달린다.
- 간혹 여러 개의 단어를 결합한다.
- 간혹 그림 1개를 알아보고 이름을 말한다.
- 간혹 신체 부위 6군데의 이름을 말한다.
- 간혹 어깨 위로 공을 던진다.
- 간혹 말을 하고 대체로 말을 알아듣는다.
- 드물게 그림 4개를 알아보고 손으로 가리킨다.
- 드물게 빠른 경우 정육면체 블록 6개를 쌓을 수 있다.(19개월 2주 무렵부터).

Q43 생후 21개월 아기는 어떤 행동 발달 과정을 거치나요?

A "우리 아기 눈이 어디 있니?" 하면 눈을 가리키고, 입을 물으면 입을 가리킵니다. 공을 앞으로 잘 찹니다.

- 정육면체 블록 4~6개를 쌓을 수도 있다(20개월 2주 무렵부터).
- 요구를 받으면 신체 한 부분을 가리킨다.
- 공을 앞으로 찬다.

- 그림 2개를 알아보고 손으로 가리킨다.
- 옷을 벗는다(20개월 2주 무렵부터).
- 간혹 도움을 받아 이를 닦는다.
- 드물게 옷을 입는다.

Q44 생후 22개월 아기는 어떤 행동 발달 과정을 거치나요?

A 연필을 주면 선을 제법 잘 긋습니다. 아직 동그라미를 그리거나 십(十)자를 긋지는 못합니다.

- 6개의 단어를 사용한다.
- 계단을 올라간다(21개월 2주 무렵부터).
- 정육면체 블록 4개를 쌓아 올리며, 빠른 경우 6개까지도 가능하다.
- 몸짓을 보여 주지 않아도 2단계 지시를 수행한다(21개월 2주 무렵부터).
- 간혹 그림 4개를 알아보고 손으로 가리킨다.
- 간혹 손을 씻고 닦는다.
- 간혹 정육면체 6개를 쌓아 올린다.
- 드물게 팔짝 뛴다(21개월 2주 무렵부터).

Q45 생후 23개월 아기는 어떤 행동 발달 과정을 거치나요?

A "아기야, 공을 아빠에게 주고 네 신발을 가져오렴." 이렇게 어려운 말을 이해하고 실제 행동에 옮깁니다.

- 작은 공을 앞으로 찬다.
- 단어를 결합한다(22개월 2주 무렵부터).
- 6군데 신체 부위를 알고 이름을 말할 줄 안다.
- 50개 이상의 단어를 사용한다.
- 간혹 옷을 입을 줄 안다.
- 드물게 그림 속의 대상 4개를 알아보고 이름을 말할 줄 안다.

Q46 생후 24개월 아기는 어떤 발달 과정을 거치나요?

A 두 살 아이들은 사랑, 기쁨, 즐거움, 화남 같은 다양한 정서와 행동을 드러냅니다. 적극적으로 행동하고 반항도 많이 합니다. 부모와 다른 사람들과 함께 이야기하며 놀고 상호 작용을 합니다. 새로운 활동을 탐색하고, 혼자 힘으로 하고 싶어 합니다. 일 년 전에 비해 지능이 크게 발달하여 상상하고, 판단하고, 분류하고(개와 고양이는 동물, 컵과 접시는 그릇), 물건을 정돈할 줄 압니다(블록을 크기별로 죽 늘어놓기). 기억력이 상당히 정교하고, '더 많이'와 '더 적게'(아직 수를 셀 줄은 모르지만), '나중에'와 '곧'(아직 '다음 주'라는 개념은 모르지만), '같은 것'과 '다른 것' 등 추상적인 개념을 이해하기 시작합니다. 상상력이 풍부하고, 보거나 들은 것을 모방하면서 놀며 창조적으로 놀이를 만들기도 합니다.

- 옷을 벗을 줄 안다.
- 인형에게 '맘마를 먹인다.'

- 정육면체 블록 4~6개를 쌓아 올릴 수 있으며 빠른 경우 8개까지도 가능하다.
- 그림 속의 대상 2개를 알아보고 손으로 가리킨다(23개월 2주 무렵 부터).
- 공을 머리 위로 던진다.
- 대체로 알아듣게 말을 한다.
- 그림 속 대상 1개를 알아보고 이름을 말한다.
- 그림 속 대상 4개를 알아보고 손으로 가리킨다.
- 간혹 뛰어오른다.
- 간혹 옷을 입을 줄 안다(23개월 2주 무렵부터).
- 드물게 다른 사람을 따라서 세로줄을 그린다.
- 드물게 정육면체 블록 8개를 쌓는다.
- 드물게 두세 문장을 만들어 대화한다.

Q47 생후 25~27개월 아기는 어떤 행동 발달 과정을 거치나요?

A 하루 종일 뛰어다닙니다. 계단만 보면 올라갑니다.

- 50개 이상의 단어를 사용한다.
- 단어를 결합한다(25개월 무렵부터).
- 몸짓을 보이지 않아도 2단계 명령을 수행한다(25개월 무렵부터).
- 손을 씻고 말린다.
- 뛰어오른다.
- 옷을 입는다.
- 도움을 받아 이를 닦는다.
- 간혹 정육면체 블록 8개를 쌓아 올린다.

- 간혹 두세 문장으로 이루어진 대화를 한다.
- 드물게 한쪽 발로 1초 동안 균형을 잡는다.
- 드물게 티셔츠를 입는다.
- 드물게 친구의 이름을 안다.

Q48 생후 28~30개월 아기는 어떤 행동 발달 과정을 거치나요?

A '머리어깨무릎발' 노래를 들으면서 몸을 가리킬 줄 압니다. 친구 이름도 말하고 그림책 속 코끼리, 기린, 사자도 다 맞힙니다.

- 그림 속의 대상 하나를 알아보고 이름을 말한다.
- 옷을 입는다.
- 뛰어오른다.
- 6군데 신체 부위의 이름을 말한다.
- 그림 속의 대상 4개를 알아보고 가리킨다.
- 그림 속의 대상 4개를 알아보고 이름을 말한다.
- 간혹 수직선을 따라서 그린다.
- 간혹 한쪽 발로 1초 동안 균형을 잡는다.
- 간혹 친구의 이름을 안다.
- 드물게 한쪽 발로 2초 동안 균형을 잡는다.
- 드물게 2개의 목적어를 만들어 사용한다.
- 드물게 2개의 형용사를 사용한다.
- 드물게 멀리뛰기를 한다.

Q49 생후 31~33개월 아기는 어떤 행동 발달 과정을 거치나요?

A 아이가 혼자 옷을 입고 혼자 손도 씻습니다. 양치질도 도와주면 곧잘 합니다. 점차 독립적으로 해 나갑니다.

- 도움을 받아 이를 닦는다.
- 블록 6개를 쌓는다.
- 수직선을 따라서 그린다.
- 한쪽 발로 1초 동안 균형을 잡는다.
- 친구의 이름을 안다.
- 두세 문장으로 대화를 한다(31개월 무렵부터).
- 블록 8개를 쌓는다.
- 손을 씻고 닦는다.
- 간혹 색깔 한 가지를 안다.
- 간혹 2개의 형용사를 사용한다.
- 간혹 멀리뛰기를 한다.
- 간혹 티셔츠를 입는다.
- 드물게 한쪽 발로 3초 동안 균형을 잡는다.
- 드물게 블록 1개를 센다.

Q50 생후 34~36개월 아기는 어떤 행동 발달 과정을 거치나요?

A "몇 살?" 하고 물으면 손가락을 펴 보이며 말합니다. 또 자기 성별도 말합니다. 선글라스를 끼고 세발자전거를 타기도 합니다.

- 그림 4개의 이름을 안다.

- 손을 씻고 닦는다(3.1세 무렵).

- 친구의 이름을 안다.

- 손을 위로 올려 공을 던진다.

- 자주 말하고 대체로 사람들이 알아듣게 말한다.

- 두세 문장으로 대화를 한다.

- 2개의 형용사를 사용한다.

- 티셔츠를 입는다.

- 넓이뛰기를 한다.

- 간혹 한쪽 발로 2초 동안 균형을 잡는다.

- 간혹 2개의 목적어를 이용해 설명한다.

- 드물게 동그라미를 따라서 그린다.

- 드물게 시리얼 그릇을 준비한다.

- 드물게 도움 없이 원피스를 입는다.

- 드물게 4가지 색깔을 안다.

3장

수유

모유 수유, 꼭 해야 할까요?

수시로 배고프다고 칭얼대는 아기를 언제 어떤 식으로 먹여야 좋은 것
인지, 고민이 큽니다. 출산 후 몸도 추스르지 못하고 모유 수유를 하
는 엄마는 젖이 충분히 나오지 않아서 안타깝고, 젖이 부족하면 아기
는 보채고, 지켜보던 아빠는 버럭 화를 내는 경우도 있습니다. 신생아
를 둔 부모들에게 가장 힘든 문제가 수유일 것입니다. 모유를 먹이는
것이 좋다는 것은 다 아는 사실인데, 맞벌이를 하거나 엄마의 몸 상태
가 좋지 못한 경우에는 고민이 더 깊어집니다.

Q51 다들 모유 수유가 좋다는데 모유 수유의 장점이 무엇입니까?

A 모유 수유의 장점은 참 많습니다. 모유는 아기한테 맞추어져 있어 소화가 잘되고, 따로 타서 먹일 필요가 없어 감염될 가능성이 낮습니다. 모유에는 타우린, DHA, 아라키돈산과 같은 두뇌 발달에 좋은 성분이 많이 들어 있고, 면역 성분이 많아 분유를 먹인 아기들보다 질병에 덜 걸립니다. 알레르기가 생길 확률이 낮고, 비만의 위험도도 낮습니다. 엄마한테 안겨서 모유를 먹으므로 정서적 안정감과 유대감을 느껴 정서 발달에 도움이 됩니다.

Q52 모유를 먹일 때의 자세는 어떤 게 가장 좋은가요?

A 모유를 먹일 때는 우선 엄마가 편안한 자세를 잡아야 합니다. 그리고 아기를 들어서 엄마의 유방 높이로 안고 먹입니다. 아기의 목 부위를 올려서 고개가 돌아가게 해서 먹이면 아기가 젖꼭지를 제대로 물지 못하여 수유가 정상적으로 되지 못합니다. 아기의 몸을 엄마의 몸에 갖다 붙이듯이 안아야 아기가 제대로 젖을 먹을 수 있습니다.

Q53 모유 수유를 할 때 한 번 먹이는 시간과 간격은 어떤 게 좋습니까?

A 수유를 할 때 우선 한쪽 젖을 10~15분 정도 원하는 만큼 충분히 빨린 후 반대쪽 젖을 빨립니다. 대체로 처음 2~3분 동안 전체 먹

을 양의 50%가 나오고 10분이 지나면 90% 정도까지 나오므로 10분 이상 충분히 빨게 해야 합니다. 수유 전반에는 수분과 탄수화물 비중이 높고 이후에 두뇌 발달에 좋은 지방이 포함되기 때문입니다. 엄마의 모유의 양에 따라 매번 수유 시간이 달라질 수 있습니다. 한쪽을 충분히 끝까지 먹이는 것이 가장 중요하며, 아기가 만족하며 젖에서 입을 떼고 편안하게 잠이 든다면 시간에 관계 없이 적절한 수유가 진행된 것입니다. 신생아 시기의 모유 수유의 간격은 2~3시간이 좋습니다. 하지만 6개월 이후 이유식을 시작하면서 수유 간격과 횟수는 아기의 이유식의 양, 횟수에 따라 조절해 나가야 합니다.

Q54 저는 모유 양이 적은 편입니다. 모유가 잘 나오게 하려면 어떻게 해야 할까요?

A 아기가 태어난 후 최대한 빨리 모유 수유를 시작해야 합니다. 아기가 태어난 지 한 시간 이내에 젖을 빨려야 호르몬 자극이 되어 모유가 잘 나옵니다. 젖을 먹이는 자세가 올바른지 확인합니다. 고개만 돌려서 수유를 하면 제대로 빨지 못하고 젖의 양도 줄어들게 마련입니다. 젖을 먹일 때 충분히 자주 먹이고 유방 마사지를 해 주는 것이 좋습니다. 산모는 영양이 충분히 골고루 갖추어진 식사를 해야 합니다. 특히 비타민과 미네랄이 풍부한 야채와 해조류가 도움이 됩니다.

Q55 수유 후 트림을 꼭 시켜야 합니까?

A 수유를 할 때 아기들은 모유와 함께 공기도 삼킵니다. 이 공기가 배의 압력을 높여 게우거나 토하게 합니다. 따라서 모유 수유 시에

는 다음 젖을 빨기 전에 트림을 시키고, 분유 수유 중이라면 60~90cc 정도 먹을 때마다 트림을 시킵니다. 트림을 시킬 때는 수건이나 턱받이를 사용하는 게 좋습니다. 트림과 함께 음식물이 나올 수 있기 때문입니다. 수유를 하고 트림을 하지 않은 경우도 있으므로 10분가량 세워서 두드려 주고도 트림을 하지 않으면 조금 지켜봐도 무방합니다.

Q56 함몰 유두인 엄마도 모유 수유를 할 수 있을까요?

A 함몰 유두란 아기가 수유를 할 때 유두가 나오지 않고 안으로 들어가 있는 것을 말합니다. 이런 경우 미리 포기하고 분유 수유를 하는 경우가 많은데, 모유 수유를 못 할 정도의 함몰 유두는 많지 않다고 합니다. 이때 수유하는 방법이 중요한데, 아기가 엄마의 젖꼭지를 최대한 깊이 물고 빤다면 충분히 수유가 가능합니다. 아기를 최대한 가슴 쪽으로 당겨서 충분히 빨도록 하는 것이 중요합니다. 또한 유두에 잘 맞는 실리콘 유두 보호기를 사용하여 수유를 도와줄 수도 있습니다. 이 경우에는 유두의 크기, 함몰 정도, 아기의 수유 자세 등이 중요하므로 병원에 방문하여 상의하는 것이 좋습니다.

Q57 모유 수유 중에 엄마가 커피나 녹차 등을 마셔도 될까요?

A 엄마가 마신 커피나 녹차의 카페인이 모유를 통해 전해지지만 하루 1~2잔 정도는 문제가 없습니다. 카페인 성분이 모유로 분비되는 양이 적기 때문입니다. 하지만 아기가 잠을 잘 안 자고 보채는

경우에는 엄마가 마시는 커피나 녹차의 양을 줄이는 것이 좋습니다.

Q58 모유 수유 중에 머리 파마를 해도 됩니까?

A 미용실에서 사용하는 파마약이나 염색약 등이 아기에게 직접 영향을 준다는 연구가 부족해서 단정 지어 이야기할 수는 없습니다. 건강한 두피라면 염색이나 파마는 문제가 되지 않는다는 것이 일반적인 견해입니다. 하지만 머리를 펴는 것에 사용되는 제품은 영향을 줄 수 있으므로 수유하는 동안에는 삼가는 것이 좋겠습니다.

Q59 수유 중에 젖몸살이 심한데 어떻게 해야 합니까?

A 아기한테 젖을 충분히 빨리지 않으면 젖몸살이 생길 수 있습니다. 젖을 다 비우지 않으면 멍울이 생기는데, 온몸이 아프기도 합니다. 따라서 젖을 다 비우는 것이 가장 중요합니다. 하지만 젖몸살이 생겼다면 따뜻하게 찜질한 후 마사지하고 유축기 등으로 짜 주는 것이 좋습니다.

Q60 분유 수유를 하는데 어떤 물에 타 먹이는 것이 좋을까요?

A 끓여서 식힌 물에 분유를 타서 먹이는 것이 가장 좋습니다. 분유는 맹물에 타서 먹이도록 만들었기 때문입니다. 다시마, 새우, 멸치 등을 타는 경우도 있는데, 분유에는 영양분이 충분히 들어 있기 때문에 다른 첨가물을 넣을 필요가 없습니다. 농도가 맞지 않으면 설사 등의 증상도 생길 수 있으므로 맹물에 타야 합니다.

Q61 아기들의 분유 수유량은 어떻게 해야 합니까?

A 분유통에는 아기에게 필요한 양이 적혀 있지만 아기마다 먹는 양에 차이가 큽니다. 생후 1개월까지는 평균 3~4시간마다, 매번 60~90cc 정도 먹습니다. 이후에는 백일까지 하루에 4~6회, 한 번에 120~180cc 정도, 백일부터 7개월까지는 하루에 4~5회, 150~200cc 정도 먹습니다. 보통 모유 수유보다 분유 수유가 횟수는 적고, 양은 많은 경향이 있습니다.

Q62 분유를 먹이다 보면 남는 수가 있습니다. 아깝기도 한데 이것을 다시 먹여도 되나요?

A 분유를 한 번에 다 먹지 못하고 남기는 경우가 많습니다. 하지만 아기가 먹던 분유는 침이 들어가서 소화 효소에 의해 변성이 되기도 하고, 세균이 들어가기도 합니다. 냉장고에 넣어서 보관해도 마찬가지입니다. 따라서 연달아 먹이는 경우가 아니라면 버리는 게 안전합니다.

Q63 분유를 사러 가면 특수 분유가 있던데 어떤 때 사용합니까?

A 특수 분유의 종류는 많습니다. 설사를 심하게 할 때 사용하는 설사 분유는 급성 장염일 때 손상받은 장 점막이 유당을 분해하는 효소가 부족해져서 설사를 일으키므로 유당을 적거나 없게 만든 분유입니다. 저알레르기 분유는 우유 알레르기를 일으키는 아기들에게 사용합니다. 콩분유는 대두 단백질을 사용하여 만든 분유로 유당을 포함하지 않아 유당을 분해하는 효소가 없는 아기들에게 좋습니다.

Q64 모유 수유를 하는 경우 비타민 D가 필요하다고 하던데, 왜 그런가요?

A 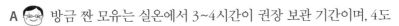 모유에는 대부분의 영양소가 풍부히 들어 있으나 비타민 D는 함유량이 적습니다. 이것은 모유 자체의 결함이 아니라 엄마의 비타민 D 섭취 및 햇빛 노출 부족 때문입니다. 비타민 D는 음식 섭취를 통해서나 햇볕(자외선)을 쪼이면 피부에서 만들어지는데, 신생아는 햇볕을 쪼이지 않는 것이 좋으므로 음식을 통한 섭취가 이뤄져야 합니다. 모유 수유를 하는 경우에는 소아과 의사와 상의해 하루 권장량인 400IU를 먹이는 것이 좋습니다.

Q65 이유식을 시작할 시기의 아기들의 수유 횟수나 양은 어떻게 해야 합니까?

A 생후 6개월이 지나가면 점차 이유식의 양과 횟수는 늘리고 모유나 분유 수유의 양은 줄이게 됩니다. 대개 생후 6~8개월에는 수유 횟수를 3~4회, 전체 수유양은 700~800cc 정도로 주면서 이유식을 하루 2회 내지 3회를 줍니다. 생후 9~11개월에는 수유 횟수를 2~3회, 수유량을 600~700cc로 줄이고 이유식의 양을 더 늘려 하루 3회 이유식을 하는 것이 좋습니다. 생후 12개월에는 수유 횟수를 2회, 수유량은 400~500cc로 줄이고, 이유식은 3회로 늘리고 1~2회 간식 섭취도 같이 하는 것이 좋습니다.

Q66 모유를 미리 짜 냉장이나 냉동으로 보관했다 먹여도 되나요?

A 방금 짠 모유는 실온에서 3~4시간이 권장 보관 기간이며, 4도

이하의 냉장고에서는 72시간 정도 보관할 수 있습니다. -4도 이하의 냉동실에서는 6개월이 권장 보관 기간입니다. 모유를 오래 보관하면 지방이 분해되어 모유의 냄새와 맛이 변할 수 있으므로 최대한 빨리 먹이는 것이 좋습니다. 효소 활성이 소실되기 때문에 모유를 40도 이상 데우는 것은 좋지 않습니다.

Q67 엄마가 B형간염 보균자인데 모유를 먹여도 될까요?

A 엄마가 B형간염 보균자인 경우, 산부인과에서 미리 검사를 해서 알고 있는 경우가 대부분입니다. 따라서 출생 시 바로 면역글로불린 주사와 B형간염 예방 주사를 함께 맞힙니다. 그러면 모유 수유로 인해 B형간염에 걸릴 확률이 높지 않습니다. 따라서 면역글로불린 주사와 B형간염 예방 접종을 다 한 경우에는 모유 수유를 해도 괜찮습니다.

4장

신생아 육아

우리 아기, 괜찮은 걸까요?

신생아를 키우는 것은 참으로 힘든 일입니다. 아기와 소통을 할 방법
이 없기 때문입니다. 무턱대고 우는 경우도 많고 낮밤이 바뀌어 엄마
아빠를 힘들게 하기도 합니다. 이러한 신생아를 키우면서 생기기 쉬운
질문 20가지를 뽑고 답을 해 보았습니다.

Q68 아기가 녹변을 봐요. 이상이 있는 것은 아닐까요?

A 신생아가 녹변을 본다며 병원에 찾아오는 경우가 많습니다. 신생아의 변은 색보다는 무른 정도가 더 중요합니다. 물론 검은 변일 경우에는 위장 출혈이 있는지 확인을 꼭 해야 하지만, 녹변은 큰 문제가 아닌 경우가 대부분입니다. 소화를 시키기 위해 나온 담즙이 녹색을 띠게 하고, 또한 녹색 야채가 많이 포함된 이유식을 먹었을 때에도 녹변을 볼 수 있습니다. 녹변을 보았다고 기응환 같은 약을 먹이면 안 됩니다. 신생아들에게 먹이는 약은 소아과 전문의의 처방을 따라야 합니다.

Q69 아기 배꼽에서 진물이 나고 배꼽살이 자라나는 것 같아요.

A 신생아의 배꼽은 엄마 배 속에서 영양과 산소를 공급받던 탯줄이 붙어 있던 자리입니다. 배꼽은 세균 감염이 잘 일어나므로 관리를 잘 해야 합니다. 매일 소독을 해 주는 것이 좋은데, 염증이 생겨 진물이 나고 냄새가 난다면 꼭 병원에 가 보아야 합니다. 배꼽이 떨어진 후 조직이 웃자라 나오는 것을 제대 육아종이라고 하는데, 소아과에서 질산은 용액으로 소작(지짐술) 치료해야 합니다.

Q70 아기가 심하게 보채고 울어서 소아과에 가니 영아산통이라고 합니다. 어떻게 해야 하나요?

A 영아산통이란 생후 2~3주에서 3개월 사이에 갑작스럽게 배가 아파서 울고 보채는 증상을 말합니다. 다리를 끌어 올리고 심하게 우는 경우가 많은데 검사를 해 보아도 별다른 것이 나오지 않습니다. 특별한 치료법도 없는데 대부분 시간이 지나면 좋아집니다. 하지만 다

른 이유가 있는지 꼭 확인을 해야 합니다. 특히 장중첩증을 조심해야 합니다. 주기적으로 심하게 보채고 울면서 혈변을 보기도 하고 처지는 등 장중첩증을 의심하게 하는 증상이 보이면 빨리 병원에 가는 게 좋습니다.

Q71 아기를 심하게 흔들지 말라고 하던데 왜 그런가요?

A 신생아는 몸통에 비해 머리가 매우 큽니다. 그런데 목의 근육이 발달되지 않아서 아기를 흔들면 뇌혈관을 다쳐 뇌손상이 생길 수 있습니다. 이를 '흔들린 아기 증후군'이라고 합니다. 실명, 의식 소실, 경련 등과 같은 무서운 증상이 생길 수 있고 심한 경우 사망에 이르기도 합니다. 아기를 높이 들고 아래위로 심하게 흔들거나, 운다고 앞뒤로 세게 흔드는 경우에 잘 생기므로 주의해야 합니다.

Q72 아기가 잘 놀라고 다리를 까딱이거나 손발을 떨기도 합니다. 괜찮을까요?

A 신생아는 잘 놀라는 경우가 많습니다. 특히 문을 닫는 소리에 화들짝 놀라서 울기도 합니다. 또 다리를 까딱거리는 경우도 많습니다. 아기의 신경계가 완전히 성숙되지 않아서 과민한 반응을 보이기 때문입니다. 손발을 떠는 경우 손으로 가만히 잡았는 데도 멈추지 않고 계속 떤다면 문제가 있는 경우입니다. 무턱대고 기응환 등을 먹이는 경우가 많은데 소아과 의사의 정확한 진단 후에 처방된 약을 먹이는 것이 바람직합니다.

Q73 아기의 피부가 노랗게 되어서 병원에 갔더니 신생아 황달이라고 합니다. 괜찮을까요?

A  신생아는 피부와 눈의 결막이 노랗게 되는 황달이 잘 생깁니다. 모든 정상아의 60%, 미숙아의 80%에서 발생합니다. 황달은 우리 몸의 적혈구가 정상적으로 분해될 경우 나오는 '빌리루빈'이라는 물질이 많아지는 증상입니다. 신생아는 빌리루빈을 간에서 제대로 처리하지 못해서 황달이 생기는데, '생리적 황달'이라고 합니다. 생리적 황달은 생후 2~3일째 생겨서 1~2주 이내에 대부분 좋아지는데 간혹 한 달까지 가는 경우도 있습니다. 병적인 황달과 감별이 중요한데 혈중의 빌리루빈의 수치가 너무 올라가면 뇌가 손상되어 청력 손상이나 뇌성마비 등이 올 수 있으므로 병원에 가서 진료를 받는 것이 좋습니다.

Q74 신생아가 자주 토하는 증상이 있어 소아과를 갔더니 위식도역류가 의심된다고 합니다. 이것은 어떤 증상인지요?

A 식도와 위 사이를 고리 모양의 근육이 잡아 주어서 음식을 먹으면 다시 식도로 올라가지 않습니다. 하지만 신생아는 식도가 상대적으로 짧고 수유 시 삼킨 공기가 위의 압력을 높여서 성인에 비해서 역류가 잘 일어납니다. 역류는 신생아의 50%에서 일어납니다. 하지만, 아기가 고형식을 먹는 6개월 이후에는 거의 사라집니다. 만일 구토를 많이 하면서 체중 감소가 있을 경우에는 '유문협착증'이 의심되므로

꼭 소아과를 찾아야 합니다. 위에서 십이지장으로 넘어가는 유문의 근육이 두꺼워 내려가는 길이 좁아져서 생깁니다.

Q75 아기의 고환이 커 보여서 병원에 갔더니 음낭수종이라고 합니다.

A 음낭수종이란 말 그대로 고환주머니에 액체가 차는 현상을 말합니다. 라이트를 비추어 보면 알 수 있는데, 아기의 복강과 음낭 사이에 통로가 남아 있어서 액체가 차는 경우가 많습니다. 대체로 1세 이전에 흡수되면서 나아지는데, 1세가 지나도 남아 있거나 1세 이전이라도 통증을 동반하고 더 커지는 경우는 수술을 고려해야 합니다. 간혹 서혜부 탈장이 동반될 수 있는데 이 경우도 빨리 수술을 하는 것이 좋습니다.

Q76 아기 입안에 하얗게 막이 생긴 게 보여서 소아과에 갔더니 아구창이라고 합니다. 어떻게 해야 할까요?

A 아구창은 아기들한테 흔한 병입니다. '칸디다'라는 곰팡이균이 입안에서 자라면 하얗게 막이 생깁니다. 우리 입안에는 정상적으로 칸디다균이 살고 있지만 병을 잘 일으키지 않는데, 아기들은 면역력이 약해 이 균이 잘 자랍니다. 소아과에서 항생제를 사용한 경우에도 칸디다균의 활성이 높아질 수 있습니다. 대부분 아프지는 않고 불편한 정도인데 소아과 진료를 받아 보는 것이 좋습니다. 항진균제를 바르거나 먹으면 빨리 낫습니다.

Q77 목 뒤와 머리 뒤에 멍울이 만져집니다. 괜찮을까요?

A 목 뒤와 머리 뒤에 있는 임파선이 커진 경우입니다. 우리 몸의 임파선은 임파구를 만드는 곳으로 외부에서 감염균이 들어와 염증을 일으키면 커지는 경우가 많습니다. 이런 경우 대부분 시간이 지나면 작아지는데, 계속 커져 있거나 더 커질 경우, 개수가 더 늘어날 경우에는 결핵, 임파선 종양, 혈액 종양 등이 숨어 있는 경우가 있으므로 꼭 병원에 가서 조직 검사 등 정밀 검사를 해 봐야 합니다.

Q78 신생아인데 빈혈이 있다고 합니다. 어떻게 할까요?

A 신생아는 자신의 몸에 철분을 저장하는데, 태어나면 철분을 공급해 줘야 합니다. 모유와 우유의 철분 흡수율이 다른데, 모유가 훨씬 흡수가 잘되므로 우유를 먹는 아기가 모유를 먹는 아기보다 빈혈에 걸릴 확률이 높습니다. 따라서 생후 6개월 이후에는 이유식을 통해 철분을 공급해 주어야 철분 부족으로 인한 빈혈을 막을 수 있습니다. 철분이 많이 든 음식으로는 고기, 녹황색 채소 및 해조류가 있습니다. 빈혈이 심하면 철분제를 처방받아서 먹여야 할 경우도 있습니다.

Q79 설사가 너무 오래가고 멈추지 않아요. 어떻게 할까요?

A 설사는 장염 때문에 오는 경우가 많습니다. 급성 장염은 1~2주 이내에 보통 멈추는데, 2주 이상 지속되면 만성 설사라고 부릅니다. 원인은 여러 영양소의 흡수 장애, 급성 장염 이후의 유당 불내증 등 여러 가지인데, 소아과에서 적절한 약물 치료를 하고, 설사 분유 사용 등도 고려해야 합니다.

Q80 신생아인데 선천성 대사 이상 검사를 꼭 해야만 합니까?

A 우리 몸은 다양한 신체 대사 과정을 가지고 있습니다. 그런데 선천적으로 유전자 이상이 있으면 그 대사 과정에서 꼭 필요한 물질이 생기지 않거나 해로운 물질이 과하게 쌓여서 병을 일으키기도 합니다. 이런 경우 빨리 발견해서 치료를 하면 평생을 문제없이 살 수 있으나 너무 늦게 발견하면 여러 장기에 막대한 손상을 주기도 합니다. 따라서 선천성 대사 이상 검사는 꼭 시행해야 합니다. 보통 아기의 발뒤꿈치에서 피를 뽑아 검사지에 묻혀서 검사를 하는데 소아과 전문의와 충분히 대화를 하는 것이 좋습니다.

Q81 아기가 태어난 후 머리에 큰 혹이 생겼어요. 병원에 가니 두혈종이라고 합니다. 괜찮을까요?

A 신생아가 분만 시 좁은 산도를 통과해 나오면서 압박을 받아 머리를 싸고 있는 막에서 출혈이 생겨 혹이 만들어진 것으로, '두혈종'이라고 합니다. 몇 개월간 지속될 수 있는데 대부분 치료 없이 흡수가 되므로 크게 걱정하지 않아도 됩니다. 혹이 아니라 말랑말랑한 경우는 '산류'라고 하여 2~3일 내에 없어지는 경우가 많습니다.

Q82 아기가 소변을 본 기저귀에서 붉은색이 보입니다. 괜찮을까요?

A 신생아 소변이 붉은색을 띠는 것은 대부분 요산인 경우가 많습니다. 혈뇨일까 봐 걱정하는 경우가 많은데, 요산은 정상적으로 만들어져 배출되는 물질이므로 걱정하지 않아도 됩니다. 하지만 너무 자주 붉게 나온다면 소아과에서 소변 검사를 해 보는 것이 좋습니다. 기

저귀에 묻은 붉은색이 시간이 지나도 그대로 남아 있다면 요산일 가능성이 높고, 색이 조금 검게 변한다면 혈뇨일 가능성이 있습니다.

Q83 신생아인데 아기 젖꼭지에 멍울이 잡힙니다. 괜찮을까요?

A 신생아의 젖꼭지에서 멍울이 잡히는 경우는 대부분 엄마의 여성 호르몬 영향으로 일시적으로 멍울이 생기는 경우입니다. 시간이 지나면 점점 없어집니다. 굳이 짜다가 염증이 생기면 오히려 더 큰 문제가 생길 수도 있습니다.

Q84 사시가 있어 보여서 병원에 갔더니 가성내사시라고 합니다. 괜찮을까요?

A 사시는 눈의 정렬이 똑바르지 않은 경우를 말하는데, 신생아는 코가 높지 않고 미간이 넓어서 눈이 안쪽으로 몰려 보이는 경우가 많습니다. 이런 경우를 가성내사시라고 합니다. 그러나 생후 4~6개월이 지나도 안쪽으로 몰려 보이는 경우 선천성 내사시를 의심해 봐야 합니다. 이 경우는 수술이 필요하기 때문입니다. 아기가 사시가 있어 보이면 일단 병원을 방문해야 합니다.

Q85 아기가 소리에 반응을 잘 하지 않는 것 같아요. 어떻게 하지요?

A 생후 1개월 된 아기는 청력이 거의 성숙되어 있습니다. 그래서 주위에서 소리가 나거나, 소리 나는 장난감으로 자극을 주어도 반응을 하지 않는다면 청력 검사가 필요합니다. 확실하게 방향까지 알아채는 것은 생후 4~5개월은 되어야 하지만, 소리에 대한 반응이 없다면

꼭 검사를 해 봐야 합니다.

Q86 손가락 빠는 걸 좋아하는데 공갈 젖꼭지를 사용해도 되나요?

A 신생아는 6개월 이전에는 빠는 욕구가 강하고 이를 통해 만족감을 느낍니다. 하지만 손가락을 많이 빨면 손가락이 빨개지고, 염증이 생길 수 있으며, 빠는 동작을 통해 감염균이 침범할 수도 있습니다. 만일 영구치가 나기 시작하는 5세가 넘어서도 빨 경우 치아의 부정교합을 일으켜 얼굴 형태의 변형도 있을 수 있습니다. 6개월 이전에는 공갈 젖꼭지를 사용하는 것도 하나의 방법이 될 수 있지만, 아기의 관심을 다른 곳으로 돌리고 다른 놀이로 방향을 바꾸어 주는 것이 좋습니다.

Q87 신생아 부모인데 차를 탈 때 꼭 카시트를 해야 하나요?

A 요즘은 자동차가 필수품입니다. 따라서 신생아도 자동차를 타고 이동하는 경우가 많은데, 보통은 부모가 아기를 안고 탑니다. 하지만 교통사고 시에 신생아나 영아들은 크게 다치는 경우가 많으므로 반드시 카시트를 장착해야 합니다. 카시트는 되도록 뒷좌석에, 운전석 반대 방향에 설치하는 것이 좋습니다.

5장

아플 때

토할 때, 놀람 반사, 신생아 모반, 여드름,
구강 내 낭종, 황달에 대해

신생아를 키우다 보면 걱정도 많고 고민이 되는 경우도 많습니다. 정
상적으로 나타날 수 있는 증상인지, 병적인 증상인지 구별하기가 힘
들기 때문입니다. 신생아는 큰 아이들과 다른 부분이 많습니다. 특히
아기가 아플 때는 전혀 다른 기준으로 접근을 해야 하는 경우가 많습
니다.

Q88 병원에 갔더니 설소대가 있다고 합니다. 어떻게 해야 할까요?

A 설소대는 혀유착증이라고도 합니다. 혀주름띠가 혀끝 아래 부위에 바짝 붙어 있는 흔한 질환입니다. 아이의 언어 발달과 음식 섭취에는 대부분 지장이 없습니다. 혀를 입술 바깥쪽으로 내밀 수 있다면 대체로 특별한 치료가 필요 없습니다. 심한 유착으로 발음에 문제가 있을 때는 수술적 치료가 필요합니다.

Q89 대변 색깔이 녹색이에요. 장에 문제가 있는 걸까요?

A 아이가 녹변을 본다고 외래로 찾아오는 경우가 많습니다. 이는 소화액인 담즙이 포함되어 있거나 녹색을 띠는 음식을 먹은 경우입니다. 아기가 잘 놀고 컨디션이 좋아 보이면 아무 문제가 없습니다.

Q90 신생아인데 몸이 노랗게 보여 병원에 갔더니 생리적 황달이라고 합니다. 어떻게 해야 하나요?

A 황달은 혈중에 빌리루빈이라는 물질이 증가하여 피부가 노랗게 보이는 것입니다. 일반적으로 신생아들은 생후 1주 이내에 만삭아의 60%, 미숙아의 80%에서 황달이 관찰되는데, 대부분 일시적입니다. 신생아에게서 보이는 생리적 황달은 신생아가 가진 태아 적혈구가 성인 적혈구에 비해 생존일이 짧아 빌리루빈이 증가하는데 간이 아직 미숙해서 생깁니다. 하지만 빌리루빈이 지나치게 증가하면 핵황달의

증상으로 신경계에 치명적 손상을 일으킬 수도 있으므로 꼭 병원을 방문하여 검사를 해 보는 것이 좋습니다.

Q91 신생아인데, 주위에서 태열이 있다고 합니다. 태열이 무엇이고 치료해야 하나요?

A 태열은 신생아 때 피부에 생기는 습진성 발진을 의미합니다. 태열과 아토피피부염은 엄밀히 따져서 일치하지는 않지만 관행적으로 같은 의미로 이야기합니다. 아토피피부염은 가려움증을 동반하고 얼굴, 팔, 다리, 몸통 등에 건조하면서도 특이한 습진 병변이 생깁니다. 피부 보습을 철저하게 해 주고, 국소 호르몬제나 면역 조절제, 항히스타민 등을 쓰고, 광선치료를 하면 효과가 있습니다. 단번에 좋아지지 않기에 꾸준히 관리해야 합니다.

Q92 아기 잇몸에 하얗게 반짝이는 낭종이 있어요. 어떻게 해야 하나요?

A 신생아의 잇몸이나 입천장 등에 생기는 흰색 낭종을 엡스타인 펄이라고 합니다. 구개가 발달하면서 상피 세포의 일시적인 축적으로 인해 생깁니다. 보통 몇 주 이내에 자연스럽게 없어지니 걱정하지 않아도 됩니다.

Q93 신생아 여드름이 있습니다. 어떻게 관리해야 하나요?

A 신생아 때는 여러 종류의 피부 병변이 생기는데, 신생아 여드름은 여드름 모양의 피부 발진이 생기는 것으로 피지샘에 대한 호르

몬의 영향 때문입니다. 대개는 특별한 치료 없이 몇 주 이내에 없어집니다.

Q94 열이 나서 병원 가서 검사하니 요로감염이라고 합니다. 요로감염이 뭔가요?

A 요로감염은 말 그대로 요로, 즉 방광에서 신장까지 세균 감염이 생기는 것을 말합니다. 요로감염에 걸리면 소변을 자주 보고 아랫배가 아프며 발열, 구토 등을 동반할 수 있습니다. 신생아가 이유 없이 보채고 열이 나며, 수유량 감소, 설사, 구토 등이 있을 수 있습니다. 항생제를 사용하고 쉽게 재발되므로 충분한 시간을 들여 치료해야 합니다. 요로 기형이 있는지, 방광요관역류가 있는지 잘 살펴봐야 합니다.

Q95 아기 목덜미에 연어반이 있어요. 크면서 없어질까요?

A 연어반은 신생아의 목 뒤나 눈 주위에 잘 생기는데, 보통 신생아의 30~50%에서 발견됩니다. 연한 분홍색이고 점점 커 가면서 옅어지고 없어지는데, 눈 주위는 빨리 없어지지만 목 뒤의 연어반은 좀 더 오래가고 50%는 없어지지 않습니다. 잘 안 없어지는 경우에 레이저를 사용하기도 합니다. 레이저 치료가 필요한 경우는 별로 없다고 생각하면 됩니다.

Q96 신생아인데 너무 자주 토해요. 어떻게 해야 합니까?

A 신생아의 구토 원인은 흔히 위장염, 위장의 폐쇄, 위식도역류, 전신 감염 등이 있습니다. 신생아는 위와 식도 사이의 괄약근의 조임

이 느슨해서 약간의 복압 상승에도 구토를 하기 쉽습니다. 구토를 많이 하면 탈수가 되고 전해질 이상이 있을 수 있어 병원에서 검사를 하고 수액 치료를 하는 게 좋습니다. 구토를 하면 고개를 옆으로 돌려 기도로 음식물이 넘어가지 않도록 해 줘야 합니다. 아이가 자주 토하면 꼭 복부 초음파를 시행해서 장중첩증이나 장폐쇄 등도 확인해야 합니다.

Q97 아기의 엉덩이와 사타구니가 자주 빨개지고 짓무릅니다.

A 기저귀를 차는 부위에 발진이 생기므로 기저귀 피부염이라고 합니다. 원인이 다양한데 대소변의 지속적 자극, 기저귀에 의해 공기가 통하지 않는 것, 곰팡이균류인 칸디다균에 의한 감염 등이 있습니다. 부위를 깨끗하게 씻기고, 잘 건조시키며, 적절한 연고제를 발라 주면 효과가 있습니다.

Q98 우리 아기 눈이 사시가 있어 보여요. 어떻게 해야 할까요?

A 사시란 양쪽 눈이 보려고 하는 방향을 바라보지 않는 상태를 말합니다. 눈이 안쪽으로 돌아가 있으면 내사시, 바깥쪽으로 돌아가 있으면 외사시, 위쪽은 상사시, 아래쪽은 하사시라고 합니다. 출생 후 1~2개월 때는 두 눈의 위치가 자리를 잡지 못하여 돌아가 있을 수도 있으나 생후 3~4개월이 되면 대체로 제자리를 잡습니다. 어릴 때는 코가 낮고 눈과 눈 사이의 거리가 멀어 내사시처럼 보이는데, 이를 가성내사시라고 합니다. 사시의 증상이 의심되면 소아안과의 진료를 받는 게 좋습니다.

Q99 아기의 고환이 부어 있어요. 병원 가니 음낭수종이라고 합니다.

A 아기가 태어날 때는 고환이 복막과 함께 음낭 내로 내려오는데, 이때 통로가 덜 막히면서 액이 음낭에 고이는 것을 음낭수종이라고 합니다. 남자 신생아의 1~2%에서 있을 정도로 흔한데, 대개 1세가 되면 흡수되는 경우가 많습니다. 하지만 고환의 크기가 크고 음낭의 압력이 높으면 수술을 해야 하는 경우도 있습니다.

Q100 아기 다리가 오 다리처럼 휘어 있어요. 어떻게 하지요?

A 아기의 다리가 오 다리로 휘었다고 걱정하는 부모가 많습니다. 이것을 내반슬이라고 합니다. 1세 미만의 아기는 오 다리처럼 휜 경우가 많은데, 생리적 내반슬이라고 합니다. 생후 2세까지 다리가 바르게 되고 2~3세가 되면 반대로 바깥으로 다리가 휩니다. 이것도 6~7세가 되면 바르게 됩니다. 하지만 2세가 넘어도 오 다리인 경우에는 소아정형외과를 방문하여 진찰을 받아 봐야 합니다.

Q101 아기 피부에 두드러기가 생겼어요. 어떻게 할까요?

A 두드러기는 피부 알레르기 증상의 하나입니다. 심하게 가렵고 피부가 약간 위로 솟은 모양입니다. 발진이 생겼다가 없어지고 또 다른 곳에 생기는 것이 특징입니다. 알레르기를 일으키는 음식이나 접촉 등으로 잘 생기고, 원인을 밝히지 못하는 경우도 많습니다. 6주 이상 지속하는 것을 만성 두드러기라고 합니다. 치료는 원인이 되는 알

레르기 물질을 찾아서 회피하는 것이 첫 번째 할 일입니다. 다음은 병원에 가서 주사나 먹는 약으로 치료해야 합니다.

Q102 피부에 아토피가 심해요. 어떻게 해야 합니까?

A 아토피피부염은 알레르기 질환의 일종으로 영유아에서 흔한 질환입니다. 전 세계적으로도 소아의 10~30%가 이 질환을 가지고 있습니다. 원인은 유전과 환경, 면역학적 요인이 있는데, 심한 가려움증, 피부가 빨개지는 것, 아주 건조한 피부 등이 특징입니다. 아토피 환자의 50%가 1세 이전에 시작한다고 합니다.

우선 보습제를 잘 발라서 건조해지는 것을 막아 줍니다. 가려움증을 막기 위해 먹는 약을 쓰기도 합니다. 연고를 바르기도 하는데, 자의적으로 너무 많이 오래 사용하면 안 됩니다. 꼭 의사의 처방을 따라야 합니다.

Q103 아기가 밤새 열이 났어요. 어떻게 하지요?

A 아이의 발열은 매우 걱정스러운 증상 중의 하나입니다. 열이 나는 기준은 재는 위치에 따라 다르지만 대체로 37.5도 이상이면 미열이 있고, 40도 이상이면 고열이 있다고 말합니다. 아기들의 발열은 감염이 가장 흔한 원인입니다. 열은 외부의 감염에 몸이 대항하기 위한 도구이지만 신생아, 특히 3개월 미만의 아기가 열이 난다면 패혈증, 뇌수막염, 폐렴 등이 있을 가능성이 높으므로 빨리 병원을 방문해야 합니다.

Q104 아기가 구토를 하더니 설사를 합니다. 어떻게 해야 하지요?

A 일반적으로 구토와 설사는 위장관염의 증상입니다. 위장관염을 흔히 장염이라고 합니다. 세균이나 바이러스에 의한 경우가 많은데, 신생아기와 유아기에는 바이러스 장염이 더 많습니다. 치료는 탈수를 막는 것이 우선입니다. 수분 및 전해질을 공급하기 위해 경구용 수액이나 주사로 수액을 맞기도 합니다. 예방이 중요한데 손을 잘 씻고, 로타바이러스 같은 경우는 먹는 예방 접종이 도움이 됩니다.

Q105 밤새 기침을 많이 했어요. 폐렴일까요?

A 병원을 찾아오는 많은 증상 중 하나가 기침입니다. 기침은 우리 몸을 보호하는 좋은 작용입니다. 외부의 이물질이나 해로운 것을 바깥으로 내보내어 기관지와 폐를 깨끗하게 유지시켜 줍니다. 따라서 기침을 할 때는 그 원인을 찾아서 해결해 줘야 합니다. 특히 신생아의 기침은 큰 아이들에 비해서 더 조심스럽게 보아야 하는데, 폐렴으로 진행할 가능성이 높기 때문입니다. 신생아가 기침을 제법 한다면 꼭 병원을 방문하여 확인을 해야 합니다.

Q106 아기가 코가 막히고 코딱지 때문에 콧소리도 나고 힘들어해요. 어떡하지요?

A 신생아는 흔히 코가 막힙니다. 코가 그렁거려서 병원을 방문하기도 합니다. 신생아는 코에서부터 기관지까지가 좁기 때문에 코가 조금만 있어도 금방 막히고 코에서 소리가 잘 납니다. 감기 등 감염병이 있으면 코의 분비량이 늘어나 더 자주 이런 증상을 호소합니다. 수

분 섭취량을 늘려 주고 가습기 등을 틀고 식염수를 코에 뿌려 주고 콧물 흡입을 해 주면 도움이 됩니다. 그래도 증상이 지속되면 항히스타민제를 사용할 수도 있습니다.

Q107 기저귀를 갈다 보니 소변 묻은 부분이 빨개요. 어떻게 해야 합니까?

A 기저귀에 묻은 아기의 소변이 붉게 보이는 것은 요산 때문인 경우가 많습니다. 이는 정상적으로 분비된 요산이므로 걱정할 필요가 없습니다. 하지만 가끔 혈뇨인 경우도 있기에 의심스러우면 소아과 의사에게 진찰을 받고 소변 검사를 해 볼 수 있습니다.

Q108 애가 보행기를 탈 때 보니 까치발을 해요. 어떻게 하지요?

A 아기가 까치발을 한다고 걱정하며 병원을 방문하는 부모가 제법 있습니다. 대부분은 정상인 아기에게서 보행기를 탈 때나 잡고 설 때 까치발을 하는 경우가 많습니다. 전반적인 몸의 경직 정도가 있지 않으면 대부분 괜찮습니다. 가끔 뇌성마비 등이 있을 때 까치발을 할 수 있기 때문에, 소아과 전문의에게 꼭 진찰을 받아 보는 것이 좋습니다.

Q109 아기가 모기에 물려서 벌겋게 되고 진물이 나요.

A 여름에는 아기들이 모기나 벌레에 물려 퉁퉁 붓고 진물이 나서 병원을 방문하는 경우가 많습니다. 체질적으로 알레르기가 있는 경우에는 눈이 부어 잘 뜨지 못하거나 팔다리가 부어오르는 경우도

많습니다. 2차적으로 손을 대어 균이 침범하면 진물이 나고 염증이 생기기도 합니다. 일단 물린 부위를 깨끗하게 하고 약한 스테로이드 연고를 쓰거나 항균 연고를 쓰는 것이 도움이 됩니다.

Q110 아기가 열이 나면서 경기를 했어요.

A 아기를 키우면서 부모가 가장 크게 놀라는 상황이 열성경련일 겁니다. 고열이 나면서 눈이 돌아가고, 몸이 경직되면서 수축되기도 하고, 의식이 없이 처지면 부모는 너무나 놀라지요. 원인은 고열로 인한 대뇌의 비정상적인 과흥분 때문입니다. 하지만 절대 당황하지 말고 고개를 옆으로 젖혀 기도를 확보하고 기다리면 대부분 멈춥니다. 하지만 10분 이상 지속되는 경우도 있습니다. 병원을 방문해 패혈증이나 뇌수막염이 있는지 확인해야 합니다.

엄마, 아빠가 어릴 때 열성경련을 한 가족력이 있는 경우도 많습니다. 열성경련의 예후는 좋은 편이라 크게 걱정 안 해도 됩니다.

Q111 아기 팔다리가 주기적으로 까딱까딱 움직여요.

A 아기가 팔다리나 몸을 떨고 움직인다고 병원을 찾는 경우가 많습니다. 신경계통이 아직 성숙이 덜 되어 일어나는 증상으로, 대부분 괜찮습니다. 다만 증상이 점점 심해지거나, 움직이는 팔다리를 꼭 쥐었는데도 멈추지 않고 계속 움직이면 소아신경 전문의를 찾아서 확인을 해 봐야 합니다.

Q112 변이 딱딱하지도 않은데 변을 볼 때 용을 쓰고 힘들어해요.

A 변을 볼 때 얼굴이 벌겋게 되고 용을 쓰는데, 무른 변인 경우가 많습니다. 영아 배변 곤란증이라고 하는데, 배변 시 항문의 이완이 익숙하지 않아서 생깁니다. 대부분 변을 누고 나면 편안해하고 문제가 없습니다. 시간이 지나면서 이런 증상이 없어집니다.

Q113 아기 배꼽이 크게 튀어 나왔어요.

A 신생아의 배꼽이 평소 크게 튀어나와 있으면서, 심하게 울거나 힘을 줄 때 배꼽이 더 튀어나오는데, 이를 배꼽 탈장이라고 합니다. 배꼽의 고리가 완전히 막히지 않아서 생기는데, 보통 1세 이전에 저절로 막힙니다. 만일 4~5세 이후에도 지속되고 장이 막히는 증상이 있을 때는 수술적 치료가 필요할 수도 있습니다.

Q114 아기 피부에 딸기혈관종이 있어요. 어떡하지요?

A 아기의 몸에 딸기 모양의 혈관종이 있어서 병원을 방문하는 경우가 많습니다. 보통 출생 시나 출생 후 1주일 이내에 생겨 점점 커지다가 없어지는 양상을 보입니다. 얼굴, 등, 두피 등에 잘 생기지만 혀에 생기기도 합니다. 대부분 5~7세에 사라지기 때문에 특별한 치료 없이 기다리는 것이 원칙입니다.

Q115 아기가 쌕쌕거리고 기침하면서 숨차 해요.

A 아기가 쌕쌕거리고 숨차 한다면 빨리 병원에 가야 합니다. 쌕쌕거림은 기관지가 수축되어 공기가 좁은 통로를 통과할 때 나는 소

리이므로 산소가 부족해지는 상황이 오기 전에 치료를 받아야 합니다. 모세기관지염이나 폐렴 등으로 진단 받는 경우가 많아서 필요하다면 엑스레이 촬영도 해야 하고 기관지를 넓게 해 주는 약물이나 호흡기 치료도 해야 합니다.

Q116 아기가 주기적으로 심하게 울고 보채기를 반복해요.

A 아기가 주기적으로 얼굴을 찡그리면서 보챌 때는 창자겹침증을 확인해야 합니다. 일반적으로 상부 장이 하부 장 속으로 망원경이 겹치듯이 말려 들어가 꽉 끼는 증상입니다. 장내의 혈류가 막히게 되니 오래 두면 괴사가 일어납니다. 복부 초음파 검사를 통해 진단하는데, 주기적인 복통을 일으키고 딸기잼 같은 변을 보기도 하고 구토 증상이 있기도 합니다. 빠른 시간 내에 진단을 해야 하는데, 공기나 식염수 등을 넣어 압력으로 밀어 내는 치료를 하고 심한 경우 수술을 하기도 합니다.

Q117 병원 가서 청진하니 심장 잡음이 있다고 해요.

A 청진을 하여 심장 소리를 들으면 정상적인 박동음 외에 심장 잡음이 들리는 경우가 많습니다. 신생아의 잡음은 무해성 잡음이 상당히 많은데, 그래도 심장 질환이 있는 경우를 감별하기 위해 소아 심장 전문의에게 진찰을 받고 필요 시 심초음파를 시행해야 합니다. 심실중격결손증이나 승모판역류, 폐동맥이나 대동맥협착 등 여러 선천성 심장 질환을 발견하기도 합니다. 정상인 경우가 더 많으니 진료를 꼭 받아 보기 바랍니다.

EBS
육아학교

2부
—
성장과 발달

EBS
육아학교

아이가 태어난 순간의 기쁨은 이루 말할 수 없습니다. 하지만 그 이후에는 아이가 정상적으로 잘 크는지 걱정스럽고 궁금할 때가 많습니다. 아이의 성장과 발달은 넓은 의미로는 같이 쓰지만, 성장은 주로 신체적인 크기의 증가를 의미하며, 발달이란 주로 기능적인 면이 성숙되는 것을 말합니다.

성장의 측면에서 보면 아이들은 두 번의 매우 빠른 성장기를 겪는데, 한 번은 태어나서 돌까지이고, 또 한 번은 바로 사춘기입니다. 태어난 지 100일 정도 되면 태어날 때 몸무게의 두 배가 되며, 돌 전후에는 세 배 정도인 10kg 전후가 됩니다. 사춘기가 되면, 제2차 성징이라고도 하는 성적 발달이 동반되면서 키와 몸무게가 성인 수준으로 빠르게 성장합니다.

아이의 발달은 신체적 발달과 정신적 발달로 나누어 볼 수 있습니다. 신체적 발달을 보면, 생후 3개월 정도 되면 목을 가눌 수 있고, 5~6개월 정도 되면 뒤집기를 할 수 있으며, 15개월 전후에는 혼자 걷기를 시작합니다. 두뇌가 발달하면서 생후 2개월쯤부터 엄마 아빠와 눈을 맞추고 웃는데, 더없이 사랑스럽지요. 6~8개월에 낯가림을 시작하면 낯선 사람을 경계하고 울어 대 엄마 아빠를 당황하게 만듭니다. 10개월 전후에는 '엄마', '아빠'라는 단어를 말할 수 있습니다. 처음으로 엄마, 아빠 소리를 들은 부모의 가슴 벅참은 아이를 가진 부모라면 누구나 공감할 수 있을 것입니다.

아이의 정상적인 성장과 발달에는 엄마, 아빠의 관찰이 매우 중요한 역할을 합니다. 여기에 하나 더, 소아청소년과에서 만 7세까지 주기적으로 시행하는 '영유아 검진'을 놓치지 말고 받아 보는 게 좋습니다. 무엇보다도 정상적인 성장과 발달 과정을 이해하고, 바르게 성장하고 발달을 이루도록 그 나이에 맞는 적절한 자극을 주는 것이 중요합니다. 그리고 여유롭고 따뜻한 마음으로 아이를 잘 지켜봐 주고, 사랑으로 아이를 키워야 함은 두말할 필요가 없습니다.

1장

눈맞춤

언제부터 엄마 얼굴을 알아보나요?

아이가 엄마 아빠를 보고 눈을 맞추고 미소를 짓는 순간 엄마 아빠는 세상을 다 가진 듯한 행복감에 빠집니다. 아이의 미소는 사회적인 행동입니다. 이것은 정서적으로 잘 발달하고 있으면서, 사회성과 표현력이 싹트고 있음을 뜻합니다.

아이가 웃을 때는 함께 웃어 주고, 미소 띤 얼굴로 아기에게 인사를 건네고, 말이나 포옹으로 아기의 웃음을 받아 주면서 아기가 많이 웃을 수 있도록 해 줍니다. 그러면 미소라는 언어가 상호적인 소통 방법으로 발전할 것입니다.

태어난 지 1~2주 이내의 신생아는 눈에서 20~35cm 정도 거리 안에 있는 사물만 구별할 수 있습니다. 한마디로 아이의 얼굴 가까이에 있는 물체만 구별합니다. 태어난 지 4주가 지나면 약 90cm 거리의 사물을 알아볼 수 있고, 약 2개월이 되면 초점을 맞추어 사물의 전반적인 형태를 볼 수 있게 됩니다.

생후 4주까지는 잠을 많이 자기 때문에 눈을 감고 있으나, 생후 2개월이 되면 눈을 뜨고 있는 시간이 점점 길어집니다. 엄마의 얼굴이 이동하는 대로 눈을 움직이고, 밝은 곳을 바라보며, 눈도 깜박이기 시작합니다. 생후 3~4개월이 되면 색을 어느 정도 분간할 수 있게 됩니다. 생후 5~7개월이 되면, 양쪽 눈으로 사물을 볼 수 있는 양안시 기능이 생겨서 사물을 더 명확하게 볼 수 있습니다.

생후 2개월쯤의 눈 맞춤은 엄마 아빠를 기쁘게 할 뿐만 아니라, 시력이 정상적으로 발달하면서 사회적, 정서적인 발달이 제대로 이루어지고 있다는 증거가 됩니다.

Q118 아기가 태어났을 때는 방을 어떤 색깔로 꾸미고 장식하는 게 좋을까요?

A 신생아는 아직 색을 구분할 정도로 시력이 발달해 있지 않기 때문에 파스텔 톤보다는 흑백의 강한 대조가 망막 세포의 발달을 자극합니다. 모빌을 달 때에는 30~50cm 정도 높이로, 여러 가지 색깔보다는 흑백으로 단순한 것이 좋습니다. 색깔이 있거나 움직임이 있는

모빌은 생후 4개월 이후에 달아 주는 게 좋습니다.

Q119 생후 2개월이 넘어도 아이가 잘 웃지 않고, 눈을 못 맞추는 것 같아요. 문제가 없을까요?

A 보통 생후 2개월 정도 되면 엄마 아빠를 알아보고, 엄마 아빠가 웃으면 따라 웃는 등 눈 맞춤을 제대로 시작해야 합니다. 만약 생후 2개월이 되어도 눈 맞춤이나 미소가 없다면 눈 안쪽의 문제(선천성 녹내장, 백내장)나, 뇌 안쪽의 문제일 가능성이 있으므로 소아청소년과 전문의와 상담을 하는 게 좋습니다.

2장

근육

아직 못 걷는데 괜찮을까요?

아기의 운동 발달은 일정한 법칙에 따라 단계적으로 이루어집니다. 태어나자마자 바로 걸어 다니거나 뛰어다니는 아이는 없습니다. 목을 가누고 뒤집기를 한 후 혼자 앉기, 기어 다니기, 물건을 붙잡고 서고 걷기 단계를 거쳐서 혼자 서고, 혼자 걸어 다닐 수 있습니다. 하지만 부모들은 또래 아이들보다 발달이 느리거나 어떤 행동을 하지 못하면 걱정이 큽니다.

아기가 특정 단계의 발달이 늦어지거나 특정 단계의 발달을 건너뛰고 다음 단계로 바로 넘어간다고 해서 다 문제가 있는 것은 아닙니다.

월령별 근육 운동 발달 단계

월령	근육 운동 발달 사항	확인란
1개월	엎드려서 고개를 살짝 든다.	
2개월	엎드려서 45도 각도로 고개를 든다.	
3개월	목을 직각으로 든다.	
4개월	목을 안정적으로 가눈다.	
5개월	뒤집는다.	
6개월	세우면 다리에 체중을 싣는다.	
7개월	혼자서 앉는다.	
8개월	엎드려 있다가 앉을 수 있다.	
9개월	기어 다닌다.	
10개월	붙잡고 선다.	
11개월	가구 잡고 걷는다.	
12개월	혼자서 선다.	
15개월	혼자 잘 걷는다.	
18개월	뛰기 시작한다.	
24개월	잘 뛰어다닌다.	
36개월	한쪽 발로 잠깐 선다.	

아기들마다 발달 속도가 다르기 때문에 평균보다 조금 느려도 아무런 문제가 없을 가능성이 높습니다. 하지만 아기의 발달 상태가 정상적인 범주를 벗어났다면, 신경이나 근육 질환 등에 이상은 없는지 전문의

에게 진료를 받아 보는 것이 좋습니다.

아이의 운동 발달 단계는 왼쪽 표를 참조하세요. 우리 아기가 월령별로 정상 발달 범주 안에 있는지 확인해 보세요.

Q120 아기가 생후 3개월인데 아직 목을 못 가눕니다. 병원에 가 봐야 할까요?

A 아기가 머리를 수직으로 들기 시작하는 시기는 3개월경이며, 목을 안정적으로 가누는 시기는 4개월경입니다. 생후 3개월인 아기가 목을 완전히 가누지는 못하더라도 어느 정도 목을 세울 수 있다면 괜찮습니다. 다만 고개를 세우지 못하고 뒤로 처지거나, 5개월이 지나도 목 가누기가 안정적으로 이루어지지 않는다면 전문의와 상담해야 합니다.

Q121 4개월 아기인데 엄마 무릎 위에 세우면 다리에 힘을 주고 서 있으려고 해요. 다리에 무리가 가지는 않을까요?

A 아직 설 준비가 안 된 상태에서 무리하게 아기를 세우려고 하면 좋지 않습니다. 하지만 아기 스스로 다리에 힘을 주고 엄마 무릎 위에 서 있으려고 한다면 아이의 근육이 그만큼 발달한 것으로 보입니다. 그런 행동으로 아기 다리가 휘거나 허리에 무리가 가지는 않습니다. 오히려 누워만 있던 아기에게는 다리 근육을 발달시킬 수 있는 좋은 운동이 될 것이며, 아기가 재미있어하는 엄마와의 좋은 놀이가

될 것입니다.

Q122 아기가 5개월이 지나도 뒤집기를 안 합니다. 뒤집기 연습을 시켜야 할까요?

A 뒤집기는 일반적으로 5~6개월경에 할 수 있습니다. 하지만 이는 어디까지나 평균치이며 개인차가 있을 수 있습니다. 5개월이면 뒤집기를 못 한다고 걱정할 시기는 아니며, 뒤집기 연습을 따로 할 필요는 없습니다. 아기가 스스로 뒤집을 때까지 마음을 편히 가지고 기다리는 게 좋습니다. 만일 6개월이 지나도 뒤집기를 못 할 경우 전문의와 상담을 하는 것이 좋습니다. 뒤집기 단계를 건너뛰고 혼자 앉고, 걸어 다닐 수 있으면 뒤집기를 못 하는 것은 문제가 되지 않습니다.

Q123 아기가 7개월인데 아직 혼자 앉지 못해요.

A 유아용 의자와 유모차 사용 여부에 따라 아기마다 혼자 앉는 시기가 다를 수 있습니다. 자주 앉는 자세를 취한 경우는 혼자 앉는 시기가 빠를 수 있으며, 많은 시간을 누워서 지내거나 앉은 자세를 취한 적이 없는 아기는 늦을 수 있습니다. 과체중도 앉는 시기를 늦추는 요인이 됩니다. 목 가누기, 뒤집기 등 다른 발달 상태가 정상이면 아기에게 앉을 수 있는 기회를 자주 주면서 기다립니다. 9개월에도 혼자 앉지 못하면 전문의와 상담을 하는 것이 좋습니다.

Q124 아기가 8개월인데 장난감을 주면 오른손으로만 잡으려고 해요. 왼손에 문제가 있는 걸까요?

A 🧑 아기들은 처음에는 양손을 비슷하게 쓰지만 어느 정도 발달이 이루어지면 익숙한 한쪽 손만 쓰기도 합니다. 장난감을 줄 때 오른손만 써서 걱정된다면 오른손에 물건을 쥐여 준 상태에서 장난감을 줘 봅니다. 아마도 왼손으로 잡을 겁니다. 평소에 양손을 잘 이용한다면 물건을 받을 때 오른손만 쓰는 것은 문제가 되지 않습니다. 다만 왼손과 오른손의 힘 차이가 크거나, 평소 왼손을 거의 쓰지 않거나, 왼손이나 왼팔이 뻣뻣하고 경직되어 있다면 전문의와 상담을 해야 합니다.

Q125 9개월 아기입니다. 뒤집기도 잘하고 혼자 잘 앉는데 기지를 않습니다. 괜찮을까요?

A 🧑 6개월에 기는 아기도 있지만 9개월이 되어서야 기는 아기도 있습니다. 또한 기는 단계를 완전히 생략한 채 걷는 아기도 있습니다. 아기의 운동 발달은 단계마다 순차적으로 이루어지는데, 단계가 바뀌거나 건너뛰어도 문제가 되지는 않습니다. 하지만 10개월까지 기어 다니지도 않고 물건을 붙잡고 서지도 않는다면 의사와 상담해 봐야 합니다. 기는 행동을 생략하더라도 물건을 잡고 걷거나 혼자 걷는다면 정상입니다.

Q126 아기가 9개월인데 소파를 잡고 일어서면 발 안쪽에 굴곡이 없어요. 평발인가요?

A 🧑 이 시기 아기들의 발은 대부분 평발처럼 보입니다. 아직 발의 근육이 발달하지 않았고, 오목해야 할 부분에 살이 많아서 그렇게 보

일 뿐입니다. 또한 이 시기에는 설 때 무게 중심이 발 안쪽으로 쏠려 오목한 부분이 평평하게 보일 수 있습니다. 아직 평발 여부를 판단할 수 있는 시기가 아닙니다.

Q127 13개월 아기인데 아직 혼자 걷지 못해서 걱정입니다. 걸음마가 늦으면 나중에 다른 문제가 생기지 않을까요?

A 아이들은 대개 12개월이 되면 혼자 걸을 수 있게 되는데, 혼자 걷는 시기가 빠르다고 해서 다른 발달 영역이 빠르다고 볼 수는 없습니다. 걷는 시기는 유전과도 관련이 있습니다. 체중이 많이 나가거나 겁이 많은 아이들은 혼자 걷는 시기가 늦을 수 있습니다. 하지만 18개월까지도 걸음마를 시작하지 않은 경우에는 전문의와 상담해야 합니다.

Q128 걸음마를 시작한 아기인데 가끔 까치발을 할 때가 있어요. 무슨 문제가 있을까요?

A 걸음마를 시작한 아이들이 까치발을 하는 건 대부분 습관적인 경우가 많습니다. 보행기 사용 시기의 경우에는 보행기의 높이가 높은 경우가 대부분입니다. 하지만 보행기를 타지 않는 경우에도 까치발을 하고 있거나, 발이나 몸의 경직이 동반된 경우라면 근육이나 운동 장애가 원인일 수도 있으므로 전문의와 상담을 해야 합니다.

Q129 걸음마를 위해 보행기를 태우고 싶은데, 언제부터 태울 수 있나요?

A 🧑 보행기는 아기들이 혼자 앉을 수 있는 시기(6~8개월)부터 태울 수 있지만, 보행기가 걸음마를 빠르게 해 준다는 증거는 없습니다. 오랜 시간 보행기를 태우는 것이 오히려 기고 걷는 시기를 늦춘다는 연구 결과가 있으며, 보행기를 밀고 다니는 상황에서 안전사고 문제도 있어서 장시간의 보행기 사용을 권하고 싶지 않습니다. 만약 아이를 혼자 놀게 하기 위해서 사용한다면 소서saucer나 유아용 의자 등을 사용하는 것이 좋습니다.

Q130 아기가 9개월인데 이제 겨우 기어 다닙니다. 뒤집기, 혼자 앉기, 기어 다니기 모두 주변의 또래보다 느린데 앞으로 문제가 생기지 않을까 걱정입니다.

A 🧑 어릴 때 운동 능력이 빠르다고 성장을 해서도 운동 능력이 좋다는 보장은 없으며, 운동 기능이 발달하는 속도와 지능은 전혀 상관이 없습니다. 다른 아이들보다 발달이 조금 늦더라도 발달이 단계적으로 잘 이루어지고 발달 상태가 정상 범주에서 크게 벗어나지 않으면 걱정할 필요가 없습니다. 그래도 불안하다면 전문의와 상담을 통해 걱정을 더는 것이 좋습니다.

Q131 아기가 10개월인데 천천히 기어 다닐 때는 괜찮다가도 빨리 기어 다닐 때는 오른쪽 다리와 양손만 이용하고 왼쪽 다리를 끌고 갑니다. 왼쪽 다리에 문제가 있는 건 아닐까요?

A 🙂 아기들마다 기는 방법이 다릅니다. 기지 않고 바로 걷는 아기도 있으며, 걷기 전까지 배밀이만 하는 아기도 있습니다. 양손과 양발을 이용해서 기기도 하며 양손과 무릎을 이용해서 기기도 합니다. 평소 왼쪽 다리의 사용에 문제가 없는 경우는 크게 걱정할 일이 아니나, 왼쪽 다리의 사용 빈도가 오른쪽에 비해 현저하게 떨어지는 경우는 전문의와 상담해야 합니다.

Q132 돌부터 걸음마를 시작한 아기인데 자꾸 넘어집니다. 넘어지면 다시 일어나서 또 걸으려고 하는데 걸음마를 계속 해도 되나요?

A 🙂 걸음마는 아기의 근육이 어느 정도 발달하고 여러 근육이 조화를 이루며 아기가 균형을 잡을 수 있을 때 완성됩니다. 걷고 넘어지는 상황이 반복되면서 걸음마를 배우지요. 넘어지는 상황을 부모가 막는 것은 아기에게 도움이 되지 않으며, 넘어질 때 다치지 않도록 주변 환경을 조성해 주어야 합니다. 딱딱한 바닥에 매트를 깔아 주거나, 넘어지면서 다칠 수 있는 주변의 물건은 치우고, 뾰족한 모서리에는 안전장치를 하는 등 아기가 마음껏 걸음마 연습을 할 수 있도록 환경을 조성해 주는 게 좋습니다.

Q133 14개월 아기인데 잠시도 쉬지 않고 걸어 다녀서 그런지 양다리가 활처럼 휘어져 있어요. 많이 걸어서 그런 건가요?

A 🙂 많이 걸어 다닌다고 다리가 휘지는 않습니다. 걸음마 시기의 아이들은 대부분 양 다리 모양이 O 자 모양으로 휘어져 보이는 내반슬이 되는데, 일반적으로 두 돌이 되면 내반슬이 없어집니다. 두 돌이

지나면 다리 모양이 X 자 모양인 외반슬 형태가 되며 만 7~10세경에
는 곧은 다리가 됩니다. 비타민 D를 정상적으로 보충해 주는 아기라
면 이 시기의 내반슬은 문제가 되지 않습니다.

Q134 두 돌 된 아이인데 왼손잡이 같아요. 숟가락질, 칫솔질 모두
왼손으로만 해요. 지금부터라도 오른손으로 연습시키면 오른손잡이
가 될 수 있나요?

A 오른손잡이 어른에게 오른손을 쓰지 못하게 하면 얼마나 불
편할까요? 아이들도 마찬가지입니다. 왼손을 잘 쓰는 아이에게 오른
손만 쓰라고 강요하면 아이에게 상처가 될 수 있습니다. 또한 유전적
으로 왼손잡이로 태어난 아이에게 오른손을 쓰도록 강요하면 필체가
엉망이 된다든지 다른 문제가 생길 수도 있습니다. 왼손잡이는 유전
적으로 결정이 되기 때문에 왼손잡이 아이에게 억지로 오른손을 쓰
도록 강요하지 않는 것이 좋습니다.

Q135 20개월 아이인데 자주 넘어져요.

A 아이들은 걷는 데 익숙해지면 빨리 걷고 뛰어다니려 합니다.
아이들은 목표 지점을 향해 이동할 때, 안전하게 가는 것보다 빨리 가
는 것을 중요하게 생각합니다. 따라서 주변의 장애물에 부딪히고 걸려
넘어지거나 돌발 상황이 생겼을 때 대처하지 못하기 일쑤입니다. 아이
가 넘어지지 않고 잘 돌아다닐 수 있을 때까지 아이가 넘어지더라도
다치지 않도록 환경을 만들어 줘야 합니다. 아이들에게 장애물을 피
하는 요령이 생기고 여러 가지 대처 능력이 발달하면 넘어지는 횟수

도 줄어들 것입니다. 하지만 아이가 다리를 절거나, 몇 달이 지나도 넘어지는 빈도가 줄지 않으면 전문의와 상의해야 합니다.

Q136 네 살 된 아이 엄마입니다. 아이가 밤에 다리가 아프다고 하는데 성장통일까요? 심할 때는 자다가 깨서 울기도 해요.

A 성장통은 많이 걸어 다녔거나 신체적 활동이 많았던 날 주로 생기며 대체로 밤에 다리에 통증이 나타납니다. 특별히 치료하지 않아도 저절로 좋아지지만, 다리를 주물러 주면서 아이를 안심시키는 것이 좋습니다. 하지만 아프다고 주무르지 말라고 하거나, 통증이 호전되지 않고 지속적으로 나타나는 경우, 한쪽 다리에만 통증이 있는 경우, 걸음걸이에 문제가 생기는 경우, 통증 부위가 붓거나 발작이 있는 경우에는 전문의의 진찰을 받아야 합니다.

3장

언어

아직 말을 잘 못 하는데 괜찮을까요?

언어는 일차적으로 보호자와 아이와의 상호 관계에서 발달합니다. 눈맞춤, 사회적 미소, 상대의 관심을 나누는 능력 등이 발달에 중요한 역할을 합니다. 또한 지능 발달과도 밀접한 연관이 있으며 환경적, 유전적 요인에 따라 개인차가 큽니다. 언어도 다른 발달과 마찬가지로 순차적으로 진행합니다.

아기들의 언어 발달 단계는 다음과 같습니다. 우리 아기가 월령별로 정상 발달 범주 안에 있는지 확인해 보세요.

월령별 언어 발달 단계

월령	언어 발달 사항	확인란
1개월	목소리에 반응을 보이고, 미소를 짓는다.	
2~3개월	다른 사람의 목소리를 알아듣고 모음 소리를 내기 시작한다.	
4개월	큰 소리로 웃기 시작한다.	
7개월	자신의 감정을 다양하게 표현하고, '마~마~', '다~다~' 같은 자음 소리를 반복할 수 있다.	
8~10개월	'바, 다, 마' 같은 여러 음절 소리를 낼 수 있다.	
12개월	'엄마'나 '아빠' 외에 한두 단어를 더 말할 수 있다.	
15개월	신체 부위를 몇 개 정도 가리킬 수 있고, 의미 없이 재잘거리는 때가 많다.	
18개월	10~15개 정도의 단어를 말할 수 있다.	
18~24개월	두 단어로 된 간단한 문장을 만들기 시작한다. 사용하는 어휘가 100개 정도로 급격히 늘어난다.	
24~35개월	3~4개의 단어로 된 문장을 말할 수 있고, 이름·성별·나이를 말할 수 있다. 2~3개의 명령을 시행할 수 있으며, 대부분의 말을 이해한다. 대명사를 사용하고, 복수형도 사용하기 시작한다.	
36~47개월	5~6개의 단어로 이루어진 문장을 이야기한다. 기본적인 문법을 이해할 수 있고, 과거형 시제를 말할 수 있다. 줄거리 있는 이야기를 한다. 같은 것/다른 것에 대한 개념이 생긴다.	
48~72개월	7단어 이상의 긴 문장을 이야기할 수 있다. 남의 이야기를 기억할 수 있고, 미래 시제를 사용하기 시작한다. 주소를 이야기할 수 있다.	

Q137 아기가 3개월인데 큰 소리가 나도 반응이 없어요. 청력 발달에 문제가 있는 걸까요?

A 선천성 양측 고도 난청은 정상 신생아의 경우 1,000명당 1~3명꼴로 발생합니다. 선천성 난청은 출생 즉시 발생하는 경우와 지연성 난청으로 분류됩니다. 따라서 난청에 대한 조기 진단은 신생아뿐만 아니라 학령기 전후의 아동을 대상으로 주기적으로 이루어져야 합니다.

유소아의 정상적인 청각 및 언어 발달에 있어 소리 자극은 매우 중요합니다. 특히 가장 중요한 시기인 생후 1년 동안에 소리를 잘 듣지 못하면 청각 신경 전달로의 형태적, 기능적 발달에 지장을 초래하여 성장한 뒤 보청기를 사용하는 등 재활을 하더라도 언어 발달에 상당한 제한이 따릅니다. 현재 우리나라에서는 전 신생아를 대상으로 청각 선별 검사를 시행하고 있습니다. 난청 고위험군(난청의 가족력, 자궁내 감염, 신생아 중환자실 입원 등)과 신생아 청각 선별 검사에서 재검을 받은 환아는 반드시 지속적인 관심이 필요합니다. 만일 최초 검사에서 통과하지 못하면 1회 이상 반복 검사를 시행해야 하며 여기에서 통과하지 못하면 1개월 내에 정밀 검사(청성뇌간 반응 검사auditory brainstem reponse~threshold test: ABR threshold test)를 해야 합니다.

Q138 5개월 된 아기인데 옹알이를 하지 않아요. 언어 발달에 이상이 있는 건가요?

A 👤 대부분의 영아는 2~3개월에 옹알이를 시작하면서 언어 발달의 첫 단추를 끼웁니다. 초기에는 모음과 비슷한 소리를 내다가, 4~6개월이 되면 투레질(두 입술을 진동시켜 떠는 소리)을 하고, 7~10개월이 되면 반복적인 옹알이('마~마~', '다~다~')를 하며 차츰 음절에 가까운 말소리를 냅니다. 이런 과정에서 아이의 언어 발달에 이상이 관찰될 경우 단순 언어 장애나 발달성 언어 장애(자폐, 정신 지체, 청각 장애 등)가 있을 수 있으므로 반드시 소아청소년과 전문의와 상의해야 합니다.

Q139 엄마, 아빠는 언제 알아볼 수 있나요?

A 👩 아기는 생후 1개월에 큰 소리에 반응하며 엄마 목소리에 정서적 안정감을 느낍니다. 4~5개월이 되면 소리 나는 방향으로 고개를 돌리며, 9~10개월에는 자기 이름을 정확히 인지합니다. 시각은 2개월이 넘어야 비로소 1m 거리의 물체를 인식할 정도로 발달합니다. 3개월경에는 시력이 급속도로 향상되며, 4개월쯤에는 다양한 색상을 알아봅니다. 이런 점으로 미루어 볼 때 아기는 생후 6개월 정도 되면 엄마와 아빠를 어렴풋이 인식합니다. 애착 형성은 8~9개월은 넘어야 가능합니다. 3~6개월경부터 아기와 부모의 상호 작용이 가능하며, 6~12개월이 되면 비언어성 의사소통이 가능하나 개인차가 있습니다.

Q140 18개월 된 아기가 아직 할 수 있는 말이 없어요. 괜찮을까요?

A 👤 학령기에 청력 손실이나 유전적, 신경학적 이상이 없는 언어 장애 아동은 약 7% 정도이며, 남아가 좀 더 많습니다. 초기에 언어 장애가 있는 아이의 경우 후에 읽기에도 장애를 겪을 수 있습니다. 언어

발달은 순차적으로 발달 과정을 거치는데, 일반적으로 12개월쯤에 엄마, 아빠 이외에 한두 단어 정도를 더 말할 수 있습니다. 18개월까지 한 단어도 말하지 않는다면, 언어 지연이 의심되므로 소아청소년과 전문의와 상의를 해 언어 치료를 받는 게 좋습니다.

Q141 아기가 8개월인데 아직 젖병을 떼지 못했습니다. 젖병을 늦게 떼면 발음에 문제가 생길 수 있다는데 맞는 말인가요?

A 젖병은 12개월에 컵이나 빨대를 사용하면서 자연스럽게 떼는 것이 가장 좋습니다. 이후에도 젖병을 물고 잠이 드는 습관이 계속된다면 유아기 치아 우식증에 걸릴 수 있습니다. 또 24개월이 지나서도 젖병을 계속 물고 있다면 입술 주변의 미세 근육 발달이 늦어지게 되어 발음에 영향을 줄 수도 있습니다. 소아청소년과학회에서는 18개월까지는 젖병을 떼도록 권하고 있습니다.

Q142 2세 된 아기가 '엄마'만 말해요. 언어 치료가 필요한가요?

A 언어는 순차적으로 발달하는데, 각 단계마다 위험 사인이 있습니다. 아이가 다음에 해당되는 행동을 보인다면 소아청소년과 전문의와 상의하여 언어 치료 전문가의 지도를 받는 것이 좋습니다.

- 나이와 상관없이 청각 자극에 반응이 부족한 경우
- 9개월에 옹알이가 없는 경우
- 18개월에 이해할 수 있는 말을 한마디도 못 하는 경우
- 24개월에 간단한 명령을 이해하지 못하는 경우 또는 두 단어 문장

을 말하지 못하는 경우

- 36개월에 아이의 대부분의 말을 이해할 수 없는 경우 또는 문장으로 자신의 의사를 표현하지 못하는 경우
- 5세 이후에 말 유창성이 현저히 떨어지는 경우
- 비음이 심하거나 발성이 부적절한 경우

Q143 아이가 말이 느려 걱정인데 주위에서 첫째라 그렇답니다. 첫째 아이가 말이 느리다는 것이 근거가 있나요?

A 언어 발달에 대한 여러 가지 낭설이 있습니다. '출생 순서에 따라 둘째가 언어가 빠르다. 게으른 아이는 말이 느리다. 따라서 아이가 말로 요구할 때까지 아이에게 원하는 것을 주지 말아야 한다. 모국어가 두 개인 아이는 말이 느리다.' 등이 있지요. 이런 낭설들이 언어 습득에 영향을 준다는 이야기는 많지만, 실제 증명된 바는 없습니다. 하지만 언어 발달은 상호적인 관계에서 형성되기 때문에 부모, 아이 간의 관계에 영향을 미치는 부분이 많은 낭설을 완전히 무시하기는 어렵습니다. 언어 발달은 상호적이고 허용적인 환경이 중요하기 때문에 아이와 즐겁게 이야기하고, 노래하고, 놀고, 책을 읽어 줄 것을 권합니다.

Q144 부모가 말수가 적으면 말이 느린가요? 제가 조용한 성격에 말이 많지 않아서 아이의 언어 발달에 문제가 있을까 걱정입니다.

A 부모의 말수가 많고 적음에 따라 아이가 받는 언어 자극의 양

에 차이가 있을 수 있습니다. 하지만 언어 발달은 언어 자극의 양보다 질적인 면이 더 중요합니다. 부모가 아이의 의사와 상관없이 무조건 말을 많이 들려주기보다는 아이가 질문할 때 즉각적으로 반응하여 언어 자극의 질적인 면을 높여 주는 것이 매우 중요합니다.

Q145 2세 된 아이가 TV나 스마트폰 보는 것을 너무 좋아합니다. 제가 하는 말은 잘 알아듣는 것 같기는 한데, 말을 잘 하려 하지 않아요. 무슨 문제가 있나요?

A 아이는 순식간에 변화하는 화면에 더 끌리기 때문에 TV 화면에 더 끌리고 TV에서 나오는 말에는 상대적으로 귀를 덜 기울이게 됩니다. 언어 발달에는 일방적인 자극보다 서로 소통하는 과정에서 발생하는 질적인 자극이 더 중요하기 때문에 TV나 스마트폰을 보는 것은 아이의 언어 발달에 큰 도움이 되지 않습니다. 게다가 화려한 자극은 아이가 그림책이나 인쇄 매체에서 멀어지는 결과를 가져와 책 읽기를 더욱 멀리하게 됩니다. 소아청소년과에서는 2세 이전에는 TV 노출을 피하고, 2세 이상인 경우 TV, 모바일, 컴퓨터 노출은 하루 2시간 이내로 제한할 것을 권고합니다.

Q146 3세 된 아이의 발음이 이상한 것 같아요. 발음 교정은 언제부터 해야 하나요?

A 발음이 부정확한 것은 조음 기관의 문제 때문입니다. 성대가 마비되거나 구개가 찢어진 경우, 설소대에 이상이 있는 경우 'ㅅ, ㄹ, ㄷ'을 발음할 때 문제가 생깁니다. 혀의 마비 등 신체 기질상의 문제가 있

을 때나, 혀의 운동이 덜 발달한 경우에도 발생할 수 있습니다. 이런 경우 혀짤배기소리를 하거나 음의 왜곡, 음의 생략, 부적당한 음의 부가 등의 현상이 나타납니다. 혀의 운동이 덜 발달한 경우는 보통 만 5세가 지나면서 없어지지만, 다른 원인에 의한 발음 이상은 원인을 찾아 치료해야 합니다. 발음이 눈에 띄게 부정확하다면 그냥 기다리지 말고 소아청소년과 전문의와 상담해 보는 것이 좋습니다.

Q147 설소대가 짧은 것 같아요. 설소대 수술은 꼭 해야 하나요?

A 설소대가 짧으면 혀의 운동에 제약을 받을 수 있습니다. 혀를 최대한 내밀었을 때 혀끝의 모양이 W 모양이 되거나 들어 올렸을 때 하트 모양이 되면 설소대가 짧은 것으로 진단할 수 있습니다. 짧은 설소대가 문제를 일으키는 경우는 많지 않지만 수유를 힘들게 할 정도로 짧거나 정확한 발음이 되지 않는다면 전문의의 정확한 진단을 받아 보는 게 좋습니다. 의사들마다 기준이 달라 빨리 수술을 하는 경우, 경과 관찰만 하는 경우, 언어 치료만 하는 경우 등이 있습니다. 수술을 할 경우 영아기의 설소대 제거술은 특별한 마취가 필요하지 않아 외래에서 간단히 시행할 수 있습니다.

Q148 병원에서 언어 지연이 있다고 합니다. 책을 읽어 주는 게 좋다는데 어떤 점이 좋은 건가요?

A 신생아에게 이야기하고, 노래하고, 책을 읽어 주면 뇌의 신경세포 연결을 영구적으로 변화시킬 수 있습니다. 3세경에 보이는 언어 능력은 이후 학교에서의 수행 능력과도 밀접한 연관이 있습니다. 책을

규칙적으로 읽어 주는 것은 언어 능력 향상을 위한 효과적인 방법입니다. 책을 읽어 주는 것은 기억력, 창의력, 표현력, 언어 능력을 골고루 자극하게 됩니다.

Q149 아이와 함께 책을 읽고 싶은데 아이가 집중을 못 해요. 어떻게 해야 하나요?

A 아이와 책 읽기는 훈육이 아니라 놀이처럼 인식되어야 합니다. 아이는 집중할 수 있는 시간이 길지 않기 때문에 책 읽기는 아이의 발달 과정을 고려하여 계획을 세워야 합니다. 책 읽기를 시도할 때 다음 사항을 참고하면 좋습니다.

- **신생아** 가능한 한 많이 말을 걸어 준다.
- **6개월** 아이가 책을 입으로 가져갈 수 있으니 아이가 씹어도 되는 헝겊 책이나 안전한 재질로 된 책이 좋다. 너무 어려서 아직 책을 읽어 줄 필요가 없다는 생각은 잘못된 것이다.
- **12개월** 아이가 관심 있는 그림을 손가락으로 가리키기 시작한다. 이때가 자연스럽게 단어를 익힐 수 있는 좋은 기회다.
- **18개월** 책장을 스스로 넘길 수 있다. 간혹 자기가 좋아하는 페이지만 보려고 자꾸 책을 다시 넘기기도 한다.
- **2세** 처음부터 끝까지 앉아서 이야기를 듣지 못할 수도 있다. 전체 이야기가 아니라 한 장씩 즐겁게 보는 것도 좋은 방법이다. 책을 조금씩 나눠서 읽힌다.
- **3세** 좋아하는 이야기를 기억해서 다시 말하기도 하고, 좋아하는 책을 고르기도 한다.

- **4~5세** 글자와 소리를 연결하기 시작한다. 좀 긴 이야기도 이해할 수 있다.
- **학령기** 아이가 스스로 책을 보거나 엄마 아빠에게 읽어 주기도 한다. 그래도 엄마 아빠가 책 읽어 주기를 중지하지 말고 계속 읽어 준다. 이는 부모와 아이의 유대를 더욱 돈독하게 한다.

Q150 아이가 말을 더듬어요. 어떻게 아이에게 말을 가르칠까요?

A 학령기 아동 중에 20명 중 1명꼴로 말더듬이가 있습니다. 남아가 여아보다 3배 정도 많다고 알려져 있으며 가족력이 있는 경우가 많습니다. 성장하면서 자연히 없어지기도 하는데 남아에 비해 여아가 자연히 호전되는 비율이 더 높습니다. 처음에는 주로 자음의 반복으로 시작되며, 이후 음절이나 단어를 반복하게 됩니다. 말을 더듬는 아이를 대하는 가장 좋은 방법은 다음과 같으니 부모가 염두에 두고 잘 실천해야 합니다.

- 말을 더듬는 증상을 무시한다.
- 아이가 말을 마칠 때까지 인내심을 가지고 잘 들어 준다.
- 아이의 말을 중간에 가로채지 않는다.
- 아이의 말을 경청하고 있다는 반응을 보여 주는 것이 좋다.
- 아이의 말을 일부러 고쳐 주지 말고, 아이에게 이야기할 때 간단명료하게 말해서 좋은 말의 예를 계속 보여 준다.

Q151 한글은 언제부터 가르치는 것이 좋은가요?

A  어떤 교육이든 아이의 발달 과정을 고려해야 합니다. 만 4~5세경이면 전두엽의 발달로 종합적인 사고가 가능합니다. 이때 틀에 박힌 한글 교육보다는 아이에게 다양한 경험을 제공해 주는 게 좋습니다. 아이는 학습보다는 다양한 경험을 통해 상상력을 펼치면서 자연스럽게 학습의 바탕이 되는 사고력을 키우게 됩니다. 아이에게 처음 한글을 가르칠 때는 흥미 있는 글자를 통으로 익히게 하는 것이 훨씬 효율적입니다. 만 5세경의 아이는 아직 자음과 모음을 합쳐서 글자가 되는 원리를 이해하기 힘들기 때문입니다.

Q152 영어는 언제부터 가르쳐야 하나요?

A 외국어를 일찍 배우는 것이 유리하다는 것은 여러 연구를 통해 알려져 있습니다. 2세 이전에는 뇌의 미성숙으로 인해 효과를 기대하기 어렵고, 만 4~5세가 되면 모국어 능력도 급속도로 발달하므로 외국어도 빨리 배울 수 있습니다. 하지만 외국어 공부는 자연스럽게 흥미를 유발할 수 있어야 하며, 강제적인 공부는 오히려 반감을 일으켜 향후의 학습을 힘들게 할 수 있습니다.

Q153 아이가 욕을 많이 해요. 어떻게 대처해야 할까요?

A 아이가 욕을 하면 부모는 당황하게 마련입니다. 하지만 욕은 다른 사람이 하는 말을 여러 번 반복해서 들은 후 나오는 것이므로

아이의 사회적 관계가 넓어지고 있다는 것을 의미하기도 합니다. 아이 앞에서 일부러 욕을 하는 부모는 없으니까요. 아이는 욕을 새로운 단어의 하나로 생각하는 경우가 많습니다. 따라서 욕을 한다고 해서 무슨 문제가 있는지 걱정할 필요는 없습니다.

하지만 몇 가지 원칙은 있습니다. 첫째, 처음으로 한 욕은 그 즉시 바로잡아 주어야 합니다. 주변 사람들이 있어서 '다음에 이야기하자.'라고 미루면 아이는 다시 욕을 해도 괜찮다고 생각하기 쉽습니다. 둘째, 아이가 자신의 감정을 욕을 통해서 드러내고 상대방을 위협하는 수단으로 사용한다면 이는 욕의 기능을 분명히 알고 사용하는 것이므로 단호하게 대처해야 합니다. 이때 부모는 절대 화를 내서는 안 됩니다. 화를 낸다는 것은 이미 아이의 잘못된 의도에 넘어가는 것이기 때문입니다. 부드러운 목소리로, 그러나 단호하게 잘못된 점을 이야기해 주는 것이 좋습니다.

Q154 아이가 거짓말을 자주 해요.

A 3~4세 아이들의 거짓말은 인지 능력의 발달 과정에서 생기는 현상일 수 있습니다. 이 시기의 아이들은 자기가 상상 속에서 만든 이야기인지 현실의 이야기인지 구분하지 못하기도 합니다. 조금 큰 아이들의 거짓말은 다릅니다. 아이들은 자기가 감당해 내기 벅찬 상황에서 거짓말을 합니다. 이는 그만큼 아이가 그 상황을 감당하기 힘들다는 의미이므로 거짓말 자체를 탓하기보다는 근본적인 동기를 찾아 해결해 주는 것이 좋습니다. 아이의 마음이 충분히 이해된다고 해도 거짓말하는 버릇을 그대로 내버려 둘 수는 없습니다.

여러 사람 앞에서 아이를 나무라서 아이의 자존감을 떨어뜨리는
것은 반드시 피해야 할 행동 중 하나입니다. 아이에게 화내지 말고 부
드럽게 부모가 아이를 믿는다는 것을 말해 주면서 거짓말임을 지적
해 아이가 스스로 양심의 가책을 느낄 수 있도록 해야 합니다. "엄마
는 네 말을 믿어. 네가 거짓말을 하더라도 언젠가는 엄마한테 사실을
말해 줄 거라 믿어. 말하지 못해도 그럴 만한 이유가 있을 거라고 생각
해."라는 식으로요. 또 거짓말을 하면 왜 안 되는지 '양치기 소년' 같은
이야기를 들려주는 것도 좋습니다.

Q155 아이가 말을 계속 따라 해요. 뭐가 문제일까요?

A 엄마: 우리 밖에 나갈까?

아이: 밖에 나갈까?

이런 식으로 앞에 한 말을 따라 하는 말을 반향어echolalia라고 합니다.
아이가 말을 할 시기가 지났는데도 스스로 사고하여 어휘를 조직해서
말하지 않고 다른 사람의 말을 계속 따라 하는 것은 자폐증의 한 단
면일 수 있습니다. 아이의 눈 맞춤이 1~2초 이상 지속되지 않고, 어른
의 관심을 끄는 행동을 하지 않으며, 익숙하지 않은 상황에서도 부모
의 눈치를 살피지 않는다면 가까운 병원을 방문하여 검사를 받아 보
는 것이 좋습니다. 자폐증에 관한 검사는 18~24개월부터 시행할 수
있습니다.

4장

사회성

사회성, 어떻게 키워 줘야 할까요?

아기는 생후 3~5주가 되면 주위의 자극에 대한 반응으로 미소를 짓습니다. 이를 '사회적 미소'라고 하는데 아이가 보이는 최초의 사회성이라고 할 수 있습니다. 생후 6개월경부터는 엄마에게 애착을 보이고, 낯선 사람을 보면 낯을 가리며 불안해합니다. 그러다가 9개월이 지나면 스스로 숟가락을 잡으려고 하는 등 자립심을 보입니다. 12개월 이후부터는 어른이나 형제의 행동을 모방하여 흉내 내며 배우기도 합니다. 18개월경에는 이전보다 엄마에게서 떨어지지 않으려고 떼를 쓰는 경우가 많아지며 특정 물건에 집착하는 경향을 보입니다.

5~7세 무렵에는 상상과 현실을 구분하지 못하고 자기중심적으로 생각합니다. 이 시기에 양심도 형성되어 스스로 생각하여 옳고 그름을 결정합니다. 초등학생이 되면 많은 시간을 집 밖에서 보내며 또래와 어울립니다. 학교생활과 친구 사귀기는 아이의 성격 형성에 작용하여 버릇이나 말투 장래 희망에까지 큰 영향을 미칩니다.

어릴 때부터 부모님이 본보기를 보여 주고, 예의를 갖춘 말을 반복적으로 들려주며, 아이의 말에 귀 기울여 주면 아이 역시 적절히 예의를 지키며 사회성 좋은 아이로 커 갈 것입니다.

Q156 아이가 다른 애를 자주 때려요. 어떻게 해야 할까요?

A 이 시기 아이는 작정하거나 악의를 가지고 공격적인 행동을 하는 것이 아닙니다. 아이가 다른 사람의 입장을 헤아려 진심으로 공감하기를 바라는 것은 아직 시기상조이지만, 일찍부터 아이의 공감 능력을 키워 줄 필요는 있습니다.

아이가 친구를 주먹으로 때릴 때는 단호하게 말해야 합니다.

"때리면 안 돼. 네가 친구를 때리면 친구가 아파. 알겠어? 아야 한단 말이야."

놀이나 모임 등에서 한 아이가 다른 아이를 때리기 시작하면 즉시 두 아이를 떼어 놓고, 재빨리 새로운 활동으로 주의를 돌려 공격적인 행동을 중단시켜야 합니다. 이때 무슨 일이 있어도 때리면서 야단쳐서는 안 됩니다. 부모가 아이를 때리면 폭력이 스트레스를 해소하는 적절한 방법이라고 가르치는 셈이 되기 때문입니다. 아이를 다룰 때에는 항상 냉정을 유지해야 함을 잊으면 안 됩니다.

Q157 아이가 친구들을 꼬집고 자주 무는데 어떻게 해야 할까요?

A 사용하는 무기는 다르지만 때리는 아이나 깨무는 아이의 주된 동기는 같습니다. 보통 좌절에 빠지고, 정확히 의사가 전달되지 않을 때 치아를 사용하여 원하는 반응을 얻는다면 더 자주 사용하는 것이 보통입니다. 하지만 가끔 전혀 악의 없이 단지 호기심만으로 깨물기도 합니다. 깨무는 아이가 때리는 아이보다 더 악의가 있는 것은 아니며 첫돌에서 세 돌 사이의 아이들에게서 많이 나타납니다. 대부분의 경우 이런 행위는 오래가지 않습니다. 해결법은 때리는 아이들과 비슷한 방법으로 대처하면 됩니다.

Q158 자기보다 어린 아기를 때리고 넘어뜨려요. 어떻게 해야 할까요?

A 보통 자기가 힘이 강하다는 것을 보여 주기 위해 자기보다 약하거나 어린 아이에게 폭력적일 수 있습니다. 하지만 결코 좋은 행동이 아니므로 그런 행동을 보이는 즉시 주의를 주어 그만두게 해야 합니다. 이때 너무 강경한 태도를 보이거나 체벌을 가하면 그에 대한 화풀이로 다른 아이를 더 괴롭힐 수 있으니 주의해서 잘 타일러야 합니다.

Q159 낯가림이 심한 아기, 어떻게 해야 할까요?

A 아기는 6개월이 되기 전까지는 대체로 거의 모든 어른에게 긍정적인 반응을 보입니다. 그러다가 엄마 아빠를 비롯해 낯익은 사람

몇만이 자신을 돌봐 주는 사람이라는 걸 깨닫기 시작하면서 그들에게만 바싹 붙어 있으려 하고 낯선 사람을 경계하는 '낯가림'을 하게 됩니다.

아기의 이런 경계심은 보통 첫돌이 지나면 사라지므로 너무 사교적으로 행동하도록 강요하지 않는 것이 좋습니다. 이런 낯가림은 일시적이어서 결국 제 모습으로 돌아올 테니 기다리는 좋습니다.

특히 모유 수유하는 아기의 경우 아빠나 할머니 등 다른 양육자가 돌봐 준다고 해도 몇 시간씩 울 수도 있으므로 첫돌 전까지는 엄마와 떨어져 있는 시간을 최대한 줄여야 합니다.

Q160 아기가 겁이 많아졌어요. 어떻게 해야 할까요?

A 아기가 갑자기 겁이 많아진 것처럼 느껴지는 건 아기가 차츰 뭔가 알기 시작했다는 증거입니다. 엄마에게는 전혀 위험하지 않지만 진공청소기 소리나 분쇄기 돌리는 소리, 개 짖는 소리, 욕조의 물이 빠지는 소리 등 여러 가지 상황에서 아기는 겁을 먹습니다.

활발하고 적극적인 환경에서 생활하는 아기나 형제자매와 함께 생활하는 아기일수록 이런 두려움을 빨리 경험하고 빨리 극복합니다. 아이가 빨리 극복하지 못하더라도 유아기 후반에는 두려움을 벗어날 수 있으므로 너무 걱정하지 말고 천천히 자신감을 키워 주고 극복할 수 있게 도와주어야 합니다.

Q161 부끄러움을 많이 타는 아기, 어떻게 해야 할까요?

A 아이가 수줍어한다는 건 사회적 경험이 부족해서일 수 있습

니다. 아이가 부모와 어울리는 시간이 대부분이고 어린이집처럼 여러 사람이 모인 환경을 접한 경험이 없다면 더더욱 그럴 수 있습니다. 수줍어하던 아기라도 만 3세 무렵이 되면 사람들과 어울리는 기술이 놀랍도록 빠르게 발전합니다.

선천적으로 부끄러움을 많이 타는 아이도 있고, 활발한 아이도 있습니다. 성격 특성에는 유전적 요인이 많이 작용합니다. 부끄러움을 많이 타는 아이들은 마음속 깊이 내성적인 성향을 지니고 살다가도 외향적인 성인으로 자라는 경우도 많습니다. 내성적인 아이가 외향적인 성인으로 자랄 수 있는 것은 부모의 강요와 압박에 의해서가 아니라 사랑과 지지를 듬뿍 받아서입니다. 아이에게 외향성을 강요하기보다는 부모가 언제나 아이를 지지한다는 것을 깨닫게 해 주는 게 더 좋습니다.

Q162 동생에 대한 질투가 심한 아이는 어떻게 해야 할까요?

A 동생이 태어나면 아이는 엄마를 온통 동생에게 뺏긴 듯한 기분이 들 것입니다. 아이는 엄마가 동생과 지내는 시간이 많을수록 엄마의 애정에 불만을 갖게 됩니다. 자기도 동생처럼 젖병에 욕심낸다든가, 잘 가리던 오줌을 못 가린다든가, 심한 경우에는 걸음걸이도 아기 같아지고, 잘하던 말을 못하기도 합니다. 엄마의 애정을 돌려받고 싶은 마음에서 생기는 행동이므로 다정하게 껴안아 주거나 상대가 되어 놀아 주면서 엄마의 사랑이 동생에게만 향하는 것이 아니라는 것을 알게 해 주는 것이 중요합니다.

Q163 아이에게 예절 교육은 어떻게 해야 하나요?

A 아직 아기 스스로 예절에 대해 알 수 있는 시기는 아니지만 엄마가 예절에 관해 관심을 갖고 평소 생활 속에서 식사 예절이나 인사 예절 등을 조금씩 가르치는 것이 좋습니다.

물론 예절 교육이 아이의 기분이나 발달 단계를 무시하고 행해져서는 안 됩니다. 습관처럼 천천히 오랜 시간을 두고 이루어져야 하며 억지로 단기간에 이루려 해서는 올바른 예절 교육이 될 수 없습니다.

Q164 아이에게 공중도덕은 어떻게 가르쳐야 하나요?

A 공중도덕은 아이가 어릴 때부터 몸에 배도록 하는 것이 좋습니다. 원론적이지만 차례를 지키는 것부터 시작해서 휴지를 길에 버리지 않기, 소변은 화장실에서 보기 등 도덕심을 길러 주어야 합니다. 그러기 위해서는 엄마 아빠는 물론 가족들 모두 솔선수범해서 공중도덕을 잘 지키는 모습을 보여 주는 것이 가장 중요합니다.

Q165 유치원 가기를 싫어해서 억지로 데려다주면 싫다고 엉엉 우는 아이, 어떻게 해야 할까요?

A 유치원이 싫다기보다는 유치원으로 이동하는 과정이 힘들다는 신호일 수도 있습니다. 유치원에 도착하면 울음을 그치고 즐겁게 생활한다면 걱정하지 않아도 됩니다. 하지만 적응 기간이 오래 걸리거나 1년 이상 힘들어한다면 부모가 도와줘야 합니

다. 아이가 피곤하면 부모에게 더 매달릴 수 있으므로 여유 있게 준비하고 아침밥을 든든히 먹는 것이 좋습니다. 아이가 좋아하는 물건을 가지고 가거나 물건이나 손에 남은 부모의 뽀뽀 자국 등도 아이가 적응하는 데 도움을 줄 수 있습니다.

아이를 보낼 때 부모가 아이에게 죄책감이나 미안함을 드러내기보다는 즐겁게 잘 놀 것이라고 믿는다며 행복한 표정을 보여 주는 게 더 좋습니다. 작별 인사는 짧지만 즐겁게 끝내고 아이의 교실에 좀 더 머물거나 아이와 약속한 시간에 데리러 간다면 아이가 유치원에 적응하는 데 훨씬 도움이 될 것입니다.

Q166 유치원에서는 얌전한데 집에만 오면 잔뜩 흥분하는 아이, 어떻게 해야 할까요?

A 대개 모범적인 학생으로 인정받는 아이들이 집에 도착하는 순간 흐트러진 모습을 보이는 경향이 있습니다. 유치원의 규칙적인 일정은 에너지를 긍정적인 방향으로 집중하고 흐르게 하는 반면 집에 오면 뭘 해야 할지 모를 수 있습니다. 그리고 집에서는 어떤 행동을 해도 사랑받을 거라는 확신이 있기 때문에 마음 놓고 말썽을 부리고 말을 안 들을 수 있습니다.

집에 돌아오기 전 놀이터에 들러 유치원에서 억눌렀던 에너지를 소모하게 하거나 집에 돌아온 후 잠깐이라도 유치원에서 하는 것과 유사하게 나란히 앉아 책 읽기, 음악 듣기, 퍼즐 맞추기, 장난감 가지고 놀기 등을 해 준다면 아이가 집에 적응하기가 훨씬 쉬울 수 있습니다.

Q167 동네 가게에서 물건을 들고 오는 아이, 어떻게 해야 할까요?

A 아직 소유의 개념이 발달되지 않은 상태이므로 남의 물건을 가져오는 것이 훔치는 것과는 의미가 다릅니다. 하지만 절대로 해서는 안 되는 일이라고 가르쳐야 합니다. 부모는 항상 단호한 태도를 취해야 하며 물건을 가질 때는 대가를 지불해야 한다는 것을 알려 줘야 합니다. 원하는 걸 모두 다 살 수는 없지만 '그냥 보는 것'만으로도 즐거울 수 있다는 사실을 설명해 주는 것도 좋습니다. 그러지 않으면 엄마가 없을 때 또다시 가게의 물건을 가져올 수도 있습니다.

Q168 또래 놀이 모임에서 엄마에게서 떨어지지 않으려고 하는 18개월 아기, 어떻게 해야 할까요?

A 엄마 곁을 떠나지 못하는 아이를 보면 또래끼리 잘 노는 아이 엄마가 부럽게 마련입니다. 이 시기 아이들은 과감하게 부모의 품을 떠나도 괜찮은지 확신이 서지 않기 때문에 독립이 제공하는 자유보다는 의존으로 얻을 수 있는 안정감과 온기를 갈망합니다. 그렇다고 아이를 세게 밀어 내면 더 찰싹 붙으려 하기 때문에 살그머니 밀면서 아이가 공감하는 방식으로 해 보는 것이 좋습니다.

예를 들어 흥미로운 놀잇감을 쥐어 준 뒤 다른 아이들 가까이 앉히고 부모는 차츰 다른 부모 있는 쪽으로 건너간 뒤, 아이가 부모를 따라가려 하면 몇 분 정도 무릎 위에 앉힌 다음 즐거운 기분으로 다시 친구 옆으로 돌려보내기를 여러 차례 반복하면 아이는 첫 난관을 극복하고 좀 더 쉽게 친구들 곁으로 다가갈 것입니다. 그리고 놀이 모임은 부모와 아이 모두 재미있으려고 참석하는 것이므로 아이들과 잘 어울려도 좋고 부모한테 매달려도 좋다는 생각으로 참석해야 서로 즐길 수 있을 것입니다. 부모가 너무 노심초사하는 것도 좋지 않습니다.

Q169 무엇이든지 반대로 하는 아이, 어떻게 할까요?

A 앉으라고 하면 일어서고 밥 먹으라고 하면 도망가는 등 언제나 청개구리처럼 행동하는 아기들이 있는데 보통은 별 문제 없이 시간이 가면 좋아지나, 가끔 심각한 경우가 있습니다.

이런 아이는 아주 사소한 일에도 고집을 내세우고 양보를 할 줄 모른다든가, 대소변 가리는 문제에서 말썽을 일으킬 수 있습니다. 관심과 애정을 원하는 아기의 심리 상태를 이해해 주고 한결같은 마음으로 꾸준히 대하는 것이 중요합니다.

Q170 깜깜한 방에 자러 가기 무서워하는 아이, 어떻게 해야 할까요?

A 깜깜한 것은 핑계이고 실제로는 혼자 잠들기가 힘든 아이입니다. 처음부터 혼자서 자는 습관을 갖는 아이도 있지만 엄마가 없으면 잠 못 드는 아이도 있습니다. 아이 혼자서 자는 경우 엄마 대신에 담요나 타월, 동물 인형 등을 껴안고 자기를 원하기도 합니다.

무리하게 아이를 혼자 재우는 것이 자립심을 기르는 것은 아닙니다. 매일매일 생활에서 엄마, 아빠의 애정을 듬뿍 받으면서 자라는 아이는 정서적으로 안정이 되고 서서히 독립심을 기르게 됩니다.

Q171 아기에게 심리적 안정감을 주는 물건에는 어떤 게 있나요?

A 엄마와 아빠가 늘 기댈 수 있는 사람이 아니라는 걸 깨달을

때 대부분의 아기들은 일종의 대역으로 마음을 편안하게 해 주는 다른 물건 즉 부드러운 담요, 껴안기 좋은 봉제 인형, 젖병, 노리개, 젖꼭지 등에 애착을 갖습니다. 이렇게 마음을 편하게 해 주는 물건들은 2~3세 사이에 효력을 잃게 됩니다. 심리적 안정을 주는 물건에 애착을 갖는 현상은 많은 아기가 거치는 정상적인 발달 단계이지만, 지나치게 집착해 사람과의 상호 작용을 하지 않는다면 상담이 필요할 수도 있습니다.

Q172 무조건 자기 스스로 하려고 하는 아이, 어떻게 해야 할까요?

A 옷을 입히거나, 음식을 잘라 주거나, 손을 씻길 때, 아이가 "내가 할 거야!"라며 부모의 도움을 단호하게 거절한다면 아이의 욕구에 주의를 기울여 보세요. 아이가 노력하는 데 걸리는 시간을 참작해 여유를 두고 일정을 계획한다면 시간에 대한 부모의 조급함도 줄고 아이도 편안하게 목표를 달성할 수 있습니다. 아이가 어떤 일을 혼자 하겠다고 고집하면 그 일에 대해 약간 조언을 해 주는 정도는 도움이 되나 강제로 해 주는 것은 오히려 역효과를 초래할 수 있습니다. 뭐든 혼자 하는 걸 좋아하는 아이는 부모가 잘 도와주면 거의 모든 일을 빠르고 완벽하게 익히기 때문에 부모의 손이 갈 일이 줄고, 아이도 스스로 일을 해내면 자존감이 향상되어 삶이 더 즐거워질 것입니다.

5장

전반적인 성장

우리 아이, 잘 크고 있는 걸까요?

영아 및 소아 청소년기의 가장 큰 특징은 성장과 발달이라고 할 수 있습니다. 이 시기에 대부분의 성장이 이루어지는데, 유전과 환경 등에 따른 개인차가 존재합니다. 그래서 부모들은 끊임없이 아이의 성장 수준을 궁금해하고 비교합니다.

성장은 측정치를 정상 분포 곡선에서 비교하거나, 백분위수percentile로 표시하면 상대적으로 알 수 있습니다. 백분위수는 순서를 매겼을 때 제일 작은 측정치를 1백분위수로, 가장 큰 측정치를 100백분위수로 하여 나타낸 것입니다. 대개는 각 시기마다 이루어지는 영유아 검진 때 아이의 개월 수에 따른 키, 체중, 머리 둘레, 체질량 지수 등의 백분위수를 알 수 있습니다. 거기서 나온 측정치가 5백분위수 이하, 또는 95백분위수 이상인 경우 일반적인 정상 범위에서 벗어난다고 생각할 수 있으며 아이의 전반적인 발달과 성장을 고려하여 지속적인 추적 관찰이 필요합니다.

하지만 아이의 성장 백분위수가 정상 범위 내에서 평균에 못 미치거나 초과하더라도 당장 크게 걱정할 필요는 없습니다. 아이들의 성장 속도는 저마다 달라서 아이의 성장을 예측하는 데에는 현재의 성장 측정치뿐 아니라 다른 요인이 많이 포함되기 때문입니다.

Q173 아이의 키와 몸무게가 또래에 비해 작아서 걱정입니다. 어떻게 하면 좋을까요?

A 일단은 아이의 현재 성장 상태를 평가하는 것이 중요합니다. 성장 기준으로는 전 세계적으로 키와 체중, 머리 둘레를 나타낸 'WHO 성장표'를 공통적인 기준으로 사용합니다. WHO 성장표에 따라서 아이가 어느 정도 성장 상태인지 확인해 보는 게 중요합니다. 태어날 때 몸무게에 속한 백분위수와 현재 백분위수를 비교해야 하며, 상대적으로 또래에 비해서 작지만 태어난 백분위수와 비교해서 비슷한 쪽에서 성장한다면, 크게 문제가 되지 않습니다.

Q174 아이의 현재 키가 또래보다 좀 작은 것 같아요. 어떻게 하면 좋을까요?

A 먼저 아이가 1년 동안 키 크는 속도를 잘 관찰해야 합니다. 잘 안 먹는 아이들도 일반적으로는 1년에 5~7cm 정도는 자랍니다. 성장 속도가 그 이하라면 성장 호르몬의 부족이나 다른 영양상의 문제일 수 있으므로 소아청소년과의 진료를 받아야 합니다. 정상이라도 키가 좀 작은 경우가 있는데 엄마, 아빠가 어릴 때는 조금 더디게 자라다가 사춘기 때 갑자기 컸다면 이는 체질적 성장 지연일 수 있습니다. 가족력이 있어 아이도 어릴 때는 조금 작다가 사춘기 때 폭발적으로 키가 자라기도 합니다. 물론 사춘기가 조금 늦게 시작되기도 합니다.

Q175 아이가 또래보다 키가 너무 작아서 걱정입니다. 어떤 검사가 필요할까요?

A 병적 저신장은 키가 3백분위수 이하인 경우, 키가 1년에 4cm 이하로 자라는 경우일 때 생각할 수 있으며, 이런 경우 소아내분비 전문의가 있는 병원을 방문해 보는 게 좋습니다. 이를 진단하기 위해서는 아이의 과거 성장 기록(출생력~미숙아나 저체중 출생아였는지, 자라 온 성장 기록 그래프)과 가족력의 기본 정보가 필요하며, 성장판을 확인해 보는 엑스레이 검사 및 각종 호르몬 수치를 알아보는 혈액 검사 등이 필요할 수 있습니다. 정보를 종합해서 최종 신장을 예측해 보고, 병적 저신장이 의심되는 경우 원인이 되는 골격계 질환, 염색체 질환, 내분비 질환 등을 진단하기 위해 좀 더 정밀한 호르몬 혈액 검사나 초음파, MRI 검사 등이 필요할 수 있습니다.

Q176 아이가 밤에 자주 깨고 잘 못 자는데, 성장에 문제가 될까요?

A 잠은 신체, 정서, 인지 발달을 원활하게 하는 기본적인 욕구입니다. 음식을 통해 영양을 섭취해야 신체를 튼튼하게 유지할 수 있듯이, 잠은 두뇌의 발달을 위한 음식으로 생각하면 됩니다. 성장의 측면에서 보면, 수면 주기 중에서 얕은 잠이 아닌 깊은 잠을 잘 때 성장 호르몬이 많이 분비되어 실제로 키 크는 데 도움이 됩니다. 밤에 자주깨 깊은 잠을 못 자게 하는 원인을 찾아서 해결해 줘야 정상적인 성장이 이루어질 것입니다.

Q177 키 성장에 도움 될 만한 운동이나 음식에는 어떤 게 있나요?

A 대부분의 운동은 성장 호르몬 분비를 촉진하기 때문에 특정운동이 키 성장에 도움이 된다고 입증된 것은 없으나 일반적으로는줄넘기, 농구, 스트레칭 정도를 추천합니다. 어떤 운동을 하느냐보다아이가 어떤 운동을 즐겁게 하고 꾸준히 할 수 있느냐가중요합니다. 운동 시간은 밤늦은 시간은 피하는 게 좋습니다. 관절에 무리가 가지 않게, 딱딱한 아스팔트나 시멘트보다는 흙이나 부드러운 바닥을 권합니다.

 특정한 음식이 성장에 도움이 된다는 증거 역시 없습니다. 오히려 불균형적인 영양 섭취가 성장에 문제를 일으킬 수 있으므로, 5대 영양소를 골고루 섭취하는 것이좋습니다.

Q178 두유를 먹으면 성조숙증이 온다는데 사실인가요?

A 두유에는 이소플라본이라는 영양소가 있는데 이것이 여성 호르몬을 촉진시키는 작용을 하므로 두유를 많이 먹으면 성조숙증이 올 수 있지 않을까 하는 이야기가 나왔습니다. 하지만 영·유아기는 성인기와는 달리 이소플라본이 에스트로겐 수용체에 친화력을 보이지 않아서 이소플라본이 체내에 들어와도 몸이 받아들이지 않습니다. 콩 성분이 성조숙증과 연관된 것이 아니므로 안심하고 두유를 먹여도 됩니다. 다만 두유에 들어가는 첨가물은 주의 깊게 살펴볼 필요가 있습니다. 두유만 먹는 것은 영양 불균형이 생길 수 있으므로 피하는 것이 좋습니다.

Q179 생후 15개월인데 가슴에 멍울이 잡혀요. 성조숙증인가요?

A 태어난 지 몇 개월 되지도 않은 영유아에게 가슴 멍울이 만져진다고 걱정하면서 진료실을 찾는 경우가 종종 있습니다. 사춘기 전에 한쪽 또는 양쪽 유방 발육이 있으면서 다른 2차 성징은 보이지 않는 일시적인 상태를 유방 조기 발육증이라고 합니다. 이런 경우 보통 수개월~2년 안에 가슴 멍울이 없어집니다. 멍울을 짜거나 문지르면 안 되고 성조숙증을 의심할 필요도 없습니다. 그래도 걱정이 된다면 멍울이 없어질 때까지 6개월 간격으로 병원에서 진료와 상담을 받으면 됩니다. 간혹 생후 36개월이 지나서도 유방 발육이 지속되는 경우가 있는데 이럴 때는 병원에 방문해서 상담을 받아 보기 바랍니다.

Q180 사춘기 때 남아와 여아의 키 크는 시기가 다른가요?

A 사춘기가 되면 1년에 키가 8~10cm 정도 자라는 급성장기로 접어듭니다. 그러나 그 시기는 남녀가 조금 다릅니다. 여학생은 사춘기의 초기 때, 가슴 멍울이 생기고 난 후 사춘기의 전반기에 급성장기가 시작되고, 약 2년 반 후에 초경이 시작되면서 급성장기가 끝납니다. 남학생은 고환이 커지고 목소리가 변하는 등 일반적인 사춘기를 겪은 뒤인 사춘기의 후반기에 급성장기가 시작됩니다. 그래서 초등학교 고학년이 되면, 급성장기가 빨리 오는 여학생의 키가 남학생보다 큰 경우를 종종 보게 됩니다.

Q181 8세 여자아이인데, 가슴이 나와 보입니다. 성조숙증일까요?

A 초등학교 저학년 아이의 가슴이 나와 보인다면, 제일 먼저 의심해야 할 것은 성조숙증일 것입니다. 여아에서 사춘기가 시작되었다는 첫 징후가 가슴 멍울이 만져지는 것이기 때문입니다. 그렇지만 가슴이 나와 보인다고 모두 다 성조숙증을 의심해야 하는 것은 아닙니다. 먼저 가슴이 나왔는지 눈으로 관찰하고, 가슴에서 멍울이 만져지는지 꼼꼼히 촉진해 보는 것이 중요합니다. 비만한 경우 지방 조직으로 인해 가슴이 나와 보이기도 합니다. 아주 애매한 경우에는 좀 더 정확하게 구분하기 위해서, 초음파로 유선 조직을 확인하기도 합니다. 그리고 가슴에 멍울이 만져진다고 다 성조숙증은 아니니, 일단 병원을 방문하여 기본적인 상담 및 검사를 받아 보는 것이 좋습니다.

Q182 아이가 키도 크고 몸무게도 많이 나가서 제대로 잘 성장하는 것 같은데 비만이라고 합니다. 문제가 될까요?

A 체질량 지수가 85~95백분위인 경우 과체중, 95백분위 이상인 경우 비만으로 정의할 수 있습니다. 익히 알려진 바와 같이 소아 비만의 문제는 지방 세포 자체가 늘어나면서 성인기 비만으로 이행될 수 있고, 나이가 들면서 각종 성인병으로 고생할 수 있다는 것입니다. 그리고 성장 측면에서 보면 비만 자체가 성조숙증의 원인이 될 수도 있습니다. 현재는 비만한 아이가 키도 크고 몸무게도 많이 나가지만, 성조숙증이 오면 키가 클 수 있는 시간적인 여유가 짧아지고 성장판이 빨리 닫혀서 최종 키는 비만이 없을 때보다 줄어들 수 있습니다. 따라서 소아 때 적절한 체중 관리가 중요합니다.

Q183 병원에서 성장판 검사를 하면 최종 성인 키를 정확히 알 수 있나요?

A 성조숙증 여부와 관계없이, 단지 최종 키가 궁금해서 성장판 검사를 해 보고 싶어 하는 부모가 늘고 있습니다. 성장판 사진으로는 여아라면 8세 전후, 남아라면 10세 전후 정도는 되어야 예측 키가 어느 정도 정확합니다. 그리고 3~6개월 간격으로 성장판을 찍어 보면 좀 더 정확해집니다. 그러나 100% 정확하게 성인 키를 예측하기는 매우 힘듭니다. 최종 키를 결정하는 것은 유전적인 영향이 70~80%를 차지하므로, 부모님의 키가 최종 성인 키를 예측하는 데 필수적인 정보입니다. 단정적으로 말한다면, 유전적으로 물려받은 키가 최종 성인 예측 키를 정하는 데 가장 중요하다고 할 수 있습니다. 성장판 사진을

찍어서 살펴보는 '예측 성인 키'는 현재 키와 사춘기의 발달 정도 같은 환경적인 요소를 고려하여 통계적인 방법으로 예측한 것이어서 오차가 발생할 수 있습니다. 그러므로 4~5세쯤에 최종 키가 궁금해서 성장판 사진을 찍는 것은 의미 없는 일일 수 있습니다.

Q184 키 크는 주사가 있다고 하는데 언제부터 치료할 수 있나요?

A 일반적으로 키 크는 주사라고 알려진 것은 성장 호르몬 주사입니다. 단순히 키가 작다고 성장 호르몬 주사를 맞는 치료를 시작하지는 않습니다. 하지만 성장 호르몬 결핍 증상을 보이는 아이(키 3백분위수 미만, 성장 속도가 1년에 4cm 이하로 감소, 역연령보다 2년 이상 골연령 지연)는 반드시 성장 호르몬 치료를 해야 합니다. 이런 아이들은 가능하면 일찍 진단하고 치료하는 것이 좋으므로 5세 이전에 키 성장 속도를 잘 체크해 봐야 합니다. 최근에 성장 호르몬이나 기타 특별한 문제가 없음에도 불구하고 단지 키가 작다고 성장 호르몬 치료를 시작하는 경우가 많습니다. 이는 보험 적용이 안 되어 비용이 많이 들 뿐 아니라 주사를 맞고도 성장에 큰 효과가 없는 경우가 많기 때문에 소아 내분비학을 전공한 소아청소년과 전문의와 긴밀히 상담을 한 후에 성장 호르몬 치료 여부를 결정하는 것이 좋습니다.

Q185 성장 호르몬 주사는 보험이 되나요?

A 성장 호르몬이 의료 보험이 되는 치료 적응증에는 성장 호르몬 결핍성 저신장증, 터너증후군, 만성신부전증으로 초래된 성장 장애, 프라더-윌리 증후군, 부당경량아 등이 있습니다. 하지만 그 외에는

보험 적용이 되지 않아 성장 호르몬 치료에 다소 높은 비용을 치러야 합니다. 게다가 상대적으로 성장 호르몬 주사 치료 효과도 낮습니다. 이것이 부모님들이 성장 호르몬 치료를 고민하는 하나의 이유가 될 수 있는데, 각자의 상황과 효용성을 판단해서 의료진과 상의 후 최종 결정해야 합니다.

Q186 보통 여자아이의 초경 시작이 몇 살쯤 되나요?

A 전반적인 영양 상태가 좋아지고 비만, 환경 호르몬의 노출 등과 같은 원인에 의해 사춘기가 빨라지면서 초경 연령도 빨라졌습니다. 일반적으로는 9세에서 10세쯤에 가슴 멍울이 잡히면서 사춘기가 시작되어 키의 급성장이 일어나고 초경이 시작됩니다. 결론적으로 가슴 멍울이 잡히고 나서, 2년에서 3년 후에 나타납니다. 현재 평균적인 초경 연령은 만 12~13세 정도입니다.

Q187 성조숙증은 어떤 병이고, 무슨 문제가 있나요?

A 성조숙증은 쉽게 말해 사춘기가 또래보다 빨리 오는 것인데, 여아는 만 8세 이전, 남아는 만 9세 이전에 2차 성징이 나타날 때로 정의합니다. 여아가 많은데, 초등학교 저학년 때 가슴 멍울이 만져지면 의심해 볼 수 있습니다. 남아의 경우 이른 나이에 고환 크기 증가가 나타날 때 고려해 볼 수 있습니다.

성조숙증이 있으면 키와 체중이 빨리 자라 성장판이 일찍 닫히기 때문에 당시에는 또래에 비해 키가 크지만 성인 키는 이전의 예상 키에 비해 현저히 작다(약 10cm 정도)는 게 문제입니다. 더군다나 요즘 청소년들은 키에 민감하고 외모에 관심이 많아서 최종 성인 키가 작으면 사회적인 시선을 의식하면서 자신감 저하의 원인이 되기도 합니다. 여자아이의 경우 성조숙증 시작 후에 얼마 지나지 않아 초경이 시작되기 때문에, 초경을 받아들이지 못해 당황하고 처리를 못 하기 때문에 문제가 되는 것입니다.

Q188 요즘 성조숙증인 경우가 많다고 하는데 어떤 검사가 필요한가요?

A 8세 이전에 가슴 멍울이 만져져서 성조숙증이 의심되면 먼저 병원에서 기본적인 성장에 대한 문진을 받고, 골연령 검사를 하고, 혈액 검사(기본 검사, 성호르몬 농도와 성선 자극 호르몬-방출 호르몬 자극 검사)를 시행합니다. 혈액 검사 중에서 가장 중요한 것으로는 성선 자극 호르몬-방출 호르몬을 주입하고, 시간별로 황체형성 호르몬의 반응을 확인하는 검사가 있습니다. 2시간 동안 30분 간격으로 피를 뽑아야 하므로 시간도 걸리고 번거로우나 성조숙증을 확진하는 검사이므로 성조숙증이 강력히 의심되면 반드시 시행해야 합니다.

Q189 성조숙증을 진단 받았고 치료하기로 했는데 주사의 부작용은 없나요?

A 성조숙증으로 최종 진단 받으면, 한 달에 한 번 피하로 사춘기를 늦추는 주사(어떤 주사약은 석 달에 한 번 맞음)를 맞습니다. 이 주사약은 성선 자극 호르몬의 분비를 막아 주어 성호르몬의 분비를 억제해 사춘기를 늦추어 최종 키를 가능하면 좀 더 크게 하며, 초경을 본

인이 받아들일 수 있는 나이로 늦춰 주는 효과가 있습니다. 성조숙증 치료의 부작용에는 복부 비대, 무력증, 추위, 발열, 전신 통증, 두통, 감염, 염증, 황달, 중증 간 손상 등이 있습니다. 그런데 부작용이 흔하지 않고 가벼워 비교적 안전하며, 성인이 된 후에도 정상적인 임신과 출산을 하는 것으로 알려져 있습니다.

Q190 성조숙증이 걱정되는데 병원 가는 것이 무섭습니다. 어떻게 하면 되나요?

A 초등학교 저학년의 딸아이가 갑자기 가슴이 아프다고 해서 살폈더니 멍울이 만져져 한숨도 못 잤다는 부모가 많습니다. 성조숙증은 큰 걱정거리가 아닐 수 없지요. 하지만 막연한 불안감 때문에 병원 진료를 받지 않는다면, 조기에 사춘기가 시작되어 최종 키도 작아지고 초경도 일찍 시작해 심리적으로 위축되는 결과를 초래할 수 있습니다.

이른 나이에 가슴 멍울이 만져지면, 먼저 병원에서 차분히 진찰을 받고 상담을 하는 것이 걱정을 덜어 내는 좋은 방법입니다. 또한 가슴 멍울이 만져진다고 모두 성조숙증은 아니므로, 너무 걱정할 필요는 없습니다. 성조숙증 치료 보험 인정 기간이 여자아이는 만 8세 364일 이전이므로, 치료 시기를 놓쳐서 아이도 고생하고 부모도 막대한 비용을 감당하는 일이 없도록 하는 것이 좋습니다.

치아 관리

이는 언제 나기 시작하나요?

치아는 평균적으로 생후 6개월 전후에 아래쪽 앞니부터 나기 시작하며, 이후 하나씩 더 나면서 24~36개월에 20개의 치아가 다 나는데 이를 유치라고 합니다. 만 6세 전후에는 유치가 앞니부터 하나씩 빠지기 시작하여 평생 쓰는 영구치로 대체됩니다. 영구치는 모두 28개가 나지요. 치아는 음식을 잘게 부수어 삼키기 쉽게 만들어 궁극적으로는 소화를 돕는 데 아주 중요한 역할을 합니다. 그러므로 치아는 평생 동안 잘 관리해야 합니다.

아이가 어릴 때부터 이를 닦는 습관을 들이도록 해야 합니다. 처음

에는 누구나 이 닦기를 거부합니다. 아이가 울거나 싫어한다고 부모
가 쉽게 이 닦기를 포기한다면 유치가 쉽게 썩고 치과 치료를 받아야
하므로 이 닦는 일보다 더욱 큰 고통과 공포를 안겨 주는 결과를 초래
합니다. 조금 힘들어하더라도 아이에게 습관으로 자리 잡도록 꾸준히
노력한다면, 어느 순간에는 아이도 이 닦는 것을 좋아하고 거부하지
않게 될 것입니다.

유치는 영구치가 나기 위한 주춧돌 같은 역할을 하기 때문에, 어차
피 영구치로 대체될 것이라고 생각하고 유치 관리에 신경 쓰지 않는
것은 잘못된 생각입니다. 유치가 썩어서 자기 역할을 하지 못하면, 영
구치가 날 공간이 부족하거나 바르게 나지 못해 치열이 고르지 않아
미관상으로도 좋지 않습니다. 이가 나기 시작한 이후부터는 일반 칫
솔을 사용하여 이를 닦게 하고, 반드시 치약을 사용하게 합니다. 두
돌 미만의 아이라면 쌀알 한 톨 정도의 치약이면 됩니다. 아이가 커
감에 따라 치약 양을 늘려 갑니다. 세 돌 전후의 아이들에게는 콩알
한 알 정도가 알맞습니다.

Q191 아기의 이는 언제쯤 나기 시작하나요?

A 이가 나는 시기는 아이들마다 차이가 있습니다. 그렇지만 평
균 생후 6개월 전후가 되면, 아래쪽 앞니부터 나기 시작해 옆으로 하
나씩 차례대로 납니다. 정해진 순서대로 이가 나지 않는 경우도 있는
데 크게 걱정할 필요는 없습니다. 만약 돌이 될 때까지 이가 나지 않

는다면 치과를 방문하는 것이 좋습니다.

Q192 아기가 태어나자마자 이가 났어요. 괜찮을까요?

A 태어나자마자 이가 나는 경우를 선천치 또는 신생치라고 합니다. 그냥 둘 수도 있지만 수유에 방해가 되거나 이가 빠져 삼킬 위험이 있는 경우에는 치과 전문의와 상담을 통해 치아를 뽑아야 할 수도 있습니다.

Q193 아기의 이는 하루 몇 번 닦아 줘야 하나요?

A 이가 난 이후로는 평균 식후 한 번씩 하루에 세 번은 닦아 주어야 합니다. 특히 자기 전에는 꼼꼼하게 닦아 주고, 이후에는 물 말고는 다른 음식을 먹지 않도록 하는 게 좋습니다.

Q194 아기에게 치약은 언제부터 사용하는 것이 좋은가요?

A 이가 나기 전에는 부드러운 헝겊 수건으로 잇몸을 한 번씩 닦아 주면 됩니다. 이가 난 이후에는 이 사이에 틈이 생기고 이 틈에 음식물이 끼거나 당분이 달라붙는데, 이것이 이를 썩게 하는 주요한 원인이 됩니다. 그러므로 소아치과에서는 이가 난 이후에는 불소치약을 쓰라고 권합니다. 무불소치약은 충치 예방 효과가 없으므로 불소치약을 써야 하는데 쌀알 한 톨 크기 정도 사용하면 됩니다.

Q195 아기 칫솔은 어떤 것을 사용하는 것이 좋을까요?

A 이가 나기 시작하면 칫솔로 닦기를 통해 본격적으로 치아를

관리하는 것이 좋습니다. 아주 어린 아이들용으로 실리콘 칫솔이 나와 있기는 하지만, 칫솔모가 두꺼워서 그 효과는 미미합니다. 가급적 2세 이하용을 사용하는 것이 충치를 예방하는 데 도움이 됩니다.

Q196 아이가 다른 아이들보다 이가 너무 빨리 나는 것 같아요. 괜찮을까요?

A 이가 처음 나는 시기는 생후 6개월경이고 유치 20개가 모두 다 나는 시기는 대략 24~36개월입니다. 이가 빨리 나서 문제가 되는 경우는 드뭅니다. 이를 제대로 닦지 않아 치아우식증에 걸릴 가능성이 이가 늦게 나는 경우보다 높습니다. 이를 열심히 닦는다면 이가 빨리 나는 것은 문제없습니다.

Q197 아이가 아직 이가 나지 않아요. 문제가 없을까요?

A 평균적으로 생후 6개월 정도면 아래쪽 앞니부터 나기 시작하는데, 이가 조금 늦게 나는 아이도 있습니다. 보통 생후 12개월 전후 즉 돌이 지날 때까지 이가 하나도 나지 않는다면 소아치과 진료를 받아 보는 것이 좋습니다.

Q198 유치가 썩은 것 같아요. 치료를 꼭 해야 하나요?

A 유치와 영구치는 둘 다 중요합니다. 아이들은 유치가 있어 발음을 할 수 있고, 음식물을 씹을 수 있으며, 영구치도 올바르게 나옵니다. 유치는 빠질 테니까 하며 치료를 하지 않는 경우도 있는데, 방치하면 영구치에 문제가 생기거나 부정 교합의 원인이 될 수 있습니다.

Q199 아랫니 2개가 났는데 이가 고르지 않아요. 바로 치료해야 할까요?

A 유치는 보통 아래 앞니부터 나기 시작하는데, 처음에는 주위에 공간이 많이 남아 있어 고르지 않게 보일 수 있습니다. 유치가 어느 정도 난 뒤에 치열이 고른지 아닌지 확인해 보는 것이 좋습니다. 유치 20개가 다 나도 이 사이의 공간이 조금 보이는 것은 정상입니다.

Q200 아이가 손가락을 빠는데 언제까지 그냥 둬야 할까요?

A 손가락을 빠는 습관이 아주 오랫동안 지속되면 윗니, 아랫니가 서로 맞물리지 않는 부정 교합이 생길 수 있습니다. 그러나 아이가 손가락을 빠는 것을 억지로 중단케 하면 아이에게 스트레스를 주어 더 빨고 싶게 만들 수 있으니 주의해야 합니다. 만 3~4세까지만 습관을 고칠 수 있다면 영구치가 고르게 나오는 데 나쁜 영향을 미치지 않습니다.

Q201 아이가 이를 잘 닦게 만드는 특별한 자세가 있나요?

A 우선 아이를 엄마의 허벅지를 베고 눕게 해 입을 크게 벌리게 합니다. 엄마가 한 손으로 아이의 입을 벌리고 나머지 한 손으로 칫솔질을 하는 게 아이의 이 사이사이를 꼼꼼하게 닦아 줄 수 있는 좋은 자세입니다.

Q202 엄마가 언제까지 아이 이를 닦아 주어야 하나요?

A 🤓 3~4세가 되면 아이 혼자서도 칫솔질을 할 수 있습니다. 그 전이나 후에라도 아이가 칫솔질을 꼼꼼하게 잘할 수 있으면 아이 스스로 닦게 놔두는 게 좋습니다. 평균적으로는 만 6~8세, 초등학교에 들어가게 되면 혼자서도 이를 잘 닦을 수 있습니다.

Q203 아이가 넘어져서 영구치가 빠졌을 때는 어떻게 해야 하나요?

A 😊 빠진 치아를 찾는 것이 무엇보다 중요합니다. 빠진 치아를 잡을 때는 뿌리 부분보다는 윗부분을 잡아야 합니다. 그리고 치아를 우유나 생리 식염수에 넣은 후에 가능하면 빨리 치과에 가야 합니다.

Q204 아이가 밤에 이를 심하게 가는데 어떻게 해야 하나요?

A 🤓 이를 가는 습관은 성인보다 어린아이에게서 자주 나타나지만, 일시적인 경우가 많습니다. 여러 가지 원인이 있지만, 대개는 스트레스를 받는 상황에서 나타납니다. 그렇다고 부모가 다그치거나 걱정하는 티를 내면 아이에게는 또 다른 스트레스로 작용해 이를 가는 증상이 더 심해질 수도 있습니다. 아이가 이를 간다고 너무 걱정하기보다는 지나가는 성장 과정의 일부로 보고 편안한 분위기에서 잠자리에 들 수 있도록 도와주는 것이 좋습니다. 이갈이가 너무 심해서 아이가 얼굴 주위나 턱이 아프다고 호소하거나, 이가 너무 닳은 것 같다면 치과에 가야 합니다.

대소변 훈련

대소변 훈련은 언제 시작하면 되나요?

대소변 가리기 훈련은 아이에게 자립심과 성취감을 갖게 하는 좋은 계기가 되지만, 아이보다는 부모에게 돌아오는 이점이 훨씬 많은 게 사실입니다. 아이가 대소변을 가리게 되면 기저귀를 안 채워도 되고, 기저귀 가방을 안 들고 다녀도 되고, 엉덩이 주위를 가볍게 물티슈로 닦아만 줘도 별 문제가 없습니다.

이런 이점 때문인지 아직 신체적, 정신적 준비가 되어 있지 않은 아이에게 무조건 대소변 가리기를 강요하고 훈련시켜 억지로 기저귀를 떼게 하는 경우가 종종 있습니다. 어린이집에서 아이들의 발달과 상관없이 여름이 되었다고 무조건 기저귀 떼는 훈련을 시키는 경우, 옆집의 비슷한 개월 수의 아이가 기저귀를 뗐기 때문에 내 아이도 무작정 연습을 시키는 경우를 종종 볼 수 있습니다. 두 경우 모두 아이에게 심리적 부담을 주는 안 좋은 방법입니다.

대소변 가리기는 아이의 발달 과정에서 자연스럽게 이루어지도록 해야 하므로, 아이보다는 오히려 부모의 인내와 관심을 요하는 훈련입니다. 대소변 보기는 누구에게나 발생하는 자연스러운 신체 현상이지만 아주 은밀하고 비밀스러운 일이기에, 아이가 불안해하지 않도록 여유 있고 느긋하게 진행하는 것이 좋습니다.

예상보다 훈련이 잘되어 아이가 곧잘 가리면 크게 칭찬해 줍니다. 성공했다 싶다가도 한 번씩 실수하는 경우가 있더라도 야단치지 말고, 다시 반복적으로 가르치는 것이 중요합니다. 가장 중요한 것은 아이의 발달 상태를 살피며 조심스럽게 여유를 갖고 진행하는 것입니다.

Q205 대소변 가리기는 언제 시작해야 하나요?

A 대소변을 가리는 시기는 아이마다 다릅니다. 18개월 전에 대소변을 가리는 아이도 있고 그 이후에 가리는 아이도 있으므로, 괜히 다른 아이와 비교하며 스트레스를 받지 않는 것이 좋습니다. 18개월부터 자율 신경계에서 방광과 항문 조절을 시작하기 때문에, 거기에 맞춰 배변 훈련을 하면 좋다는 것일 뿐, 아이에 따라서는 두 돌 이후에 배변 훈련을 시작해도 큰 문제는 없습니다.

Q206 대소변을 가릴 수 있는 시기를 어떻게 알 수 있나요?

A 아이를 잘 관찰하면서 소변을 4시간 정도 참았다가 한 번에 쌀 수 있고, 대변을 일정한 시간에 싸고, 혼자서 걸어가서 변기에 앉을 수 있고, 엄마 아빠가 화장실에서 볼일을 보는 것을 보고 따라 하면서, "싫어.", "안 해." 같은 말을 하고, 자기 주장이 늘어나며, 바지나 치마를 올리고 내릴 수 있으며, '쉬', '응가' 같은 말을 알아듣고 사용할 수 있고, 대소변 때문에 옷이 젖었을 때 불편해한다면 대소변 가리기 훈련을 해도 무방하다고 할 수 있습니다.

Q207 아기용 변기를 언제쯤 살까요?

A 아이가 대소변을 가릴 준비가 되면, 아이가 변기와 친숙해질 수 있도록 해 주어야 합니다. 대소변 가릴 준비가 되기 전에 미리 아기 변기를 사서 눈에 잘 띄는 곳에 두고, 변기에 앉는 것 자체가 즐겁고 기쁜 일이라는 것을 자연스럽게 느끼도록 해 주는 것이 좋습니다.

Q208 대변을 먼저 가리나요, 소변을 먼저 가리나요?

A 아이들은 두 돌 전후가 되면 대변이 마려운 것을 느낄 수 있고, 낮에는 대변을 먼저 가릴 수 있게 됩니다. 그다음에는 낮에 소변을 가리고, 좀 지나면 밤에도 소변을 가릴 수 있게 됩니다. 36개월 정도가 되면, 자연스럽게 대소변을 가릴 수 있게 됩니다.

Q209 옆집에 사는 비슷한 개월 수의 아기는 벌써 대소변을 잘 가린다는데, 우리 아기가 발달이 느린 걸까요?

A 🧑 대소변을 일찍 가린다고 머리가 좋은 것도 아니고, 대소변을 늦게 가린다고 성장 발달이 늦는 것도 아닙니다. 아이가 일찍 대소변을 가리면, 손이 덜 가서 아이 기르는 것이 좀 더 편해지기는 하겠지만, 대소변 가리기와 발달이 더딘 것과는 아무런 상관이 없으므로, 부모님의 여유로운 마음가짐이 가장 중요합니다.

Q210 세 돌이 다 되었는데도 아직 기저귀를 차고 있어서 부끄럽습니다. 너무 느린 것 아닌가요?

A 🧑 평균적인 대소변 가리기 훈련 시기와 비교하면 조금 느리기는 합니다. 기저귀를 차고 외출하면, 연세 많으신 어르신들께서 '아직도 기저귀를 못 가리냐'고 한마디씩 할 수도 있을 겁니다. 아이들마다 대소변을 가리는 시기는 각각 다르므로, 조금 늦더라도 무조건 배변 훈련을 빨리 하려고 하지 말고 아이가 준비될 때까지 느긋하게 기다리는 것이 좋습니다.

Q211 대소변을 가리기에 성공한 것 같은데, 한 번씩 실수를 해요.

A 🧑 대변보다는 소변을 싸는 실수를 하는데, 재미있는 놀이에 집중하거나 소변을 누고 싶다는 표현이 서툴러서 그럴 수 있습니다. 실수를 할 때마다 소변은 변기에 눠야 한다고 설명해 주고, 소변이 마려우면 어른들한테 '쉬' 하고 빨리 말해야 한다고 설명해 주어야 합니다.

Q212 대소변 가리기 훈련을 좀 더 쉽게 도와줄 수 있는 방법이 있을까요?

A 아이들에게 친숙한 그림을 통해 배변 습관을 길러 주는 것도 좋은 방법입니다. 서점에 배변 훈련이나 똥에 관련된 그림책이 많이 나와 있습니다. 2~3세 아이들은 책 속 주인공과 자신을 동일시하기 때문에 대소변을 가리는 주인공을 보면서 따라 하려는 마음을 갖습니다. 화장실에 가서 바지를 내리고 일을 본 다음, 물을 내리고 손을 씻는 일련의 과정을 재미있게 다룬 그림책을 보여 주는 것이 도움이 될 것입니다.

Q213 혹시 대소변 가리기 훈련으로 나중에 다른 문제가 생기기도 하나요?

A 대소변 가리기 훈련은 행동으로 보이지만, 훈련 자체로 인해 심리적인 문제를 일으킬 수 있습니다. 부모가 너무 엄격하고 강압적으로 배변 훈련을 하면 아이는 규칙과 규범에 지나치게 얽매이게 되어, 독립성과 자율성을 키울 수 없게 됩니다. 또한 대변이라는 '더러운 것'에 대한 거부감이 생겨 성인이 되었을 때 결벽증이 나타날 수 있습니다.

Q214 대소변을 일찍 가리면 머리가 좋은 건가요?

A 대소변을 일찍 가린다고 해서 머리가 좋다거나 다른 발달이 빠른 것은 전혀 아닙니다. 늦게 가린다고 해서 성장 발달이 늦는 것도 아닙니다. 대소변 가리기는 자라면서 그냥 자연스럽게 익히는 성장 과정의 일부이므로, 대소변 가리는 시기를 옆집 아이랑 비교해 가면서 다그치거나 야단치는 것은 전혀 도움이 되지 않습니다.

Q215　대소변 가리기 훈련 도중 실수하면 따끔하게 야단쳐야 할까요?

A 　일단은 실수를 할 수 있음을 인정해 주고, 엄하게 야단치지 말고 너그럽게 대해 주는 것이 좋습니다. "너무 급해서 바지에 실수를 했구나. 그래도 괜찮아." 하고 마음을 읽어 주고, 죄책감을 느끼지 않도록 아이의 마음을 위로해 줍니다.

Q216　대소변 훈련을 잘 따라 하다가 갑자기 변기에 대소변 누기를 거부합니다. 왜 그런가요?

A 　보통 이사를 하거나, 동생이 태어나거나, 병치레를 한 후에는 대소변 훈련을 시작하거나 지속하기가 어려울 때가 있습니다. 부부 싸움을 하거나, 베이비시터가 바뀌거나, 집에서나 어린이집에서 힘든 일이 있었을 때도 대소변 훈련이 안 될 때가 있습니다. 이런 상황을 잘 살펴보고, 상황이 해결되면 대소변 훈련을 다시 시작하는 것이 좋습니다.

Q217　대소변 가리기 훈련이 쉽지 않습니다. 변기에 아예 앉지 않으려고 합니다.

A 　18개월 이하의 너무 어린 월령이라면 아직 훈련 시기가 안 된 것일 수 있으니, 좀 더 기다려 주는 것이 좋을 것입니다. 하지만, 말귀를 잘 알아듣고 두 돌이 넘은 아이가 반항심을 보이면서 거부한다면 독립심과 자율성을 표현하는 행동일 수 있으니, 일단은 하루 이틀 정

도만 중단하고 이후에는 꾸준히 시도하는 것이 좋습니다. 아이가 상황에 따라 거부한다고 해서 중단했다가 시도하고 중단했다가 시도한다면, 대소변 가리기를 마치 다른 것을 얻기 위한 2차 용도로 이용할 수도 있기 때문입니다.

Q218 변기에 앉으면 일어나려 하지 않는데 어떻게 하지요?

A 보통은 대소변을 누면 아이가 알아서 일어납니다. 대소변 보기가 끝났는데도 변기에 오랜 시간 앉아 있으려고 하면, 일단 알람이 울리는 타이머를 사용하는 것이 좋습니다. 아이한테도 소리가 나면 변기에서 일어나야 한다고 미리 알려 주는 것이 좋습니다. 알람이 울릴 때까지 변기에 앉혀 두고 대소변이 끝났는지 확인한 뒤 아직 해결이 안 되었다면 일어나게 해 "다음에 다시 하자."라고 하는 것이 좋습니다. 아이가 일어나기를 싫어해 오랜 시간 앉혀 두고, 노래를 불러 주거나 책을 읽어 주는 것은 좋은 방법이 아닙니다.

Q219 네 돌이 지난 지 오래되었는데도 밤에 소변을 못 가립니다.

A 일반적으로는 세 돌이 지나면, 밤에도 소변을 가립니다. 생후 네 돌이 지날 때까지 소변을 한 번도 가리지 못한다면, 야뇨증 문제가 있을 가능성이 있습니다. 자기 전에 소변을 누이고, 저녁 이후에는 수분 섭취를 조금 제한하면서 지켜보면 조금 늦더라도 밤에 소변을 가릴 수 있을 것입니다. 만 5세가 지났는데도 태어나서 한 번도 야간에 소변을 가리지 못한다면, 일차성 야뇨증을 의심하고, 소아청소년과 진료를 받아 보는 것이 좋습니다.

EBS
육아학교

3부

—

수면 습관

EBS 육아학교 아기에게 수면이란 성장 발달 과정 전체에 걸쳐 신체적·정신적 건강에 영향을 미치는 매우 중요한 활동입니다. 좋은 수면 습관을 가진 아기는 신체, 정서, 인지 면에서도 정상적이고 고른 발달을 보입니다. 잘 자는 아기는 직접 돌보는 부모의 정신적, 신체적 건강에도 좋은 영향을 미칩니다. 따라서 적절한 수면 교육을 통한 좋은 수면 습관 들이기는 영유아기 전반에 걸쳐 육아의 행복한 성공 여부를 결정짓는 중요한 훈련입니다.

잘 시간이 되면 스스로 알아서 자는 아이는 극히 드뭅니다. 그러므로 아기의 주 양육자나 부 양육자 모두 올바른 수면 교육에 대해 공부해야 합니다. 부모나 다른 양육자 모두 아기에게 일관되게 수면 교육을 행해야 좋은 수면 습관 들이기를 성공할 수 있습니다.

아기의 올바른 수면에 대해 많은 이론이 있지만 수면 교육은 크게 적절한 수면 의식bed time routine과 긍정적인 수면 연상sleep association으로 나눌 수 있습니다. 이를 위해 부모나 양육자에게는 인내와 용기가 필요하며, 아기에게 일관된 행동을 보여야 아기에게 좋은 수면 습관을 선물할 수 있습니다.

많은 부모가 아기의 수면 습관 때문에 밤잠을 설치면서 힘들어합니다. 3부에 담은 답변들이 잠 못 자는 아기와 부모에게 조금이나마 도움이 되었으면 좋겠습니다. 인내를 가지고 차근히 공부해서 부모, 양육자, 아기 모두 편안히 잠을 자고 행복한 육아를 할 수 있기를 바랍니다.

1장

정상 수면과
올바른 수면 습관 들이기

얼마나 어떻게 재워야 할까요?

예로부터 잠이 보약이라고 했습니다. 또한 잠자기는 인간의 기본적인 욕구 중 하나입니다. 아기들의 제대로 된 수면은 정상적인 성장과 발달에 꼭 필요합니다. 아기를 키우는 부모들의 고민 중 상당수가 수면과 관계있고, 부모들의 심신 건강도 아기의 수면과 밀접한 연관이 있습니다. 도대체 아기들의 정상 수면 시간은 어떻게 되며, 어떤 식으로 재워야 할지, 자다가 수유를 해도 되는지, 한다면 얼마나 해야 하는지 등등 부모들의 궁금증은 아주 많습니다. 먼저 정상 수면과 올바른 수면 습관 들이기에 대해서 알아보겠습니다.

Q220 아기들의 수면은 어른과 어떻게 다른가요?

A 소아의 수면과 성인의 수면은 수면의 주기와 깊이가 다릅니다. 수면에는 얕은 수면인 렘수면과 깊은 수면인 비렘수면(특히 3, 4단계)이 있는데 이 두 단계를 합쳐 한 주기라고 합니다. 한 주기는 성인은 보통 90~120분 정도인 데 반해 소아는 40~60분 정도로 짧아 성인보다는 자주 깹니다. 또 얕은 수면인 렘수면의 비율도 50% 정도 되어 15~20%인 성인보다는 중간에 깰 확률이 높습니다. 하지만 깊은 수면으로 가는 시간이 짧아 바로 깊은 수면으로 빠져드는 것이 소아 수면의 특징입니다.

Q221 아기가 잠을 잘 못 자면 지능이 떨어지고 성격이 난폭해진다고 들었는데 정말인가요?

A 수면 중에 분비되는 호르몬에는 GABA, 도파민, 세로토닌 등이 있습니다. 이는 인지 기능이나 기분 조절을 주로 하는 호르몬으로 수면이 부족하면 이런 호르몬 분비가 부족해져 과다 행동을 보이거나 충동 조절이 어려워지고 ADHD 같은 증상을 보일 수도 있습니다. 스트레스 호르몬인 코티솔의 분비도 많아져 안절부절못하거나 면역에도 문제가 생길 수 있어 감기 등에 걸리기 쉽습니다. 또 해마에서 주로 하는 기억의 재정리 작업도 어려워져서 인지 기능이 떨어질 수도 있습니다.

Q222 아기가 수면이 부족하면 어떤 점이 안 좋을까요?

A 사람은 건강하게 삶을 영위하기 위해 기본적으로 낮에 활동을 하고, 밤에 수면을 취하는 패턴을 수백만 년 동안 이어 왔습니다. 수면이 부족하면 집중력과 주의력이 떨어져 사고가 나기 쉬울 뿐 아니라, 학습 능력도 떨어집니다. 그리고 정서가 불안해지고 충동적인 행동을 할 가능성이 높아집니다. 연구에 의하면 비만이 될 가능성도 높아진다고 합니다. 그래서 수면은 가장 효과 좋은 보약이라는 말도 있습니다.

Q223 아기는 밤낮을 언제부터 가릴 수 있나요?

A 인간은 태어날 때 자연의 시간인 24시간보다 빠른 24.5시간의 생체 시계를 가집니다. 하지만 자연환경에 적응하면서 생체 시계가 자연의 시계처럼 24시간으로 재세팅됩니다. 이러한 세팅에 가장 중요한 역할을 하는 것이 빛입니다.

따라서 갓 태어난 아기가 24시간의 생체 시계를 가지게 하기 위해서 반드시 필요한 것이 빛입니다. 낮, 밤을 빨리 가리게 하기 위해서는 낮에는 밝고 소란스럽게 하고 밤에는 어둡고 조용한 환경을 만들어 줘야 합니다. 그러면 빠르면 생후 6주에서 8주부터는 낮, 밤을 구별할 수 있게 되니 이 시점이 수면 교육을 할 수 있는 시기입니다.

Q224 아기에게 수면 교육을 왜 해야 하나요?

A 수면은 인간의 본능이기 때문에 저절로 놓아두면 스스로 알아서 잠들게 된다고 말하는 사람도 있습니다. 하지만 현대는 전기의

힘으로 밤에도 낮처럼 환하게 생활할 수 있기 때문에 아기들이 본능적으로 알아서 잠들기 어려운 시대입니다. 따라서 달라진 환경에서 올바른 수면 습관을 가지기 위해서는 반드시 수면 교육이 필요하며, 이것이야말로 아기도 엄마도 행복해질 수 있는 지름길이 될 수 있습니다.

Q225 언제부터 수면 교육을 하는 게 좋을까요?

A 앞에서 살펴본 바와 같이 소아 수면의 특성상 낮, 밤을 어느 정도 가릴 수 있는 6주에서 2달 정도가 이상적입니다. 늦어도 6개월까지는 수면 교육을 하는 것이 좋습니다. 그 이후에는 분리불안이 생겨 수면 교육이 굉장히 힘들어집니다. 또한 기억이 생성되어 새로운 수면 교육이 힘들어지며 잠을 통해서 이루어지는 인지 발달도 늦어져서 아기에게 많은 문제가 될 수 있습니다.

Q226 수면이 부족하면 아이의 성장에 어떤 영향을 주나요?

A 요즘 부모들의 가장 큰 관심은 아이의 성적과 성장입니다. 많은 부모가 알고 있듯이 성장 호르몬은 밤 10시경에 분비되기 시작해서 새벽 2시에 정점에 이릅니다.

따라서 수면이 부족하면 성장 호르몬의 분비에 문제가 생겨 성장이 더딜 수 있습니다. 아데노이드 비대로 수면 무호흡이 심해서 성장이 더뎠던 아이가 수술 후 급속히 성장한 경우를 드물지 않게 볼 수 있습니다. 또 해마에서 이루어지는 기억의 재정리 작업이 어려워져 인지 기능이 많이 떨어질 수도 있습니다. 부모들의 관심인 성장과 성적이 모두 수면과 밀접한 관계가 있는 만큼 수면은 아주 중요합니다.

Q227 수면 의식이란 무엇인가요?

A 잠자기 전에 일정하게 행하는 모든 행동을 포괄적으로 수면 의식bedtime routine이라고 합니다. 예를 들어 수면 전에 목욕하고 수유하고 가볍게 마사지하고 동화책을 읽어 주고 자장가를 불러 주는 일련의 행동들을 말합니다. 수면 의식이 자리 잡히면 아기는 집이 아닌 낯선 장소에서도 수면 의식을 행하면 자야 할 시간이라는 것을 인식하고 쉽게 잠들 수 있습니다. 수면 의식은 일관되게 행하는 것이 중요합니다. 시간이 부족하더라도 모든 과정을 빠트리지 말고 조금씩 일관되게 행하는 것이 가장 중요합니다.

Q228 수면 연상은 무엇이고 어떤 종류가 있나요?

A 수면 연상sleep association은 아기가 편안하게 잠들 수 있게 만드는 물건이나 환경을 통틀어 말합니다. 예를 들어 어떤 아기는 특정한 베개가 있어야 잠이 들고, 어떤 아기는 엄마 젖을 물어야 잠을 잘 수 있다면 베개나 엄마 젖이 수면 연상입니다. 베개와 같은 수면 연상은 대체할 수 있기 때문에 긍정적 수면 연상이라고 하고 엄마 젖은 대체가 불가능하기 때문에 부정적 수면 연상이라고 합니다. 좋은 수면 습관을 들이기 위해서는 처음부터 긍정적 수면 연상을 만들어 주는 것이 좋습니다.

Q229 자다가 깨서 엄마 젖이 없으면 다시 잠들지 못합니다. 엄마 젖이 수면 연상이 된 것 같은데, 어떻게 고칠 수 있나요?

A 엄마 젖이 수면 연상이 되면 엄마와 아기 모두 숙면을 취할 수

없는 불행한 상태가 됩니다. 아기가 깨면 바로 달려가서 반응을 보이지 말고 최대한 천천히 가서 아기에게 무엇이 필요한지 확인한 후 해결해 주고, 다시 재울 때는 반드시 눕혀서 재웁니다. 또 엄마의 체취가 담긴 옷이나 이불 등 긍정적 수면 연상을 주어 차츰 엄마 젖을 대신할 수 있도록 해 줍니다. 무엇보다도 일찍 자고 일찍 일어나는 규칙적인 생활을 하게 해서 잠에 대하여 긍정적 생각을 가지게 해야 합니다. 아기의 기질에 따라 오래 걸리거나 잘되지 않을 수도 있습니다. 인내를 가지고 일관되게 육아를 한다면 바꿀 수 있을 것입니다.

Q230 3세 여자아이인데 곰 인형 없이는 잠을 못 자요. 이것도 병인가요? 곰 인형을 치워야 되나요?

A 대부분의 아이들이(한 연구에 의하면 60%가 넘게) 특정 물건에 대해 애착을 갖습니다. 이것은 심리적 안정을 얻기 위한 과정입니다. 아이는 물건을 엄마로 여기고 애착을 갖습니다. 발달 과정에 따른 자연스러운 현상이므로 걱정하지 않아도 됩니다. 집착 행동을 억지로 막으면 아이에게 스트레스가 되므로 주의해야 합니다. 대개 4세가 되면 집착이 줄어들므로 그때까지는 지켜보는 게 좋습니다.

Q231 아기의 개월 수에 따른 이상적인 낮잠의 횟수와 시간은 어떻게 되나요?

A 보통 수면 교육이 시작된 2개월부터 6개월까지는 낮에 3시간

간격으로 3번 정도 자고, 6~9개월까지는 아침 낮잠을 생략하고 2번 정도 자고, 9개월 이후에는 점심 무렵에 1번 정도 잡니다. 낮잠 시간은 보통 1시간 30분 정도가 적당한데 아무리 길어도 2시간을 넘지 않는 것이 좋습니다. 오후 4시 이후에는 낮잠을 재우지 않아야 밤에 잘 잘 수 있습니다.

Q232 낮잠도 밤잠처럼 수면 의식을 해야 하나요?

A 낮잠도 밤잠처럼 수면 의식을 행하는 것이 좋으나 낮잠은 밤잠처럼 길지 않기 때문에 목욕하고 수유하고 동화책 읽어 주고 자장가 불러 주기까지 다 행할 수는 없습니다. 밤잠을 자는 곳에서 흥분하지 않게 가볍게 놀아 주거나 동화책을 읽어 주다가 졸려 하면 재워서 눕히지 말고 잠들지 않는 상태에서 눕혀 재우는 것이 좋습니다.

Q233 아기가 자고 싶어 하는 것을 어떻게 알 수 있나요?

A 아기가 무엇을 원하는지 알기 위해서는 세심한 관찰이 필요합니다. 우리나라에서는 태어나자마자 조리원에서 먹이고 재우기 때문에 엄마가 아기를 세심히 관찰할 기회가 줄어듭니다. 모자 동실을 하면 아기가 무엇을 원하는지 빨리 알 수 있고 아기도 그런 엄마 때문에 울지 않아도 먹고 잘 수 있습니다.

아기들도 졸리면 눈을 비비는 건 어른과 같지만 어른과 달리 행동이 부산해지는 특징이 있습니다. 이건 스트레스 호르몬인 코티졸 때문입니다. 이런 낌새가 보이면 아기를 재우는 방에서 눕혀서 재워야 합니다.

Q234 속싸개를 언제까지 하는 것이 좋을까요?

A 생후 2개월까지는 속싸개를 하지 않으면 이리저리 움직이면서 공기를 삼켜 영아산통으로 고생할 수 있는데, 속싸개를 함으로써 아기에게 안정감을 줄 수 있습니다. 속싸개는 2개월 정도까지 필요하며 속싸개를 한 다음 아기를 재울 때는 영아돌연사증후군을 예방하기 위해 바로 눕혀 재워야 합니다.

Q235 수면 과정에서 백색 소음이 도움이 되나요?

A 백색 소음(백색 잡음)이란 모든 주파수가 똑같은 정도로 조합된 소리로 딱히 주의를 끌지 않는 배경에 존재하는 소리를 말합니다.

어느 정도의 소음이 수면에 방해가 되는지는 아이마다 다르겠지만, 백색 소음은 다음의 세 가지 점에서 수면에 도움이 되니 수면 습관 들이기에 활용해 보기 바랍니다. 첫째, 부드럽고 기복 없는 소리는 아이가 잠들도록 마음을 부드럽게 만져 줍니다. 둘째, 아이를 깨울 수 있는 소리들을 차단해 줍니다. 셋째, 잘 시간이라는 신호가 됩니다.

Q236 밤중 수유를 어떻게 끊나요?

A 밤중 수유는 아기의 숙면과 부모의 숙면을 모두 방해합니다. 생후 4개월 이후 한 번 수유에 6시간 이상 수유 없이 잘 수 있게 되면 끊을 수 있습니다. 4개월 정도 되면 자연적으로 수유 간격이 늘고 수유 횟수가 줄어듭니다. 하지만 4개월 이후에도 빈번하게 밤중 수유를 한다면, 낮에 충분히 먹이는지, 아기가 울 때마다 젖을 물리지 않는지, 잠결에만 먹이는 습관을 가지고 있지는 않은지 점검해 보아야 합니다.

이런 행동이 밤중 수유를 계속하게 하는 이유가 됩니다.

우선 일과가 규칙적이어야 합니다. 일찍 재우고 일찍 깨워 낮에 충분히 수유를 하고, 밤에도 울 때마다 반응적으로 수유하는 행동을 고친다면 밤중 수유를 끊을 수 있습니다. 백일의 마법을 부모도 느낄 수 있을 것입니다.

Q237 초기에 수면 교육에 실패한 아이도 나중에 수면 교육을 해서 올바른 수면 습관을 들일 수 있을까요?

A 초기에 특별한 이유 때문에 수면 교육에 실패했더라도 수면 교육을 통해 바람직한 수면 습관을 들일 수 있습니다. 하지만 다시 시작하는 수면 교육이 6개월을 넘지 않는 것이 좋습니다.

6개월 이후에는 기억 능력의 발달로 낯선 것을 심하게 낯설게 느끼고 분리불안이 나타나므로 수면 교육이 쉽지 않습니다. 따라서 되도록 6개월 이전에 다시 시도하는 것이 좋습니다. 만약 그 이후라도 조금은 힘들겠지만 일찍 재우고 일찍 깨우며 아기의 일상생활을 예측 가능한 상태로 만든다면 아기는 편안함을 느끼고 수면에 대한 거부감을 느끼지 않을 수 있을 것입니다.

Q238 수면 중 공갈 젖꼭지를 물려도 되나요?

A 보통 공갈 젖꼭지는 4세까지 사용해도 큰 무리가 없다는 것이 일반적인 이론입니다. 아기들이 수면 연상으로 공갈 젖꼭지를 사용하는 것은 엄마 젖이나 엄마 품보다는 훨씬 긍정적입니다. 또 영아돌연사증후군을 예방한다는 긍정적인 면이 있습니다. 6개월 정도까지

자는 도중 공갈 젖꼭지를 떨어뜨리고 보챌 가능성이 있으나 그건 부모가 충분히 도와줄 수 있을 것입니다. 공갈 젖꼭지에 줄을 매다는 것은 줄이 목을 감을 수 있기 때문에 위험하므로 피해야 합니다. 적어도 4세 이전까지는 공갈 젖꼭지를 끊어야 치아 발달에 문제가 없습니다.

Q239 2개월 된 아기인데 젖을 물고 잡니다. 괜찮은가요?

A 생후 3개월 이내의 영아기는 수면 습관을 형성하는 중요한 시기입니다. 이 시기에 잘못된 습관이 형성되면 이후에 정상적인 수면 습관으로 바꾸기가 결코 쉽지 않습니다. 수면 습관 형성에서 가장 중요한 것은 아이 혼자서 잠이 드는 것입니다.

질문 내용처럼 수유할 목적 이외에 젖을 물린다면 앞으로 젖을 물지 않으면 잠을 잘 수가 없을 것입니다. 이 밖에도 아기를 안고 흔들어 재우거나, 엄마 가슴 위에 올려놓고 재우거나, 그네를 태워 재우는 경우가 있습니다. 이런 아기들은 젖을 빨지 못하거나 흔들어 주지 않는다면 혼자 잘 수 없습니다. 즉 아기가 혼자 잠드는 법을 터득하지 못한 것입니다. 지금이라도 젖꼭지를 떼고 혼자 잘 수 있도록 노력해야 합니다.

Q240 부모와 아기의 수면 주기가 달라 밤중 수유가 괴로운 부모가 선택할 수 있는 방법이 있나요?

A 새벽잠이 많은 부모가 새벽에 아기에게 수유를 하기 위해 깨어야 하는 것은 큰 고역입니다. 이때 부모가 해 줄 수 있는 수유 방법은 아이가 자는 도중에 먹이는 것입니다. 특히 모유 수유를 하는 아기

는 소화가 잘되어 금방 배가 꺼져서 배고플 수가 있는데 이때 자는 도중 젖을 물리면 본능적으로 먹게 되어 중간에 다시 수유 없이 잘 수 있습니다. 이러한 수유 방법은 젖을 물려 재우는 방법과는 엄연히 다릅니다. 하지만 근본적으로 낮에 먹는 수유량을 늘려 밤중 수유를 줄이는 것이 더 바람직한 방법입니다.

Q241 잠자기 전에 투정이 심한 아기는 어떻게 해야 하나요?

A  우선 기질적으로 투정이 심한 아이와 그렇지 않은 아이로 나눌 수 있습니다. 그렇지 않은 아기가 잠투정이 심할 경우 낮잠을 못 잔 건 아닌지, 피곤하지 않았는지 체크합니다. 그런 경우 평소보다 조금 더 일찍 재우고 아침에는 똑같은 시간에 깨워 규칙성을 유지한다면 좀 더 나아질 것입니다. 또 기질적으로 투정이 심한 아기도 인내를 가지고 생활의 규칙성을 유지한다면 차츰 나아질 것입니다.

Q242 3세 철수는 평소에 잘 자고 잘 먹었는데 동생이 태어나고부터 밤에 자주 깨고 보채는 횟수가 늘었어요. 어떻게 해야 하나요?

A 동생이 태어나면 첫째들은 굉장한 심적 충격을 받고, 엄마 아빠의 사랑을 모두 동생에게 뺏긴다는 상실감을 가집니다. 그래서 잘 자던 아이가 보채는 경우가 있습니다. 이런 경우 문제의 원인은 대부분 심리적인 것입니다. 따라서 첫째에게 긍정적 강화를 하는 것이 바람직합니다. 예를 들어 쿠폰을 만들어 안 깨고 잘 자고 동생을 돌봐

줄 때마다 쿠폰을 줍니다. 쿠폰이 많이 모이면 원하는 것을 사 주는 식의 방법을 씁니다. 또 둘째와 첫째의 수면이나 활동 시간이 맞지 않으면 조금씩 조절해서 맞추어 갑니다.

Q243 아기를 따로 재우는 것과 같이 재우는 것, 어느 것이 좋을까요?

A 아기를 재우는 방법에 대해서는 동서양의 견해 차이가 큽니다. 미국이나 유럽에서는 일찍부터 따로 재우고, 동양에서는 같이 재우는 경향이 있습니다. 따로 자면 부모의 취침 시간과 아기의 취침 시간을 구별하기 쉽고 같이 자면 정서적으로 안정감을 줄 수 있어 좋다는 주장이 있습니다. 최근에는 서양에서도 같이 재우는 방법에 대하여 관심을 가지기 시작했습니다. 하지만 같이 잔다고 하더라도 침구는 따로 사용하여 독립적인 공간을 확보하는 것이 좋습니다. 중간에 보채더라도 스스로 잘 수 있도록 도와주는 것이 좋습니다.

Q244 아기를 혼자 재울 수 있는 시기는 언제인가요?

A 아기를 부모와 같은 방에 재우는 게 좋은지, 따로 재우는 게 좋은지에 대해서는 의견이 분분합니다. 각 나라와 문화에 따라 차이가 있으므로, 각 가정의 상황에 맞추어 결정하는 것이 좋습니다.

만일 따로 재우기로 결정했다면, 분리불안이 생기는 6개월 이전에 시작하는 것이 좋습니다. 모유 수유를 하는 아기들은 처음에는 엄마랑 같은 방에서 재우다가 밤에 혼자서도 충분히 잘 수 있다고 판단되면 아기 방에서 재웁니다. 전문가들은 아기의 수면 교육은 생후 6주부터 시작할 수 있다고 합니다. 매일매일 일정한 수면 의식을 정해서 반복하다 보면 어느새 혼자서도 잘 자는 아기가 되어 있을 겁니다.

Q245 수면 교육을 할 때 모유 수유와 분유 수유가 차이 나나요?

A 분유 수유는 수유량을 정확하게 알 수 있기 때문에 밤중에 깨었을 때 배고파서 깨는지 그렇지 않은지 판단이 용이하나, 모유 수유는 수유량 측정을 정확하게 할 수 없어 쉽게 젖을 물릴 수 있는 단점이 있습니다. 하지만 모유는 바로 먹일 수 있어 아기의 배고픔에 대해 바로 대응할 수 있습니다. 모유 수유의 단점을 보완하기 위해서는 일찍 재우고 일찍 깨워 배고플 때마다 충분히 먹여야 합니다.

Q246 생후 6주 이후의 수면 발달은 어떻게 되나요?

A 신생아기를 지나 생후 6주~3개월 사이에 하루의 리듬을 구분하는 생체 시계 circardian clock가 발달하기 시작합니다. 초기의 3시간 간격 수유가 수유량의 증가로 4시간 간격으로 바뀌면서 점차 한 번에 잘 수 있는 시간이 늘어나게 됩니다. 보통 백일 무렵에는 1회 수유량이 160mL 정도이고 밤에 깨지 않고 잘 수 있는 시간은 5시간 정도입니다. 4~6개월 사이에는 1회 수유량이 200mL 정도 되고 밤에 7시간 이상 깨지 않고 계속 잘 수 있습니다. 4~12개월 사이에는 낮잠 포함 14~15시간 정도 잠을 자는데 초기에는 낮잠을 3회 자다가 6개월 이후에는 2회, 12개월 이후에는 1회, 3~5세 정도가 되면 낮잠이 거의 자지 않습니다. 물론 이러한 발달 과정은 아이에 따라서 조금씩 차이가 있을 수 있습니다.

수면 트러블

아이가 잠을 잘 못 자요

정상 수면과 수면 습관 들이기에 대해 알아보았습니다. 여기서는 아기의 수면에 문제가 생긴 경우를 살펴보겠습니다. 앞에서 아기들의 수면은 정상적인 인지 발달과 성장 발달에 중요하다고 했습니다. 또한 수면에 문제가 생기면 아기를 돌보는 부모의 심신 건강에도 지대한 영향을 미칩니다. 출산 후 몸과 마음이 약하고 예민해진 상태에서 아기까지 밤에 잠을 설치게 만들면 엄마는 너무너무 힘이 듭니다. 힘이 들어도 원칙을 지키고 일관성과 단호함을 유지하면 수면 문제도 해결할 수 있습니다.

Q247 생후 3주부터 낮에는 잘 노는데 저녁마다 악을 쓰고 울어 2 개월 이후에도 수면 교육을 할 수가 없어요. 어떻게 해야 할까요?

A 영아산통은 보통 생후 3주부터 하루 3시간 정도 일주일에 3 일 이상 이유 없이 보채고 우는 것을 말합니다. 원인은 알 수 없으나 수 면 주기가 변화하고 주변 환경에 대하여 예민해져서 생긴다고 합니다.

이때 수면 교육을 행하기는 힘이 듭니다. 3개월 정도 되면 자연스럽 게 사라지는 일시적인 현상이므로 조금 힘들더라도 참고 기다리는 것 이 좋습니다. 엄마가 다른 사람에게 잠시 아기를 맡기고 좀 쉬면서 현 명하게 넘어가는 것이 좋은 방법입니다.

Q248 재우려고 눕히면 울고 보채서 업어서 재워야 해요. 지금은 괜 찮은데 앞으로가 걱정이에요.

A 자기 전에 보채면 잠투정이라고 생각하기 쉬운데, 아기가 몸 이 불편한 경우가 많습니다. 예를 들면 영아는 식도에서 위로 넘어가 는 근육이 미숙하여 위에서 식도로 분유나 모유가 역류하는 현상인 위식도역류가 흔합니다. 재우려고 눕히면 역류가 일어나서 보채기 때 문에 업거나 안아 재워야 하는 경우가 생깁니다. 이런 일이 반복되면 엄마의 품이 수면 연상이 되어 앞으로 수면 습관에 문제가 될 수 있습 니다.

따라서 너무 심한 경우에는 역류 방지용 분유를 먹이거나 수유 후 충분히 트림을 시킵니다. 또 분유에 쌀가루를 섞어서 진하게 먹이거나 소아청소년과에서 역류 방지에 도움이 되는 약을 처방 받아 먹이는 방법도 있습니다. 이런 방법을 통해서 나쁜 수면 연상이 생기지 않고 바른 수면 습관을 들이도록 해야 합니다.

Q249 아기가 자다가 깨면 엄마 젖만 찾아서 엄마는 물론 아빠도 제대로 잘 수가 없어요.

A 이런 경우 수면 교육이 시작부터 잘못된 경우가 많습니다. 젖을 먹이면서 재우거나 중간에 깨었을 때 우는 것을 참지 못하고 바로 수유를 하여 재워서 엄마 젖이 수면 연상이 된 것입니다. 이것을 고치기 위해서는 반드시 눕혀서 재워야 하고, 중간에 깨었을 때도 바로 가서 반응을 보이지 말고 최대한 시간을 두고, 눕힌 상태에서 달래 봅니다. 정말로 배고파하는 경우 수유를 하고 나서 다시 눕혀서 재웁니다. 만약 울리는 것이 싫어 바로 반응을 보이더라도 반드시 눕혀 둔 채 아기를 안심시키고 혼자서 잘 수 있도록 도와주어야 합니다.

Q250 아기가 곰돌이 인형 없이는 자지 못해요. 그래도 괜찮을까요?

A 수면 연상에 관한 문제로, 곰돌이 인형은 수면 연상이 될 수 있습니다. 이것은 바람직한 수면 연상으로 아기가 중간에 깨더라도 금방 찾을 수 있고 엄마의 중간 관여가 필요하지 않아 아기 스스로 쉽게 잠들 수 있습니다. 이러한 수면 연상은 세탁할 경우를 대비하여 똑같은 인형을 몇 개 준비해 둡니다. 이때 엄마의 체취를 담아 두면 전의 것과 같은 것으로 생각하기 때문에 잠들지 못하는 상황을 막을

수 있습니다.

Q251 어린이집을 다니고부터 자다가 밤중에 깨고 보채요. 어떻게 해야 할까요?

A 보통 잘 자던 아기가 어린이집이나 유치원을 다니기 시작하면서 자다가 깨거나 보채는 경우를 많이 볼 수 있습니다. 이때는 아기가 피곤해하는지 살펴봐야 합니다. 집에서는 괜찮았으나 어린이집에 가면서 활동도 많아지고 낮잠도 잘 못 자 많이 피곤한 경우 자기 전에 더 부산하거나 행동이 많아지고 자더라도 금방 깨어서 보챌 수 있습니다. 이런 경우는 아기를 평소보다 좀 더 일찍 재우는 것만으로도 많이 호전될 수 있습니다. 이때 일어나는 시간은 일정해야 합니다. 또 어린이집 등에서의 활동이나 낮잠 시간 등을 체크하여 아기에게 맞는지를 관찰해 봐야 합니다.

Q252 모유 수유를 하는데 낮에는 잘 안 먹고 잘 때만 모유를 먹고 보채요. 어떻게 해야 하나요?

A 이런 경우 밤에 깰 때마다 젖을 물리거나 분유를 먹였을 가능성이 큽니다. 그런 경우 먹은 모유나 분유 때문에 방광이 꽉 차 또 보채고 또 먹이는 악순환이 이어져 밤새 먹고 자고를 반복합니다. 그래서 배가 고프지 않아 낮에 잘 안 먹게 되어 악순환을 반복하면 소아비만으로 발전할 수도 있습니다. 따라서 낮에 잘 먹이기 위해서는 밤에 필요한 양만큼만 수유를 하고 낮에 충분히 먹을 수 있게 해야 합니다. 낮에 수유할 때도 배고파할 때 충분히 먹인다는 원칙으로 수유

한다면 먹는다는 것에 대한 부정적 정서를 만들지 않고 밤에 충분한 수면을 취할 수 있게 됩니다.

Q253 비교적 잘 자던 아기가 7개월부터 기기 시작하면서 밤에 자다가 자꾸 깨어서 울어요. 어떻게 해야 할까요?

A 아기들이 발달 단계를 거치면서 자다가도 연습하는 경우가 있습니다. 예를 들어 7개월쯤에는 기는 연습을 하는데, 자다가 기면서 부딪혀 우는 경우를 볼 수 있습니다. 시간이 지나면 좋아지지만 그 과정에 부모나 양육자가 관여하면 잘 해 오던 수면 습관이 망가질 수도 있습니다. 이런 경우 인내를 가지고 초심으로 돌아가 평소보다 조금 일찍 재우고 아침에 일정한 시간에 깨워서 규칙적인 생활을 하게 하면 아기 스스로 편안함을 느끼고 안정감을 가져 이 시기를 잘 넘길 수 있을 것입니다.

Q254 추석날 할머니 댁에 다녀온 뒤부터 수면 습관이 망가져서 밤에 자주 깨고 업어 주지 않으면 잠들지 못해요. 어떻게 해야 하나요?

A 추석 같은 명절에 친척 집에 가면 어른들이 아기를 귀여워해 집에서처럼 수면 의식을 취할 수가 없어 수면 습관이 무너지기 쉽습니다. 먼저 친척들에게 양해를 구해 집에서처럼 같은 시간에 같은 수면 의식을 행합니다. 그런데도 수면 습관이 망가졌다면 처음에 한 것처럼 수면 교육을 해서 빠른 시간에 올바른 수면 습관을 찾도록 해야 합니다.

Q255 밤잠은 잘 자는데 낮잠을 통 안 자려 해서 걱정이에요.

A 낮잠도 밤잠처럼 교육과 훈련이 필요합니다. 잠에서 가장 중요한 것은 아기가 졸려 하는 것을 포착하는 것입니다. 졸려서 힘들어하기 전에 자는 방으로 데려가서 눕힌 채 간단히 놀아 주거나 책을 읽어 주면 자연스럽게 잠들 수 있습니다. 이런 훈련이 잘되면 방으로 가서 책을 읽어 주면 잠을 자야 하는 것으로 알고 쉽게 잠이 듭니다. 중간에 깨더라도 스스로 잘 수 있도록 옆에서 지켜봅니다. 낮잠이 너무 짧아도 문제지만 2시간 이상 길어도 문제가 될 수 있습니다. 따라서 2시간이 넘지 않도록 중간에 깨워야 합니다.

낮잠을 자기 직전에는 재미있는 활동을 피하는 게 좋습니다. 아이가 졸릴 때 하는 행동에 주목하여 졸려 할 때 조용하고 어두운 방에 같이 누워서 백색 소음을 들려주거나 등을 문질러 주는 등 긴장을 풀어 주면서 눈을 감게 합니다. 15~20분 정도 노력해도 아이가 전혀 잠을 잘 것 같지 않으면, 낮잠을 잘 수 있는 상태가 아니라고 판단해야 합니다. 다시 활동을 하다가 졸리는 기색이 보이면 낮잠을 재웁니다. 낮잠 자기에 너무 늦은 시간이라면 저녁에 일찍 재우는 편이 좋습니다.

Q256 아빠랑 자면 잘 자는데 엄마랑 자면 자주 깨요.

A 아기들은 엄마랑 같이 자면서 엄마의 체취나 젖 냄새 등에 의해 수면 연상을 형성한 경우가 많습니다. 아기가 중간에 깼을 때 엄마는 금방 반응을 보여서 다시 잠들기가 힘듭니다. 하지만 아빠는 엄마의 체취도 없고 아기가 울어도 엄마처럼 즉각적으로 반응하지 않습니

다. 따라서 아기는 포기하고 다시 잠들게 됩니다. 밤중 수유를 줄이거나 새벽에 깼을 때 엄마보다는 아빠가 수면 교육에 동참함으로써 수면 교육의 효과를 높일 수 있습니다.

Q257 밤마다 너무 많이 먹으려 해서 잠을 잘 수가 없어요.

A 낮에 충분히 수유하지 않았거나 엄마 젖이 수면 연상이 되었을 때 아기는 깰 때마다 젖을 찾고 밤중 수유를 많이 하게 됩니다. 또 수유를 통해 채워진 방광 때문에 쉽게 잠들지 못하고 깨 다시 먹습니다. 그 결과 낮에는 배가 불러 먹지 않는 악순환을 경험합니다. 따라서 중간에 깼을 때 바로 수유하지 말고 얕은 각성 상태인지 배가 고픈 건지 어디가 불편한지 세심히 살펴 해결해 줘야 합니다.

Q258 낮잠은 잘 자는데 밤에 안 자고 자주 깨서 울어요.

A 낮잠 자는 시간을 제한해야 합니다. 2시간 이상 자면 밤잠의 흐름을 깨고 밤에 졸리지 않아 자꾸 보채게 됩니다. 오후 4시 이후의 낮잠은 밤에 잠을 잘 못 자게 하는 원인이 됩니다. 따라서 낮잠은 2시간을 넘지 않아야 하고, 오후 4시 이후에는 낮잠을 재워서는 안 됩니다.

Q259 우리 아기는 낮과 밤이 바뀌었어요.

A 갓 태어난 아기는 낮과 밤을 구별할 수 있는 생체 리듬이 발달되어 있지 않습니다. 따라서 낮에는 자더라도 불을 환히 밝혀 주고, 밤에는 될 수 있는 대로 어둡고 조용한 환경을 만들어 주어야 아기가

낮과 밤을 구별할 수 있게 됩니다. 만약 늦은 수면 교육으로 이미 낮과 밤의 구별이 어려워진 경우라면 낮 시간에 졸려 하더라도 좀 더 놀게 하고, 밤이 되면 조용하고 어두운 환경을 만들어 잘 시간이라는 인식을 가질 수 있도록 모든 가족이 함께 노력해야 합니다.

Q260 3개월 된 아기가 밤마다 자주 깨서 먹으려고 해요.

A 신생아를 둔 부모는 이 무렵이 아주 힘든 시기입니다. 아직 출산의 여파가 끝나지 않았는데 아기가 밤에 자주 깨기 때문입니다. 신생아는 3개월 무렵에 대략 150~200cc 정도 먹고 5시간마다 먹으려고 합니다. 밤에도 이 간격이 달라지지 않으니 부모는 매우 힘듭니다. 하지만 일반적으로 6개월이 지나면 밤에 깨지 않고 푹 잘 수 있습니다. 한 번에 먹을 수 있는 위의 용량이 늘어나면 밤중 수유 없이 잘 수 있을 것입니다.

Q261 밤중 수유를 끊을 수 없어요.

A 생후 6개월쯤 되면 밤에 9~10시간을 내리 잘 수 있습니다. 이는 밤중 수유가 없이도 수면의 질을 유지할 수 있다는 걸 의미합니다. 하지만 수면에 관해서는 아기마다 개인차가 있기에 너무 무리하고 엄격하게 밤중 수유를 중단하는 것은 옳지 않습니다.

밤중 수유를 하지 않으면 아기가 수면을 충분히 취할 수 있고, 엄마 아빠도 중간에 깨지 않고 잘 수 있으니 가족 모두에게 좋은 결과를 가져오기에 노력해야 합니다. 수면 습관 바로잡기는 나이가 들수록 어려워지니 일찍부터 올바른 수면 습관을 들이는 것이 중요합니다.

Q262 아이가 젖을 물어야 잠이 들어요.

A 수면 교육은 크게 적절한 수면 의식과 긍정적인 수면 연상으로 나눌 수 있습니다. 이 경우 엄마 젖이 아기에게 수면 연상이 되어 엄마를 괴롭히는 듯합니다. 이럴 때에는 자기 전에 충분히 수유를 하고 아기 스스로 잠을 청할 수 있도록 젖을 물리지 않은 채 수면 의식을 행해야 합니다. 인형이나 이불 등 긍정적 수면 연상을 함께 제공해주어 차츰 엄마 젖에서 인형이나 이불 등으로 수면 연상을 바꾸는 것이 도움이 됩니다. 이런 과정은 쉽지 않으므로 부모가 인내심을 갖고 꾸준하고 일관되게 노력해야 합니다.

Q263 밤중 수유를 끊고 잘 지냈는데 커 가면서 다시 밤중 수유를 하고 있어요. 어떻게 해야 할까요?

A 아기가 밤중 수유를 원하는 경우 환경이 바뀌었는지, 심하게 아팠는지, 여행을 다녀왔는지 등 그럴 만한 이유가 있었는지 살펴봐야 합니다. 밤중 수유 때 먹는 양이 늘었다면, 시기상 급성장기에 들어섰는지 살펴봅니다. 급성장기에는 칼로리와 영양분이 많이 필요하므로 평소에 먹던 양으로는 채울 수가 없습니다. 이때는 총 칼로리를 염두에 두고 낮에 먹일 때 한 번 먹는 양을 조금 더 늘려 보는 게 좋습니다.

Q264 완전 모유 수유를 하려고 하는데 젖 양이 부족하여 밤에도 자주 깨어 젖을 달라고 합니다. 자기 전에만 분유 수유를 해도 될까요?

A 육아에서는 아기뿐만 아니라 부모의 수면도 굉장히 중요합니다. 즉 부모가 행복해야 즐거운 육아가 될 수 있습니다. 오로지 완전 모유 수유를 위해 엄마를 희생하는 것은 엄마나 아기를 위해서도 바람직하지 않습니다. 따라서 재우기 전에 분유 수유를 하는 건 아기에게 미안한 일이 절대 아니고 충분히 할 수 있는 일입니다. 일반적으로 모유보다 분유를 먹였을 때, 포만감이 1.5배 더 크다고 합니다. 분유 수유를 하면 새벽에 아빠가 수유를 해도 되어서 여러모로 좋습니다.

Q265 밤에 자다가 아기가 깨서 울면 남편은 시끄럽다고 빨리 재우라고 역정을 냅니다. 그러나 성격이 느긋한 저는 천천히 가서 깨워 항상 이 일로 남편과 다툽니다. 제가 잘못된 것인가요?

A 모든 육아에서 성격이 너무 급하면 육아에 실패하기가 쉽습니다. 아기가 새벽에 울 때 즉각적으로 반응을 보이는 것은 아기 스스로 다시 잠들 수 있는 기회를 뺏는 일일 수 있습니다. 아기는 울 때마다 엄마가 즉각적으로 반응하기 때문에 조금만 불편하면 울고 보채서 해결하려 합니다. 천천히 느긋하게 반응해 주면 아기 스스로 해결 방법을 찾아 스스로 다시 잠들 수 있게 됩니다. 따라서 이 경우 아빠가 역정 내는 것이 잘못된 일입니다.

Q266 아기가 과체중이고 밤에 먹는 양이 많습니다. 잘 때 이렇게 많이 먹어도 문제가 되지 않을까요?

A 🙂 잘 때는 본인도 모르게 많이 먹게 됩니다. 즉 많이 먹어 방광이 차 불편해서 깨어 습관적으로 또 먹습니다. 그런 일이 반복되면 밤 중에 자는지 먹는지 모르게 됩니다. 밤에 숙면을 취할 수 없기 때문에 성장 호르몬 분비가 부족해서 저신장, 비만이 될 수 있습니다. 이것은 2차적으로 성조숙증을 유발해 최종 신장이 작을 수 있으며 뇌에서 분비되는 GABA, 도파민, 세로토닌 등에 의해 기분 장애를 가지거나 인지 기능도 떨어질 수 있습니다. 따라서 낮에 충분히 먹이고 밤에 일찍 재워 규칙적인 생활을 하게 하면 어느 정도 교정이 가능합니다.

Q267 늦게 오는 아빠가 저녁에 아가를 보고 싶어 해서 아빠랑 놀다가 자는데, 잠들기까지의 시간이 길고 아침에 늦게 일어나요.

A 🙂 아빠가 귀여운 아기와 밤에 조금이라도 놀고 싶어 해서 엄마들은 아기를 아빠가 돌아올 때까지 안 재우는 경우가 있습니다. 이것은 아빠의 이기심으로 아기를 망치는 행위입니다. 늦게 온 아빠가 목욕시키고 놀아 주는 것은 아기를 많이 흥분시키고 너무 피곤하게 해, 잠들기까지의 시간이 길어지고 새벽에 자주 깨게 되어 늦잠의 원인이

됩니다. 그러면 하루 스케줄이 시작부터 어긋나게 되며 낮에 먹는 양도 줄어들어 성장과 발육에도 문제가 될 수 있습니다. 저녁에는 늦어도 8시 이전에 재우고 아침에도 규칙적으로 일어나게 해야 합니다.

Q268 밤에 아기가 깨서 울면 친정엄마는 빨리 달래 주라고 하지만 저는 조금 지켜보다가 오랫동안 울면 가서 안아 줍니다. 이렇게 해도 괜찮을까요?

A 아기들은 자다가 깨서 우는 경우가 있습니다. 이런 경우, 시간을 두고 지켜보면 다시 잠드는 경우가 많습니다. 아기는 엄마가 너무 일찍 달래 주면 이 패턴을 기억합니다. 그리고 이후에는 달래 주지 않으면 잠들지 못하기도 하지요. 그러니 느긋하게 기다려 주는 것이 오히려 아기한테 더 도움이 됩니다.

Q269 큰애와 작은애가 서로 다른 시간에 잡니다. 그러다 보니 늦게 자는 큰애 때문에 작은애가 자주 깹니다. 어떻게 해야 할까요?

A 두 아이의 수면 시간이 달라 고민하는 경우입니다. 가장 바람직한 것은 두 아이를 같은 시간에 동시에 재우는 것이고, 더 좋은 것은 모든 가족이 함께 잠드는 것입니다. 하지만 실제로 그러기는 힘들지요. 아이들은 일정한 시간에 같이 재우고, 부모는 아이들이 잠든 후에 볼 일을 보는 것이 좋습니다.

Q270 아기가 저체중이고 먹는 양이 적습니다. 하지만 자면서는 그런대로 잘 먹어 하루에 먹는 양의 대부분을 잘 때 먹는 것 같아요. 잘 때 이렇게 많이 먹여도 될까요?

A 아기에 따라 먹는 양은 천차만별입니다. 어느 정도 타고난 대로 먹는 경우가 많지요. 부모의 체격이 작은 경우 아무래도 적게 먹는 경우가 많습니다. 억지로 먹여도 애가 밀어 내거나 안 먹습니다. 이때

는 너무 무리하게 먹이거나 잘 때 억지로 먹이는 것은 좋지 않습니다. 수면의 질이 성장 호르몬의 작용과 함께 아이의 성장을 크게 좌우합니다. 애가 건강하다면 잘 때 너무 먹이지 말고 느긋하게 기다려 줍니다. 조급한 마음은 수면의 질을 나쁘게 하고 최종 성장에도 도움이 되지 않습니다.

Q271 아빠가 재우면 잘 자는데 엄마가 재우면 잘 보채고 울어요. 어떻게 해야 하나요?

A 아빠와 엄마가 재울 때 아이가 전혀 다른 반응을 보이는 경우는 두 사람의 태도 차이 때문입니다. 아이들은 자기가 원하는 것을 얻기 위해서 보채고 울지만 그렇게 해도 안 통하는 상대는 아이도 미리 알아본답니다. 그래서 일찌감치 포기하고 자든지 보채는 것을 그만둡니다. 이전에 보채고 울었을 때, 달래고 안아 주었다면 그 행동을 똑같이 반복할 것입니다. 때로는 아이를 위해 단호한 태도가 필요합니다.

Q272 우리 아기는 너무 늦게 자고 너무 늦게 일어나요. 어떻게 이것을 바꾸어 줄 수 있나요?

A 성장 호르몬이 분비되는 새벽 2시 무렵이 가장 중요하다고 합니다. 이때 숙면을 취해야 합니다. 일찍 잠드는 아이들이 그 시간에 숙면을 취할 가능성이 높습니다. 그러므로 너무 늦은 시간에 자는 것은 바람직하지 않습니다. 엄마가 전업주부라면 조금 여유가 있지만 맞벌이 부부라면 아이가 너무 늦게 자고 늦게 일어난다면 서로의 생활 패

턴이 맞지 않아 힘들 수밖에 없습니다. 일찍 자고 일찍 일어나는 패턴으로 자연스럽게 바꾸어 주어야 합니다.

Q273 새벽에 늘 깨어서 보채요. 아침잠이 많은 엄마, 아빠는 너무 힘이 든데 어떻게 해야 할까요?

A 이런 경우, 아기를 너무 일찍 재우는 경우가 많습니다. 부모가 새벽에 깨어도 잠이 부족하지 않은 경우에는 문제가 없겠지만, 아침잠이 많은 경우에는 아기의 수면 시작을 조금 늦춰야 합니다. 자기 전에 수유를 충분히 하고, 서서히 수면 시간을 늦추면 도움이 될 것입니다.

Q274 다른 아이들에 비해 너무 잠이 없어요. 잠이 없어 성장에 지장이 있을까 봐 걱정이에요. 괜찮을까요?

A 아기들의 수면 습관은 유전에 영향을 많이 받습니다. 엄마, 아빠가 잠이 적으면 아기도 그럴 가능성이 높습니다. 아기가 체중이 잘 늘고 성장이 정상적이면서 일상이 편안해 보이면 수면의 양이 충분하다고 생각해도 됩니다. 일정한 시간에 일정한 패턴으로 재우는 것이 좋습니다. 그리고 잠드는 것을 방해하는 요인이 없는지 체크해 봅니다.

Q275 잠이 오면 머리를 바닥에 찧는다든지, 흔드는 동작을 해요. 어떻게 해야 할까요?

A 아기들은 잠자기 전에 특정한 행동을 하면서 긴장을 완화하고 잠을 유도하기도 합니다. 흔히 머리를 흔드는 경우가 많습니다. 그

런데 머리를 심하게 흔들거나 부딪치는 것은 뇌에 손상을 줄 수도 있기에 좋지 않습니다. 이때는 다른 수면 유발 행동을 습득하게 해 주는 것이 좋습니다. 평소에 일관된 수면 의식을 해 주는 것이 좋습니다.

Q276 아이가 어린이집에 다닌 후 밤잠 습관이 바뀌어 자주 깨고 울어요. 어린이집에서의 문제인지 부모에 대해 항의하는 건지 알고 싶어요.

A 아이들이 어린이집에 다니기 시작하면서 바뀌는 것이 많습니다. 부모와 같이 생활하다가 또래들, 선생님들과 함께 단체 생활을 하면 처음에는 많은 스트레스로 작용합니다. 친구들과 함께 뛰어놀다 보니 활동량도 많아지고 낮잠도 충분하지 못한 경우가 많습니다. 이때에는 우선 어린이집의 낮잠 환경이나 적응 정도를 파악하고 집에서 부족한 잠을 더 보충해 주기 위해 애써야 합니다.

3장

기타 수면 장애

우리 아이, 불면증이라고요?

'아기에게 무슨 불면증?' 하고 생각하는 부모가 많겠지만 아기에게도 불면증이 있습니다. 여러 연구에 의하면 소아 중 10~45%가 수면 장애를 갖고 있다고 합니다. 잠자기를 거부하거나 자주 깨는 아이, 자다가 이상한 행동을 하는 경우가 많다는 얘기입니다.

본 장은 학문적인 내용이 제법 포함되어 있어 일반인이 이해하는데 다소 어려울 수 있습니다. 각 질병에 대한 자세한 상담은 꼭 전문의에게 해야 합니다.

소아 연령별 불면증의 원인	

연령	원인
신생아	수면~입면 관련 장애(분리불안), 위식도역류, 영아산통, 야간 수유와 연관된 문제
2~3세	야간에 먹고 마시는 문제, 우유 알레르기
학동 전기와 학동기	야간 공포, 악몽, 폐쇄성 수면무호흡증후군, 하지불안증후군
・ 청소년기	불안, 심리적 스트레스, 폐쇄성 수면무호흡증후군, 하지불안증후군

Q277 한밤중에 안 자고 악을 쓰고 울어요.

A 수면 교육을 하는 데에도 적절한 시기가 있습니다. 일반적으로 생후 6주는 되어야 어느 정도 낮과 밤을 구별할 수 있어 아기에게 수면 교육을 할 수 있는 준비가 되었다고 진단합니다. 하지만 6주가 지나도 자다가 계속 보채거나 악을 쓰고 우는 아기들이 있는데 이런 경우 수면 자체가 문제가 아니라 실제로 아기에게 문제가 있는 경우가 있습니다.

위식도역류와 영아산통이 그런 경우입니다. 위식도역류인 경우, 수유 후 바로 재우면 자다가 많이 불편해서 아이가 보챕니다. 분유나 모유의 역류가 일어나 아기를 불편하게 하기 때문입니다. 이런 경우 수유 후 자기 전까지 어느 정도 시간 간격을 두거나, 아주 심한 경우 소아청소년과 전문의와 상의해서 역류를 막아 주는 분유를 먹여야 합니다. 영아산통의 경우에도 한밤중에 복통 때문에 보채서 수면을 방해합니다. 이 증상은 시간이 지나면 저절로 회복되나 증상이 너무 심해서 아이가 힘들어하면 산통을 예방하는 젖꼭지를 쓰거나 산통 방지 특수 분유를 먹여 보는 것도 좋습니다. 수면 환경이 안 좋아도 그럴 수 있는데 아기들의 수면에 적절한 방안 온도는 19~21℃, 습도는 50~60% 정도입니다.

Q278 5세인 딸아이가 밤에 잘 때마다 코를 곱니다. 어른들은 크면 저절로 좋아질 거라는데 그대로 내버려 두어도 될까요?

A 코골이는 어른뿐만 아니라 아이에게도 흔한 일입니다. 보고에 의하면 소아의 10~20%가 코를 곤다고 합니다. 단순히 코만 고는 경우에는 급하게 치료할 필요는 없지만, 수면무호흡증이 동반되는 경우에는 여러 가지 합병증이 생길 위험이 있으므로 서둘러 치료를 요합니다. 정확한 진단 및 치료를 위해 병원을 방문할 것을 권합니다.

Q279 5세인 아들이 잘 때마다 코를 심하게 곱니다. 가끔 자다가 숨을 안 쉬기도 합니다. 병원에 갔더니 편도가 크다고 합니다. 이런 경우 편도 제거 수술을 해야 하나요?

A 코를 골 때 가끔 숨을 멈추는 경우, 즉 수면무호흡증이 동반된 경우가 의심됩니다. 아이는 편도 및 아데노이드 비대로 인한 폐쇄성 수면무호흡증후군일 가능성이 높습니다. 상태가 심하면 수술적 치료가 필요하므로 정확한 진단 및 상태에 대한 검사를 요합니다.

Q280 6세인 아들아이가 제 아빠처럼 수면무호흡증이 있는 것 같아요. 어떡해야 할까요?

A 수면무호흡증이 맞는지와 심한 정도를 확인하는 것이 우선입니다. 가장 정확한 방법은 병원에서 시행하는 야간 수면 다원 검사입니다. 이 검사는 여러 가지 기구를 몸에 부착한 뒤 하루 밤 병원에서 잠을 자면서 수면무호흡증에 대해 진단하는 방법입니다. 더불어 수면무호흡증이 있다면 그 원인을 찾아서 치료를 해 주어야 합니다. 소아에서 가장 흔한 원인은 편도 및 아데노이드 비대이며, 그 외에 알레르기 비염, 비만 등이 있으므로 원인에 따른 치료가 병행되어야 합니다.

Q281 아이가 수면무호흡증이 있는 것 같아요. 낮에는 잘 놀고 잘 커서 큰 걱정은 안 하는데 수면무호흡증을 방치해 두면 안 좋을까요?

A 수면무호흡증이 심해 무호흡 시간이 길어지면 뇌로 공급되는 산소의 양이 줄어들고 뇌는 숨을 쉬기 위해 잠을 깨우게 됩니다. 수면무호흡 환자의 경우 이러한 현상이 밤새 되풀이되어 자주 깨며 잠을 오래 자도 늘 피곤해하는 경우가 많습니다. 이러한 만성적인 저산소증은 합병증을 야기할 수 있는데, 학습 장애, 행동 장애, 성장 장애, 심혈관계 질환(폐동맥 고혈압, 부정맥, 우심부전) 등을 일으킬 수 있습니다.

Q282 수면무호흡증이 있으면 키도 잘 크지 않나요?

A 소아에서 폐쇄성 수면무호흡증후군이 있는 경우 또래에 비해 성장이 느린 경우가 많습니다. 편도 및 아데노이드 절제술로 치료 받은 후 성장이 좋아졌다는 연구가 있습니다. 성장 부진의 주된 기전은

수면 중 호흡 활동이 과도하여 열량 소비가 증가한다고 설명합니다. 더불어 성장 호르몬 분비 장애로 설명하기도 하나 이 부분은 아직 논란의 여지가 있습니다. 오히려 비만이 있는 경우는 수면무호흡증의 발병 및 합병증의 위험성을 높인다고 하니 체중 조절에 신경 써야 됩니다.

Q283 6세 남아가 자다가 자정쯤 갑자기 깨어나 소리를 지르고 몹시 놀란 것처럼 행동합니다. 진정시키려 하면 발길질을 하는 등 저항을 하나 다음 날 일어나면 밤중에 일어났던 일을 전혀 기억하지 못합니다. 소아청소년과 선생님께서 야경증이라고 하는데 어떤 병이고 어떻게 치료해야 하나요?

A 야경증은 소아의 약 1~3%에서 나타나며 5~7세경에 특히 남아에서 흔합니다. 대개 자정에서 새벽 2시 사이에 가장 많이 나타납니다. 아이가 갑자기 잠에서 깨어 소리를 지르고 놀란 것처럼 보이며, 동공이 커지고, 맥박도 빨라지며 과도하게 숨을 쉬는 행동을 동반합니다. 주위 사람들을 알아보지 못하며 쉽게 진정이 되지 않지만 조금 지나면 저절로 다시 잠이 듭니다. 간혹 경련성 질환과 구별되지 않는 경우도 있으므로 수면 뇌파 진단을 시행할 수도 있습니다. 원인은 정확히 모르지만 가족력이 흔하고 스트레스, 불안, 수면 부족, 발열 등이 악화 요인으로 작용하므로, 악화 요인에 대해 조치를 취해 주는 것이 좋습니다. 횟수가 많고 심한 경우에만 약물 치료를 단기간 사용하기도 합니다.

Q284 10세 된 여자아이가 밤마다 귀신처럼 돌아다니는 몽유병이 있다고 합니다. 상당히 위험해 보이는데 치료법이 있나요?

A 몽유병은 자연히 없어지는 병이므로 부모가 병에 대해 먼저 이해를 해야 합니다. 아이를 위협하거나 벌을 주지 말고 발병 중에 무리하게 깨우지 말아야 합니다. 그 이유는 혼란 상태가 더 악화될 수도 있기 때문입니다. 그리고 몽유병 때문에 어린이가 다치지 않도록 조심해야 하며 주변을 잘 정리해 두어야 합니다. 문이나 유리창에 자물쇠나 알람을 설치하는 것도 방법입니다. 평소 피곤하지 않도록 하고 잠을 일정한 시간에 일찍 그리고 많이 재우도록 노력해야 합니다. 심한 경우에 약물 치료를 시도할 수 있습니다.

Q285 7세 여아가 무서운 꿈을 꾸고 나서 잠들기를 거부합니다. 어떻게 하면 좋을까요?

A 악몽으로 인하여 잠에서 깨는 경우입니다. 꿈을 깨고 나서 아침에 지속적으로 무서워하면 꿈을 깼으니 안심해도 된다고 아이의 마음을 진정시켜 줍니다. 꿈의 내용에 대해 언급하거나 상기시키는 것은 안 좋습니다. 악몽의 재발 방지를 위해서는 무서운 내용의 비디오나 텔레비전 프로그램은 될 수 있는 대로 보지 않게 하는 것이 좋습니다. 카페인, 비타민 등은 각성 상태를 높여 수면을 방해하므로 밤에는 먹지 않도록 합니다. 내재된 스트레스 및 불안의 원인이 있는지 아이의 주변 환경을 잘 따져 보고 이에 대한 조치를 취해야 합니다.

Q286 중학생 아이가 밤에 잘 때 자주 가위에 눌려 힘들어합니다. 스트레스 때문일까요?

A 가위눌리는 행동을 의학적으로는 수면 마비sleep paralysis라고 합니다. 잠이 들었을 때나 잠에서 막 깨었을 때 일시적으로 몸을 움직일 수 없는 것을 말합니다. 유아에서는 드물며 주로 사춘기에 시작됩니다. 대개 잠이 부족하거나 스트레스, 불규칙한 수면 습관에 의해 유발됩니다. 대부분 수분 동안 지속되다가 저절로 멈추므로 치료가 필요하지는 않습니다. 하지만 만성화를 보이는 경우에는 기면병의 증상일 수 있으므로 정밀 검사를 위해 병원을 방문하는 것이 좋습니다.

Q287 고등학교 다니는 학생이 낮에 과도하게 잠을 자려고 합니다. 밤에 많이 자도 다음 날에 그렇습니다. 왜 그럴까요?

A 주간에 과도한 졸음의 원인으로는 야간 수면 양의 부족, 야간 수면의 질이 좋지 않은 경우, 기면병 등이 있습니다. 이 학생의 경우 밤에 많이 자도 낮에 졸려 한다면 일단 야간 수면의 질을 방해할 만한 질병(수면무호흡증 또는 하지불안증후군 등)이 있는지와 기면병 등 질병이 있는지를 정확히 진단해야 합니다. 병원 방문을 권합니다.

Q288 우리 아기는 잘 때마다 이를 갈아서 치아 모양이 안 좋을까 봐 걱정이 많습니다.

A 수면 이갈이는 5~20% 아동에서 나타나며 발병 연령은 10세 전후입니다. 심한 경우에는 주간에 턱의 통증, 두경부 통증, 치통, 두통, 치주 조직 손상 같은 증상이 나타날 수 있습니다. 이갈이의 원인은

아직 정확히 밝혀지지 않았지만 다양한 원인이 복합적으로 작용하는 것으로 봅니다. 일반적으로 불안이나 스트레스 같은 정서적이고 심리적인 문제를 이갈이의 원인 또는 악화 요인으로 여겨 왔습니다. 그러나 최근에 이갈이의 원인이나 관련 요인으로 가장 많이 언급되는 것이 수면 단계와 다른 수면 장애들과의 관련성입니다. 정상적인 수면에서, 깊은 잠에서 얕은 잠으로 수면 단계가 이동하는 동안 수초 정도 일시적인 각성이 반복적으로 일어나는데, 이러한 각성 상태에서 주로 이갈이가 발생한다고 알려져 있습니다. 또한 수면무호흡증과 같은 수면 장애 환자 중에서 높은 비율로 이갈이가 있다고 보고되며, 국제 수면 장애 분류에서는 수면 이갈이를 수면과 관련된 운동 장애 중 하나로 분류합니다.

이갈이를 완전히 없앨 수 있는 치료법은 현재까지는 없습니다. 치료에 있어 가장 중요한 요인은 적절한 치과적 관리입니다. 구강 보호대(교합 안정 장치)를 착용함으로써 치아의 손상을 방지할 수 있지만 수면 이갈이를 예방할 수는 없습니다.

Q289 3세 남아가 밤마다 다리가 아프다면서 잠을 설칩니다. 성장통인 것 같긴 한데 그냥 두어도 될까요? 혹시 다른 병일까요?

A 성장통은 3~12세 사이에 흔하고 여아에서 많습니다. 전체 소아의 30%에서 경험한다고 합니다. 특별한 치료를 하지 않아도 대개는 자연 소실됩니다. 초저녁에 따뜻한 물로 전신 목욕을 시행하는 것이 도움이 됩니다. 국소(대개 무릎) 부위 찜질, 마사지도 도움이 됩니다. 만일 이러한 방법이 효과가 없으면 진통제 사용을 고려해 봅니다. 아침

에도 통증을 호소하거나 한쪽 다리만 아프다고 할 때, 다리를 절거나 부종, 홍반 등의 증상을 동반할 때는 성장통 이외의 다른 질병일 가능성이 높으므로 진료를 받아 보는 게 좋습니다.

Q290 초등학교 1학년 아이가 혼자 자는 것을 무서워합니다. 따로 재우면 안 될까요?

A 혼자 못 자는 이유는 대개 대상에 대한 공포(예를 들어 괴물, 도둑), 어둠에 대한 두려움, 분리불안, 스트레스 등 때문입니다. 혼자 잠자기 무서워하는 아이는 일단 부모가 잘 지켜 주겠다고 아이를 안심시켜야 합니다. 낮에 무서운 이야기나 텔레비전 시청, 게임 등은 금물입니다. 무서워도 혼자 잘 잘 경우에는 칭찬 및 보상을 해 주는 것도 도움이 됩니다. 어둠을 무서워하면 은은한 스탠드를 켜 주어도 됩니다.

Q291 하지불안증후군이 무엇인가요?

A 하지불안증후군은 주로 누워 있거나 앉아 있는 등 휴식 중에 하지에 근질거리는 이상 감각과 초조함을 느끼고 다리를 움직이고 싶은 충동을 일으키는 증상으로, 밤에 증상이 심해져 수면 장애까지 초래하는 질환입니다. 아이들이 자주 다리를 아파하거나 저려하고 벌레가 기어 다니는 것 같다고 하거나 오래 앉아 있지 못한다면 소아 하지불안증후군을 의심해 보아야 합니다. 소아 하지불안증후군이란 5~8

세 사이에 소아의 다리에 불편감을 주는 질환으로 성장통과 비슷하지만 서로 다릅니다. 증상은 성인과 비슷한데 잠들기 전에 다리가 저리거나 불편한 느낌, 벌레가 기어가는 듯한 느낌 등을 경험합니다.

Q292 요즘 멜라토닌을 불면증 치료제로 먹는다는데 소아도 먹을 수 있나요?

A 현재 국내에서도 멜라토닌 성분의 약품이 시판되고 있지만 성인용만 나와 있습니다. 소아 불면증에 멜라토닌 사용 여부는 2016년 현재 유럽에서 임상 시험 중이며 내년쯤이면 국내에도 도입될 예정입니다. 국내의 경우, 발달 장애 소아청소년 환자의 50~75%가 수면 장애를 겪고 있으나 이들에게 사용하기 적합한 안전한 치료제는 없는 실정입니다. 더불어 정신 지체 또는 자폐 같은 신경 발달 장애가 있는 아이의 경우 수면 교육이 정상아에 비해 더 어려우므로 약물의 개발이 절실한 실정입니다. 한편 시판되는 멜라토닌 성분의 건강식품들은 위의 약품과 달리 반감기가 1~2시간 이내로 짧아서 실제로 수면 장애에는 도움이 되지 않습니다.

Q293 아기를 재우기 위해 엄마랑 아기가 한방에서 자고 아빠가 따로 잡니다. 남편과의 관계가 소원해지는 것 같아 걱정이 많습니다. 해결 방법이 있나요?

A 아기를 재우기 위해 부부가 따로 자는 경우 둘의 관계가 멀어지는 경우가 있습니다. 둘 사이에서 태어난 예쁜 아기의 육아가 엄마만의 몫이 아니라는 인식이 중요합니다. 아빠도 육아에 적극 동참해야

합니다. 그래서 육아를 함께한다는 동질감을 느껴야 합니다. 부부만의 사랑이 아닌 아기를 포함한 가족의 사랑을 느끼게 하는 것이 도움이 될 것입니다. 또 가능하면 제3의 양육자(할머니, 할아버지, 친척 등)에게 잠깐 부탁하고 둘만의 시간을 가지는 것도 좋습니다.

Q294 밤마다 보채고 뒤척이는 아기를 볼 때마다 내 자신이 슬프고 우울한 기분이 들고 자꾸 아기가 미워집니다. 이런 나 자신도 자꾸 싫어지는데 어떻게 해야 하나요?

A 출산한 산모의 35~80% 정도가 정도의 차이는 있지만 산후우울증을 경험하는데, 그중에는 상당히 심각한 경우도 많습니다. 출산 후에 급격한 여성 호르몬의 변화가 산후우울증의 원인입니다. 육아보다도 산후우울증을 먼저 치료해야 합니다. 가족의 지지가 반드시 필요하며 엄마도 병원을 방문하여 전문적인 상담을 받고 필요하면 약물을 통해 치료해야 합니다. 엄마의 건강이 바로 아기의 건강이므로 엄마가 정신적으로 건강해야 아기도 건강한 몸과 정신을 유지할 수 있습니다.

Q295 수면무호흡증이 성조숙증을 유발하나요?

A 수면 중에 분비되는 멜라토닌은 수면을 유도하는 역할 외에 성호르몬을 억제하는 역할도 합니다. 수면무호흡증으로 선잠을 자게 되면 멜라토닌 분비가 줄어들어 효과적으로 성호르몬을 억제하지 못해 성조숙증을 유발하게 됩니다.

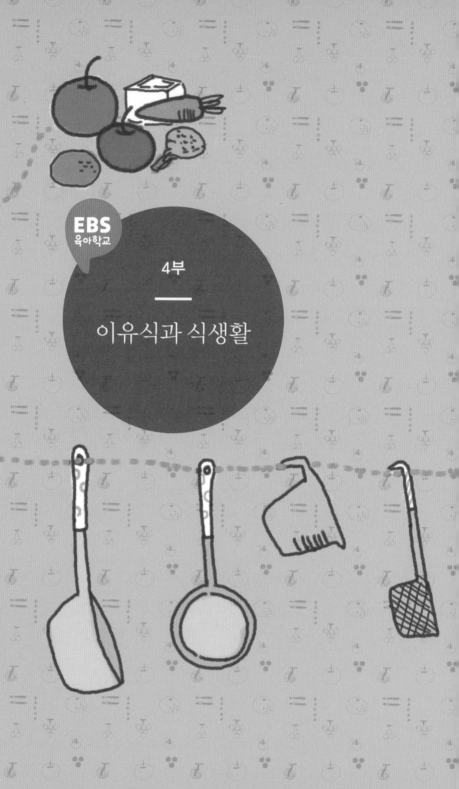

EBS
육아학교

4부
—

이유식과 식생활

EBS 육아학교 이유식은 모유나 분유만 먹던 아이에게 고형식을 먹이면서 자연스럽게 모유나 분유를 줄여 나가는 과정을 말합니다. 이유식 시기가 되면 모유나 분유만 먹이는 것이 오히려 편하게 생각이 들 정도로 이유식으로 인한 걱정과 어려움을 겪게 됩니다.

　이유식 먹기는 아기가 한 명의 인간으로 자라서 사회 구성원이 되는데 가장 중요한 단계 중의 하나입니다. 우리는 밥을 먹어야 에너지를 얻고, 생명을 이어 가고, 사회생활을 할 수 있습니다. 적절한 시기가 지났음에도 모유나 분유만 먹으면 영양 면이나 신체 발달 면에 큰 문제가 발생합니다. 나아가 향후 건강한 한 명의 사회 구성원으로서의 역할도 장담할 수 없습니다. 그만큼 아이에게는 이유식 시기가 중요합니다. 하지만 이유식 때문에 너무 긴장하고 걱정할 필요는 없습니다. 이유식은 큰 틀만 유지해서 기본 원칙을 지키고, 부수적인 상황은 부모와 아기에 맞게 조절해서 진행하면 됩니다. 부모가 너무 스트레스를 받거나 의욕이 넘치면 오히려 역효과가 날 수 있습니다. 우리 아이가 엄마, 아빠와 함께 한 식탁에 앉아 가족 구성원으로서 함께 식사하는 모습을 상상해 보면서 즐겁게 이유식을 시작하는 것이 중요합니다.

1장

이유식 시작하기

이유식, 시작해야 하는데 엄두가 안 나요

이유식은 일반적으로 아이의 몸무게가 6kg 이상일 때, 분유 수유를 하는 경우는 4~6개월 사이에, 완전 모유 수유를 하는 경우는 6개월부터 시작하는 것이 좋습니다. 이유식은 양과 음식의 종류도 중요하지만 시작할 때부터 숟가락으로 한자리에서 앉아 먹는 식사 습관을 함께 들이는 것 또한 중요합니다. 가족과의 식사는 영양을 섭취하는 것에서 나아가 아기도 가족의 한 구성원으로서 식습관을 배우고 사회생활을 익히는 초석이 되기 때문입니다.

이유식은 아기에게는 태어나서 처음 경험하는 색다른 일입니다. 그런데 부모가 이유식에 대해 너무 스트레스를 받으면 아기도 똑같이 반응하게 됩니다. 아이에게 즐거운 경험을 하게 해 준다고 생각하면 한결 마음이 편안해질 겁니다. 우리 아이에게 중요한 이 시기를 부모도 편안히 즐기는 게 좋습니다.

Q296 모유 먹는 아기와 분유 먹는 아기의 이유식 시기가 다른데, 언제 시작하면 되나요?

A 많은 부모가 이유식 시작 시기에 대해 궁금해합니다. 인터넷에 넘쳐 나는 과다한 정보로 더욱 혼란스러워하는 부모가 많습니다. 분유 먹는 아기의 경우 4~6개월에, 6개월 동안 모유만 먹은 완전 모유 수유 아기의 경우는 6개월부터 시작하면 됩니다. 즉 아기의 영양상 생후 180일경에는 이유식을 시작하는 것이 좋습니다.

Q297 3개월 된 아기가 어른들이 밥 먹을 때마다 자꾸 먹으려고 해요. 그래서 이유식을 시작하려고 하는데 시작해도 될까요?

A 엄마, 아빠가 밥을 먹을 때 아기가 엄마 입을 빤히 처다보면서 자기도 입을 오물거리는 경우가 많습니다. 그래서 이럴 때 이유식을 시작해도 되는지 질문합니다. 이유식은 시기가 중요한데, 거기에는 다 이유가 있습니다. 아직 4개월 미만인 아이에게 이유식을 시작할 경우 음식에 대한 알레르기가 증가할 가능성이 크다는 보고가 있어 4개월 이후에 이유식을 시작하기를 권합니다. 아직 3개월 된 아이이니 조금

더 기다렸다가 4개월경 시작하는 것이 좋습니다.

Q298 이유식을 처음 먹일 때 양은 어느 정도로 해야 하나요?

A  이유식을 시작할 때, 처음부터 많은 양을 잘 먹는 아기는 드뭅니다. 그러므로 아기가 많이 먹지 않는다고 걱정할 필요는 전혀 없습니다. 쌀미음으로 1숟가락부터 시작하고 잘 받아먹는다면 1회에 50~60g씩 먹이면 됩니다.

Q299 6개월인데, 이유식을 너무 잘 먹어요. 150g씩 세 번 먹는데 괜찮을까요?

A 6~8개월에 하루에 필요한 총 에너지 양은 600kcal 정도입니다. 이 중에 1/3인 200kcal를 이유식으로, 나머지 400kcal 정도를 모유나 분유로 섭취해야 합니다.

따라서 6개월이라면 아직 모유나 분유로 영양과 에너지 섭취가 이루어져야 할 때입니다. 이유식을 하루에 3번 최대 100g씩 주는 것까지는 가능하지만, 최소 수유량 섭취가 필요합니다. 6개월 아이에게 이유식을 먹이면서 분유나 모유를 500~600cc 정도는 먹여야 합니다. 만약 최소 수유량이 지켜지지 않는다면, 이유식의 양이 아기에게 많을 수 있으니, 100g씩 3번까지로 줄이는 것이 좋습니다.

Q300 첫 이유식의 묽기는 어느 정도로 해야 할까요?

A 묽기 정도는 많이 알려져 있는 대로 10배 죽부터 시작합니다.

이유식 횟수 · 양 · 입자 크기				
단계	초기	중기	후기	완료기
개월 수	만 4~6개월	만 7~9개월	만 10~12개월	만 12개월 이후
이유식 횟수	1~2회	2~3회	3회	3회
이유식 양	50~100g	120~150g	150~180g	200g
간식 횟수	1회	1~2회	2회	2회
수유량	600~800cc	600~700cc	400~600cc	400cc
입자 크기	믹서로 간 정도	강판으로 갈거나 다진 정도 (0.3~0.5cm)	알갱이가 보일 정도 (0.7~1cm)	알갱이가 보이는 진밥 정도
단계별 과업	한자리에 앉아서 식사하기 빈혈이 생기기 쉬운 시기이므로 매일 고기 섭취하기	손으로 잡고 먹는 finger food 시작하기 컵 사용 시작하기	먹여 주지 말고 스스로 숟가락을 사용하도록 유도하기	젖병 끊기

첫 이유식인 쌀미음은 쌀 5g에 10배의 물을 넣어 끓이고, 밥으로 만들 경우 밥 10g에 10배의 물을 넣고 끓이면 됩니다.

Q301 언제부터 이유식의 되기가 증가하는 게 좋을까요? 일찍 건더기를 주면 토할까 걱정돼요.

A 7개월부터는 약간 되직하게 덩어리가 있는 상태의 이유식을 주는 것이 좋습니다. 즉 7개월부터는 갈아서 만드는 이유식을 졸업해야 합니다.

7~8개월에는 핑거 푸드finger food를 시작하면 좋습니다. 당근이나 단호박을 10분 정도 익히면 말랑말랑해지므로 이가 없는 아기도 충분히 먹을 수 있습니다. 음식을 손으로 잡아서 입으로 넣는 연습은 처음에는 힘들지만 자기 스스로 입에 넣은 음식이 침에 있는 효소나 입의 운동을 통해서 목으로 넘어가는 경험을 하고 나면, 입안에서 음식을 뱉어 내지 않을 정도의 되기로 만들어서 넘기는 것을 익히게 됩니다.

Q302 물은 언제부터 줘야 하나요? 또, 어느 정도를 먹이는 게 적당한가요?

A 이유식을 시작하면 물을 먹여야 합니다. 몇 개월에 물 몇 cc라고 정해진 것은 없습니다. 이유식을 시작하면서 중간중간에 물을 섭취하는 습관이 중요합니다. 아이의 소변양을 체크하면서 적절한 양을 먹이면 됩니다.

Q303 이유식과 수유를 같이 해야 한다고 하던데, 꼭 함께 먹여야 하나요?

A 처음에는 이유식과 모유를 함께 먹이는 것이 좋습니다. 일반적으로 6~9개월에는 이유식과 모유를 함께 먹입니다. 만약 아기가 한 끼에 충분한 양의 이유식을 먹는다면 모유를 따로 먹이면 됩니다. 예를 들어 9개월인 아이에게 이유식을 120g씩 3회를 먹인다면 이유식과 함께 수유를 할 필요가 없습니다. 이 시기가 되면 이유식이 늘어난 만큼 수유량을 줄여야 합니다.

EBS 육아학교 육아 PIN 처방전 **5가지 이유식 식품군과 먹일 수 있는 시기**

곡류군	• 쌀죽(4~6개월) • 현미잡곡(4~6개월) • 밀가루(4~6개월) • 감자/고구마(4~6개월)
어육류군	• 고기류(소고기/닭고기 4~6개월) • 생선류(4~6개월, 일주일에 2번 정도, 민물고기 외 작은 생선은 가능) • 달걀(달걀노른자는 4~6개월이면 가능하고, 흰자도 노른자를 섭취하고부터 1~2개월 지나서 시작 가능) • 두부(7개월)
채소군	채소(4~6개월, 잎이 있는 야채인 브로콜리, 시금치 등부터 시작해서 당근, 단호박, 파프리카 순으로 추가하는 것이 좋다.)
과일군	• 과일(4~6개월부터 가능하다. 사과, 배 등으로 시작하고 오렌지나 귤 종류는 다른 과일을 먼저 먹이고 나서 이상 없다면 6~9개월 사이에 먹인다. 딸기, 토마토도 소량을 먹인 후 이상 없으면 돌 전에 가능하다.) • 과일 주스(6개월, 이유식 초기에는 하루에 한 번 50cc 분량을, 중기에는 80~100cc, 완료기에는 120~150cc를 먹이는 게 좋다.)
우유 및 유제품	우유 및 유제품(돌 이전에 우유는 모유 또는 분유를 먹이고, 요구르트 종류는 설탕이 들어가 있지 않은 것으로 8개월 지나서 먹이기 시작한다.)

Q304 6개월 이전에 먹이면 안 되는 음식에는 어떤 것이 있나요?

A 분유 수유아의 경우는 4개월부터 이유식을 시작하는 경우가 있습니다. 이때는 시금치, 당근, 배추, 비트를 먹이면 안 됩니다. 이들 음식에는 질산염이 많아 빈혈의 일종인 메트헤모글로빈혈증에 걸릴 위험이 있으므로 6개월 이후에 먹이는 것이 좋습니다.

Q305 아기에게 이유식을 먹이면서 새로운 재료를 첨가하게 됩니다. 새로운 재료를 첨가하는 간격은 1주일 간격이 좋을까요?

A 아이가 7개월 전이라면 4일에 한 가지씩 새로운 재료를 첨가하고, 8개월부터는 2~3일 간격으로 새로운 재료를 첨가하는 것이 좋습니다. 그 이유는 아이의 적응을 쉽게 하고, 알레르기 반응을 확인하기 위해서입니다.

Q306 아이가 이유식을 입에 넣자마자 뱉어 버려서 먹일 수가 없어요. 어떻게 해야 하죠?

A 정성 들여 만든 이유식을 아이가 뱉어 내면 안타깝지요. 그렇다고 포기하면 안 됩니다. 이유식을 먹이는 데는 포기하지 않는 부모의 마음가짐이 중요합니다. 평균적으로 아이는 한 가지 음식을 15~20회가량 거부한다고 합니다. 20회나 시도해 본 부모는 많지 않을 겁니다. 포기하지 말고 꾸준히 시도해야 합니다.

만약 아이가 너무 심하게 거부하면 아이가 좋아하는 음식으로 소량씩 시도하는 것도 도움이 됩니다. 또한 아기들은 모방하는 습관이 있으므로, 부모가 그 음식을 맛있게 먹는 모습을 보여 줍니다. 우리나라 부모들은 대부분 자신은 대충 빨리 먹고, 아기 혼자 이유식을 먹게 하는 경우가 많습니다. 부모도 같이 식사를 하면, 아기는 부모가 먹는 모습을 보면서 식사 시간이 즐겁다는 것을 알게 되고 자연스럽게 식사 예절도 익히게 됩니다.

Q307 이유식을 숟가락으로 줬는데 먹지 않아서 젖병에 넣어서 먹이고 있습니다. 괜찮을까요?

A 이유식을 젖병에 넣어서 먹이는 것은 좋지 않습니다. 음식의 맛과 질감을 알 수 없을 뿐만 아니라 발달에도 좋지 않으며, 향후 구강 위생에도 나쁜 영향을 미칩니다. 반드시 숟가락을 이용해 이유식을 먹여야 합니다. 깊이가 얕은 플라스틱 숟가락으로 먹이면 좋습니다.

Q308 아토피가 있는 아기는 이유식을 늦게 시작하는 게 좋다고 하던데 정말인가요?

A 6개월 이후 제한 식이가 알레르기 예방 효과를 보이는지에 대한 대조 연구는 아직까지 발표된 바가 없습니다. WHO를 포함한 국제 전문가 단체는 아토피 등의 이유 때문에 이유식을 6개월 이후로 제한하는 것을 권하지 않습니다. 6개월 이후부터는 아이의 영양을 위해 꼭 이유식을 하는 것이 좋습니다.

Q309 아토피가 있는 아기는 음식을 제한하는 게 좋다고 하던데, 꼭 그렇게 해야 하나요?

A 아토피가 있다고 하여, 무조건 알레르기 음식을 제한하는 것은 옳지 않습니다. 하지만 알레르기 가족력이나 식품 과민성이 입증된 아기는 흔한 알레르기 유발 음식을 먹이기 전에 소아청소년과 전문의와 상의하는 것이 좋습니다. 흔하게 알레르기를 일으킬 수 있는 식품에는 우유, 달걀, 밀, 콩, 견과류가 있습니다. 또한 식품 과민성의 경우 그 식품에 대한 과민 반응이 아닌데도 알레르기라고 생각하는

부모가 많습니다. 음식을 먹고 특이 반응을 보이는 아기는 병원에 방문해서 식품 알레르기가 맞는지 소아청소년과 전문의와 상의하는 것이 좋습니다.

Q310 유아용 식탁을 사용하는 게 좋을까요?

A 이유식은 한자리에 앉아서 먹는 것이 매우 중요합니다. 유아용 식탁은 이유식을 한자리에 앉아서 먹기 쉽게 하기 때문에 도움이 됩니다. 아기가 식사를 한다는 것은 단순한 영양분의 섭취, 그 이상의 의미를 가집니다. 유아용 식탁을 사용하면 아기 스스로 먹으면서 성취감을 느낄 수 있을 뿐 아니라, 다른 가족과 한자리에서 식사를 하게 되어 식사 습관 및 사회성을 익힐 수 있게 됩니다.

본격적인 이유식

무엇부터 어떻게, 얼마나 먹여야 할까요?

이유식은 초기, 중기, 후기로 구분하는데, 반드시 이 순서에 맞춰 이유
식을 할 필요는 없습니다. 아이 특성에 맞게 이유식을 진행하는 것이
중요합니다. 하지만 근본적인 원칙은 지키는 게 좋습니다.

초기 이유식(6~7개월)은 10배 죽에서 8배 죽으로, 쌀미음에서 소고
기 이유식과 야채 이유식으로, 하루에 한두 번 정도 먹입니다. 중기
이유식(8~9개월)은 5~6배 죽으로, 건더기가 있게 하루에 2~3회 먹입
니다. 후기 이유식(9~12개월)은 재료를 갈지 않고 이유식을 만들어 하
루에 3회, 적절한 양을 먹입니다. 2세까지는 음식에 간을 하지 않는

것이 좋으며, 과일은 너무 단 과일을 먼저 먹이거나 많이 먹이는 것은 좋지 않습니다. 또한 중기로 접어들면서부터는 232쪽의 표에 있는 5가지 식품군의 음식을 골고루 먹이는 것이 좋습니다.

하루에 영아가 이유식에서 얻는 에너지 요구량은 6~8개월에는 200kcal, 9~11개월에는 300kcal, 12~23개월에는 550kcal입니다. 초기, 중기, 후기의 기본 원칙을 잘 지켜서 이유식을 한다면 건강하고 튼튼한 아이로 자랄 수 있습니다.

Q311 이유식에 고기는 언제부터 넣어야 하나요?

A 만 6개월부터는 고기 식이를 시작해야 합니다. 6개월이 되면, 몸에 저장해 둔 철이 바닥이 나는 시기이므로, 고기를 섭취하여 철분을 보충해야 하기 때문입니다.

Q312 먹어야 하는 고기의 양이 정해져 있나요?

A 고기는 이유식 초기에 10g부터 시작하여, 완료기에는 하루에 50~60g 정도 고기를 섭취하도록 하는 것이 좋습니다.

Q313 고기의 어떤 부분을 사용하는 것이 좋은가요?

A 고기는 지방이 적고 힘줄이 없는 부위의 소고기를 먼저 먹이는데 안심, 채끝, 우둔살 등이 좋습니다. 닭고기도 먹일 수 있는데 지방이 적고 부드러운 안심과 가슴살 부위가 좋습니다.

Q314 아이 건강에 좋을 거 같아 선식을 먹일까 하는데, 괜찮을까요?

A 선식은 여러 가지 곡물이 섞여 있어 알레르기 반응을 확인할 수 없을 뿐 아니라 가열하지 않은 음식이므로 고형식을 시작하는 아기에게는 좋지 않습니다. 선식이 아니라도 아기에게 줄 수 있는 음식이 많은데 굳이 선식을 먹일 필요는 없습니다.

Q315 잡곡을 먹이는 게 좋다고 하던데, 언제부터 먹일 수 있나요?

A 흰쌀 죽을 기본으로 시작하여 아이가 잘 먹고 잘 소화시킨다면, 현미 등 잡곡을 넣어 볼 수 있습니다. 흰쌀밥은 현미나 다른 잡곡에 비해 한 번에 혈당 수치를 올리므로, 향후 비만을 피하고 성인병 없는 건강한 성인으로 자라게 하기 위해 현미나 잡곡을 넣을 수 있습니다. 흰쌀 죽 시기에 현미나 잡곡을 조금씩 추가하여 12개월이 되었을 때는 현미나 잡곡을 20~30% 정도 넣어서 먹일 수 있습니다.

Q316 생선은 언제부터 먹이는 게 좋은가요?

A 생선은 4~6개월 사이에 가능하며 쌀, 고기, 야채 이유식을 진행한 후에 첨가하면 됩니다. 생선에는 필수 아미노산, 지방산, 오메가3 지방산, DHA가 많아 뇌 발달에 도움이 됩니다. 큰 고기 생선과 민물고기는 피하는 게 좋고, 우리나라 근해에서 잡힌 얼리지 않은 생물 생선이 좋습니다. 일주일에 2회 이상은 먹이지 말고, 생선을 조리거나 간해서 먹이면 안 됩니다. 일주일에 30~50g 정도가 적당합니다.

Q317 과일은 언제부터 주는 게 좋은가요?

A 과일은 이유식 시작 시기부터 먹일 수 있지만, 과일에 당분이 많기 때문에 적어도 2~3주 정도 이유식을 원활하게 진행한 후 먹이는 것이 좋습니다. 과일을 시작할 때에는 당도가 높은 과일을 피하고, 익힌 뒤에 강판에 갈아서 굵은 알갱이는 걸러서 주는 것이 좋습니다.

Q318 토마토 같은 경우는 알레르기가 생길 수도 있다고 하던데, 과일마다 먹일 수 있는 개월 수가 있나요?

A 처음 시작하는 과일은 사과, 자두, 배 종류가 좋습니다. 토마토와 딸기는 다른 과일보다는 알레르기가 생기기 쉬우나 돌 전에 먹이는 것을 금하지는 않습니다. 다른 과일을 먼저 먹여 보고 문제가 없다면 돌 이전이라도 토마토와 딸기를 먹일 수 있지만, 알레르기 반응이 있는지 주의 깊게 관찰해야 합니다.

Q319 주스 종류는 언제부터 먹일 수 있나요?

A 주스는 6개월부터 가능하며, 과일을 즙만 짜서 주는 것보다는 갈아서 주는 것이 좋습니다. 주스는 하루에 50~60cc로 시작해, 돌 무렵에는 하루에 120cc 정도를 먹이는 것이 좋습니다.

Q320 달걀은 12개월 이후에 먹여야 하나요?

A 예전에는 달걀 식이를 12개월로 미루는 경향이었으나, 알레르기력이 없는 아기의 경우 달걀노른자는 4~6개월에 시도할 수 있습니다. 노른자 식이를 시작으로 2~3개월 뒤에 달걀흰자 식이도 가능하니

다. 하지만 앞서 언급한 것과 같이 달걀은 알레르기 유발 가능성이 있는 음식이므로 첨가 시에 주의 깊게 관찰해야 합니다.

Q321 돌 이전에 먹이면 안 되는 음식이 있나요?

A 생우유와 꿀은 돌 전에 먹이지 않습니다. 꿀을 돌 전에 먹이면 꿀 속에 있는 보툴리누스균이 영아의 장에 정착, 증식하여 독소를 만

들어 내는 보툴리누스 독소증이 생길 수 있으므로 피하는 것이 좋습니다.

또한 돌 전에 생우유를 먹이면 알레르기가 증가하거나 소화 장애가 발생할 수 있습니다. 하지만 생우유로 만든 요구르트는 돌 전에 먹여 볼 수 있습니다.

Q322 이유식을 먹인 뒤에 발생하는 알레르기 증상에는 어떤 것이 있나요?

A 이유식을 먹인 뒤에 발생하는 식품 알레르기 증상에는 두드러기가 대표적입니다. 이 외에 토하거나 설사하는 소화기 증상과 이유 없이 심하게 보채는 증상, 기침이나 쌕쌕거리는 숨소리 등 호흡기 증상이 있습니다. 약간 붉어지는 듯한 피부 변화를 두드러기로 생각해서 알레르기로 알고 있는 부모가 많습니다. 두드러기가 의심된다면 병원에 가서 정확히 진단받는 것이 좋습니다. 또한 눈과 입술이 붓는 증상은 심한 알레르기 증상이므로 아이를 빨리 병원에 데려가야 합니다.

Q323 이유식 먹고 나서 입 주변이 빨갛게 변했어요. 알레르기 반응인가요?

A 입술 주변만 붉어지고 다른 증상이 없는 경우, 식품 알레르기가 아닐 가능성이 높습니다. 알레르기가 아니라, 음식이 입술 주변 피부에 닿으면서 생기는 비특이적 자극일 것입니다. 특히 산성 과일이나 토마토, 귤을 먹거나 자극적인 음식을 먹었을 때 발생하는 경우가 많습니다. 대표적인 알레르기 유발 음식인 우유, 달걀, 밀, 콩, 견과류 이외의 음식에서 다른 반응 없이 입술 주변만 붉어졌다면 며칠 쉬었다가 다시 먹여 봅니다. 단, 대표적인 알레르기 음식에서 반응이 발생했다면 병원에 방문하여 의사와 상담해야 합니다.

Q324 아토피가 있는 아기는 음식을 제한하는 게 좋다고 하던데, 꼭 그렇게 해야 하나요?

A 아토피와 음식 알레르기가 항상 같이 생기는 것은 아닙니다. 아토피가 있는 아기에서 음식 알레르기가 상대적으로 많이 발생하기 때문에 아토피가 있는 아기의 부모들은 지레 겁을 먹는 경우가 많습니다. 아토피가 있어도 특정 음식에 알레르기 반응을 하지 않는다면 음식 제한을 하지는 않습니다. 다만 우유, 달걀, 밀, 콩, 견과류에 알레르기 반응을 보일 가능성이 있으므로, 이런 음식을 먹일 때에는 주의 깊게 관찰하면서 시도하면 됩니다.

Q325 우리 아기는 달걀과 우유 알레르기가 있어요. 이유식은 어떻게 해야 하나요?

A 우선 달걀에 대한 알레르기 진단을 받는 것이 중요합니다. 부모 혼자 판단하지 말고, 달걀을 먹인 후에 두드러기가 생기거나 눈과 입의 부종, 숨이 가빠지거나 토하거나 설사하는 증상이 있다면 병원에 데려가서 정확한 진단을 받아야 합니다. 달걀 알레르기로 진단이 된다면, 달걀이 포함된 모든 식품 섭취를 제한해야 합니다.

우유 알레르기의 경우도 정확한 진단을 받는 것이 중요합니다. 우유 알레르기로 진단이 된 후에는 우유가 포함된 치즈, 버터, 유가공품 섭취를 철저히 제한해야 합니다.

우유와 달걀은 성장기에 중요한 식재료이기에 우유와 달걀 알레르기로 진단받아 식품 제한을 해야 하는 아기는 이를 대신하여 단백질과 칼슘을 보충할 수 있는 음식을 잘 섭취해야 합니다. 달걀과 우유 알레르기의 경우 대개 두 돌이 넘어가면 알레르기 반응이 줄어들고, 5~6세경에는 좋아지는 경우가 대부분입니다. 이 두 알레르기는 알레르기 반응이 아나필락시스 반응으로 진행되는 경우가 있으므로, 부모 마음대로 식품을 먹여 봐서는 안 됩니다. 병원에서 식품 유발 검사와 알레르기 검사 등을 통하여 전문의와 상의하여 식이 진행을 해야 합니다.

Q326 아기 스스로 손으로 먹는 연습이 중요하다고 하던데, 언제부터 시도해 볼 수 있나요?

A 6개월부터 가능하지만, 8개월 정도 되어야 손가락으로 잘 집을 수 있습니다. 처음에는 푹 익힌 감자, 고구마가 적당합니다. 처음 시작은 아주 작은 조각으로 하며, 아기가 먹다가 숨구멍이 막히는 경우

가 있을 수 있으므로 잘 지켜봅니다. 혹시 먹다가 캑캑거리면, 아기 입에 음식 덩어리가 보이면 손가락으로 제거하고, 보이지 않으면 아기를 뒤로 엎어서 가슴뼈 중앙을 두드려 줘야 합니다.

Q327 8개월 된 아기가 아직 이가 없는데 건더기가 보일 정도로 먹여도 되나요?

A 😊 8개월 아기는 아래턱을 상하로 움직여서 씹는 활동을 합니다. 이가 없는 아기라도 완전히 갈지 말고 알갱이가 보이는 정도의 식이를 진행해야 합니다. 10개월 이후까지 덩어리가 보이는 음식을 먹이지 않으면 이후에는 덩어리가 있는 음식을 거부할 가능성이 높아져 이유식 진행이 어렵게 됩니다.

Q328 건더기가 있는 이유식으로 바꾸었더니 먹지 않아요. 어떻게 하죠?

A 😊 건더기 있는 이유식으로 넘어갈 때 잘 받아들이지 못하는 경우, 우선 아이의 반응에 크게 반응하지 않는 것이 중요합니다. 엄마가 아기가 뱉어 내거나 토하는 데 크게 반응하면, 아기의 반응은 더 심해지기 마련입니다. 우선 엄마가 아기 앞에서 즐겁게 먹고, 처음에 시도한 양보다 더 작은 크기로 먹이기를 꾸준히 시도해 봅니다. 너무 여러 번 밀어붙이지 말고, 중간중간 아기가 좋아하는 이유식이나 간식, 과일을 주면서 시도하면 도움이 됩니다.

Q329 이유식을 먹이면 삼키지 않고 뱉어요. 어떻게 해야 하나요?

A 이유식 시작 시기에 먹지 않고 뱉는 것은 아기가 삼키는 것에 적응하지 못해서 발생하는 경우가 많습니다. 숟가락을 아기의 혀 앞쪽이 아닌 중간 정도까지 약간 밀어서 넣어 주면 삼키는 경우가 있습니다. 이유식이 어느 정도 진행된 상태에서 음식의 굳기가 증가하면서 뱉는 경우는 앞에 언급한 것과 같이 소량을 줍니다. 중간에 아기가 좋아하는 음식을 주면서 음식에 대해 안 좋은 인상을 주는 것을 피하고 꾸준히 시도하는 것이 좋습니다.

Q330 이유식을 먹다 목에 걸렸어요. 어떻게 해야 하나요?

A 아기가 이유식을 먹다 목에 걸린 경우, 입안에 음식이 보이는 경우는 두 번째 손가락을 갈고리처럼 아기의 입에 넣어 빼 주면 됩니다. 입안에 음식물이 없고 목에 걸린 경우에는 검지와 나머지 손가락을 아기의 턱에 대고 머리와 목을 받쳐 잡은 뒤, 아기의 머리가 바닥을 향하게 뒤집은 다음 팔 위에 놓습니다. 그리고 아기의 머리를 가슴보다 낮게 기울인 뒤에 손바닥으로 아기의 양 어깻죽지 사이를 아래 방향으로 5번 두드립니다.

그래도 이물질이 배출되지 않으면 아기를 반대변 팔로 뒤집어서 손가락 두 개

로 가슴뼈를 흉곽 앞뒤 길이의 1/3 깊이로 5회 눌러 줍니다.

Q331 12개월인데 아직 미음 단계예요. 어떻게 하면 좋은가요?

A 12개월에 미음 단계인 아기는 건더기를 먹어야 하는 시기를 지난 상태로, 8~9개월에 건더기가 있는 이유식을 시작한 아기보다 몇 배의 시간과 공을 들여야 합니다.

우선, 강제로 먹여서는 안 되며 이유식 대신에 단 과일이나 간식을 너무 많이 먹여서도 안 됩니다. 또한 무조건 초기 이유식처럼 갈아서 먹이는 것도 좋지 않습니다. 미음 단계에서 조금씩 굳기를 증가하되 아이가 굳기의 증가에 예민하게 반응하여 뱉어 낼 때에는 하루에 여러 번 꾸준히 시도합니다. 아기가 심하게 거부할 때에는 몇 시간 지난 뒤에 다시 시도하는 것이 좋습니다. 또한 아기가 손으로 먹을 수 있는 핑거 푸드를 자주 제공해 주어, 아기가 스스로 입에 들어가는 음식에 대한 공포감을 극복하도록 하는 것이 중요합니다.

Q332 아이가 이유식을 잘 안 먹어서 수유라도 해야 할 것 같아 수유량을 늘렸는데 밤에 자꾸 일어나서 모유나 분유를 먹으려고 해요. 어떻게 해야 할까요?

A 밤중 수유를 끊는 것은 이유식 진행에 매우 중요합니다. 밤에 수유를 하면 아침에 이유식을 안 먹으려 하고, 늦게 일어나 모유나 분유로 아침을 시작하면 점심 이유식도 많이 먹지 않게 되어 전체적인 이유식 진행에 영향을 줍니다. 밤중 수유는 이유식의 진행뿐만 아니라 수면 위생에도 좋지 않으며 이가 나면서 충치와 주걱턱의 원인이

되기도 합니다. 밤중 수유를 줄이면서 낮에 먹는 양을 서서히 늘리고, 밤에 깨면 바로 수유로 반응하지 말고, 아이 스스로 다시 잠들도록 연습시켜야 합니다. 아기의 건강을 위해서 밤중 수유를 끊는 것이 좋습니다.

Q333 아이가 너무 안 먹어서 간을 했어요. 괜찮을까요?

A 소금이나 조미료는 두 돌까지는 하지 않는 것이 좋습니다. 돌이 넘어가면 많은 부모가 어른이 먹는 소고기국, 된장국 등에 밥을 말아서 주는 경우가 있는데, 어른이 먹는 국은 어른 입맛에 맞을 정도로 간이 되어 있으므로 좋지 않습니다.

Q334 향신료는 언제부터 사용할 수 있나요?

A 향신료 사용은 대개 8개월부터 가능하며 대표적으로 마늘, 계피 등이 있습니다.

Q335 10개월 된 아기가 밤에만 먹으려 해서 밤에만 수유를 하고 있어요. 괜찮은가요?

A 밤에만 수유를 하는 것은 여러 가지 면에서 좋지 않습니다. 아기의 식습관과 영양에도 영향을 미칠 뿐 아니라 수면 습관, 치아 관리 등에도 좋지 않은 영향을 줍니다. 밤에 수유를 하면, 낮에 이유식 같은 음식을 잘 먹지 않아 골고루 영양 섭취를 할 수 없고, 적절한 식습관도 배울 수 없게 됩니다. 밤에만 먹으면 수면의 질이 떨어질 뿐 아니라 수면 습관도 엉망이 되어, 우치가 생길 확률이 높아집니다. 밤중

수유를 줄이면서 낮에 먹는 양을 서서히 늘려야 합니다. 밤에 깨면 바로 수유로 반응하지 말고, 아이 스스로 다시 잠들도록 연습시켜야 합니다.

Q336 10개월 아기, 아직 숟가락을 사용하지 않는데, 언제부터 숟가락을 사용하는 게 좋은가요?

A 숟가락 사용은 8~10개월에 시작하는 것이 좋습니다. 아기가 음식을 흘려서 지저분해지는 것을 겁내서는 안 됩니다. 혼자 스스로 먹는 것은 자아 성취감을 느끼게 해 아기가 성장하는 데 좋은 밑거름이 됩니다. 또한 여러 음식을 한 번에 갈아서 주기보다는 색깔이나 맛이 다른 2~3가지 음식을 놔두고 아기가 선택해서 먹게 해도 좋습니다.

Q337 8개월부터 컵으로 먹이는 게 좋다고 하던데, 괜찮은가요?

A 아기는 6개월부터 컵을 사용할 수 있습니다. 물론 처음에는 부모가 도와주어야겠지만, 컵을 사용하는 법을 차차 알아 갑니다. 처음부터 컵을 잘 사용하는 아기는 많지 않습니다. 처음에는 손잡이가 달린 스파우트컵으로 하루에 한두 번 시도해 봅니다. 아기가 컵을 사용하면 신체의 협응 능력 발달에도 도움이 되고, 향후 젖병을 오래 사용하게 되는 문제도 줄일 수 있습니다.

Q338 아기가 한 가지 음식만 먹는데, 어떻게 해야 하죠?

A 6개월경에는 아기가 새로운 것에 대해 불안감과 공포감을 갖

게 됩니다. 푸드 포비아food phobia라고도 합니다. 연구 결과 아기는 한 가지 음식을 평균 15~20회 정도 거부한다고 합니다. 여러 가지 식품 군으로 재료를 바꾸어서 처음에는 놀이처럼 시작하여 끈기를 가지고 시도하는 것이 중요합니다.

Q339 아이가 입을 벌리려고 하지 않아요. 어떻게 해야 할까요?

A 🙍 아기가 입을 벌리려고 하지 않는 경우는, 아기가 먹지 않는다고 부모가 숟가락을 억지로 밀어 넣는 일이 반복되어 발생합니다. 아기가 숟가락을 거부하면 한동안 숟가락을 보여 주지 않는 것이 좋습니다.

이유식도 그릇에 담아 아기 앞에 두고, 손으로 먹을 수 있는 무른 음식도 아기 앞에 두어, 아기가 놀거나 장난치다가 입에 스스로 음식을 넣도록 연습을 시켜야 합니다. 처음에는 장난을 치겠지만 어느 순간 입에 음식이 들어가면 무심코 삼킬 겁니다. 이런 경험이 반복되면 아기는 음식이 목을 통해 들어가는 두려움을 극복하게 됩니다. 이후에 아기에게 숟가락을 쥐여 주고, 숟가락을 입에 넣는 시늉을 하기 시작하면 천천히 이유식을 시작하면 됩니다.

Q340 이유식을 먹은 뒤로 입술 주위가 자꾸 빨개져요. 어떻게 해야 하나요?

A 🙂 이유식을 시작하면 아기들의 입은 갑자기 많은 음식과 만나게 됩니다. 태어나서 처음으로 쌀, 고기, 과일 등 여러 가지 음식물이 아기 입으로 들어오므로 입 주변은 항상 음식물 범벅이 됩니다. 이로

인해 아기들의 약한 피부가 빨개지기 십상입니다. 이유식을 먹은 뒤에는 입 주위를 물로 씻은 뒤 살살 닦아 주고, 자주 보습을 해 줍니다.

Q341 이유식이 그대로 변으로 나와요. 소화를 못 하는 걸까요?

A 아기들은 소화 기관이 미숙하기 때문에 간혹 음식물이 그대로 변으로 나오기도 합니다. 대개는 큰 문제가 아니므로 그냥 관찰하면 됩니다. 너무 많은 양이 나온다면 더 무르게 해 줍니다.

Q342 아이가 아픈 뒤로, 이유식을 먹지 않아요. 어떻게 하죠?

A 아기들은 아픈 뒤에 이유식을 잘 먹지 않는 경우가 있습니다. 어른들도 감기 등 질병에 걸리면 입맛이 없는데, 어찌 보면 당연한 일입니다. 아픈 뒤에는 빨리 일상생활로 돌아가는 것이 좋습니다. 좀 있다 먹겠지 하다 보면 시간이 많이 지나갑니다. 꼭 밥이 아니라도 과일이나 아기가 좋아하는 음식을 줘서 음식이 입으로 들어가는 즐거움을 느끼게 해 주어서 빨리 식습관을 찾게 해 주어야 합니다. 한번 해 보고 포기하지 말고, 하루에 여러 번 이유식뿐 아니라 간식도 자주 제공해 줍니다. 단, 조금이라도 먹기 시작하면 이유식을 열심히 먹여야 합니다. 유인책으로 사용한 간식에 지배당하면 안 됩니다.

Q343 아이가 장염이에요. 이유식을 먹이지 않는 것이 좋을까요?

A 아기가 아플 때는 새로운 음식을 먹이지 않는 것이 좋습니다. 아기가 아프면 면역력이 떨어집니다. 특히 설사 등 소화기 증상이 있는 아기의 경우 점막의 기능이 약하기 때문에 알레르기가 발생할 가

능성이 전보다 높아집니다. 아기가 장염일 때는 쌀미음과 이전에 먹어본 단백질 영양소를 먹입니다. 탈수가 올 정도로 심하지 않을 때는 적당한 양의 소고기 이유식을 함께 먹여 볼 수 있습니다.

Q344 이유식을 먹이는데 계속 코변을 봐요. 괜찮은 건가요?

A 이유식 시작 시기에 이전 변보다 약간 묽거나 점액변이 함께 나오는 경우가 있습니다. 대부분은 아기의 장이 미숙하여 새로운 음식에 대해 예민하게 반응하여 생기는 경우입니다. 이유식 때문이라고 판단되면 이유식 양을 조금 줄이거나, 이유식에 첨가한 음식을 빼고 다시 시작하면 좋아지는 경우가 많습니다. 장염 등 다른 원인으로 점액변을 보기도 하므로, 아기의 변을 사진을 찍거나 기저귀를 가지고 병원에 방문하여 진료를 받고, 의사와 상담하는 것이 좋습니다.

Q345 아기가 너무 많이 먹어서 걱정입니다.

A 아기의 성장표로 아기의 몸무게와 키의 변화를 살펴보는 것이 우선입니다. 아기의 성장 곡선이 다른 아이들과 차이가 많이 나거나, 갑자기 몸무게가 는 경우에는 주의 깊게 식습관을 살펴야 합니다.

우선 음식을 상벌로 이용하지 않았는지 살펴보고, 사탕이나 초콜릿, 청량음료 등 단 음식을 많이 먹이지 않았는지, 엄마가 너무 단것만 먹지 않는지 살핍니다. 엄마도 자극적인 음식을 먹는다면 이번 기회에 아기와 함께 좋은 식습관으로 바꾸는 게 좋습니다.

올바른 식생활

아이가 잘 안 먹으려 해요

우리나라는 옛날에는 대가족 형태였기 때문에 한 상에 둘러앉아 다 함께 먹는 식문화를 가지고 있었습니다. 돌잡이부터 70세 할머니까지 한 상에 앉아 식사를 했기 때문에 오히려 편식이나 음식에 대한 거부감 없이 여러 가지 음식을 접할 수 있었습니다. 당연히 지금보다 좋은 식습관 예절을 자연스럽게 배울 수 있었습니다.

하지만 요즘에는 아이들에게 제대로 된 식습관을 가지게 하는 일이 매우 어렵게 되었습니다. 아기 혼자 밥을 먹이는 경우가 많다 보니 아이가 밥을 먹을 때 뱉어 내거나 먹으려 하지 않는 음식이 생기고, 이

런 잘못된 식습관으로 인해 떼를 쓰거나 자기 마음대로 하려는 성격
이 강화됩니다. 또한, 다양한 음식에 대한 도전 의식과 호기심이 없어
지고 새로운 음식에 대한 두려움마저 갖게 됩니다. 이러한 성향은 아
이가 자라는 과정의 성장·발달에도 영향을 미칩니다.

진료실에서 만나는 2세 미만의 자녀를 둔 부모에게 "지금 부모가
아이에게 해 줄 수 있는 가장 중요한 일은 골고루 잘 먹이고 좋은 식습
관을 들이는 것입니다."라고 말합니다. 그만큼 올바른 식습관을 갖는
것은 어려운 일이며 중요한 일입니다.

Q346 빈혈이 생기기 쉽다는데, 어떻게 해야 하나요?

A 6개월 이후에 철분 함량이 높은 고기류를 포함한 식이를 하
지 못하면 빈혈이 생기기 쉽습니다. 무엇보다도 철 함유량이 많은 소
고기, 돼지고기 같은 고기류 섭취를 늘리는 것이 중요합니다. 아기의
이유식 식이가 진행되지 않으면서 성장이 느릴 경우에는 병원에 가서
빈혈 검사를 할 것을 추천합니다.

Q347 병원에서 빈혈이라고 진단을 받았어요. 빈혈약을 언제까지 먹
여야 할까요?

A 병원에서 철 결핍성 빈혈로 진단받은 경우, 철분제를 먹여야
합니다. 빈혈약은 말 그대로 약이지 영양제가 아닙니다. 빈혈이 없는
아기에게도 영양제처럼 너도나도 먹이는 것은 옳지 않습니다. 철 결핍

성 빈혈로 진단받은 아기의 경우 철분제 복용 후 1~2개월 후에 재검사를 해야 합니다. 재검사로 빈혈 수치의 회복이 보일 경우 2~3개월가량 더 복용합니다. 철분제의 부작용으로는 구역질, 설사, 복통 등이 있습니다. 부작용 발생 시에는 병원에 가서 전문의와 상의하는 게 좋습니다.

Q348 아기가 골고루 먹지 않아요. 영양제를 먹여야 할까요?

A 무엇보다도 음식으로 칼로리와 영양분을 보충하는 것이 중요합니다. 하지만 정말 식이 진행이 안 되는 아기의 경우 종합 영양제를 먹여 볼 수 있습니다.

Q349 정장제를 먹이는 게 아이의 장 건강에 좋을까요?

A 프로바이오틱스는 건강에 유익한 장내 미생물입니다. 유산균 중에는 급성 설사 치료에 도움이 되는 유산균부터 아토피피부염에 도움이 되는 유산균도 있습니다. 시중에 많은 유산균이 있으므로 임상 연구에도 도움이 된다고 밝혀진 유산균으로 균의 종류와 수를 판단해서 먹이는 것이 좋습니다.

Q350 아이가 한자리에서 먹으려 하지 않아요. 어떻게 하죠?

A 한자리에서 식사를 하는 것은 식습관 형성에 필요합니다. 한자리에서 다른 사람들과 함께 식사하는 것은 매우 중요합니다. 아무리 바빠도 아기를 먹일 때는 부모도 꼭 아기 앞에서 함께 음식을 먹어야 합니다. 음식을 먹으면서 부모와 웃고 이야기하는 즐거움을 알게

된 아기는 식사 시간에 앉아서 먹는 것이 당연한 일이 될 것입니다.

Q351 아이가 TV나 동영상을 봐야지만 밥을 먹어요. 그렇게 해도 되나요?

A 영상 매체를 이용해서 아기를 앉히는 것은 좋지 않은 방법입니다. 영상 매체를 보면서 먹는 아기들은 여러 가지 면에서 좋지 않습니다. 먼저, 아기가 먹는 음식의 질감이나 맛, 향기를 느끼지 못하고, 단순히 먹는 행위로만 식사를 인식하게 됩니다. 또한 다른 사람과 반응하며 식사하고 생활하는 것을 익히지 못하고 빠르게 움직이는 영상 매체와 반응하는 법을 배우게 됩니다. 현재 그렇게 하고 있더라도 아이를 생각해서 과감하게 끊어 내야 합니다.

Q352 아이가 너무 단것만 먹으려고 해요. 어떻게 해야 할까요?

A 처음부터 너무 단 음식에 적응한 아기의 경우, 다른 음식을 거부하는 경우가 많습니다. 서서히 단 음식의 비중을 줄여 나가는 것이 좋습니다. 음식의 색이나 종류를 달리해서 호기심을 유도하는 게 좋습니다. 특히 단 과일을 너무 많이 먹는 아기의 경우는 과일을 줄이는 것이 중요합니다.

Q353 먹는 것을 주면 던져 버려요. 어떻게 하면 좋을까요?

A 아기가 음식을 집다가 놓는 행동이 아닌 멀리 던지는 경우에

는 낮고 단호한 어조로 "던지면 안 돼!" 하고 여러 번 반복해야 합니다. 음식을 던지는 경우에는 낮고 단호한 어조로 말한 뒤 바로 치우고 몇 분이 지난 뒤 다시 주는 방법이 좋습니다.

Q354 이제 돌이 지났어요. 그전에는 제법 잘 먹었는데, 갑자기 떼를 쓰고 먹으려 하지 않아서 너무 힘이 듭니다.

A 돌 이전에 식사 습관이 좋았던 아이가 갑자기 식사를 거부하거나 편식이 심해지는 경우가 있습니다. 이때 부모는 다른 것이라도 먹여야겠다는 생각에 분유나 생우유를 과다하게 먹입니다. 분유나 우유를 많이 먹으면 배가 불러 이후에는 밥을 더 잘 먹지 않습니다. 잘 먹던 아이가 갑자기 안 먹는 경우에는 먹을 만큼 주고, 다 먹고 난 뒤에는 식사를 치우는 것이 중요합니다. 강요하지 말고 아이가 먹을 수 있는 만큼 조금씩 자주 주면서 기다리면, 대개 다시 잘 먹게 됩니다.

Q355 음식만 보면 울어요. 이런 경우에는 어떻게 대처해야 할까요?

A 음식을 보면 우는 아기는 부모가 음식을 너무 강요했을 가능성이 큽니다. 아기가 여러 번 음식에 대해 거부했음에도 부모가 무조건 밀어붙였을 경우에 그렇습니다. 엄마가 음식을 꺼내는 순간부터, 파블로프의 개처럼 부정적인 반응이 생기지요. 아기가 노는 공간에 음식으로 된 장난감을 두어 친숙하게 합니다. 조금 친숙한 반응 보이면 음식을 먹이려 하지 말고, 당근 도장이나 떡 반죽처럼 가지고 놀게 합니다. 인내심을 가지고 음식과 놀이에 집중하다 보면 아기가 스스로 음식을 입에 넣는데, 그때 조심스럽게 이유식을 진행해 볼 수 있습니다.

EBS
육아학교

5부
—
예방 접종

EBS 육아학교 과학과 의학이 발달하면서 감염병이 많이 줄었으나 소아에서는 여전히 감염 질환의 발병률이 높습니다. 현재도 전 세계적으로 연간 수백만 명의 소아가 세균 또는 바이러스 감염병과 이와 관련된 질환으로 사망하는 실정입니다.

그러므로 감염 질환은 치료보다는 비용도 적게 들고 효과도 매우 큰 예방 접종을 권장합니다. 시기별로 일정에 맞춰 빠짐없이 접종하는 것이 건강한 소아청소년기를 보내는 데 아주 중요합니다.

예방 접종의 중요성에 대한 인식이 높아지면서 아이를 키우는 부모들의 관심이 높아졌고, 예방 접종의 종류도 예전에 비해 다양해졌습니다. 그래서 부모들은 필수 기본 접종 외에 다양한 선택 접종 중 어느 걸 접종해야 할지 혼란스럽고 궁금할 겁니다. 접종 부작용과 그에 따른 대책에 대해서도 궁금한 점이 많으리라 생각됩니다. 그래서 5부는 이 부분을 중점적으로 다루고자 합니다. 아이를 키우는 부모들의 궁금증 해소에 조금이라도 도움이 되었으면 합니다.

2015년 대한 소아과학회 추천 소아청소년기 정기 예방 접종표(기본 및 선택 접종)

		출생시	4주이내	1개월	2개월	4개월	6개월	12개월	15개월	18개월	19~23개월	24~35개월	4세	6세	11세	12세
B형간염	HepB	HepB 1차		HepB 2차			HepB 3차									
BCG	BCG		BCG 1회													
DTaP	DTaP				DTaP 1차	DTaP 2차	DTaP 3차		DTaP 4차				DTaP 5차			
폴리오	IPV				IPV 1차	IPV 2차	IPV 3차						IPV 4차			
Hib	Hib				Hib 1차	Hib 2차	Hib 3차	Hib 4차								
폐구균 단백결합	PCV				PCV 1차	PCV 2차	PCV 3차	PCV 4차								
로타바이러스	로타릭스® RV1				RV1 1차	RV1 2차										
	로타텍® RV5				RV5 1차	RV5 2차	RV5 3차									
인플루엔자	불확성화백신 IIV						IIV 매년									
	액독화생백신 LAIV									LAIV 매년						
A형간염	HepA							HepA 1~2차								
MMR	MMR							MMR 1차					MMR 2차			
수두	Var							Var 1회								
일본뇌염	불확성화백신 UEV							UEV 1~2차			UEV 3차		UEV 4차			UEV 5차
	생백신 LJEV							LJEV 1차			LJEV 2차					
Tdap	Tdap														Tdap 1회	
인유두종바이러스	HPV														HPV 1~3차 (1~2차)	

1장

예방 접종

예방 접종, 어떻게 해야 하나요?

예방 접종은 백신을 투여하거나 항체를 투여하여 인위적으로 면역력이 생기게 하는 것입니다. 백신에는 독성을 약화시킨 생백신과 독의 활동성을 없앤 사백신이 있습니다. 보통 생백신은 1차 접종으로 장기간 혹은 일생 동안 지속되는 면역 반응이 생기지만, 사백신은 예방력을 얻기 위해 반복적으로 투여해야 하는 경우가 대부분입니다.

감염을 미리 방지하기 위해 예방 접종이 중요하지만, 가벼운 증상으로부터 생명을 위협하는 증세까지 다양한 이상 반응이 따르는 부작용이 있을 수 있습니다. 그래서 접종에 앞서 의사의 세심한 진찰과 부모의 정확한 예진표 작성이 필수입니다.

Q356 필수 예방 접종은 일정표대로 꼭 해야 하나요?

A 일정표대로 하는 것이 가장 좋으나, 여러 가지 이유로 못 하는 경우도 많습니다. 단순히 시기를 놓칠 수도 있고, 외국에서 살다 온 경우나 급·만성 질환을 앓는 경우는 일정표대로 접종을 못 하게 되지요. 일정표대로 접종을 못 한 경우에는 환자 상태나 나이에 따라 전문의와 상담을 통해 조정하여 대안을 마련하는 게 좋습니다.

대부분의 접종은 권장되는 접종 횟수를 완료하면 항체 형성에 영향을 주지 않으므로 접종이 지연되었더라도 처음부터 다시 접종할 필요는 없습니다. DPT 4차나 소아마비 3차가 만 4세 이후에 접종된 경우 각각 5차와 4차 접종은 필요하지 않습니다. 그리고 Hib 백신과 폐구균 백신은 첫 접종 시기와 현재 나이에 따라 전체 접종 횟수가 달라집니다. 환자 상태나 나이에 따라 의사 선생님과 상담을 통해 지연된 각 백신에 대한 따라잡기 접종을 받으면 됩니다.

Q357 첫째 때는 접종을 잘 챙겨 했는데 셋째 아이 때는 육아로 바쁘기도 하고 소홀한 부분이 있는데, 어떻게 해야 하나요?

A 원칙적으로는 접종 여부와 함께 시행일이 적힌 수첩이나 전산 기록만을 접종력으로 인정합니다. 접종력이 불분명할 경우 접종 수첩 외에 인터넷 전산 자료 조회 또는 이전에 접종을 시행한 의료 기관에

연락하여 확인해야 합니다. 기록을 찾을 수 없다면 접종을 받지 않은 것으로 간주하여 나이에 맞게 접종하고, 필요에 따라 면역성 여부 확인을 위해 혈청 검사를 시행할 수도 있습니다.

Q358 감기에 걸리면 접종할 수 없나요?

A 열이 없는 가벼운 감기의 경우에는 접종을 미룰 필요가 없습니다. 하지만 심한 급성 장염을 앓거나 호흡곤란 등을 보일 때, 고열(체온 38.5도 이상)이 있을 때는 접종을 연기해야 합니다. 고열 등을 치료한 후에는 임상적으로 건강한 상태고 2~3일간 열이 없었다면 접종을 고려해도 됩니다.

Q359 접종 후 열이 나는데 어떻게 해야 하나요?

A 모든 접종 후 어느 정도 이상 반응을 초래한다는 것은 잘 알려진 사실입니다. 접종자의 10% 미만에서 발열 등의 전신 반응이 생길 수 있습니다. 발열이 일시적으로 생겼다 사라진다면 큰 문제는 없습니다. 접종 후 아이에게 열이 있을 때 대처법으로는 옷을 시원하게 입히고 미지근한 물로 목욕을 시키고 심하면 해열 진통제를 투여합니다.

Q360 지금 한약을 복용하는 아이에게 예방 접종을 해도 될까요?

A 안타깝게도 한약이 예방 접종에 미치는 영향에 대한 연구 발표는 아직까지 없습니다. 그러나 한약에 흔히 사용되는 감초는 체내 스테로이드에 영향을 줄 수 있으며, 다량 섭취 시 백신 접종에 영향을 미칠 수도 있습니다. 그러므로 소아과에서는 한약 복용을 중단한 후

접종할 것을 권장합니다.

Q361 아이가 급성 화농성 중이염으로 항생제 복용 중인데, 예방 접종은 어떻게 해야 할까요?

A 미열이 동반되거나 열이 없는 경미한 급성 감염으로 항생제를 복용 중이라면 예방 접종을 해도 괜찮습니다. 아이의 전신 상태가 호전되는 상황이라면 예방 접종을 미루지 말고 하면 됩니다. 또한 수두나 홍역 등 특정 질병에서 회복한 후 어느 정도의 간격을 두고 접종하는 것이 좋으나 정해진 바는 없습니다. 심한 발열성 질환을 경험한 환자에 대해서는 회복기를 지나 안정적인 상태가 되면 예방 접종을 하는 방향으로 권고합니다.

Q362 아이가 간질로 치료를 받는데 아직도 간헐적으로 경련이 있습니다. 이 경우 예방 접종은 어떻게 하는 것이 좋은가요?

A 경련의 병력이 있는 소아에게는 백일해 백신 접종 후 경련이 발생할 위험성이 증가할 수 있는데 영구적 신경 장애를 초래하지는 않는다고 알려져 있습니다. 그러나 간헐적으로 경련을 하는 아이라면 백일해 접종을 연기하고 진행성 신경계 질환의 동반 여부를 확인해야 합니다. 현재 진행 중인 신경계 질환이 있다면 모든 백신 접종을 금합니다.

Q363 11개월 된 아기인데 가와사키병으로 면역글로불린 주사를 맞았습니다. 백신 접종은 어떻게 해야 하나요?

A 🧑 MMR 혹은 수두 백신은 11개월 간격을 두고 접종해야 하는 반면, 사백신 접종은 일정한 간격을 두고 할 필요는 없습니다.

Q364 모유 수유 중인 엄마입니다. 예방 접종이 모유를 통해 아기에게 영향이 있나요?

A 🧑 모유 수유는 아기나 엄마 모두에게 예방 접종에 따른 면역 작용을 방해하지 않습니다. 경구 폴리오 백신, MMR, 황열 등의 생백신도 엄마에게 증폭되더라도 모유로 배출되지 않으므로 접종할 수 있습니다.

Q365 미숙아로 출생한 아이인데 접종은 어떻게 하나요?

A 🧑 미숙아의 최적 예방 접종 시기는 재태 연령 대신 출생 후 연령에 따라야 합니다. 접종 시기와 접종 용량 또한 같습니다. 미숙아가 출생 1개월 이후에 입원해 있는 경우에는 치료받을 질환이 없고 임상적으로 안정적이라면 그 연령에 맞는 권장 접종을 받으면 됩니다.

단, 로타 바이러스 백신은 바이러스가 전파될 수 있으므로 퇴원 시 또는 퇴원 후 접종해야 합니다. B형간염 항원 양성 임산부인 엄마에게서 태어난 미숙아는 별도의 지침에 따라 접종해야 합니다. 모든 미숙아는 생후 6개월부터 독감 백신 접종이 가능하며, 가능한 한 빨리 접종하고 아기를 돌보는 사람도 같이 접종하는 것이 좋습니다. 또한 임신 32주 미만의 미숙아나 만성 폐질환을 가진 미숙아, 특정 심혈관 질환을 가진 영아는 2세까지 호흡기 합포체 바이러스 유행 시기에 단클론 항체를 투여받는 게 좋습니다.

Q366 아이가 예방 접종을 한 뒤 부모가 어떤 점을 주의해야 하는지 알려주세요.

A 접종 후에는 20~30분간 접종 기관에 머무르며 아이의 상태를 관찰하고 귀가 후 3시간 이상 주의 깊게 관찰해야 합니다. 접종 후 최소 3일 동안은 아이의 상태에 관심을 기울여 고열이나 경련이 있을 때에는 즉시 전문의에게 진찰을 받도록 해야 합니다. 접종 당일과 다음 날은 과격한 운동을 하지 않게 하고 접종 부위는 청결하게 유지해야 합니다.

Q367 요즘 해외여행이 늘어나는 추세인데 예방 접종은 어떻게 챙겨야 할까요?

A 2세 미만의 소아는 특히 주의를 요합니다. 최신 정보의 습득을 위해 우리나라 질병관리본부의 해외여행 질병정보센터나 미국 질병관리본부, 세계 보건 기구 등에서 정보를 얻을 수 있습니다. 면역을 얻기 위해서는 적어도 여행 4~6주 전부터 준비해야 하며, 시간이 촉박하다면 수동 면역을 위해 면역글로불린 투여를 권합니다.

여행을 떠나는 모든 소아는 연령에 맞게 접종표에 따른 모든 백신을 접종받을 것을 권하며 접종이 완료되지 않은 경우나 전혀 접종받지 않았다면 각 백신의 최소 접종 연령과 최소 접종 간격을 참조하여 긴급 접종 일정으로 접종하도록 권합니다.

해외여행 시 필요한 접종은 콜레라, A형간염, 독감, 수막알균, 공수병, 장티푸스, 황열 등입니다.

Q368 혈우병인 아기는 예방 접종 시 어떤 점을 주의해야 하나요?

A 혈우병이나 기타 항응고 치료를 받는 아기는 근육 주사 후 혈종이 생성될 위험이 있습니다. 그러므로 출혈성 질환을 가진 경우 근육 주사로 접종하도록 권장하는 백신을 피하나 피내로 주사하기도 합니다. B형간염과 같이 근육 주사로 접종해야 하는 백신은 아기의 출혈 위험도를 잘 알고 있는 의사의 판단하에 근육 주사를 놓을 수 있습니다.

혈우병 아기가 응고 인자를 투여받는 경우라면 투여 후 곧바로 백신을 근육 주사하는 것이 좋습니다. 접종 후에는 비비지 말고 힘주어 2분 이상 눌러 주어야 합니다.

2장

예방 주사

예방 주사, 어떤 걸 맞혀야 할지 잘 모르겠어요

백신의 개발로 예전에 비해 접종 종류가 늘어났지만 선택의 폭이 넓어졌습니다. 각 백신별로 상황에 따른 접종 방법이나 부작용, 특징들을 알아보고 내 아이에게 맞는 예방 접종을 하는 게 가장 중요합니다.

Q369 BCG는 2가지가 있는데 뭐가 더 좋은가요?

A 현재 국내에서는 덴마크 균주의 피내 주사법과 도쿄 균주의

경피 다발 천자법을 접종하고 있습니다. 효과나 이상 반응 면에서 두 가지 모두 거의 차이가 없는 것으로 알려져 있습니다. 피내 주사법이 정확한 용량을 일정하게 투여할 수 있다는 장점이 있어 국제 보건 기구나 우리나라에서 더 많이 추천하며, 접종합니다.

Q370 피내용 BCG 접종 7일이 지났는데 아무 표시가 없어요. 제대로 접종된 건가요?

A 피내용 BCG 접종 후 정상적인 경과는 다음과 같습니다.

접종 직후	접종 부위가 부풀어 올랐다가 10~15분 지나면 없어진다.
1~2주	아무 소견도 보이지 않는다.
2~4주	접종 부위에 붉은 반점이 나타나 멍울이 생긴 후 점점 커져서 단단한 경결이 된다. 이후 경결이 말랑해지면서 농주머니가 만들어진다.
4~6주	농주머니를 덮고 있는 피부를 뚫고 고름이 나오기도 하며 궤양을 형성한다.
6~9주	궤양이 아물면서 딱지가 앉는다. 이때 딱지를 누르면 고름이 나오며 이후 점차 고름이 나오지 않게 된다.
9~12주	딱지가 떨어지고 2~3mm 크기의 반흔을 남기고 아문다.

경과를 보면 7일 후엔 아무 소견이 보이지 않는 것이 정상입니다.

Q371 신생아기에 경피용 BCG를 접종한 2세 아기입니다. 접종 부위에 반흔이 전혀 없는데 이 경우 재접종을 해야 하나요?

A 먼저 경피용 BCG를 실제로 접종했는지 확인해야 합니다. 접종 사실이 접종 카드나 소견서, 전산으로 확인되면 재접종은 하지 않

아도 됩니다. 반대로 접종하지 않은 것으로 확인되면 결핵 반응 검사 후 음성이면 BCG 접종을 해야 됩니다.

Q372 외국에서 태어나서 생후 5개월에 한국에 들어온 아기입니다. BCG 접종은 어떻게 해야 하나요?

A 생후 3개월 이상인 경우는 투베르쿨린 피부 검사를 실시하여 음성이면 접종해야 합니다. 만약 피부 반응 검사가 양성일 경우 접종 하지 않고 결핵 환자와의 접촉력, 임상 증세, 가슴 X선 검사 등을 하 여 잠복 결핵인지 아니면 결핵인지를 감별하여야 합니다. 5세 이상의 소아인 경우 접종 시 경피용 BCG의 자료가 대부분 5세까지만 포함 하고 있으며, 그 이후 연령대 소아들의 이상 반응과 예방 효과에 대한 자료가 많지 않습니다. 영유아기를 지난 소아라면 정확한 접종량을 확인할 수 있는 피내용을 추천합니다.

Q373 BCG를 접종하고 10주가 지나 접종 부위에 염증이 생겼습니 다. 원래 생기는 염증 반응인가요, 아니면 치료해야 되나요?

A BCG 접종으로 생긴 접종 부위의 궤양이 4개월 이상 지속되 거나 염증 반응의 정도가 호전을 보이는 무통성 궤양은 별다른 치 료 없이 회복될 수 있습니다. 그러나 BCG 부위가 잘 아문 후 건강 한 상태를 유지하다가 BCG 접종 부위에 염증이 새로 발생한 것이라 면 BCG와 관계없이 다른 연조직 감염인지 감별해야 합니다. 반대로 BCG 접종 후 시작된 염증 반응이 회복되지 않고 더 심해진다면 만성 육아종병과 같은 면역 질환을 감별해야 합니다.

Q374 B형간염 접종은 3회 다 완료했으나 항체 검사로 확인하지는 않은 5세 유치원생입니다. 유치원에서 시행한 항체 검사에서 음성이 나왔습니다. 어떻게 해야 하나요?

A 항체 검사에서 음성으로 나왔다면 다음의 두 가지 경우를 생각해 볼 수 있습니다. 첫 번째는 항체가 영아기에는 생겼으나 확인 안 된 상태로 수년이 흐른 뒤 검사 시점에서 검사 한계 이하로 감소하여 면역이 없는 것처럼 보이는 경우, 두 번째는 3회 접종에도 불구하고 항체가 생기지 않은 무반응자일 경우입니다.

현재 사용 중인 백신의 항체 양전율은 90% 이상으로 우수하므로 무반응자보다는 항체가 감소했을 가능성이 더 높습니다. 이런 경우 1회 재접종을 시행한 후 1개월에 항체 검사를 하여 항체가 확인되면 더 이상 접종을 하지 않고, 항체가 없다면 백신을 2회 더 접종하고 검사를 다시 시행합니다.

Q375 남편이 B형간염 보균자이고 저는 산전 검사에서 B형간염 항체가 없다는데 임신 중이라도 태아를 위해 접종해야 할까요?

A 백신 접종을 한다고 태아에 항체가 생기지는 않습니다. 하지만 과거에 B형간염 접종을 받은 적이 없다면 산모를 위해서 임신 중에도 백신을 접종할 수 있습니다. 산전 검사에서 중요한 것은 B형간염 표면 항원의 양성 여부이고, 양성이면 신생아에게 출생 후 12시간 이내에 백신과 함께 면역글로불린을 투여해야 합니다. 남편이 보균자일 경우는 신생아에게 면역글로불린 투여는 필요 없고 권고 스케줄에 따라 백신 접종만 하면 됩니다.

Q376 B형간염 항원 양성인 수유모입니다. 모유 수유는 어떻게 해야 하나요?

A 출생 후 B형간염 주산기 예방 조치를 제대로 시행했다면 모유 수유는 가능합니다. 국내 질병관리본부의 분석 보고서에도 모유 수유가 예방 조치 실패의 직접적인 요인이 아니라는 의견이 있습니다. 분만 후 예방 조치를 정확하게 시행 후 모유 수유를 하기를 권합니다.

Q377 아기에게 B형간염 항체가 없어서 세 차례 재접종까지 해서 총 6회나 접종했는데 항체가 생기지 않았어요. 어떻게 해야 하나요?

A 총 6회 접종 후에도 항체가 안 생기기도 합니다. 이런 경우 완전 무반응자라 하는데 이때는 항체뿐 아니라 표면 항원, anti~HBc IgG 검사도 추가로 해서 B형간염이 있는지 반드시 확인해야 합니다. 예전에는 2배 용량으로 추가 접종을 하기도 했으나 완전 무반응자는 항체 형성 가능성이 적기 때문에 더 이상 백신 접종은 하지 않습니다. 엄마가 보균자인 경우도 마찬가지입니다. 완전 무반응자라도 B형간염에 대한 세포 면역은 존재할 확률이 높지만, B형간염 바이러스에 노출된다면 면역글로불린으로 예방 조치를 해야 합니다.

Q378 DPT는 좌우 바꿔 가면서 접종하던데 왜 그런가요? 접종 후에 딱딱한 덩어리가 만져지는데 괜찮은 건가요? 어떻게 조치해야 될까요?

A 예전에는 DTwP 백신 접종을 했을 때 이상 반응을 줄이려고 좌우를 바꿔 가며 접종했으나 이와 관련된 객관적인 연구 자료는 없

습니다. 특히 접종 부위의 이상 반응을 줄이기 위해 유용할 거라는 가설로 실시하나 연구 문헌은 없습니다. 접종 후 항원낭이 생기는 것은 접종 백신이 충분히 흡수되지 않은 상황에서 체질적으로 생길 수 있으며 특별한 조치는 필요하지 않으나 2차 감염으로 인한 화농성 병변으로의 이행 여부에 대한 관찰은 필요합니다. 대개의 경우 수개월에 걸쳐 흡수됩니다.

Q379 18개월 DTaP 추가 접종을 깜박하고 못 한 5세 남아입니다. 어떻게 해야 할까요?

A 만 4세 이후에 4차 DTaP 백신을 접종해야 되는 경우입니다. 4차 접종으로 6세까지의 DTaP 접종을 종결한 것으로 간주하여 5차 접종을 시행하지 않습니다. 그리고 이후에 11~12세에 Td이나 Tdap 백신으로 추가 접종을 시행합니다.

Q380 DTaP 백신을 절대 맞으면 안 되는 경우가 있나요?

A 접종 후에 심한 알레르기 반응을 보인 경우와 7일 이내에 뇌증이 발생한 경우, 진행성 신경계 질환을 가지고 있는 경우 절대 금합니다. 그러나 접종 후 3일 이내에 발생한 경련, 접종 2일 내에 3시간 이상 심한 보챔과 허탈 또는 쇼크와 유사한 상태가 발생한 경우, 40.5도 이상의 발열을 보인 경우에는 금기 사항은 아닙니다. 하지만 다음 접종 시 세심한 주의가 필요합니다. 이런 이상 반응이 반복될 가능성에 대한 의료적 조치가 가능한 상황에서 접종해야 합니다.

Q381 Tdap라는 백신은 어떤 백신이고, Td와 어떻게 다른가요?

A Tdap 백신은 DTaP에서 백일해 성분을 줄인 것으로 디프테리아와 파상풍 톡소이드의 양은 Td와 유사합니다. 13~18세 연령의 청소년, 12개월 미만의 영아와 함께 거주하거나 밀접한 접촉이 예상되는 청소년 및 성인, 파상풍 예방을 위한 백신 접종이 필요한 청소년 및 성인 외상 환자, 임신부(임신 기간 27~36주 권장 미시행 시는 분만 직후) 등에 주로 접종합니다. 보통 추가 접종 시는 11~12세에 Tdap 접종 후 매 10년마다 Td 백신으로 접종하는 걸 권유합니다. 평생 1회만 접종하고, 64세까지 접종 허가를 받은 백신입니다.

Q382 13개월 된 아이가 달걀을 먹을 때는 물론, 달걀이 피부에 닿기만 해도 전신에 두드러기가 생기는 심한 알레르기를 보입니다. MMR 접종을 해도 될까요?

A 접종 후 아나필락시스 반응이 달걀 항원에 대한 과민 반응이 아니고 젤라틴과 같은 제품 내의 다른 성분에 의한 것으로 최근 밝혀진 바 있습니다. 달걀 및 닭이나 깃털에 알레르기가 있는 아이에게 접종할 경우 아나필락시스 반응이 일어날 위험성을 증가시키지는 않는다고 보고 있습니다. 그러므로 절대 금기 사항은 아닙니다.

Q383 아이가 홍역 환자와 접촉했어요. 어떻게 해야 할까요?

A 임산부나 홍역에 대한 면역력이 없는 1세 이하의 영아는 6일 이내에 가능한 한 빨리 면역글로불린을 투여해야 하며, 투여 후 5개월

이 지나 MMR 백신을 접종해야 합니다. 그러나 이 접종을 12개월 이전에 하게 된다면 12개월 이후에 두 차례 접종을 더 해야 됩니다. 12개월 이상의 영유아는 72시간 이내에 MMR 접종만 하면 됩니다. 12개월 이후에 MMR 혹은 홍역 백신을 접종했다면 가족 내 홍역에 대한 노출이라도 면역 결핍이 없는 한 면역글로불린을 투여하진 않고 홍역에 대한 예방 효과가 있다고 봅니다. 그러나 항체가 형성되지 않을 가능성이 2~5% 정도 있으므로 과거 접종일로부터 최소 4주가 지났다면 한 번 더 접종하여 홍역 접종을 완료할 수 있습니다.

Q384 가족 중에 결핵 환자가 있어서 결핵 반응 검사를 해야 하는데 MMR 접종과는 관계없나요?

A 홍역 바이러스에 의한 자연 감염은 결핵을 악화시킬 수 있으나 백신은 그런 근거가 없으므로 MMR 접종 전에 결핵 반응 검사가 필요하지는 않습니다. 그러나 결핵에 노출된 경우는 검사가 필요합니다. 먼저 MMR 접종을 한 경우 일시적으로 반응 검사를 저해할 수 있으므로 백신 접종 당일 같이 검사하고 이전에 접종했다면 4~6주 후에 검사해야 합니다.

Q385 풍진은 어린아이들에게는 증세가 그렇게 심하진 않은데, 반드시 백신 접종을 해야 하나요?

A 풍진 예방 접종 목적은 귀머거리, 백내장, 심장 결손, 소뇌증, 지능 장애, 간 및 비장 결손 및 뼈 이상 등을 유발하는 선천성 풍진증후군 예방에 있습니다. 가임 여성에게 접종을 권하는 것은 임신한 후

풍진에 걸리는 것을 예방하고자 합니다. 임신을 준비하는 가임 여성은 풍진 접종 후 28일 동안은 임신을 피해야 합니다.

Q386 일본뇌염 접종을 제대로 못 했는데, 어떻게 해야 하나요?

A 과거에는 유행 시기에 항체가를 높이기 위해 일본뇌염 유행 시기 1~2개월 전에 집단 접종을 시행했으나, 최근에는 연구 결과에 따라 연중 접종 방법으로 바뀌었습니다. 지연되었다고 처음부터 다시 접종하지 않아도 되며 남은 횟수만 접종하면 됩니다.

사백신의 경우 생후 12~23개월에 7~30일 간격으로 2회 접종 후 12개월 후에 3차를 맞지 못했다면 3차를 바로 시행하면 됩니다. 3차 접종을 만 4세 이후에 했다면 6세 추가 접종은 하지 않고 12세 때 추가 접종만 합니다. 10세 이후에 3번째 접종을 했다면 더 이상 추가 접종은 하지 않습니다. 6세까지 접종은 다 했으나 12세 때 접종을 안 한 경우 18세까지 추적 접종을 하는 것이 좋습니다.

Q387 일본뇌염 생백신과 사백신을 교차로 맞아도 되나요?

A 현재 국내에서 사용하는 일본뇌염 백신은 4가지로 불활성화 사백신과 생백신 모두 두 가지씩 있습니다. 불활성화 사백신 사이, 불활성화 사백신과 생백신 사이, 생백신 사이의 교차 접종에 대한 연구는 아직 충분하지 않아서 추가적인 연구가 보고될 때까지 교차 접종은 피하는 게 좋습니다. 불활성화 사백신과 다른 접종은 접종 간격이 필요 없으나 생백신의 경우는 다른 생백신과 같이 접종하거나 4주 이상 간격을 두고 접종해야 합니다.

Q388 일본뇌염 사백신 접종 후 심한 국소 반응을 보였어요. 다음 접종은 생백신으로 해야 하나요?

A 원칙적으로 교차 접종에 대한 연구가 제한되어 생백신 접종을 권유하지 않습니다. 알레르기 반응이나 두드러기가 있었던 경우 예방 접종 후 알레르기 반응의 가능성이 높으므로 접종의 득과 실을 따져서 결정해야 합니다. 이전 접종 후 알레르기나 과민 반응이 있었다면 다음 접종을 금해야 합니다.

Q389 3일 전에 수두 접종을 하고 몸에 물집이 생겼어요. 수두 접종으로 인한 건가요? 수두 잠복기에 맞았다면 백신 접종이 더 안 좋은 영향을 주었을까요?

A 수두 잠복기나 발진이 나타나기 전 초기 감염 중에 접종을 한 경우로 보이고 효과 유무는 질환의 단계 유무에 따라 다를 수 있습니다. 하지만 수두의 예방 효과와 상관없이 수두를 앓으면 평생 면역이 생기므로 수두 접종의 효과 유무에 따른 향후 처치에는 영향을 주지 않습니다. 이러한 시기에 접종하여 접종 후 부반응 발생이 더 증가하거나 자연 감염된 수두 경과가 더 심해진다는 증거는 없습니다.

수두 접종 후에 백신에 의해 나타나는 발진의 경우는 주로 7~25일 사이에 발생하는데 이 경우에도 드물게 바이러스의 전파가 일어날 수 있습니다. 피부 병변의 수도 적고 경과도 짧다는 점을 고려하면 자연 감염에 비해 전파의 정도가 훨씬 낮다고 할 수 있습니다. 이러한 환자를 반드시 격리해야 하는지에 대해서는 아직 명확하게 밝혀진 바 없지만 가족 내에 면역 저하자가 있다면 긴밀한 접촉은 피해야 합니다.

Q390 수두가 유행할 때나 수두 환자와 접촉했을 때에는 어떻게 해야 하나요?

A 수두 유행 시 면역이 정상인 12개월 미만의 영아는 면역글로불린이나 백신 접종을 추천하지 않습니다. 단 수두 환자와 접촉을 최소화해야 합니다. 수두 환자와 접촉했다면 12개월 미만의 영유아의 경우 수두 접종을 권하지 않습니다. 그런데 12개월 이전에 수두 접종을 했다면 그 시점으로부터 한 달이 지나고 영아의 나이가 12개월 이상이 된 시기에 재접종을 해야 합니다. 수두 면역력이 없는 12개월 이상 소아의 경우 접촉 후 72시간(120 시간까지도 가능) 이내에 되도록 빨리 수두 백신을 접종해야 됩니다. 그러나 이미 노출되었을 수 있으므로 예방이 안 될 가능성도 있습니다.

Q391 대상포진 환자와 접촉한 후에도 수두 접종이나 면역글로불린이 필요한가요?

A 수두 접종이나 수두를 앓은 적이 없는 12개월 이상 소아가 대상포진 환자와 긴밀한 접촉을 한 경우(예를 들면 피부 병변의 직접 접촉, 파종성 대상포진 환자와의 접촉, 대상포진을 앓는 면역 저하자와의 접촉)에는 수두 발생을 예방하기 위하여 수두 접종을 할 수 있습니다.

Q392 독감 접종은 다 해야 하나요? 반드시 접종해야 하는 경우는 어떤 때인가요?

A 생후 6~59개월 연령의 모든 소아, 60개월 이상의 고위험군 소아, 임산부, 고위험군과 긴밀히 접촉하는 의료인이나 가족은 접종을

해야 하고 집단생활을 하는 경우, 독감이 유행하는 지역으로 여행하는 경우에 접종할 수 있습니다.

Q393 독감 백신의 종류와 접종 방법, 접종을 하지 못하는 경우에는 어떤 게 있나요?

A 독감 백신에는 불활성화 백신과 약독화 생백신이 있습니다. 불활성화 백신에는 균주가 3개(A형 2개, B형 1개) 든 3가 백신과 4개(A형 2개, B형 2개) 든 4가 백신이 있습니다. 또한 기존의 달걀을 이용하여 백신주를 배양하는 제품과 최근에 개발된 세포에서 배양주를 배양하는 제품이 있습니다. 이러한 세포 배양 방식은 달걀 사용 배양 방식의 단점인 달걀의 공급량에 따른 백신 생산량의 제한, 중증의 달걀 알레르기를 가진 경우의 접종에 도움이 됩니다.

금기 사항으로는 달걀이나 백신의 다른 성분에 저혈압, 호흡 곤란, 천명 등 아나필락시스 과민 반응을 보이거나 중등도 이상의 질환, 전에 백신 접종 후 6주 이내에 길랑-바레 증후군이 나타난 경우입니다.

생백신의 경우도 3가와 4가가 있으나 국내에서는 3가만 접종 중입니다. 불활성화 사백신의 금기 사항을 포함하고 2세 미만의 소아, 50세 이상의 성인, 재발하는 천명을 가진 2~4세의 소아, 천식 환자, 아스피린 복용자, 면역 저하자와 심한 면역 저하자와 접촉하는 자, 임산부, 기타 독감 합병증의 위험이 높은 고위험군이나 만성 질환자(심혈관계, 폐, 신장, 간, 신경 근육, 혈액, 대사)들은 접종하지 않아야 합니다.

Q394 독감 접종은 언제부터 효과가 있나요? 시기를 놓쳤다면 늦게라도 해야 하나요?

A 접종 후 예방 효과는 일반적으로 2주 후부터 나타나고 면역력은 접종한 다음 해에 감소합니다. 유행주 항원성의 변화를 맞추기 위해 대부분의 경우 해마다 백신에 포함된 백신 항원이 적어도 한 가지 이상 바뀌기 때문에 독감 백신을 매년 접종하도록 권장합니다.

독감이 같은 유행기 동안에도 2회 이상 최고치를 보이거나 백신에 포함된 다른 항원형이 연속적으로 유행할 수 있고, 유행 기간도 시기마다 변할 수 있기 때문에 이미 독감이 시작된 경우라도 유행 동안 내내 백신을 접종하도록 권장합니다.

Q395 폐렴사슬알균 백신의 종류에는 어떤 게 있고, 꼭 접종해야 하는 경우는 어떤 경우인가요?

A 2세 이상의 소아 및 성인에게 이전부터 사용된 23가 다당 백신과 24개월 미만의 영유아에게도 접종할 수 있는 10개의 혈청형, 13개의 혈청형으로 각각 만들어진 단백 결합 백신 등 3가지가 있습니다. 10가와 13가 백신은 교차 접종을 권유하지 않습니다. 단백 결합 백신은 보통 59개월까지 접종하나 만성 심장 질환, 만성 폐질환, 뇌 척수액 누출, 당뇨병, 인공 와우 이식 상태, 해부학적 또는 기능적 무비증, 만성신부전과 신증후군, HIV 감염, 면역 억제제나 방사선 치료를 하는 질환, 고형 장기 이식 및 선천성 면역 결핍 질환 등은 5세 이후에도 접종합니다. 이때는 13가 단백 결합 백신만 적응이 됩니다.

23가 다당 백신은 침습 폐렴사슬알균 질환의 위험이 높은 상태의 2

세 이상의 소아에게 추천되며 마지막 단백 결합 백신 접종 후 최소 8
주가 경과한 후 다당 백신을 접종합니다. 다당 백신이 필요한 경우는
기능적 또는 해부학적 무비증, 선천성 면역 결핍, 만성신부전과 신증
후군, HIV 감염, 면역 억제제나 방사선 치료를 하는 질환으로 첫 번째
다당 백신 접종으로부터 5년이 경과한 후 1회에 한해 재접종합니다.

Q396 폐렴사슬알균 단백 결합 백신의 중이염과 부비동염에 대한
효과는 어떤가요?

A 중이염의 많은 원인 중 폐렴사슬알균이 차지하는 비율은 약
30~40% 정도이며, 중이염의 20~30%에서는 중이액 배양에서 세균
이 발견되지 않습니다. 백신에 포함된 혈청형 폐렴사슬알균에 의한
중이염에 대한 예방 효과는 60% 정도이고, 일부 교차 반응형에 대한
예방 효과는 있으나 백신에 포함되지 않은 혈청형에 대한 예방 효과
는 없습니다. 단백 결합 백신 접종자에서 백신형 폐렴사슬알균이 감
소하면서 비백신형과 폐렴사슬알균 이외의 균에 의한 중이염이 다소
증가하는 '대치 현상'이 관찰됩니다. 미국의 한 연구에서는 접종군에
서 비접종군에 비해 중이염이 7% 감소한 보고도 있습니다. 부비동염
에 대한 예방 효과도 비슷하리라 예측합니다.

또한 일부 연구에서 영아기에 단백 결합 백신의 접종이 재발성 중
이염의 예방 효과가 어느 정도 있으나, 재발성 중이염이 발생한 경우
에는 도움이 되지 않는다는 결과도 있습니다. 영유아기에 단백 결합
백신을 사용한 이후 수막염을 포함한 폐렴사슬알균에 인한 침습 감
염의 빈도는 현격한 감소를 보입니다.

Q397 현재 접종하는 b형 헤모필루스 인플루엔자(이하 Hib 백신)는 중이염 예방에 효과가 있나요? 보통 59개월까지 접종하던데 5세가 넘었는데 접종해도 되나요?

A 소아 중이염에서 원인이 되는 헤모필루스 인플루엔자는 대부분 비피막형입니다. b형은 10% 이하이므로 대부분의 중이염에는 예방 효과가 없습니다. 정상 소아는 5세 이상에서 접종을 권장하지 않으나 면역글로불린 결핍증, 기능적 또는 해부학적 무비증, 골수 이식, 장기 이식, Hodgkin병 등으로 면역 억제 요법을 받는 사람, 인면역 결핍 바이러스 감염, 초기 요소 보체 결핍증 등은 예방 접종을 권유합니다.

Q398 Hib 백신은 여러 종류라던데 어떻게 다른가요? 교차 접종을 해도 되나요?

A 피막 다당인 PRP가 감염의 발병 기전에 중요해 이것과 결합하는 운반 단백의 종류에 따라 백신이 개발되었습니다. 허가된 모든 Hib 결합 백신은 교차 접종이 가능하고 기초 접종이 2회와 3회인 백신을 교차 접종할 때는 기초 접종에서는 3회 접종하는 백신이 2, 4개월 접종 중 1회라도 접종한 경우는 6개월 접종이 필요하고 추가 접종 시는 기초에 사용된 백신과 상관없이 어떤 종류의 백신도 접종이 가능합니다.

Q399 로타바이러스 백신은 두 종류인데 어떻게 다른가요?

A 소아 바이러스 위장관염의 가장 흔한 원인 중 하나인 로타바이러스 위장관염을 예방하기 위한 백신입니다. 경구용 약독화 생백신

으로 두 종류가 개발되어 있는데, 소와 사람에게서 분리한 로타바이
러스의 유전자를 재편성하여 약독화한 제품과 사람에게서 분리한 바
이러스를 약독화한 제품이 있습니다. 전자는 총3회 투여하고 후자는
총2회 투여합니다. 1차 접종은 생후 6주부터 투여할 수 있고 생후 15
주 이후로는 접종을 시작하지 않으며 8개월까지 접종을 완료해야 합
니다.

Q400 A형간염은 어떤 경우 접종하며 임신부가 접종해도 되나요?
접종 전, 후에 항체 검사가 필요한가요?

A 2015년 5월부터 국가 예방 접종에 포함되었으며 12~23개월
소아, A형간염에 면역력이 없는 24개월 이상의 소아나 청소년, 성인
중에서는 A형간염 풍토 지역(북유럽, 서유럽, 호주, 뉴질랜드, 미국, 캐나다,
일본, 싱가포르 이외의 나라)의 여행자 혹은 이주자, 혈액 응고 질환자, 만
성 간 질환자, 약물 중독자, 직업상 위험이 있는 자 등이 접종 대상입
니다. 임신부에 대한 안정성은 아직 확립되지 않았으나 불활성화 백신
이므로 이론적으로는 태아에 대한 위험은 낮을 것으로 생각됩니다. A
형간염의 발생 가능성이 높은 임신부는 간염으로 인한 위험도와 백신
으로 인한 위험도를 서로 고려하여 접종 여부를 판단해야 할 것입니
다. 접종 전에 30세 미만에서는 항체 검사 없이 접종하고 30세 이상에
서는 항체 검사를 해 없는 경우에만 접종을 권유합니다. 접종 후 항체
검사는 현재 사용하는 백신들의 항체 양전율이 거의 100%이므로 불
필요합니다.

Q401 A형간염 1차 접종 후 2차 접종이 6개월부터인데 빨리 맞으면 안 되나요? 반대로 2차 접종을 수년 후 한다면 1차부터 다시 하나요? 두 번의 접종 후 추가로 접종을 안 해도 평생 면역력이 유지되나요?

A 만약 2차 접종을 6개월 이내에 한다면 확실한 면역을 얻지 못할 수 있으므로 간격을 지켜야 하며 1차 접종 후 3개월에 2차를 접종했다면 그 시점부터 최소 6개월 후에 다시 접종해야 합니다. 2차가 늦어진 경우에는 1차부터 다시 접종하지 않고 가능한 한 빨리 2차 접종을 하면 됩니다. 권장 간격으로 맞은 경우와 비교했을 때 항체량에는 차이가 없습니다.

백신에 대한 장기간 효과에 관한 연구가 없기 때문에 2회 접종 후 추가 접종에 대한 필요성은 결정된 바 없습니다. 성인에서는 적어도 10년간, 소아에서는 5~6년간 항체가 측정되며 방어 수준의 항체가가 성인은 25년 이상, 소아는 14~20년간 유지되는 것으로 예측합니다.

Q402 국내에서 현재 사용하는 장티푸스 백신에는 어떤 게 있나요?

A 장티푸스 백신에는 주사용 Vi다당 백신과 경구용 약독화 생백신이 있으나, 현재 국내에서는 주사용 Vi다당 백신만 사용합니다. 2세 이상에서 사용하며 감염의 위험에 지속적으로 노출된 경우는 2년 간격으로 추가 접종이 가능합니다.

Q403 수막구균 백신에는 어떤 것이 있으며 접종 대상은 어떤 경우인가요?

A 주로 4가지(A. C. Y 및 W~135) 혈청군의 피막 다당으로 구성

된 4가 다당 백신과 이들 혈청군의 단백 결합 백신이 있습니다. 현재 국내에서는 단백 결합 백신 두 가지를 사용합니다. 수막구균 질환 발생의 고위험군(지속적인 보체결핍질환, 해부학적 또는 기능적 무비증이 있는 경우, 수막구균에 노출되는 검사실 직원, 군대 신병, 수막구균 발생 빈도가 높은 지역으로 여행 혹은 거주자)과 백신에 포함된 수막구균이 집단적으로 발생 시에 접종하는 것이 좋습니다. 그 외에 기숙사 생활을 하는 중학교, 고등학교 및 대학교의 신입생, 유학 가는 국가에서 요구하는 경우에도 접종할 것을 권유합니다.

Q404 인유두종바이러스 백신은 어떤 것이며 국내에서 사용되는 백신의 종류에는 어떤 게 있나요?

A 🙂 모든 자궁경부암이 인유두종바이러스HPV 감염에 의한 것이기는 하나 감염되었다고 모두 암으로 발전하는 것은 아닙니다. HPV 감염은 흔하며 대부분 치료하지 않더라도 2년 이내에 90% 이상 특별한 증상 없이 자연 소실됩니다. 그러나 HPV 감염이 지속되는 경우 전암 병변을 거쳐 자궁경부암으로 진행하는데, 대체로 10년 이상의 시간이 걸린다고 알려져 있습니다. 190가지 이상의 HPV형 중 약 40가지가 생식기 감염을 일으키며 자궁경부암과의 역학적 관련성에 따라 저위험형과 고위험형으로 분류됩니다.

저위험형은 양성 세포 이상, 생식기 사마귀 및 재발성 호흡기 인유두종증을 일으키고, 고위험형은 자궁경부암 전구 세포 이상, 자궁경부암 및 항문 생식기암을 일으킵니다. 그중 전 세계적으로 자궁경부암의 70%가 16과 18형에 의해 발생합니다. 국내의 백신은 4가 백신(HPV 6.

11. 16. 18형)과 2가 백신(16. 18형)이 있습니다. 4가 백신의 경우 9~26세의 남성에서 HPV에 의한 항문암, 생식기 사마귀 및 항문 상피내 종양 1, 2, 3기 예방을 위해 허가되어 이와 같은 질병의 예방을 위해 접종할 수 있습니다.

Q405 우리나라의 공수병 유행 지역은 어딘가요? 개나 고양이에게 물린 경우 어떻게 대처해야 하나요?

A 주로 비무장지대와 맞닿은 파주, 연천, 철원 지역에서 발생된다고 보고되고 있습니다. 이 지역 거주자(특히 소아) 및 군인 그리고 유행 지역 여행자들(30일 이상 체류자)에게 접종을 적극 권장하는데, 보건소에서 접종이 가능합니다. 개나 고양이에게 물린 경우 물린 즉시 비눗물로 세척하고 의료 기관을 방문하여 물린 상처를 철저히 세척하고 상처 부위를 소독하는 과정이 가장 중요합니다. 이것만으로도 공수병 감염의 위험성을 상당 부분 낮출 수 있습니다. 그 지역 동물에서 감염의 위험성이 높지 않은 경우는 동물을 구금하여 광견병이 발생하는지 10일간 관찰해야 합니다. 격리 관찰 중 동물이 죽거나 광견병 증세가 보이는 경우 발병 예방을 위해 즉시 인면역글로불린과 백신을 맞아야 합니다. 그러나 감염의 위험이 높거나 야생 동물인 경우 붙잡아 즉시 도살한 후 관할 가축 위생시험소에서 광견병 감염 여부를 확인해야 합니다. 확인 결과 감염되었다면 물린 지 48시간 이내에 인면역글로불린과 백신을 투여해야 합니다. 야생 동물에게 물렸는데 관찰할 수 없거나, 검사할 수 없는 경우는 즉시 예방 처치를 받아야 합니다.

EBS
육아학교

6부
—
소아 질병

EBS 육아학교
아이를 키우는 부모의 가장 큰 바람은 '건강하게만 자라 다오.'일 겁니다. 아이가 아프면 엄마, 아빠는 애가 탑니다. 근처 병원으로 가야 할지, 응급실로 가야 할지, 집에서 지켜보면 될지 갈팡질팡합니다. 특히 첫아이인 경우 엄마, 아빠는 경험이 없기 때문에 당황하고, 조금만 아이가 아파도 불안해합니다.

아이가 아플 때 맨 먼저 확인해야 할 것은 아이의 전신 상태입니다. 평소와 비슷하게 잘 놀고 주변에 관심을 보이면 심한 상태는 아닙니다. 아이가 끙끙 앓는 소리는 내거나, 주변에 대한 관심이 현저히 줄어들거나, 자꾸 잠만 자려고 하거나, 식욕이 너무 없고, 소변량이 줄고, 처지는 경우에는 즉시 병원을 방문하는 것이 좋습니다.

월별로 주의해야 할 소아기 질병

월	질병
1월	독감(인플루엔자), 세기관지염, 기관지염, 폐렴, 바이러스성 장염
2월	독감(인플루엔자), 세기관지염, 기관지염, 폐렴
3월	비인두염, 독감(인플루엔자), 알레르기 비염, 천식, 후두염(크루프), 기관지염, 폐렴
4월	비인두염, 결막염, 알레르기 비염, 비인두염, 천식, 기관지염, 후두염(크루프)
5월	알레르기 비염, 천식, 후두염(크루프), 기관지염, 폐렴
6월	알레르기 비염, 천식, 기관지염, 폐렴, 수족구병, 바이러스성 뇌수막염
7월	장염, 농가진, 수족구병, 바이러스성 뇌수막염
8월	결막염, 장염, 농가진, 수족구병, 바이러스성 뇌수막염
9월	편도선염, 코피, 알레르기 비염, 천식, 후두염(크루프), 기관지염, 폐렴
10월	편도선염, 코피, 알레르기 비염, 천식, 후두염(크루프), 크루프기관지염, 폐렴
11월	세기관지염, 기관지염, 폐렴, 바이러스성 장염
12월	독감(인플루엔자), 세기관지염, 기관지염, 폐렴, 바이러스성 장염

1장

발열

우리 아이, 열이 안 떨어져요

발열은 직장의 체온을 측정했을 때를 기준으로 38℃ 이상인 경우를 말하고, 고열은 40℃ 이상인 경우를 말합니다. 정상 체온의 범위는 직장 체온을 기준으로는 36.6~37.9℃를 말하며, 이른 저녁에 가장 높고, 아침에 가장 낮습니다. 하루 중에도 변동이 있을 수 있으므로 정상 범위 내에서의 변화는 건강에 아무런 문제가 없습니다.

감기 및 위장관염(장염) 같은 바이러스 감염이 있는 경우나 중이염, 인후염, 편도선염, 부비동염 등과 같이 합병증을 동반하지 않는 세균 감염이 가장 흔한 발열과 고열의 원인입니다. 열이 나는 양상은 원인을 판별하는 데 도움이 되므로 아이가 열이 날 때는 몇 도까지 오르고, 해열제 반응은 어떤지, 간격은 어느 정도인지 잘 살펴봐야 합니다.

바이러스 감염으로 인한 발열은 일주일에 걸쳐 서서히 내려가는 데 반해, 세균 감염으로 인한 발열은 효과적인 항생제 치료를 시작하면 신속하게 떨어집니다. 물론 조직 손상이 심한 경우는 항생제로 세균이 급속도로 전멸하더라도 발열, 염증 반응이 며칠 더 지속될 수 있습니다. 열이 정상으로 돌아오면서 오르락내리락하는 경우가 있고, 정상 체온으로 내려오지 않고 계속 올라가 있을 때도 있습니다.

Q406 우리 아이는 평소에도 늘 37도가 넘는 거 같은데, 37도 이상이 지속되면 열이 나는 게 아닌가요? 몇 ℃부터 발열인가요?

A 정상 체온의 범위를 벗어나는 직장 체온 38℃부터를 발열이라고 합니다. 하지만 직장 체온계를 쓰기가 불편하기 때문에 주로 집에서는 고막이나 겨드랑이 체온을 재는데 이때에도 38℃ 이상을 발열로 판단할 수 있습니다.

Q407 겨드랑이 체온계와 고막 체온계 중에 어느 것이 더 정확하고 사용하기 쉬울까요?

A 어떤 것을 사용해도 괜찮습니다. 고막체온계가 중심 체온과 더 가깝긴 하지만, 신생아나 영아의 경우는 외이도에 고막체온계를 적절히 위치시키기 어려울 수 있습니다. 이럴 때는 겨드랑이 체온계가

시중에 유통되는 해열제 분류

아세트아미노펜 계통 (성분명 acetaminophen)		이부프로펜 계통 (성분명 ibuprofen)		덱시부프로펜 계통 (성분명 dexibuprofen)	
챔프 시럽, 세토펜 현탁액, 타노펜 현탁액 등		부루펜 시럽, 이부서스펜 시럽, 바비펜 시럽, 어린이 파렌 시럽, 캐롤 시럽 등		맥시부펜 시럽, 맥스프로 시럽, 덱시탑 시럽, 애니펜 시럽, 코키즈펜 시럽, 애스펜 시럽, 코코페디 시럽 등	
3~4.5mL (몸무게 10kg당)		2.5~5mL (몸무게 10kg당)		4~5.5mL (몸무게 10kg당)	
5kg	1.5~2.3mL	5kg	1.3~2.5mL	5kg	2~2.5mL
10kg	3~4.5mL	10kg	2.5~5mL	10kg	4~5.5mL
20kg	6~9mL	20kg	5~10mL	20kg	8~11mL
30kg	9~12mL	30kg	7.5~15mL	30kg	12~22mL

더 정확할 수 있습니다. 하지만 겨드랑이 체온계 또한 아이가 움직이면서 제 위치에 있지 않을 경우에는 정확하지 않을 수 있습니다. 신속하고 간편하게 잴 수 있다는 점에서는 고막 체온계가 더 나을 수 있습니다.

Q408 해열제의 종류와 용법, 작용 기전, 부작용을 알려 주세요.

A 해열제는 대표적으로 아세트아미노펜(10~15mg/kg/회, 4~6시간마다)과 이부프로펜(5~10mg/kg/회, 6~8시간마다)이 있습니다. 덱시부프로펜 계통 약물도 있는데 이는 이부프로펜과 성분이 거의 동일합니다. 덱시부프로펜 기준으로 5~7mg/kg/회, 8시간마다 사용합니다.

　해열제는 염증 반응에 관여하는 프로스타글란딘이라는 물질의 생산을 감소시켜 그 효과를 나타냅니다. 적절히 용법대로만 사용한다면 매우 안전한 약입니다. 하지만 약물이므로 부작용이 있을 수 있습니다. 아세트아미노펜은 다량 투여 시 간 손상이 올 수 있고, 이부프로펜과 덱시부프로펜의 경우 위장관 질환과 신장 장애를 일으킬 수 있습니다. 아스피린은 소아 및 청소년에서 라이증후군과 연관성이 있어 사용하지 않습니다.

Q409 약국에서 사 온 해열제 약병에 연령별로 복용량이 적혀 있는데 저번에 소아과 의사가 먹이라는 용량과 달라요. 어떤 게 맞나요?

A 몸무게에 맞춰서 먹이는 것이 정확합니다. 연령별 투여량보다는 몸무게별 투여량이 용법에 맞습니다. 약병의 연령별 권장 용량의 경우 몸무게를 정확히 알지 못할 경우에 어림하여 투여하는 방법입니다.

유통되는 아세트아미노펜 시럽 제제의 경우 1mL에 32mg이 들어 있으므로, 몸무게(10kg)당 3~4.5mL(정확하게는 3.125~4.68mL)가 1회 용량입니다. 하루에 5회까지 먹일 수 있습니다. 성인 기준 일일 최대 투여량은 4000mg입니다. 이부프로펜 시럽 제제의 경우 1mL에 20mg이 들어 있으므로, 몸무게(10kg)당 2.5~5mL가 1회 용량입니다. 하루에 3~4회 이상은 먹이지 않습니다. 성인 기준 일일 최대 투여량은 3200mg입니다. 덱시부프로펜 시럽 제제의 경우 1mL에 12mg이 들어 있으므로, 몸무게(10kg)당 4~5.5mL(정확하게는 4.16~5.83mL)가 1회 용량이고, 하루에 4회를 넘지 말라고 권고합니다. 쉽게 1회 용량을 10kg당 4~4.5mL로 기억하면 좋습니다. 이 범위는 세 가지 계통의 해열제 모두의 1회 용량 안에 해당되어 편리합니다.

Q410 몇 개월부터 해열제를 먹여도 되나요?

A 아세트아미노펜 제제의 경우는 특별히 연령 제한이 없습니다. 하지만 신생아나 2개월 미만 영아일 경우 열이 나는 원인을 파악할 때까지 해열제를 먹이지 않는 것이 좋습니다. 접종 후 발열 등 열이 나는 원인을 알고, 아이의 상태가 나쁘지 않을 경우 먹여도 되지만, 원인을 모를 경우에는 먹이면 안 됩니다. 이부프로펜이나 덱시부프로펜의 경우 6개월 이상의 어린이에게만 투여 가능하니 주의해야 합니다.

Q411 해열제를 먹여도 열이 안 떨어져요. 몇 시간 뒤에 다시 먹여야 하나요?

A 해열제는 아세트아미노펜 계열의 경우 4~6시간, 이부프로펜, 덱시부프로펜의 계열의 경우 6~8시간 해열 효과가 지속됩니다. 열이 떨어지지 않을 경우에는 다른 성분의 해열제로 바꿔서 먹여도 됩니다. 동일 성분의 해열제를 다시 먹일 경우에는 지속 시간을 감안해 아세트아미노펜 계열의 경우 하루 5회, 이부프로펜이나 덱시부프로펜의 경우는 하루 최대 4회까지는 먹여도 됩니다.

Q412 열이 나면 무조건 병원에 가야 하나요?

A 그렇지는 않습니다. 하지만 열이 나는 원인을 파악하는 것이 중요하므로 발열의 원인이 뚜렷하지 않을 때는 병원을 방문하여 진료를 받아야 합니다. 이 또한 아이에게 발열 외의 다른 증상이 없고, 전신 상태가 나쁘지 않을 경우 응급한 것은 아닙니다. 접종 후 발열이나 콧물, 기침, 인후통 같은 비인두염 증세가 있을 때는 발열의 원인을 예

측할 수 있고, 컨디션이 양호할 경우가 많으므로 집에서 경과를 지켜 봐도 됩니다. 소아에서 발열은 감염성 질환으로 인한 경우가 대부분 이지만, 드물게 류머티즘 질환, 자가염증성 질환, 종양이 원인일 수 있 으므로 열이 나는 원인이 뚜렷하지 않을 때는 진찰 및 검사를 받아 봐야 합니다.

Q413 열이 날 때 응급실을 꼭 가야 하는 경우를 알려 주세요. 아이 가 밤에 열이 안 떨어지면 너무 고민이 돼요.

A 아이가 아플 때 다음과 같은 경우에는 즉시 응급실에 가야 하니 평소 잘 살펴보고 응급 상황에 대처하기 바랍니다.

- 아이가 생후 2개월 미만이고 중심 체온이 37.8℃가 넘는 경우, 생후 3개월부터는 40℃ 이상의 열이 안 떨어질 때
- 아이의 몸이 뻣뻣해지고 눈동자가 돌아가거나, 팔다리를 흔드는 경 련을 일으킬 때
- 아무리 달래도 계속 울고, 그냥 만지기만 해도 아픈 것처럼 자지러지 게 울고, 반응이 없거나 몸이 처져서 흐느적거릴 때
- 온몸에 자주색 반점이 생길 때
- 콧구멍을 깨끗이 해 주어도 숨 쉬기를 힘들어할 때
- 아기의 목이 뻣뻣하고, 고개가 잘 숙어지지 않을 때
- 더운 날 직사광선 아래에 있거나 문이 닫힌 차 안에서 외부 열에 노 출된 후 열이 나기 시작할 때는 열사병 가능성이 있으므로 즉시
- 옷을 많이 입혔거나 담요를 둘둘 말고 있어서 적당히 열이 있던 아 이가 갑자기 체온이 오를 때

- 아기가 열이 나면 즉시 병원으로 오라고 의사가 지시했을 때
- 아이에게 뭔가 크게 문제가 있다는 생각이 들지만, 무슨 문제일지 잘 모르겠을 때

Q414 아이가 열이 나서 해열제를 먹였는데, 남편이 모르고 1시간 후에 다시 먹였대요. 괜찮을까요?

A 그 정도로는 별다른 문제가 생기지 않습니다. 체온을 다시 재고 컨디션을 잘 살펴봅니다. 단, 다음번에는 6~8시간 간격을 두고 먹이는 것이 좋습니다.

Q415 아이가 열도 없었는데, 집에 있던 해열제 한 통을 다 먹어 버렸어요. 어떻게 해야 하나요?

A 우선 체온 저하가 없는지 살피고, 병원에 방문하는 것이 좋습니다. 시럽 해열제 한 병에는 보통 50mL 정도의 해열제가 들어 있습니다. 이를 정확히 환산하면 아세트아미노펜 제제의 경우 1600mg입니다. 10kg 아이라고 한다면, 한 번에 100~150mg을 먹어야 하니 10~16배 이상 많이 먹은 셈입니다. 오심, 구토가 있을 수 있고, 아세트아미노펜의 가장 흔한 부작용인 간 손상의 경우는 성인 기준 4000mg을 초과할 경우 발생하는 것으로 알려져 있습니다. 한 통을 다 먹었다고 반드시 간 손상이 생기는 것은 아니지만, 그래도 가능성이 있으므로 병원에 가서 다른 부작용이 없는지 진찰해 보고, 필요하면 혈중 약물 농도 측정 및 간 기능 검사를 받아야 합니다.

이부프로펜, 덱시부프로펜의 경우 가장 흔한 부작용은 위장관 출혈 같은 위장 장애입니다. 복통이 있거나, 피를 토하거나, 검은 변을 보는 등 문제가 없는지 살펴보고, 먹은 치 시간이 얼마 지나지 않았을 경우 위세척이 가능할 수도 있으니 과다 복용을 발견한 즉시 병원을 방문하시길 바랍니다.

Q416 신생아가 열이 나면 반드시 입원해야 하나요?

A 신생아의 발열은 다른 연령대의 발열과 원인이 다를 경우가 많습니다. 특히 생후 3일 이내, 1주일 이내, 한 달 이내에 호발하는 질환이 다릅니다. 신생아 시기에는 다른 연령대에 비해 패혈증이나 뇌수막염 같은 심각한 원인에 의한 발열이 현저히 높고, 면역력이 낮은 시기입니다. 패혈증 같은 질환은 혈액 배양 검사를 통해, 요로감염의 경우 소변 배양 검사를 통해 확진을 합니다. 배양 검사는 균이 자라는지 그렇지 않은지 확인하는 데 48시간~1주일까지 시간이 소요되므로, 대부분 입원해서 배양 검사 결과 문제가 없다는 것이 확인될 때까지 주사 항생제를 유지하는 것이 안전합니다. 신생아 발열의 경우 진료를 보고, 입원 치료 및 원인 검사를 적극적으로 하는 것이 좋습니다.

Q417 40℃가 넘으면 바로 응급실로 가야 하나요?

A 그렇지는 않습니다. 전신 상태가 가장 중요합니다. 아이가 발열이 있어도 먹는 게 평소와 비슷하고, 잘 놀면 해열제를 먹이고, 컨디션이 괜찮은지 관찰해도 됩니다. 하지만 열성 경련을 한 적이 있거나, 미열이어도 아이가 처지고, 입맛이 없고, 자꾸 자려고 하는 증상이 있

을 경우에는 빨리 진료를 받는 것이 좋습니다.

단, 신생아나 2~3개월 이하 영아의 경우는 예외입니다. 3개월 미만의 아이들은 해열제를 함부로 먹이지 말고, 38.5℃ 이상의 발열이 있을 경우 바로 응급실로 가는 것이 좋습니다.

Q418 해열제를 먹여도 열이 안 떨어져요. 물수건을 해 주는 것이 도움이 될까요?

A 해열제 외에 미온수 마사지도 해열제 투여보다는 약하지만 해열 효과가 있습니다. 미온수를 사용하여 몸을 적셔 주면, 수분이 증발하면서 피부 표면의 열을 앗아 가기 때문입니다. 단, 알코올을 사용하거나 찬물에 아이를 담그는 것은 좋지 않습니다.

Q419 열이 40℃가 넘으면 뇌에 영향을 주는 게 아닐까요? 고열이 지속되면 나중에 머리가 나빠진다고 하던데요?

A 열성 간질 지속증이나 열사병을 제외하고 고열이 뇌손상을 초래한다는 보고는 없습니다. 따라서 이는 사실이 아닙니다. 건강한 소아에서 직장 체온 기준으로 39℃ 미만의 발열은 별다른 문제를 일으키지 않으므로 지켜봐도 됩니다. 하지만 열이 더 높아지면 불편함을 느끼므로 해열제를 투여하는 것이 좋습니다.

특히 41℃가 넘는 경우에는 시상하부 질환, 중추 신경계 출혈과 관련이 있으므로 해열제를 반드시 투여해야 합니다. 참고로 임신 기간 동안의 심한 발열은 기형 발생 위험이 있으므로 해열제를 복용하는 것이 좋습니다.

Q420 해열제를 먹여도 열이 안 떨어지는데 수액 치료를 받으면 열이 잡히는 거 같아요. 그런데 수액에 해열제가 들어 있는 것은 아니라며 열이 나는 것과는 관계가 없다고 하네요. 열이 많이 날 때 수액 치료가 도움이 되나요?

A 높은 체온은 염증 반응을 증가시키고 대사를 증가시킵니다. 산소 소모량도 많아지고, 이산화 탄소 발생량도 증가하며 심박동, 심박출량을 증가시키므로 심장 질환이나 만성 폐질환이 있거나 당뇨병, 대사 이상 환자에서는 발열로 인한 대사 증가가 문제가 됩니다. 또한 6개월~5세 소아에게서는 열성 경련을 유발할 수 있고 간질 환자에서도 경련을 유발할 수 있습니다. 발열로 증가된 대사로 수분 요구량이 늘어나는데, 이를 보충하는 것이 탈수 방지에 도움이 됩니다. 하지만 직접적인 해열 효과가 있는 것은 아니므로, 열이 날 때 단순히 해열 효과를 위해서 수액 치료를 시행하지는 않습니다.

Q421 해열제만 먹이면 아이가 자꾸 토합니다. 약국에서 좌약 해열제를 팔던데 이걸 쓰면 먹는 해열제보다 효과가 떨어지나요?

A 먹는 해열제에 비해 흡수율을 예측하기가 힘들기 때문에, 일차적으로는 경구용 해열제를 추천합니다. 하지만 계속된 구토로 해열제를 먹이기 힘들 경우에는 하루 두세 번까지는 사용해도 됩니다. 보통 좌약 한 개에 아세트아미노펜 125mg이 들어 있는데, 이때에는 몸

무게 10kg 기준으로 1개를 사용하면 되고 한 번에 2개 이상은 사용하지 않는 것이 좋습니다.

Q422 아이가 열이 날 때 춥다고 하면 따뜻하게 해 주어야 하나요? 옷을 입혀야 할지 벗겨야 할지 너무 고민이 됩니다.

A 오한은 감염 등이 있을 때 우리 몸이 생리적 반사 반응으로 근육을 수축시켜 체온을 올리려고 하는 작용입니다. 오한이 있으면 피부에 소름이 돋는 듯한 느낌이 생기고, 말초 혈관이 수축하면서 팔다리의 체온 저하를 일으킵니다. 발열이 있으면서 오한이 너무 심할 경우에는 얇은 이불을 덮어 주어도 됩니다. 하지만 두꺼운 이불로 싸 주는 것은 좋지 않습니다. 땀을 빼야 열이 떨어진다며 꽁꽁 싸 두는 경우가 있는데, 이는 위험할 수 있습니다.

덥게 입히면 체온이 더 오를 수 있어 오히려 오한이 심해질 수 있습니다. 최대한 시원하게 해 주고, 오한이 너무 심할 경우에는 얇은 이불을 덮어 준 뒤 해열제를 사용하여 열을 떨어뜨려 주는 것이 좋습니다.

Q423 아이가 열이 나는데 빈속에 해열제를 먹여도 되나요? 위장 관계 부작용이 많다고 해서 불안해요. 공복에 먹이는 것이 나은가요, 식후에 먹이는 것이 나은가요?

A 정확한 지침은 없지만 아세트아미노펜 계열의 해열제는 식전에 먹는 것에 문제가 없고, 비스테로이드소염제 계통(이부프로펜, 덱시부프로펜)의 경우는 위궤양, 위장관 출혈 등의 위장 관계 부작용이 있을 수 있으므로 식후에 먹는 것이 나을 거 같습니다만 공복에 먹일 수 없

는 약은 아닙니다. 발열이 있으면 식사와 관계없이 먹여도 됩니다.

Q424 아이가 해열제를 먹자마자 기침하다 토해 버렸어요. 이럴 때 다시 먹여야 하는지요?

A 해열제를 복용하고 5분 이내에 토했을 경우는 다시 먹이는 것이 좋을 것 같습니다. 하지만 5분 이상 지난 후 토했다면 다시 먹이지 말고 체온을 재 보는 것이 좋습니다.

약을 먹이면 자꾸 토하는 아이에게 약을 먹일 때에는 한꺼번에 많은 양을 입안에 넣어 주지 말고, 소량씩 나누어 먹이는 게 좋습니다. 해열제는 물에 타거나 좋아하는 주스 같은 것에 타 주어도 무방합니다. 단 우유나 이유식 같은 주식에는 타면 안 됩니다. 약의 쓴맛이나 향 때문에 우유와 이유식을 거부하면 더 큰 문제이기 때문입니다.

Q425 남은 해열제는 냉장고에 보관해 두는 것이 좋을까요?

A 해열제도 일반적인 다른 약들과 마찬가지로 건조하고 그늘진 상온에 보관하는 것이 좋습니다. 해열제의 경우 냉장 보관은 권장하지 않는데, 침전이 생길 수 있기 때문입니다. 뚜껑을 잘 닫아 직사광선이 없는 시원한 곳에 보관하고, 충분히 섞이도록 흔들어서 정량을 덜어서 먹이는 것이 좋습니다. 약병에 침이 닿았을 경우는 바로 폐기하고, 개봉한 시럽제는 1~2주 이내에 폐기하는 것이 안전합니다.

호흡기 질환

감기가 안 떨어져요

호흡기 질환은 소아청소년과를 방문하는 원인 중에서 약 80%를 차지할 만큼 흔한 질환입니다. 호흡기는 우리 신체 중에서 위장관과 함께 외부 환경과 접촉하는 아주 중요한 기관 중 하나입니다. 외부 환경과 접촉하는 부분은 점막과 호흡기 상피, 면역계로 이루어져 있는데 이들이 우리 몸의 중요한 방어 기능을 담당합니다. 대기 오염 물질이나 담배 연기에 노출되면 당연히 이 방어 기능이 약해집니다.

호흡기 질환은 크게 선천성, 감염성으로 나눌 수 있습니다. 감염성 질환은 다시 해부학적 부위에 따라 상기도, 하기도 감염으로 나뉘는데, 감기, 인두염, 편도선염, 중이염, 부비동염, 경부림프절염 등이 상기도 감염 질환에 속하고, 후두염, 기관지염, 세기관지염, 폐렴 등이 하기도 질환에 속합니다.

1. 감기

감기란 비인두염을 뜻합니다. 감기는 호흡기 바이러스에 의해 유발됩니다. 대부분 저절로 호전되나 폐렴, 중이염, 부비동염 같은 합병증이 생기기도 합니다. 고열이 심하거나, 기침, 가래가 점점 진행하거나, 귀가 아프거나(나이가 어린 경우 귀를 자꾸 만지면서 운다든가), 편도선염이 심해져서 침, 음식물을 삼킬 때 통증이 너무 심할 경우에는 적절한 치료가 필요합니다. 또한 감기에 동반되거나 감별하기 쉽지 않은 질환으로 알레르기 비염이 있을 수 있습니다. 감기와 유사하게 콧물, 코막힘, 재채기 등이 있을 수 있으나 주로 맑은 콧물과 코 주변, 눈 주변에 가려움을 동반하며, 먼지가 많은 곳이나 야외 활동 등의 특정한 환경에서 증상이 갑자기 심해지는 경우는 알레르기 비염을 생각해 보아야 합니다.

Q426 아이가 콧물 나고 기침을 하기 시작했어요. 감기일까요?

A 콧물과 기침은 감기, 즉 비인두염으로 인한 경우가 제일 흔하

지만, 반드시 감기는 아닙니다. 알레르기 비염, 부비동염, 코 안 이물, 입 안 이물에 의한 것일 수도 있고, 신생아라면 선천 매독도 비슷한 증상을 일으킵니다. 감기는 대부분 1주일 이내로 호전되지만 그렇지 않고 증세가 지속되면 병원을 방문하여 원인을 찾는 것이 좋습니다.

Q427 감기는 저절로 좋아지는데 왜 병원에 가서 진료를 받아야 하는 걸까요?

A 의사가 감기 환자를 돌보는 목적은 감기의 치료가 아닙니다. 감기가 맞는지를 확인하는 것, 즉 다른 질환이 아닌지 감별하는 것이 가장 중요한 일입니다. 증상만으로는 감기인지 확실치가 않습니다. 감기 치료를 위해 진료를 받기보다, 알레르기 비염, 기관지염, 중이염, 부비동염, 폐렴, 세균성 인두염, 편도선염 같은 다른 질환이 아닌지 확인하기 위해서 감기 진료를 받는 것이 좋습니다.

Q428 아이가 기침만 하는데, 처방 약에 콧물약이 들어 있어요. 같이 먹여야 할까요?

A 목 뒤로 흘러내리는 콧물 때문에 밖으로는 콧물이 없어도 기침을 하는 경우가 있습니다. 일반적으로 콧물약이라고 하면 항히스타민제를 말하는데, 영아의 경우 항히스타민제가 기침에도 효과가 있다고 밝혀졌습니다. 전문의의 진찰 결과 처방이라면 콧물이 없다 하더라도 먹이는 것이 좋습니다.

Q429 아이가 감기에 자주 걸리는데 감기 예방법은 없을까요? 비타민 C가 감기를 줄여 주나요?

A 비타민 C의 감기 예방 효과에 대해서는 밝혀진 바가 없습니다. 따라서 비타민 C가 감기를 줄여 주지는 않습니다. 아연제의 경우 5개월 이상 복용 시 예방 효과가 입증되기는 했지만, 쓴맛이 나므로 감기 예방을 위해 아이에게 먹이기는 적합하지 않습니다. 손을 깨끗이 씻기, 사람이 많은 곳 피하기 정도가 효과적인 예방법입니다.

Q430 아기가 감기에 너무 자주 걸리는 것 같아요. 이번 달에만 벌써 두 번 걸렸는데, 이게 정상인가요?

A 아이들은 연평균 6~8회 감기에 걸립니다. 하지만 12번 이상 걸리는 경우도 10명 중 1~2명 정도 됩니다. 자주 걸린다고 해서 면역 저하, 면역 결핍을 의미하는 것은 아닙니다. 어린이집이나 유치원에 다니기 시작하는 첫해에는 50% 이상 감기에 걸리는 것으로 알려져 있습니다. 하지만 한 달에 두 번 이상 자주 감기에 걸린다면 알레르기 비염이나 부비동염도 의심해 봐야 합니다.

Q431 아이가 감기만 걸리면 자주 부비동염이 됩니다. 조기에 치료를 받으면 도움이 될까요?

A 조기 치료로 감기 증상을 조절해도 세균성 부비동염이 합병되는 것을 막을 수는 없습니다. 세균성 부비동염이 의심되는 발열, 안면통, 안면 부종의 증상이 있으면 병원을 방문하는 것이 좋습니다.

Q432 아이가 감기에 걸린 후 숨을 내쉴 때마다 쌕쌕거려요. 병원에 가야 할까요?

A  후두나 기관지 윗부분에 염증이 생기면 숨을 들이마실 때 호흡곤란이 생기고, 아래쪽 기관지나 세기관지(기관지 아래쪽의 지름이 가장 작은 기관지)에 염증이 생기면 숨을 내쉴 때 호흡곤란이 생길 수 있습니다. 쌕쌕거리는 소리는 천명음인데, 기관지가 좁아졌을 때 나는 소리입니다. 숨을 내쉴 때 쌕쌕거린다면 감기라고 할 수 없습니다. 이는 호흡곤란이 발생할 수 있다는 것을 의미하며 흉벽 함몰(갈비뼈 사이나 상복부 쪽에 숨 쉴 때마다 피부가 들락날락 하는 증상)도 발생할 수 있습니다. 감기가 심해지면서 급성 기관지염, 급성 세기관지염 혹은 천식이 동반된 증상일 수 있으니 가능한 한 빨리 진료를 받아 보는 것이 좋습니다.

Q433 아이가 감기에 걸렸는데 2주째 안 나아요. 괜찮을까요?

A 감기 증상은 일반적으로 일주일 정도 지속되지만 열 명 중 한 명 정도는 2주일까지도 지속될 수 있습니다. 콧물 색이 진해지거나 끈적거린다고 해서 세균성 부비동염, 비염은 아닙니다. 하지만 증상만으로 폐렴이나 중이염의 합병을 알 수는 없기 때문에 감기가 길어지는 경우에는 반드시 진료를 받아 보는 것이 좋습니다.

Q434 아이에게 감기 기운이 있어서 약국에서 파는 종합 감기약을 먹였는데, 괜찮을까요?

A 😊 종합 감기약은 대부분 감기 증상을 조절해 주는 약물 즉 가래 용해제(진해제), 점막 충혈 억제제, 항히스타민제(콧물, 코막힘 증상을 조절해 주는 약물) 등이 섞여 있습니다. 성인들의 경우 꽤 효과가 있지만 아이들에게는 아직 효과가 입증되지 않았습니다. 잠재적 부작용을 우려해 미국 FDA에서는 2세 이하의 아이에게는 종합 감기약을 사용하지 말라고 권하고, 6세 이하의 아이에게는 효과가 불분명하다고 밝히고 있습니다. 종합 감기약을 섣불리 투여하는 것은 좋은 방법이 아닙니다.

Q435 아이가 부비동염으로 진단받고 치료 중입니다. 5일째 약을 먹고 거의 나은 것 같은데 약을 중단해도 될까요?

A 😊 부비동염의 치료 기간은 확실히 정해져 있지는 않지만 감기보다는 오래 지속됩니다. 약을 처방받은 병원을 방문해서 진료 후 결과에 따라 항생제 중단 여부를 판단하는 것이 좋습니다. 혹시 전두동염이 동반된 경우라면 항생제를 최소한 열흘 이상, 증상 소실 후에도 일주일 더 사용해야 하는 경우도 있기 때문에 증상이 좋아졌다고 바로 약을 중단하는 것은 좋지 않습니다.

Q436 아이가 감기 걸린 후에 목에서 팥알처럼 조그만 덩어리가 만져져요. 림프절 비대라고 하던데 놔둬도 될까요?

A 😊 경부 림프절 비대는 흔한 질환 중 하나입니다. 대부분 자연스럽게 좋아집니다. 다만 발열이 지속되거나 체중 감소, 야간 땀 흘림 증상이 있을 때에는 정밀 검사가 필요한 경우도 있습니다. 또한 크기

가 3cm 이상이거나, 2주 이상 크기가 계속적으로 커지거나, 4~6주가 지나도 크기가 줄어들지 않을 때에는 진료를 받아 보는 것이 좋습니다. 일반적으로 12주 정도가 지나면 정상 크기로 돌아오는데 이런 양상이 아니라면 단순 림프절 비대가 아닌 경우를 고려해야 합니다.

Q437 감기라고 해서 병원에서 주는 약도 잘 먹이고, 외래로 진찰도 주기적으로 받았는데, 갑자기 중이염에 걸렸다고 해서 화가 납니다. 감기 치료를 잘 받아도 중이염에 걸릴 수 있나요?

A 중이염은 소아에서 호흡기 감염 후 가장 흔히 발생하는 합병증입니다. 소아에서 수술과 항생제를 사용하게 되는 가장 흔한 원인이기도 합니다. 어린아이들의 경우 특히 면역 기능의 저하, 귀 인두관의 해부학적 구조 및 기능 저하 등의 문제와 누워서 자는 시간이 많기 때문에 어른들에 비해 훨씬 더 자주 발생합니다. 감기에 걸린 소아의 5~30%에서 중이염이 합병되는데, 유치원에 다니는 소아에게서 더 높습니다. 일반적인 감기 치료는 항생제를 포함하지 않는 경우가 많으므로, 중이염이 합병된 것이 확인되면 항생제 치료가 필요할 수 있습니다.

Q438 감기 때문에 병원에 다니는 중에 중이염을 진단받았어요. 저번에도 중이염이 있었는데, 어떨 때는 급성 중이염이라고 항생제를 잘 먹여야 한다고 하고, 어떨 때는 귀에 물이 차 있다고 귀를 확인하러 다시 오라고 하면서 항생제를 안 주기도 하던데 왜 그런 건가요?

A 급성 중이염과 삼출 중이염은 이름은 같은 중이염이지만 치

료가 달라질 수 있습니다. 급성 중이염은 고막이 많이 붓고, 이로 인한 이통이나 이충만감이 동반될 수 있으며, 귀에서 이루라고 하는 고름이 나올 수 있습니다. 하지만 삼출 중이염은 중이 내에 삼출액만 고이는 경우, 특히 급성 감염 증상이 동반되지 않을 경우에는 항생제 치료를 하지 않고 경과 관찰만 할 수도 있습니다.

Q439 감기가 끝난 후에도 중이염이 지속되어서 몇 달 동안 병원에 다녔어요. 제 아들은 중이염이 잘 안 낫는다고 환기관 삽입술이라는 수술적 치료를 하자고 권유받았어요. 이건 왜 하는 거고, 꼭 필요한가요?

A 삼출 중이염의 경우, 이통이나 급성 감염 증상 없이 중이 내에 삼출액이 고이는 중이염을 말하는데, 청력 소실의 주요 원인이 됩니다. 급성 중이염을 앓은 후에 보통 발생하는데, 대부분 3개월 이내로 삼출액이 흡수되면서 호전되지만 10~25%에서는 중이 내에서 염증이 지속되므로 이로 인해 청력 감소가 발생합니다. 청력의 저하는 언어, 인지, 심리 발달에 영향을 줄 수 있습니다. 따라서 삼출 중이염이 있을 경우 한 달에 한 번 이상 확인하고, 3~6개월간 관찰하고, 만성으로 진단된 경우에는 청력 검사가 필요합니다. 양측성이거나 청력 소실이 있을 경우에는 고막 절개술 또는 환기관 삽입술을 받아야 합니다.

Q440 감기로 진료를 보러 갔는데, 아이 고막에 진주종이 있다고 대학 병원에 가서 수술해야 한답니다. 진주종은 왜 생기나요?

A 진주종은 만성 중이염의 한 종류입니다. 피부의 상피 조직이

중이강과 유양동 내로 침입하여 각질을 축적하면서 주위의 뼈나 조직을 파괴하여 점차 커질 수 있습니다. 이소골을 손상시킬 경우 난청이 발생할 수 있고, 내이로 진행할 경우 어지럼증이나 안면신경마비, 두개 내 합병증까지도 초래할 수 있기 때문에 진단과 함께 빠른 수술적 치료가 필요합니다.

2. 편도선염

인후통이 있으면, "편도선염에 걸린 것 같아요."라며 병원을 찾아오는 환자가 많습니다. 열이 나서 병원을 방문하면 설압자로 목 안을 진찰하지요. 이때 잘 보이는 부위가 바로 인두와 편도선입니다. 의사는 환자에게 쉽게 설명하려고 목감기라고 하거나 목이 빨갛다, 부었다고도 하는데, 정확하게는 인두편도염, 편도염을 합쳐서 '급성 인두염'이라고 합니다. 감기처럼 바이러스가 가장 흔하지만, 세균에 의해서도 발생할 수 있습니다. 증상만으로는 바이러스인지, 세균인지 원인을 감별하기 힘들기 때문에, 가장 흔한 세균성 인두염의 원인인 사슬알균의 경우는 급속 항원 검출법이라는 검사를 통해 진단하기도 합니다.

Q441 편도염에 걸리면 항생제를 꼭 복용해야 하나요?

A 바이러스성 인두염이 흔하기는 하지만, 임상 증상만으로 세균

성을 감별할 수는 없기 때문에 복용 여부를 의사 선생님과 상의하는 것이 좋습니다. 인후배양 검사나 항원 검출법을 시행했을 때 양성이 나오고, 성홍열의 임상 증상이 있는 경우, 사슬알균으로 확진된 가족이 있는 경우, 급성 류머티즘열을 앓았던 경우, 최근 가족 중에서 급성 류머티즘열에 걸린 경우에는 조기에 항생제를 투여하여야 합니다.

사슬알균에 의한 편도선염은 제대로 항생제 치료가 이루어지지 않을 경우, 심장이나 신장에 합병증을 유발할 수 있습니다.

Q442 바이러스성 인두염이라고 하던데 집에서 어떤 것을 해 주는 것이 도움이 되나요?

A 바이러스성 인두염의 경우는 특이 치료가 없고, 증상 치료를 합니다. 이런 경우 해열진통제로 열과 인두통을 조절해 주고, 따뜻한 소금물 가글을 해 주는 것이 도움이 됩니다. 인두통이 심할 경우 국소 분무마취제의 도움을 받을 수 있습니다. 음식을 억지로 먹이지 말고, 고형식보다는 죽이나 미음 같은 음식을 먹이는 게 좋습니다.

Q443 편도는 정확히 어디를 말하나요? 아이가 아데노이드 비대도 있다는데 편도와 아데노이드가 어디를 말하는지 알려 주세요.

A 입을 크게 벌리고 '아' 하고 소리를 내면 목젖이 보이는데 그 양쪽으로 작게는 건포도만 하고 크게는 거봉만 한 동그란 구강점막과 비슷한 색깔의 둥근 조직이 편도입니다. 편도는 대표적인 림프절 중 하나로 입안 양쪽에 한 쌍으로 위치해 있습니다.

Q444 편도가 다른 아이들보다 크다고, 편도 절제술을 하라고 하는데, 꼭 해야 할까요?

A 🧑 편도가 크다고 무조건 수술을 하는 것은 아닙니다. 종양 감별이 필요한 경우, 심한 수면무호흡증이 있는 경우, 심한 폐쇄로 인해 호흡 장애와 연하 장애가 있는 경우에는 반드시 편도 절제술 및 아데노이드 절제술이 필요합니다. 하지만 종양을 감별해야 하는 경우는 소아에서는 드물고, 폐쇄 증상과 잦은 편도염을 해결하기 위해 시술하는 경우가 대부분입니다. 즉, 1년에 8회 이상, 또는 연속하여 2년 동안 매년 6회 이상 재발하는 세균성 편도염이 반복되는 경우에 편도 절제술을 고려해 볼 수 있습니다.

Q445 편도가 크면 키가 잘 안 큰다는 이야기를 들었는데, 사실인가요? 왜 그런지 궁금합니다.

A 👩 잘 때 코를 많이 골거나, 숨을 쉬다가 갑자기 멈추는 수면무호흡이 있는지 살펴봅니다. 아데노이드, 편도 비대는 소아 상기도 폐쇄의 흔한 원인이며, 폐쇄 수면 무호흡, 저호흡과 같은 수면 호흡 장애를 일으킬 수 있습니다. 이럴 경우 성장 호르몬 분비에 영향을 줄 수 있으므로 성장 장애의 원인이 될 수 있습니다.

Q446 편도염은 충분히 치료해야 한다고 하던데, 증상이 없는데도 아이에게 계속 항생제를 먹이기가 찜찜해요. 계속 먹여야 하나요?

A 👓 편도염의 원인 중 대표적인 세균성 원인으로 A군 사슬알균이 있습니다. 이 세균에 의한 편도염의 경우 제대로 치료하지 않으면 인두염을 앓고 2~3주 후에 심장의 판막을 손상시키는 류머티즘열이나 혈뇨와 고혈압을 일으키는 사구체신염 같은 질환이 합병증으로 나타날 수 있습니다. 세균성으로 진단된 경우는 의사가 치료를 끝내자고 한 날까지 먹여야 합니다.

Q447 편도염이 있으면 중이염도 자주 걸리나요?

A 👩 네, 그럴 수 있습니다. 편도와 아데노이드 비대는 코를 통한 호흡을 방해하고, 귀와 목으로 연결된 비인두관을 통한 비점액의 배출을 방해하는 역할을 합니다. 이 비인두관이 막히거나 좁아지면 삼출 중이염이 오래 지속되거나, 입을 벌리고 숨을 쉬는 구강 호흡, 구강 건조, 인두 이물감, 코골이, 수면 장애 등 여러 문제를 일으킬 수 있습니다.

Q448 편도 절제술을 하면 바로 좋아지나요? 수술 후 완전히 회복하는 데 얼마나 걸리나요?

A 👓 평균적으로 수술 후 5일 정도가 지나면 인두통은 호전되나 일부에서는 2주 정도까지 지속될 수 있습니다. 이통과 입 냄새가 동반될 수 있으며, 10% 정도에서 출혈, 인후염, 마취 합병증이 있을 수 있습니다. 수술 후에 상기도 폐쇄가 호전되면서 폐부종이 오는 경우도 있으므로 수술 후에도 며칠간은 잘 지켜봐야 합니다.

Q449 아데노이드 절제술은 편도 절제술을 할 때 같이 하는 게 좋은 가요?

A 잦은 비염, 폐쇄 증상으로 인해 약물 치료를 하여도 호전되지 않는 아데노이드염, 부비동염, 중이염이 있을 경우, 심한 코막힘이 지속되거나 구강 호흡, 수면 호흡 장애가 있을 때, 안면 기형으로 인해 비기도가 막힐 때에 아데노이드 절제술을 시행합니다.

Q450 편도염을 진단받고 처방받은 항생제를 먹이는 것이 부담스러워서 해열제만 먹였는데, 열이 지속되고 갑자기 아이가 입을 벌리지 못하며 목이 너무 아프다고 해서 병원에 다시 갔습니다. 의사 선생님이 목을 보고는 편도 주위에 농양이 생겼다고 입원해서 항생제를 써야 한다고 합니다. 외래에서 치료하면 안 될까요?

A 편도 주위 농양은 급성 인두편도염에 잘 합병되는 문제로, 항생제가 나온 이후로는 빈도가 많이 줄어든 질환 중 하나입니다. 인두통, 고열, 입벌림장애, 연하 곤란이 특징적인 증상입니다. 한쪽 편도가 다른 쪽에 비해 심하게 커져서 비대칭적으로 보이고, 이로 인해 목젖이 농양이 생긴 반대쪽으로 밀려서 보입니다. 이때에는 A군 사슬알균과 혐기 세균에 대한 항생제 투여가 원칙이며, 심할 경우 흡인 폐렴이나 종격동염으로 진행할 가능성이 있으므로 위험하니 입원 치료하는 것이 좋습니다. 또한 이런 항생제 치료에도 호전이 안 되면 수술이 필요한 경우도 있습니다. 염증이 목 주변으로 퍼질 경우 경부 전산 단순 촬영술CT 확인이 필요한 경우도 있으니 잘 치료해야 합니다.

Q451 감기와 부비동염, 편도염이 동시에 오기도 하나요? 처음에는 편도염이라고 해서 약을 먹었고, 제가 보기엔 별다른 증세 차이가 없다고 생각되는데 치료 중에 부비동염이 동반되었다고 X-ray를 찍자고 했어요. 어떨 때 부비동염을 의심해야 하나요?

A 급성 부비동염의 경우 처음에는 감기, 편도염과 비슷한 증세를 보이지만, 일반적인 감기, 편도염보다 증상이 오래 지속됩니다. 또화농성 후비루가 지속될 경우, 야간 기침이 심할 수 있습니다. 안면통, 두통이 동반될 수도 있고, 구취가 심할 수 있습니다. 급성 세균성 부비동염의 경우는 코막힘과 기침 같은 상기도 감염의 증상이 10~14일이상 호전 없이 지속되거나, 39℃ 이상의 발열과 화농성 콧물과 같은심한 호흡기 증상이 연속해서 3~4일간 지속될 경우에 의심해 볼 수있습니다. 부비동염이 의심되는 경우에는 방사선 검사X-ray가 도움이됩니다.

Q452 편도염을 앓고 나서 구취가 너무 심해진 거 같아요. 편도 결석이 생겼다고 하던데 이건 뭔가요?

A 편도의 표면에 화산구와 같이 파인 부분들이 있는데 이런 부분들에 다양한 침착물이 생길 수 있습니다. 세균 혹은 음식물 찌꺼기등이 이런 틈에 축적되어 세균의 영향을 받으면 쌀알 정도의 작고 노란 알갱이가 생기는데 이를 편도 결석이라고 합니다. 편도 결석은 성인에서 많고, 그냥 두어도 저절로 빠져나오는 경우가 많지만, 구강 악취가 심하거나 이물감이 심할 때는 흡인 제거하는 것이 좋습니다.

Q453 편도 결석을 예방하는 방법을 알려 주세요.

A 편도염이 생겼을 때 잘 치료하고, 입안의 세균이 잘 번식하지 않도록 청결을 유지하는 것이 좋습니다. 평소에 물을 자주 마시고, 식사 후에 양치질 잘 하고, 항균 성분이 있는 가글액으로 입안을 헹구는 것이 좋은 방법입니다.

Q454 세균성 인두염을 진단받았는데 류머티즘열, 급성사구체신염 등의 합병증을 유발할 수 있다고 항생제를 계속 먹이라고 하는데 도대체 이건 왜 생기는 건가요?

A 연쇄상구균이라는 세균은 편도염의 가장 흔한 원인균 중의 하나인데, 심장과 신장에 합병증을 유발할 수 있습니다. 이런 합병증은 보통 세균성 인두염 2~3주 뒤에 발생합니다. 우리 몸의 면역 문제로 알려져 있긴 하지만, 정확한 기전은 알려져 있지 않습니다.

류머티즘열은 심염, 심장 판막 질환, 무도증 같은 심각한 증상을 나타내므로 예방 요법이 중요합니다. 사슬알균 감염 후 급성사구체신염의 경우도 마찬가지로 부종, 혈뇨, 핍뇨, 고혈압 같은 심각한 증상을 일으킵니다. 대부분 치료 후 회복되긴 하지만 위험할 수 있으므로, 이런 합병증으로 가기 전에 항생제를 잘 먹이는 것이 좋습니다.

Q455 아이의 코골이가 너무 심해요. 남편도 코골이가 너무 심한데 편도 제거술과 아데노이드 제거술을 받으면 좋아질까요?

A 코골이만으로 말씀하신 수술을 시행하지는 않지만, 동반되는 수면무호흡이 심할 경우 수술적 치료를 고려할 수 있습니다. 코골이

수술의 적응증이 되는지 수면 다원 검사를 받은 후 시행 여부를 결정해야 합니다. 비만으로 인해 목 부위 지방 조직이 많거나, 혀나 편도가 비대한 경우에도 코골이가 될 수 있습니다. 턱이 비정상적으로 작거나 목이 짧고 굵은 사람에게 코골이가 많고, 인두 주변 근육 기능이 떨어져도 코골이가 생길 수 있습니다. 즉 편도 비대와 아데노이드 비대가 있어서 코골이가 있는 경우도 있지만 다른 원인에 의해서도 코골이가 있을 수 있으므로 정확한 검사 및 진찰이 필요합니다.

3. 후두염

후두염은 생후 3개월~만 5세까지 발병하는데, 상기도가 좁아질 수 있는 가장 흔한 질병입니다. 여러 호흡기 감염을 잘 일으키는 바이러스(파라인플루엔자 바이러스 등)가 주된 원인입니다. 대부분 증상이 심해지기 전 1~3일간 콧물, 기침, 미열 등의 감기 증상이 있다가 이후 컹컹거리는 기침, 쉰 목소리, 숨을 들이쉴 때 힘든 호흡 소리를 냅니다. 대개 밤에 심해지고 2~3일간 반복되다가 일주일 내로 호전됩니다.

아이가 보채고 울면 증상이 심해질 수도 있습니다. 큰 아이들의 경우에는 누워 있는 것보다 앉아 있으면 편해지는 경우도 있습니다. 대부분 숨을 들이쉴 때 힘들어하거나 숨 쉬기 힘든 약한 호흡곤란 증상까지만 진행되다가 회복되는 경우가 많습니다. 드물게 빠른 호흡이라든가 쇄골 위 또는 갈비뼈 사이가 함몰되거나, 숨을 내쉴 때도 호흡이 힘들어지는 증상까지 진행되기도 합니다. 세균 감염으로 오는 기관염이나 이물질을 삼켰는데 기도로 들어가는 것과 구별해야 하므로 심하면 병원 또는 응급실을 방문해서 전문의와 상담해야 합니다.

합병증으로는 10명 중 1~2명 정도 중이염, 세기관지염, 폐렴 같은 다른 호흡기 감염으로 진행될 수 있습니다. 치료는 기도를 잘 유지하는 것이 중요합니다. 차가운 밤공기가 증상을 호전시켜 주기도 합니다. 흡입 치료가 도움이 되고, 스테로이드(경구 또는 주사제) 또한 치료에 효과적입니다. 항생제 투여는 진찰 소견, 세균에 의한 감염의 가능성, 합병증에 따라 결정해야 합니다.

Q456 아이의 호흡 소리가 이상해서 병원에 갔더니 크루프라고 합니다. 무슨 병인가요?

A 급성 후두기관염이라고도 하는 크루프는 후두염의 가장 대표적인 질환입니다. 흔히 병원에서 쓰는 후두염이라는 질환은 대부분 바이러스 원인의 크루프라고 이해하면 됩니다.

Q457 아기가 컹컹거리는데 가습기를 틀어야 하나요?

A 호흡기 질환 시 적정 습도는 50~60%입니다. 적정 습도 유지를 위해 가습기를 틀어 주는 것이 좋고 효과적인 면에서는 따뜻한 가습이 되는 가습기가 좋으나 화상의 위험이 있으므로 부모가 항상 주의를 기울여야 합니다.

Q458 아기 목소리가 쉬어서 너무 힘든 거 같아요. 도와줄 방법이 있을까요?

A 🧑 기본적으로 쉰 목소리가 나면 호흡이 힘들어져 아기가 많이 울고, 때론 많이 울어서 목이 쉬기도 합니다. 울거나 보채면 증상이 악화되지만 쉰 목소리는 회복까지 2~7일 정도 걸리므로 호흡 양상이 회복되면 호전되고 쉰 목소리는 자연스럽게 회복되니 걱정할 필요 없습니다.

Q459 아기가 컹컹거려서 병원에 갔는데, 흉부 X선 사진 말고 목 X선 사진도 찍었습니다. 그런 방사선학적 촬영이 필요한가요?

A 👩 컹컹대는 기침의 원인으로 가장 흔한 것이 후두염입니다. 후두염은 경부 X선 사진 촬영에서 기도가 좁아져 있는 소견thumb sign을 보는 것이 진단에 중요합니다. 정확한 자세를 잡고 경부 X선 사진을 촬영하는 것이 진단에 도움이 됩니다.

Q460 컹컹대고 잠을 못 자서 밤에 응급실을 가려다가 참고 아침에 병원을 방문했는데, 입원을 해야 하지 않나요?

A 🧑 후두염 때문에 입원이 필요한 경우는 컹컹대는 기침의 강도가 강해지는 경우, 휴식 때에도 심한 컹컹거림이 있는 경우, 심한 호흡 곤란으로 산소 치료가 필요한 경우, 청색증이 있거나 의식이 약해지는 경우, 기침이 심해서 경구 섭취가 불량한 경우(poor oral intake), 마지막으로 주의 깊은 관찰이 필요한 경우입니다.

Q461 애가 5세(만 4세)인데, 컹컹대는 기침으로 새벽에 응급실을 간 경우가 벌써 3회 이상입니다. 계속 이렇게 반복될까 봐 걱정이에요.

A 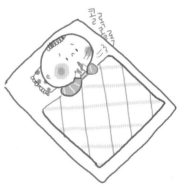 만 2세에서 환아가 가장 많고, 늦가을에서 겨울에 많지만 1년 내내 발생합니다. 재발은 3~6세에 흔하고 기도가 성장함에 따라 차차 감소하므로 호흡곤란 증상이 심한 정도로 진행하거나 합병증이 생기지 않는다면 조금 더 성장하면 괜찮아질 것으로 생각됩니다.

Q462 한밤중에 갑자기 기침 소리가 컹컹대고 숨 쉬기가 힘든 거 같아요. 응급실을 가야 하나요?

A 보통 컹컹대는 기침을 하고 숨 쉬기가 힘든 경우는 후두염일 가능성이 높습니다. 하지만 그와 증상이 비슷하면서 위험한 경과를 보이는 인두후 부농양, 급성 후두개염, 세균성 기관염, 기도 이물 흡인 등이 있어 호흡곤란의 소견이 보이면 응급실을 방문하는 것이 좋습니다.

Q463 후두염과 감별해야 할 질환 중 세균성 기관염이 있다는데 어떤 병인가요?

A 세균성 기관염은 가장 세심히 감별해야 할 질환인데, 기도가 폐쇄될 위험성이 있기 때문입니다. 보통 후두염이 바이러스성인 데 반해 이 병은 세균성입니다. 황색포도알균, 사슬알균 같은 감염이 원인인 경우가 많습니다. 경과가 심하여 산소 요법과 기도 삽관 등이 필요할 수도 있으나 항생제 치료가 적절하면 좋은 예후를 보입니다.

Q464 후두염과 감별해야 할 질환 중 급성 후두개염은 어떤 병인지 알려주세요.

A 후두개는 인두가 끝나고 후두가 시작하는 곳으로, 후두 덮개라고도 합니다. 음식이 기도로 넘어가지 않게 해 줍니다. 엑스레이 촬영이나 후두경 검사로 진단하는데 오히려 검사를 무리하게 하다가 증상을 악화시키는 경우가 있어서 수술실이나 중환자실이 갖추어진 곳에서 시행해야 합니다.

Q465 후두염과 감별해야 할 질환 중 인두후부농양은 어떤 병인지 알려주세요.

A 인두후부농양은 인두의 벽 뒤가 붓고 농양이 생기는 것입니다. 농양이 생겨 부어오르니 잘 삼키지 못하여 고개를 뒤로 젖히는 과신전의 소견을 보입니다. 원인은 세균성으로 A군 사슬알균, 황색포도알구균, 혐기성세균 등입니다. 엑스선 촬영과 CT촬영으로 진단하는데, 항생제 치료와 수술적 배농까지 시행할 수 있는 병입니다.

Q466 후두염의 원인과 특징적인 증상은 무엇인가요?

A 후두염은 바이러스가 주된 원인입니다. 주로 파라인플루엔자 바이러스가 75% 이상을 차지하고, 인플루엔자 바이러스, 홍역, 아데노바이러스, RS바이러스 등이 원인이 될 수 있습니다. 특징적인 증상은 컹컹거리는 기침, 목쉰 소리, 흡기 시 꺽꺽거리는 소리 등입니다.

Q467 후두염의 합병증에는 어떤 것이 있습니까?

A 보통 후두염의 15% 정도에서 합병증이 생긴다고 합니다. 주로 주위 부위로 염증이 퍼지는데, 중이염, 세기관지염, 폐렴 등이 생길 수 있습니다. 심한 합병증으로는 세균 기관염이 있습니다.

4. 폐렴

폐렴은 폐의 가장 얇은 기관지나 폐실질 조직에 염증이 생기는 것으로 소아에게 아주 흔한 호흡기 질환 중 하나입니다. 주로 감염으로 인해 생기고 음식물 및 이물질의 흡인, 알레르기 같은 원인으로도 생깁니다. 감염의 원인으로는 바이러스가 가장 흔하고 다음으로 마이코플라즈마라는 병원체와 세균이 있는데, 동시에 여러 개의 병원체가 같이 감염되는 경우도 있습니다. 원인에 따라서 감염 폐렴(바이러스, 세균 등)과 비감염 폐렴(이물질 흡인, 알레르기, 위식도역류 등)으로 나뉩니다.

감염 폐렴 중에서 바이러스에 의한 폐렴은 신생아를 제외한 5세 미만에서 가장 흔하게 발생합니다. 원인으로는 호흡기 감염을 잘 일으키는 바이러스들(RS바이러스, 파라인플루엔자바이러스, 인플루엔자바이러스, 아데노바이러스, 메타뉴모바이러스 등)입니다. 추운 계절에 흔하고 만 2~3세까지 자주 발생합니다. 서서히 생기고 콧물과 기침을 보이는 감기 증상이 있다가 발열과 함께 호흡이 빨라지고 숨쉬기가 힘들어집니다. 의사의 진찰과 흉부 X선으로 진단 가능합니다. 세균에 의한 폐렴은 대부분 바이러스 감염에 의해 호흡기 방어 기능이 약해져서 합병증으로 생기는 경우가 많습니다. 바이러스성 폐렴과 감별되어야 하므로 검사와 진료를 통하여 진단 후 항생제를 반드시 사용해야 합니다.

마이코플라즈마에 의한 폐렴도 조금 큰 아이들(만 5~15세)에게 많이 발생합니다. 2011년과 2015년에 유행했으며 전체에서 10~30% 정도 차지합니다. 치료는 안정, 가습, 의사의 판단하에 약물 투여, 수액과 항생제 처방 및 심한 경우 입원 치료가 필요합니다.

Q468 아이가 열이 나고 기침을 하여 외래에서 치료받는 중 폐렴으로 진행할 수 있나요?

A 폐렴 중 바이러스에 의한 폐렴은 서서히 진행하고, 선행되는 감기 증상에서 시작해서 폐렴으로 넘어가므로 미리 예방하기가 힘듭니다. 세균에 의한 폐렴도 흔한 호흡기 감염의 합병증으로 올 수 있어서 주의를 요합니다. 치료를 해도 발열이나 기침이 심한 경우에는 엑스선 촬영을 통해 폐렴으로 진행했는지 확인이 꼭 필요합니다.

Q469 아이가 마이코플라즈마가 원인인 폐렴이라고 합니다.

A 마이코플라즈마에 의한 폐렴은 바이러스성 폐렴과 세균성 폐렴과는 다른 병원체에 의한 병입니다. 심하고 오래 계속되는 기침과 발열이 주 증상이며 학령기 아이들이 많이 걸리는 병입니다. 머리가 아프고 피곤해하다가 열이 나고 콧물이 나며 목이 아프다가 목이 쉬고 기침을 하게 되면 적절한 약물 요법으로 치료해야 합니다.

Q470　폐렴인데, 입원을 해야 하나요?

A 　폐렴은 소아기의 가장 흔한 감염 질환 중 하나입니다. 전 세계적으로 소아의 주요 사망 원인 중 하나일 정도로 심한 경과를 보이기도 합니다. 폐렴 진단을 받고 적절한 치료를 하는데도 진행을 할 때나 처음부터 병의 증상이 심한 경우, 엑스선 촬영상 많은 부위를 침범한 경우에는 소아과 전문의와 의논 후 입원을 하는 것이 좋습니다.

Q471　배가 아파서 병원에 갔더니 진찰하고 흉부 X선을 찍은 결과 폐렴이라고 합니다.

A 　일반적으로 폐렴은 발열, 기침, 호흡곤란 같은 기관지 증상이 있는 경우가 많습니다. 하지만 복통을 호소하는 경우도 있고, 기침이 많지 않은 폐렴도 있어서 배가 아프면서 발열이 지속될 경우 폐렴의 가능성도 생각하면서 엑스선 촬영을 해야 하는 경우도 있습니다.

Q472　폐렴인데 호흡기 바이러스 검사를 합니다. 어떤 검사인가요?

A 　폐렴의 원인균은 다양합니다. 감염성 폐렴 중 가장 많은 부분을 차지하는 것이 바이러스성 폐렴입니다. 예전에는 임상적 경험으로 폐렴을 치

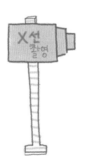

료하는 경우가 많았지만, 최근에는 여러 다양한 원인 세균이나 바이러스를 검사할 도구가 많아졌습니다. 폐렴 진단 후 원인 바이러스 검사를 해야 올바른 치료 방침을 세울 수 있고 경과나 예후를 예측할 수 있을 것입니다. 또한 항생제 사용도 줄일 수 있겠지요.

Q473 첫째 아이가 폐렴인데 둘째 아이랑 격리해야 하나요?

A 폐렴뿐 아니라 모든 감염성 질환은 전염될 수 있습니다. 특히 한집에서 늘 붙어 생활하는 형제끼리는 같은 병원균에 의해 같은 질병이 걸리는 경우가 흔합니다. 한창 진행하는 급성기에는 더욱 전염이 잘 될 수 있으니, 최소한의 예방 조치, 즉 가까이에서 기침하는 것을 막고, 마스크를 착용하고, 손을 자주 씻는 등의 조치는 필요합니다.

Q474 폐렴에 걸리면 어떻게 치료를 합니까?

A 폐렴은 참으로 다양한 증상과 정도를 보입니다. 따라서 한 가지 치료법으로 치료를 하는 것이 아니라 그 정도와 개인의 건강 상태, 면역력에 따라서 다양한 치료가 이루어집니다. 간단한 폐렴으로 증상이 경미할 경우에는 경구약만으로 치료가 가능할 수도 있으나 수액과 항생제 정맥 투여가 필요한 경우가 많고, 고열, 심한 기침, 호흡곤란 등이 있을 경우에는 입원 치료도 필요합니다.

Q475 폐렴 치료 중인데 항생제를 꼭 써야만 하나요?

A 소아기 폐렴의 원인은 바이러스가 가장 많고, 마이코플라즈마, 세균 등이 있습니다. 이 중 마이코플라즈마와 세균성 폐렴은 항생제 치료가 꼭 필요하고 바이러스 폐렴인 경우에는 항생제가 꼭 필요하지는 않습니다. 그러나 정확하게 바이러스성인지 처음부터 감별이 어렵고, 심한 중증이거나 호흡곤란이 있는 경우에는 바이러스성이라도 2차적 세균 감염에 대비해 항생제 치료를 하는 것이 안전합니다.

Q476 폐렴으로 입원 치료 중 흉부 X선을 찍은 결과 폐렴이 아직 남아 있다고 합니다. 이때 퇴원해도 되나요?

A 폐렴이 심해서 입원을 한 경우 치료를 하다 보면 증상의 호전과 더불어 대체로 엑스선도 좋아지는 경향을 보입니다. 하지만 열도 내리고 기침도 줄어들고 혈액 검사도 호전되었지만 엑스선 결과는 빨리 정상으로 돌아오지 않는 경우도 종종 있습니다. 이런 경우, 다른 전반적인 컨디션과 혈액 검사, 이학적 소견이 좋을 경우 퇴원을 해서 외래에서 치료를 하면서 엑스선을 확인하여도 무방합니다.

Q477 마이코플라즈마 폐렴은 다양한 증상이 있을 수 있다는데 어떤 게 있나요?

A 마이코플라즈마 폐렴은 학동기 아동들에게 가장 흔한 폐렴입니다. 마이코플라즈마는 세균, 진균 등과 달리 세포벽이 없어 다형성이고, 바이러스와 달리 인공배지에서도 자라는 독립적인 가장 작은 미생물체입니다. 이 폐렴은 기침, 발열 등이 있을 수 있고 폐 증상 외의 증상으로 피부 발진, 뇌수막염, 뇌염, 소뇌 조화불능, 용혈 빈혈, 간염, 췌장염, 심근염, 관절염 등이 동반되기도 합니다. 이처럼 호흡기 외의 증상은 자가 면역 반응에 의한 것으로 보입니다.

Q478 폐렴의 합병증에는 어떤 것이 있을 수 있습니까?

A 폐렴의 합병증은 다양하게 나타날 수 있습니다. 중이염이 있을 수 있고, 농흉, 폐농양, 무기폐, 흉막 삼출 등이 흔합니다. 또한 패혈증, 뇌수막염, 골수염, 심막염 등도 있을 수 있어서 주의를 요합니다.

Q479 소아들의 바이러스 폐렴의 원인에는 어떤 것이 있습니까?

A 🙂 소아에게 폐렴을 잘 일으키는 바이러스는 RS바이러스, 파라인플루엔자바이러스, 인플루엔자바이러스, 아데노바이러스, 메타뉴모바이러스 등이 있습니다. 그중 영아기에는 RS바이러스 폐렴이 가장 흔합니다. 일반적으로 바이러스 폐렴은 추운 계절에 흔하고, 2~3세에 가장 많이 호발한다고 합니다.

Q480 바이러스 폐렴은 어떻게 치료합니까?

A 🙂 세균성 폐렴과 마찬가지로 바이러스 폐렴도 기본적으로, 안정, 수액 요법, 산소 요법 같은 대증 요법이 필요하고, 2차 세균 감염 시에는 항생제를 투여합니다. 항바이러스제를 사용하기도 하는데, 고위험군의 환아가 RS바이러스에 감염된 경우에 항바이러스제(리바비린) 흡입 요법을 시행하기도 합니다. 독감 감염에는 아만타딘, 리만타딘, 오셀타마비르 등이, 수두에는 아시클로버 등이 유용합니다.

▌5. 모세기관지염

모세기관지염(급성 세기관지염)은 가느다란(모세) 기관지에 염증이 생기는 것입니다. 영아에서 흔히 볼 수 있는 작은 기도의 염증 폐쇄로 인한 호흡기 질환으로 작은 기관지에 염증이 생기니 모세관 효과로 기도가 좁아져 쌕쌕거리는 증상이 나타납니다. 겨울과 초봄에 생후 2세 이전(특히 돌 전후) 영아에서 많이 발생하며, 영아가 입원하게 되는 가장 흔한 원인이 되는 호흡기 질환입니다. 처음 증상은 재채기, 콧물이 시작되면서 수일 안에 점차 쌕쌕거리고 호흡을 힘들어하며, 많이 보챕니다. 호흡이 빨라져 수유가 힘들어지는 경우도 있습니다.

Q481 모세기관지염 진단을 받고 집에 왔는데 항생제 처방이 없습니다. 괜찮은가요?

A 주로 바이러스 감염이고 발열이 동반되지 않는 세기관지염의 경우 항생제는 큰 도움이 안 되는 것으로 알려져 있습니다. 세기관지염은 항생제가 필요 없는 경우가 많습니다. 하지만 세균성 감염이 동반될 수 있으므로 진찰 후 항생제가 필요한 경우도 있습니다.

Q482 아기가 쌕쌕거려서 병원에 갔더니 모세기관지염이라고 합니다. 모세기관지염이 심해지면 천식으로 넘어가는 경우가 있나요?

A 모세기관지염과 천식은 높은 연관성을 가집니다. 하지만 이의 연관성이 세기관지염이 나중에 천식 증상을 보이는 경우의 면역 반응을 직접 자극하는 것인지, 아니면 천식에 대한 유전적 소인을 가진 영아가 RSV 감염에 의해 단순히 정체가 벗겨지는 것인지는 불명확합니다.

Q483 돌잔치를 하고 갑자기 쌕쌕거려서 병원에 갔더니 모세기관지염이라고 합니다. 평소 건강한 아이였는데, 이런 경우도 있나요?

A 👩 전에 건강하던 영아가 집단 발병 시기에 처음으로 쌕쌕거린다면 모세기관지염을 의심해 볼 수 있습니다. 영아의 기관지는 좁아서 기관지의 분비물이 조금만 늘어나도 폐색 증상, 즉 쌕쌕거리는 증상이 잘 나타납니다.

Q484 모세기관지염의 원인은 무엇인가요?

A 👨 모세기관지염은 대부분 바이러스에 의해 발생합니다. 특히 RS 바이러스가 원인균의 50% 이상을 차지합니다. 이 밖에도 파라인플루엔자바이러스, 아데노바이러스, 리노바이러스, 마이코플라즈마 등이 있습니다.

Q485 사회 경제가 발달하면서 모세기관지염이 오히려 늘었다고 하는데 이유는 무엇인가요?

A 👩 감염병은 대부분 사회 경제가 발달하면 감소하는데, 모세기관지염은 늘어났습니다. 이는 기관지가 취약한 미숙아의 생존율이 높아졌고, 놀이방 등 집단 이용 시설이 늘었기 때문입니다.

Q486 모세기관지염이 특히 잘 생기는 위험군은 누구인가요?

A 👨 모세기관지염은 남아, 모유 수유를 하지 않은 영아, 가족 구성원이 많은 경우에 더 흔하다고 합니다. 또한 젊은 엄마 또는 임신 중 산모가 흡연을 한 영아에서 위험도가 증가합니다.

Q487 모세기관지염과 천식은 어떻게 감별하나요?

A 급성 모세기관지염과 혼동되는 질환은 천식입니다. 모세기관지염을 잘 일으키는 RS바이러스는 항체를 쉽게 형성하지 못하는 특성이 있어 같은 균에도 반복 감염이 잘되어 여러 번 반복할 수 있고 증상이 비슷한 천식과 구별이 어렵습니다. 천식과 구별하려면, 먼저 천식의 가족력, 잦은 재발, 말초혈액 호산구 증가 등을 확인해야 합니다.

Q488 모세기관지염의 경과는 어떻게 흘러갑니까?

A 일반적으로 모세기관지염은 기침을 시작하고 호흡곤란이 있는 경우 48~72시간 동안 가장 심하다가 빠른 속도로 회복합니다. 그러나 고위험군, 즉, 호흡기 구조가 미숙한 백일 이전의 영아, 기도 선천 기형이 있는 경우, 선천 심질환자, 면역 결핍증, 기관지폐 이형성이 있는 영아에서는 치명적인 경과를 보일 수 있습니다.

Q489 모세기관지염의 치료는 어떻게 합니까?

A 가벼운 증상의 환아는 외래 치료를 하고, 호흡곤란이 있는 경우 입원 치료가 필요합니다. 수액 치료를 하여 빠른 호흡으로 인한 탈수를 막고, 산소 부족 시 산소 공급을 해 주며 기관지 확장제를 사용하는 호흡기 치료도 필요합니다. 호흡이 너무 빠른 경우, 기도 흡인을 막기 위해 비강-위 튜브를 통해 영양을 공급할 수도 있습니다.

6. 천식

알레르기 염증에 의해 기관지가 반복적으로 좁아지는 만성 호흡기 질환입니다. 기관지가 좁아져서 숨이 차고, 기침이 나며, 가슴에서 쌕쌕거리는 소리가 나고, 가슴이 답답해지는 증상이 반복적으로 되풀이되는 질환(기관지 과민성, 기관지 수축, 만성 염증)입니다. 증상 조절제인 항염증 약물을 매일 복용하고 천식을 악화시키는 동반 질환을 치료해 기도 염증을 감소시키는 것이 치료의 목표입니다.

잘 일으키는 환경 인자로는 집먼지진드기, 털이 있는 동물, 꽃가루, 곰팡이, 감염, 흡연, 대기 오염 등이 있습니다. 이러한 원인에 지속적인 노출이 좋지 않은 것으로 알려져 있습니다. 유전적인 요인, 비만이 관련이 있다고도 합니다. 우리나라는 물론 세계적으로 유병률(심한 국가는 30% 이상!)이 증가되는 양상을 보이는 질병입니다. 일반적으로 소아 천식의 약 80%는 6세 이전에 시작되며 대부분 유아기에 재발되는 천명이 있었던 경우이고, 이 중 일부만 소아기의 지속성 천식으로 진행됩니다. 깊고 마른 기침과 쌕쌕거림, 호흡곤란이 동반됩니다. 연장아와 성인에서는 호흡곤란과 가슴이 답답하거나 흉통이 있을 수 있습니다. 이러한 증상은 주로 야간에 악화됩니다. 일상생활에 장애가 있을 수 있고 야간 증상으로 인한 수면 장애와 피로감을 호소할 수도 있습니다. 발작 시 날숨 들숨에 관계없는 쌕쌕거림, 호흡 장애와 곤란, 갈비뼈 사이가 함몰, 코의 벌렁거림 등이 나타납니다. 발작이 심할 때는 기관지 폐쇄까지 이르는 경우도 있으므로 증상이 심해지면 반드시 병원을 방문해야 합니다.

진단에 도움이 되는 검사는 폐 기능 검사, 방사선학적 검사, 알레르기 검사 등이 있습니다. 천식 치료의 목표는 천식으로 인한 불편함을 최소화하여 정상적인 폐 기능과 일상생활을 유지시켜 주어야 하고 향후 일어날 수 있는 재발을 최소화하며, 영구적인 폐 기능의 장애가 남지 않도록 하는 것입니다. 이러한 목표에 도달하기 위해서는 천식의 단계를 정확히 판단하여 적절히 치료해야 합니다. 환경 인자를 제거하고 천식을 악화시키는 동반 질환을 치료하고 약물 치료를 합니다.

Q490 아이가 자주 기침을 합니다. 천식으로 넘어갈 수 있는 건지 궁금합니다.

A 감기는 일반적으로 일주일에서 열흘 정도면 증상이 사라집니다. 소아 연령에서 오래 지속되고 간간이 기침을 하는 천식 외에 흔한 원인은 비부비동염rhinosinusitis과 위식도역류에 의한 기침이 있을 수 있습니다. 정확한 감별을 위해 소아과 전문의의 진료가 필요합니다. 감기를 자주 앓는다고 천식이 되는 것은 아닙니다. 천식을 이미 앓고 있는 아이가 감기를 자주 앓고 있는 것처럼 보일 뿐입니다. 특히 어린 아기들은 천식 증상이 '감기처럼' 나타나기 때문에 감기를 '자주' 앓는 아기들은 천식을 의심해 보아야 합니다. 그러나 감기처럼 앓는 병이 천식만은 아니므로 의사에게 진찰을 받아 보는 것이 좋습니다. 아무튼 '감기를 자주 앓는다는 것'은 호흡기에 어떤 '이상'이 있다는 것을 의미합니다.

Q491 천식을 일으키는 원인 물질에는 어떤 것들이 있나요?

A 천식이 생기는 원인은 매우 다양합니다. 유전이나 환경적인 요인 등이 서로 작용해 다양하게 나타나기 때문입니다. 알레르기 질환을 앓는 가족이 있으면 그만큼 천식 발병률이 높아집니다. 그러나 가장 큰 원인은 항원(알레르겐)에 의한 알레르기 반응입니다. 항원은 천식을 일으키는 알레르기 원인 물질입니다. 구체적으로 집먼지진드기, 꽃가루, 애완동물의 털이나 비듬, 바퀴벌레, 곰팡이 포자 등이 있습니다.

Q492 천식은 어떻게 치료하나요?

A 기관지천식의 치료는 크게 세 가지로 나누어 생각할 수 있습니다. 첫째는, '예방 요법'으로 원인이 되는 항원을 제거 또는 회피하는 방법인데, 실제로는 그렇게 하기가 어려워서 '예방약'을 같이 쓰는 경우가 많습니다. 둘째는, '약물 요법'으로 일단 나타난 증상을 치료하는 것을 말합니다. 셋째는, '면역 요법'으로 '원인 항원'을 장기간 투여해서 환자 스스로 '면역력'을 얻도록 하는 치료 방법입니다.

Q493 소아의 천식은 치료하지 않고 그냥 놔두어도 크면 저절로 낫는다는데 꼭 치료를 받아야 하나요?

A 소아의 천식은 비교적 잘 낫습니다. 그러나 모든 환자가 다 그렇지는 않습니다. 다만 그런 경향이 있다는 것입니다. 천식은 대부분 어렸을 때에 발생하는데, 사춘기 가까이 되어서야 좋아지는 경우가 많습니다. 그러니 치료를 받아 편히 지내는 게 좋습니다.

Q494 애가 쌕쌕거려서 병원을 자주 방문하다가 경증 천식이라고 진단받아 걱정이 됩니다. 어떻게 해야 하나요?

A 천식은 환자에 따라 증상이 다르며, 반복적으로 자주 나타납니다. 반복적으로 계속 나오는 기침, 숨 가쁨, 호흡곤란, 쌕쌕거리는 숨소리 등이 있을 때에는 전문가에게 정확한 진단을 받아야 합니다.

천식은 중증도의 분류가 중요합니다. 경증 천식은 증상이 있을 때만 흡입형 기관지 확장제를 사용하면 되므로 치료에 반응하고 악화되지 않는다면 크게 걱정할 필요는 없지만 주기적인 진료는 필요합니다.

단계	단계별 천식의 증상	폐 기능
1단계 (경증, 간헐형)	천식의 특징적 증상(호흡곤란, 쌕쌕거리는 소리, 발작적 기침)이 1주일에 1회 정도 있음	정상
2단계 (경증, 지속형)	천식 증상이 1주일에 2~6회 있음 야간 증상이 1달에 1~2번 있음	정상의 80% 이상 (정상에 가까움)
3단계 (중등증)	매일 천식 증상이 1~2번씩 나타남 야간 증상이 1주일에 1회 이상 있음	정상의 60~80%
4단계 (중증)	일상생활에 지장을 줄 정도의 천식 증상이 매일 있음 야간 증상도 수시로 나타남	60% 이하

Q495 환절기만 되면 쌕쌕거리고 기침이 심해집니다. 왜 그런가요?

A 알레르기란 우리 몸에 일어날 수 있는 해로운 반응을 뜻합니다. 알레르기 질환의 대표적인 예가 천식인데, 유전적 원인도 있지만 환경적인 요인도 작용을 합니다. 어른에 비해 약한 아이의 면역력 또한 발병의 주요 원인입니다. 감염을 예방하는 손 씻기가 중요합니다.

Q496 천식인데 밤마다 발작적인 기침을 해서 걱정이에요. 어떨 때 응급실에 가야 하나요?

A 🧑 일반적으로 호흡곤란 증상이 나타나거나 기존에 사용하던 약물에 효과가 없고 증상이 악화되면 응급실을 방문하는 경우가 생깁니다. 숨 쉴 때 갈비뼈와 목 주위의 피부가 당겨질 때, 숨 쉴 때 콧구멍이 크게 벌어질 때, 맥박이 빨라질 때, 입술이나 손톱이 회색이나 푸른색으로 변할 때, 숨이 차서 말하기 힘들 때, 숨이 차서 걷기 힘들 때라면 응급실을 가야 합니다.

Q497 천식이 갑자기 나빠졌을 때는 어떻게 해야 하나요?

A 👩 신속히 응급실을 방문하는 것이 좋습니다. 하지만 대기하는 동안 먼저 바르게 앉히거나 안정된 자세를 취하고 치료 약물을 4~5회 흡입하는 것을 4분 간격으로 반복하면 도움이 되는 경우도 있습니다.

Q498 천식이 있는데 운동을 해도 되나요?

A 🧑 조절된 천식에서 규칙적이고 적절한 운동은 바람직합니다. 필요한 경우에는 운동하기 전에 기관지 확장제를 흡입하고 증상 완화제를 휴대하고 운동을 합니다. 운동은 주 2~3회 20분 정도 규칙적으로 하며 과격한 운동을 피하고 먼저 준비 운동을 하는 것이 좋습니다. 차고 건조한 공기는 피하는 것이 좋고 운동은 서서히 끝내며 호흡곤란이 오면 운동을 멈추는 것이 좋습니다.

Q499 저와 남편이 천식이 있는데, 아이에게 유전될까 걱정입니다.

A 알레르기 질환(비염, 천식 등)에 대한 가족력이 있다면 자녀에게도 발병할 확률이 높습니다. 자녀에게 알레르기 질환이 나타날 가능성은 부모 중 한쪽이 가진 경우엔 약 50%, 부모 모두가 가진 경우엔 약 66%입니다. 따라서 아이의 천식이 의심될 경우 임의로 약을 먹이거나 방치하지 말고 전문의에게 정확한 진단을 받아야 합니다.

Q500 천식은 완치될 수 있는 병인가요?

A 천식은 치료와 환경 관리를 잘 하면 좋아질 수 있습니다. 치료 후 수개월 이내에 증상이 좋아지기 시작하며 차츰 병원 방문 횟수와 약을 먹는 횟수가 줄어들면서 병이 좋아집니다. 증상이 아주 없어지는 경우도 많지만 일 년에 한두 차례, 심지어는 수년 후에 재발되기도 합니다. 그때그때 치료를 받으면 큰 어려움 없이 지낼 수 있습니다.

Q501 가래만 빼내면 병이 나을 것 같은데요?

A 가래 끓는 소리는 기관지가 수축해서 나는 소리입니다. 기관지가 좁아진 이유는 ① 기관지의 근육이 '수축'되고 ② 기관지의 '점막'이 부으며 ③ '가래'가 많이 생산되는 '3가지 이유' 때문인데 이 모두가 천식 때 나타나는 현상입니다. 가래 끓는 소리가 '가래 자체' 때문에 나는 소리는 전체 원인 중 3분의 1에 불과합니다. 그런데 '기계'를 사용하더라도 기관지 깊숙이 들어 있는 가래를 빼낼 수는 없습니다. 이 세상에서 가래를 가장 잘 빼낼 수 있는 방법은 '기계'가 아니라 '기침'입니다.

Q502 천식 발작 시 어떻게 해야 하나요?

A 발작이 일어나면 빠른 대응이 중요합니다. 발작은 증상의 정도에 따라 경증 및 중증 발작으로 나뉩니다. 증상과 관리는 다음과 같습니다.

단계	경증 발작	중증 발작
증상	• 가래 끓는 소리가 가볍게 난다. • 쌕쌕거리는 숨소리가 들린다. • 호흡이 곤란한 편은 아니다. • 학교에 가는 등 일상생활에는 문제가 없다.	• 가래 끓는 소리가 확실히 들린다. • 잠을 못 자고, 주저앉을 만큼 호흡이 매우 어렵다. • 학교에 가기 힘들어한다. • 병원에서 치료를 받아야 한다.
관리	아이가 천식 발작을 일으키면 당황하지 말고 아이의 상태에 맞게 적절히 대응해야 한다. 그러기 위해 평소에 천식 발작의 대응 방법을 익혀 두는 것이 좋다. 1. 아이를 안정시키고, 물을 먹인다. 2. 아이가 앉은 상태로 천천히 크게 숨을 들이마시고 끝까지 내쉬게 한다. 3. 아이의 등을 가볍게 두드려서 가래를 뱉게 한다. 4. 아이가 안정을 찾으면 처방받은 발작 치료제를 먹인다. 5. 그래도 발작이 잦아들지 않으면 병원에 간다. 병원 치료 후, 증상이 좋아졌다고 해도 2~3일간은 격한 운동을 피한다.	중증 발작이 일어나면 천명, 호흡곤란이 뚜렷하게 나타난다. 그래서 밤에 잠을 자기도 어렵고, 간혹 의식을 잃기도 한다. 심한 경우에는 사망할 수도 있으므로, 빠르게 대응해야 한다. 아기가 1. 기침을 심하게 계속하는 경우 2. 가래 끓는 소리, 쌕쌕거리는 소리가 심하게 들리는 경우 3. 호흡하기 괴로울 만큼 어려운 경우 4. 누워 있지 못하는 경우와 같은 증상을 보인다면, 빨리 병원에서 진료를 받는다.

Q503 아이가 천식이라는데 환경 관리는 어떻게 해야 할까요?

A 천식은 환경 요인과 유전 요인이 서로 작용해 일으키는 질병입니다. 환경 관리를 잘하면 천식을 일으키는 환경 요인을 줄일 수 있습니다. 구체적인 환경 관리 방법은 다음과 같습니다.

먼지가 쌓일 만한 물건 치우기

바닥은 아무것도 깔지 않는다. 벽에도 먼지가 쌓일 수 있는 그림이나 사진, 액자 등은 걸지 않는 편이 좋다. 물걸레질이 가능한 벽지가 좋다. 침실에 책이나 장난감 등을 쌓아 두지 않는다.

천식 환자는 청소할 때 밖에 있기

꼭 청소가 필요하다면, 천식 환자는 산업용 방진 마스크를 쓴다.

기관지를 자극하는 향기 제품 사용 줄이기

담배 연기, 냄새가 심한 화장품, 구두약, 새로 칠한 가구, 분말 세제 등 기관지를 자극할 수 있는 제품은 환기가 잘되는 곳에서 사용한다.

침대 매트리스는 비닐 덮개 씌우기

특수 덮개도 있지만 가격이 매우 비싼 편이다. 이불, 요, 베개는 일주일에 한 번씩 햇볕에 말리고, 먼지를 털어 낸다. 빨래는 뜨거운 물로 한다.

합성수지로 만든 침구류 사용하기

닭털이나 오리털 등 털이 날리는 침구는 사용하지 않는다. 합성수지로 만든 침구를 쓰되, 2~3년에 한 번씩 새것으로 간다.

애완동물 기르지 않기

동물의 털, 비듬, 오줌, 체액 등은 천식에 좋지 않다. 특히 동물 분비물은 마르면 집 안을 날아다니기 때문에 특히 조심해야 한다. 아파트 같은 집단 거주지에서 동물을 키우지 못하게 하는 이유이기도 하다.

금연하기

집에 흡연자가 있으면, 천식 치료는 거의 불가능하다고 할 수 있다. 천식이 잘 조절됐던 아이가 커서 담배를 피우면 천식이 심해질 가능성이 높다.

습기 제거제 사용하기

습기 제거제나 제습기를 사용하면 집먼지진드기와 미생물, 곰팡이의 성장을 막을 수 있다. 또한, 단열에 신경 쓰고, 지하실 등에 물이 스미지 않도록 해야 한다. 마른 짚으로 만든 복조리 같은 액세서리나 말린 꽃 장식물, 돗자리, 벽난로용 마른 장작 등도 치운다. 음식물 찌꺼기도 가능한 한 빨리 버리고 집에서 화초를 키우는 일도 삼가는 것이 좋다.

진공청소기나 물걸레로 바닥과 가구 청소하기(일주일에 1회)

일반 청소기를 사용하면 알레르기의 원인인 미세 먼지가 필터를 빠져나와 청소하기 전보다 더 오랫동안 공기 중에 떠 있을 수 있다. 그러므로 청소기보다 물걸레질을 자주 하는 것이 좋다.

카펫 사용하지 않기

카펫은 쉽게 먼지가 쌓이므로 보풀이 일어나지 않는 것을 사용한다.

Q504 천식의 약물 치료는 어떻게 하나요?

A 천식 발작 치료제는 주로 기관지 확장제입니다. 발작이 시작되면 '베타2 자극제'를 먼저 흡입하도록 합니다. 흡입기는 가압식 정량 분무기(에어졸)나 전동식 제트 네블라이저를 사용합니다. 흡입기가 없으면 약을 먹거나 첩포제를 붙이는데 흡입제보다 효과가 즉각적이지 않습니다. 흡입제는 주치의로부터 처방받아야 사용할 수 있으므로, 평소에 미리 챙겨 둡니다. 천식 발작이 일어났지만 적절히 조치하여 호흡곤란을 겪지 않고 상태가 좋아졌다면 병원에 가지 않아도 됩니다. 그러나 상태가 좋아진 것처럼 보여도 계속 진행 중인 경우도 있으니 주의해야 합니다.

심장 질환

우리 아이 심장에서 이상한 소리가 나요

우리 몸에서 가장 중요한 장기가 무엇이냐고 묻는다면 많은 사람이 심장이라고 대답할 것입니다. 심장은 우리 몸의 모든 장기로 혈액을 순환시켜 각 장기가 기능을 유지하게 만드는 매우 중요한 역할을 담당하고 있습니다. 이러한 심장의 기능은 소아에서도 동일합니다.

성인에서는 최근 협심증, 심근경색을 포함한 심혈관 질환이 급격히 증가해 중요한 사망 원인으로 대두되고 있습니다. 반면, 소아의 심장 질환은 매우 드물고, 질환의 종류도 성인과는 확연한 차이를 보입니다. 소아의 심장 질환은 크게 선천성 심장 질환과 후천성 심장 질환,

부정맥으로 나눌 수 있습니다. 선천성 심장 질환은 청색증(손톱, 입술, 혀 등이 푸른빛을 띠는 증상)의 발생 여부에 따라 다시 청색증 선천 심질환과 비청색증 선천 심질환으로 구분합니다. 후천성 심장 질환은 발생 부위와 기전에 따라 가와사키병, 심근염, 감염성 심내막염 같은 다양한 질환들로 분류합니다.

1. 심잡음

정상적인 심장박동 소리는 심장 내부의 네 개의 방(우심방, 우심실, 좌심방, 좌심실) 사이에서 문의 역할을 하는 판막이 닫힐 때 나는 '쿵덕' 하는 소리입니다. 그 외에 심장에서 들리는 소리를 심잡음이라고 합니다. 심장 내부 혹은 혈액이 좁은 틈새나 작은 구멍을 통해 세차게 흘러갈 때 발생합니다.

심잡음은 건강한 아이의 심장에서도 흔하게 들을 수 있습니다. 심잡음이 있는 환아 중 실제 심장 질환이 있는 경우는 10명 중 1~2명 정도로 생각만큼 많지 않습니다. 또한, 심장 질환에 의해 발생한 심잡음이라 할지라도 수술이 필요하지 않은 가벼운 병인 경우가 많습니다.

Q505 이제 갓 돌이 된 아이의 엄마입니다. 오늘 예방 접종을 하러 갔다가 의사 선생님이 심잡음이 들린다며 심장 초음파 검사를 받아

보는 게 좋겠다고 했습니다. 제 아이에게 어떤 병이 있는 걸까요?

A 심잡음은 심장 안팎의 좁은 길을 통해 강한 혈액의 흐름이 있을 때 들을 수 있는 소리입니다. 판막이나 혈관에 협착이 있거나 구멍이 있을 때 들을 수 있습니다. 신생아나 영아기에 들리는 병적인 심잡음은 대부분 선천성 심장 기형에 의한 것으로, 숙련된 소아과 의사는 심잡음이 들리는 위치나 시기(수축기, 이완기 혹은 지속성), 강도에 따라 병적인 심잡음을 감별해 낼 수 있을 뿐만 아니라, 어떤 형태의 심장 기형이 의심되는지도 가늠할 수 있습니다.

Q506 선천성 심장 질환에는 어떤 것들이 있나요?

A 선천성 심장 질환 중 가장 흔한 것은 심실중격결손으로 전체 선천성 심장 질환의 35%에 달합니다. 두 번째로 흔한 심방중격결손(18.8%)과 세 번째로 흔한 동맥관개존증(10%)을 합하면 전체 선천성 심장 질환의 약 2/3나 되는데, 예후가 양호한 비청색증 심장 질환들입니다. 생명을 위협할 수 있는 청색증형 선천성 심장 질환은 질환 자체가 드물 뿐만 아니라, 산전이나 출생 당시에 진단받는 경우가 많습니다. 건강하던 아이에게서 우연히 발견된 심잡음의 경우 청색증형 선천성 심장 질환으로 진단될 가능성은 높지 않습니다.

Q507 소아과에서 심잡음이 들린다는 말을 듣고 심장 초음파 검사를 받았는데, 아무 이상이 없다고 하네요. 이럴 수도 있나요?

A 심장 질환이 없음에도 불구하고 청진되는 심잡음을 무해성 심잡음이라고 하며, 건강한 아이의 30%에서 무해성 심잡음을 들을

수 있습니다. 짧고 약하게 들리거나, 자세를 변화시켰을 때 사라지는 것이 무해성 심잡음의 특징이며, 특정한 시기가 지나면 저절로 사라지는 경과를 보입니다. 심장 초음파를 통해 무해성 심잡음으로 확인된 경우에는 반복적인 검사나 신체적 활동에 대한 제한을 할 필요가 없습니다.

Q508 출생 후 첫 소아과 외래를 방문했다가 우리 아이에게 심잡음이 있다는 말을 들었습니다. 출생 당시 산부인과 병원에서는 그런 말을 듣지 못했는데, 처음에는 없던 심잡음이 이후에 생길 수도 있나요?

A 태아의 심장은 출생과 동시에 변화하기 시작합니다. 신생아가 '으앙' 하고 첫 울음을 울 때, 신생아의 양쪽 폐가 활짝 펼쳐짐과 동시에 쪼그라들어 있던 폐혈관들도 서서히 펼쳐지게 됩니다. 이러한 폐혈관의 변화는 심장 내부의 각 방들 사이의 압력 차이에 영향을 미쳐 출생 직후에는 없었던 빠르고 세찬 혈액의 흐름을 만들어 내고, 이에 따라 처음에는 들을 수 없었던 심잡음을 발견하게 됩니다. 이러한 폐혈관의 변화는 생후 1~2주에 걸쳐 서서히 일어나므로 출생 직후에는 들리지 않았던 심잡음이 퇴원할 때 혹은 첫 외래 방문했을 때 발견되는 것은 흔히 있을 수 있는 일입니다.

Q509 심잡음이 들린다고 하는데, 운동이나 신체 활동을 제한하는 게 좋을까요?

A 심장 초음파를 통해 심장의 구조나 기능에 아무런 문제가 없는 무해성 심잡음으로 확인된 경우, 정상적인 생활을 할 수 있으며, 신

체적 활동을 제한할 필요가 없습니다. 근거 없는 막연한 불안감만으로 마음껏 뛰어놀고 싶어 하는 아이를 막지 않도록 주의해야 합니다. 심방중격결손이나 심실중격결손으로 진단받은 경우라 할지라도 크기가 작고 증상이 없을 경우에는 특별히 신체 활동에 제한을 둘 필요가 없습니다.

Q510 선천성 심장 질환은 흔한 병인가요?

A 선천성 심장 질환은 생존아의 0.8~1%, 미숙아의 2%, 사산아의 3~4%, 유산아의 10~25%에서 발생하며, 이러한 결과는 선천성 심장 질환이 유산, 사산, 조산의 중요한 원인이 될 수 있음을 말해 줍니다.

Q511 선천성 심장 질환은 왜 생기나요? 유전되는 건 아닌가요?

A 심장은 정자와 난자가 만난 후 3주부터 8주까지, 임신 초기에 대부분 완성됩니다. 길쭉한 튜브 모양의 원시 심장이 접히고 꼬이는 과정을 거쳐 격벽, 판막 등이 형성되는데 이 과정에서 유전적인 요인과 환경적인 요인이 복합적으로 작용해 선천성 심장 질환을 유발하는 것으로 알려져 있습니다. 유전적 요인의 예로 GATA4, MYH6 같은 유전자 이상이 있을 때 심방중격결손이 발생할 수 있음이 밝혀졌고, 환경적 요인의 예로 모체의 질병(당뇨, 풍진 등), 음주, 약물 복용 등이 태아의 선천성 심장 질환과 관련이 있는 것으로 확인되었습니다.

이와 같이 선천성 심장 질환의 원인에는 유전적 요소가 포함되어 있기 때문에, 부모나 형제가 선천성 심장 질환을 가지고 있으면 아기에게서 선천성 심장 질환이 나타날 위험도가 증가합니다. 직계 가족 중 선천성 심장 질환 환자가 1명 있을 때 2~6%, 2명 있을 때 20~30%의 확률로 태어날 아기에게서 선천성 심장 질환이 나타날 수 있습니다.

Q512 심잡음이 있어서 심장 초음파 검사를 받았고, 심장에 구멍이 있다고 합니다. 의사는 저절로 닫히는 경우도 있다고 하면서 기다려 보자고 하는데, 저절로 닫힐 가능성이 얼마나 될까요?

A 심실중격결손과 심방중격결손이 특별한 치료 없이 저절로 닫힐 확률은 결손의 크기와 위치에 따라 다릅니다. 크기가 작고 좋은 위치에 발생한 결손일 경우 절반 이상에서 자연 폐쇄를 기대해 볼 수 있습니다. 반면, 나쁜 위치에 발생한 결손은 자연 폐쇄의 가능성이 없어 기다리지 않고 조기에 수술이나 시술을 통해 막기도 합니다.

Q513 심실중격결손으로 진단받은 아이의 엄마입니다. 현재 아무런 증상이 없어 특별한 치료 없이 지내는데 심부전의 증상이 생기면 치료가 필요하다고 합니다. 심부전의 증상에는 어떤 것들이 있나요?

A 심장이 혈액을 온몸과 폐로 보내 주는 기능을 제대로 수행하지 못할 때 이를 심부전이라고 합니다. 영유아기 심부전의 대표적인 증상은 점점 심해지는 수유 곤란과 과도한 발한이며, 그 밖에 호흡곤란, 빠른 호흡, 불충분한 체중 증가, 소변량 감소, 잦은 호흡기 감염 등이 있습니다. 조금 더 자란 소아에서는 운동 능력 저하, 어지럼증, 두근거림, 실신 등으로 나타날 수 있습니다. 이러한 증상들이 나타나면

이뇨제 같은 약물로 치료를 시도해 볼 수 있으나 잘 조절되지 않을 경우 수술적 치료를 고려해야 합니다.

Q514 선천성 심장 질환으로 진단받은 아이들은 심장 이외에 다른 곳에 동반된 기형이 있을 수 있다고 들었습니다. 사실인가요?

A 선천성 심장 질환이 있는 신생아들 가운데 13%는 염색체 이상을 가지고 있습니다. 염색체 안에는 우리 몸의 각 장기의 발생에 관여하는 수많은 유전자가 들어 있으므로 염색체 이상이 있을 경우 동반기형이 발견될 수 있습니다. 여러 장기에 기형을 보일 수 있는 염색체 이상의 예로 다운증후군, 터너 증후군, CATCH22 증후군 등이 있으며, 주로 척추(2~9%), 신장(5~10%), 팔다리(8%)에 기형이 동반된 경우가 많습니다. 따라서 선천성 심장 질환과 함께 동반기형이 있을 때에는 염색체 검사가 필요할 수 있고, 반대로 염색체 이상이 확인되었을 때에는 동반기형 확인을 위한 추가적인 검사를 고려해야 합니다.

Q515 심실중격결손으로 수술을 권유 받았지만, 아직 태어난 지 몇 년밖에 되지 않은 아이의 가슴을 열고 수술을 받게 하기가 너무 무섭고 안타깝습니다. 수술을 받지 않고 지내도 괜찮지 않을까요?

A 심실중격결손으로 인한 심부전이 진행해 수술이 필요한 상황이 되었다면, 이미 결손부위를 통해 심장과 폐 사이를 맴도는 혈액의 양이 상당함을 의미합니다. 만약 수술 시기를 놓쳐서 그대로 방치하면 돌이킬 수 없는 폐혈관의 변화를 초래하게 되는데 이를 '폐혈관 폐쇄 질환'이라고 합니다. 일단 폐혈관 폐쇄 질환이 발생하면 심실중격결

손을 막는 수술은 금기가 되고 유일하게 고려할 수 있는 치료는 심장과 폐를 동시에 이식하거나 양쪽 폐를 이식하는 것입니다. 따라서 적절한 수술 시기를 놓치지 않도록 유의해야 합니다.

Q516 심방중격결손으로 진단받고, 심도자술을 이용한 심방중격결손폐쇄술을 권유 받았는데요. 어떤 시술인지, 수술과 비교해서 어떤 장단점이 있는지 궁금합니다.

A 치료적 심도자술은 특별히 제작된 도관을 대퇴부나 손목에 있는 혈관을 통해 삽입, 심장까지 진입시킨 후, 좁아진 부위는 풍선이나 스텐트를 이용해 넓혀 주고, 결손이 있는 부위는 기구로 막아 주는 치료 방법입니다. 수술에 비해 입원 기간이 짧고, 통증이 훨씬 적으며, 감염 및 출혈과 같은 부작용이 적고, 전신 마취가 필요하지 않고, 흉터가 남지 않는다는 장점이 있어 최근 들어 많이 시행하는 추세입니다. 물론 삽입한 기구가 심장 내부에서 상처를 일으키거나 결손 부위에서 이탈되는 부작용이 발생할 가능성이 있으므로 주의를 요합니다.

Q517 제 아이는 3세 때 심실중격결손으로 수술을 받았고, 지금은 초등학생이 되어 건강하게 잘 지내고 있습니다. 앞으로 이 아이가 성인이 되었을 때 특별한 문제 없이 잘 지낼 수 있을까요?

A 수술과 중환자 관리의 발달로 성인까지 생존하는 선천성 심장 질환자의 수가 급격히 증가하고 있습니다. 단순한 질환의 경우 대부분의 환자는 성인이 된 후에도 완전히 정상인처럼 지낼 수 있습니다. 그러나 수술로 질환을 완전히 교정하지 못했거나 수술의 합병증

이 발생한 경우, 심장의 불완전한 기능으로 인해 폐, 신장, 간 등 다른 장기에 손상을 받은 경우에는 해결되지 않은 의학적 문제와 함께 취업, 운동, 결혼, 임신 같은 사회 심리적인 문제까지 가지고 있을 가능성이 있습니다. 따라서 대부분의 선천성 심장 질환 환자들은 수술 후 상태가 좋은 경우라도 성인이 된 후까지 지속적인 추적 관찰이 필요합니다.

▌2. 가와사키병

가와사키병은 1967년 일본에서 처음 보고된 후 지난 50년간 많은 연구가 이루어졌음에도 불구하고 아직까지 정확한 원인은 밝혀지지 않았습니다. 다만 눈, 입, 손, 발 등이 붉게 변하고 온몸에 붉은 반점이 발생하는 등 가와사키병의 특징적인 증상이 우리 몸 곳곳에 분포한 혈관에 발생한 염증 때문이라는 사실은 확인되었습니다. 한국, 일본, 대만 등 동아시아에 거주하는 5세 이하의 어린이들에게서 주로 나타나며, 1000명 중 1~2명 정도로 발생률이 그다지 높은 편은 아니지만, 우리나라 소아의 후천성 심장 질환들 중 가장 흔한 병입니다. 그만큼 소아의 심장 질환이 드물다는 사실의 반증입니다.

치료가 늦어질 경우, 심장 근육에 혈액을 공급하는 관상동맥이 부풀어 올라 터지거나 늘어난 혈관 내부에 피딱지가 쌓여 좁아지거나 막히는 등 심각한 합병증이 발생할 수 있습니다. 이는 심근경색이나 급사로 이어질 수 있으므로, 5일 이상 조절되지 않는 발열이 있는 소아에게서 반드시 감별해야 할 질환들 중 하나입니다.

Q518 열이 오래 나고 눈, 입술, 손, 발이 빨개져서 병원에 갔더니, 그 냥 진찰만 해 보고는 가와사키병이라고 진단했습니다. 환자를 보고 진 찰하는 것만으로도 가와사키병을 알 수 있나요?

A 🧑 가와사키병의 진단은 특징적인 증상 및 진찰 소견으로 이루 어집니다. '5일 이상 지속되는 발열'은 가와사키병 진단을 위한 선행 증상이며, 그 외에도 '눈곱이 없는 양측 결막 충혈', '입술, 혀, 구강 점 막이 붉게 변함', '다양한 모양의 발진', '한쪽 목에서 지름 1.5cm 이상 크기의 고름이 없는 림프절 비대', '손발이 단단하게 붓고 붉게 변함'과 같은 증상들 중 4가지 이상 있을 때 가와사키병으로 진단할 수 있습 니다.

Q519 5일 이상 열이 계속 나서 소아과에 갔더니 가와사키병이라고 하네요. 그런데 진단 기준을 만족하는 증상이 '눈곱이 없는 결막 충 혈'과 '다양한 모양의 발진', 두 가지밖에 없는데, 가와사키병으로 진단 할 수 있는 건가요?

A 👩 5일 이상의 발열이 있으면서 나머지 5가지 증상 중 4가지가 아닌, 2~3가지만 가지고 있는 가와사키병을 불완전형 가와사키병이라 고 합니다. 2009~2011년에 시행된 국내 역학조사에 따르면 불완전형 가와사키병이 전체 가와사키병 환자의 42.2%를 차지한다고 합니다.

이렇게 진단 기준을 낮추면 실제로는 가와사키병이 아님에도 불구하고 가와사키병으로 오진해 엉뚱한 치료를 받는 경우가 늘어날 수 있는 것이 사실입니다. 반면에, 엄격한 진단 기준의 적용으로 인해 제때에 치료받지 못해 관상동맥 합병증으로 장기간 약물 복용과 추적 검사를 받아야 하는 억울한 환자들을 줄일 수 있는 장점이 있습니다.

Q520 첫째 아이가 3세 때 가와사키병으로 진단받아 치료했는데, 이번에 둘째 아이도 가와사키병으로 진단받았습니다. 이게 우연인가요? 아니면 가와사키병에 유전적 소인이 있는 건가요?

A 가와사키병은 유전적 소인이 있는 것으로 알려져 있습니다. 가와사키병의 발생률은 부모 중 한 명이 어렸을 적 가와사키병을 앓았던 과거력이 있는 경우에 그렇지 않은 경우보다 2배 더 높고, 가와사키병을 앓았던 형제가 있는 경우에는 무려 6~10배까지 증가합니다. 하지만 너무 불안해할 필요는 없습니다. 10배라고 하더라도 100명 중 1~2명 정도의 확률이기 때문입니다.

Q521 기침, 콧물, 발열로 소아과에 갔더니 감기라고 해 처방해 준 약을 먹였습니다. 하지만 며칠이 지나도 열이 떨어지지 않고 온몸에 열꽃이 피더니 눈도 빨개져서 다시 소아과에 가니 가와사키병이 의심된다고 하더라고요. 그럼 처음부터 감기가 아니었던 건가요?

A 가와사키병의 초기에도 기침, 콧물, 발열과 같은 감기 유사 증상이 나타날 수 있으므로 병의 초기에는 감별이 어려울 수 있습니다. 최근에는 가와사키병이 5세 이하, 그중에서도 특히 6개월에서 12

개월의 면역력이 약한 소아에서 많이 발생한다는 점, 여름과 겨울철에 유행한다는 점, 특별한 치료 없이도 저절로 호전되는 경과를 보인다는 점 등 감염성 질환과 비슷한 양상을 보이는 것을 근거로 바이러스 감염이 가와사키병의 한 가지 유발 인자일 수도 있다는 가설이 힘을 얻고 있습니다.

Q522 가와사키병으로 진단받고 치료 후 다행히 열도 떨어지고 빨개졌던 눈이랑 입술도 정상으로 돌아왔는데, 퇴원하고 2주쯤 뒤부터 손가락 끝부터 피부가 벗겨지기 시작해요. 치료가 덜 된 건 아닌지 걱정입니다. 어떻게 해야 하나요?

A 가와사키병은 급성기(발병 후 1~2주), 아급성기(3~6주), 회복기(6~8주)로 나눌 수 있습니다. 가와사키병의 특징적인 증상들은 급성기에 나타나며, 아급성기가 되면 급성기의 증상이 대부분 사라지고 손발가락 끝의 피부가 벗겨집니다. 간혹 항문 주위를 포함한 회음부의 피부가 벗겨지기도 합니다. 그러나 이러한 증상은 가와사키병이 치료가 덜 되었거나 재발해 나타나는 증상이 아니라 가와사키병의 자연스러운 경과이며, 특별한 치료 없이도 회복되므로 걱정하지 않아도 됩니다.

Q523 가와사키병으로 진단받고 심장 초음파 검사를 했는데 다행히 아무런 이상이 없다고 했어요. 그런데 2주 후에 다시 심장 초음파를 봐야 한다고 했어요. 제 아이는 차가운 게 몸에 닿는 걸 너무 싫어하는데 짧은 간격으로 자꾸 볼 필요가 있을까요?

A 가와사키병에서 심장 초음파 검사는 심장 합병증의 발생 및

경과를 확인하기 위해 시행합니다. 관상동맥의 변화뿐만 아니라, 심근염, 판막역류 같은 급성 심장 합병증의 발생 여부 또한 심장 초음파를 통해 확인 가능합니다. 이를 위해 진단 당시에 첫 번째 심장 초음파 검사를 시행하고, 발병 2~3주 후, 발병 6~8주 후, 발병 1년 후에 각각 추적 검사를 시행하는 것이 일반적입니다. 하지만, 검사를 시행하는 의사나 환자의 상태에 따라 달라질 수 있습니다.

Q524 가와사키병으로 진단받고 심장 초음파 검사를 앞두고 있는 아이의 아빠입니다. 관상동맥에 문제가 있을까 봐 매우 걱정됩니다. 제 아이에게 관상동맥 합병증이 발생할 확률은 얼마나 될까요?

A 관상동맥 합병증의 발생 여부는 발열의 지속 기간과 연관이 있습니다. 진단이 늦어져 빠른 시기에 적절한 치료를 받지 못하고 열이 장기간 지속된 경우에는 약 20%의 환자에서 관상동맥 합병증이 발생할 수 있습니다. 반면, 정맥 면역글로불린을 포함한 적절한 치료를 받은 경우 관상동맥 합병증의 발생률은 5% 미만으로 급격히 감소합니다. 가장 심한 형태의 관상동맥 합병증인 거대 관상동맥류(지름 8mm 이상)는 0.5~1%의 환자에서 발생할 수 있습니다.

Q525 가와사키병에 걸리면 어떤 치료를 받게 되나요?

A 진단 후 가능한 한 조속히 정맥용 면역글로불린을 주사하고 아스피린을 경구로 투여합니다. 면역글로불린은 사람의 혈청에서 분리해 낸 항체로, 가와사키병의 치료에 있어서 그 기전은 명확히 밝혀진 것이 없습니다. 10~12시간에 걸쳐 서서히 투여하면 36시간 이내

에 80~90%의 환자에서 발열과 임상 증상의 호전을 관찰할 수 있습니다. 아스피린은 급성기에는 염증을 가라앉히기 위해 고용량으로 투여하다가, 아급성기에 접어들면서 관상동맥의 혈전을 예방하기 위한 저용량 요법으로 변경해 6~8주간 투여합니다.

Q526 만약 관상동맥류가 생기면 어떤 치료를 받게 되나요?

A 정기적인 심장 초음파 검사로 추적 관찰하면서 혈전에 의한 심근경색을 예방하기 위해 저용량 아스피린을 투여하며, 필요에 따라 항응고제를 추가합니다. 관상동맥류의 약 50%는 발병 후 1~2년에 걸쳐 정상으로 회복되는데, 회복된 후에는 아스피린을 중단할 수 있습니다.

Q527 정맥용 면역글로불린을 투여한 후에도 열이 계속 나면, 어떻게 해야 하나요?

A 10~20% 정도의 가와사키병 환자는 정맥용 면역글로불린 투여 후 36시간이 지나도록 열이 떨어지지 않을 수 있습니다. 이와 같은 경우에는 정맥용 면역글로불린을 한 번 더 투여하거나 고용량의 스테로이드를 주사합니다. 이마저도 효과가 없을 때에는 종양 괴사 인자 억제제와 같은 면역 억제제 투여를 고려해 볼 수 있습니다.

Q528 13개월 된 아이가 1개월 전 가와사키병으로 진단받고 정맥용 면역글로불린 주사로 치료를 받았습니다. 지금은 아스피린을 복용합니다. 특별히 주의해야 할 것이 있나요?

A 🧑 고용량의 정맥용 면역글로불린을 투여한 후에는 생백신(MMR, 수두 등)의 접종을 11개월 후로 연기해야 합니다. 이는 면역글로불린 제제에 들어 있는 MMR, 수두에 대한 항체가 생백신에 의한 면역 반응을 억제하기 때문에, 접종한 생백신의 효과가 충분하지 않을 수 있기 때문입니다. 아스피린을 복용하는 동안 수두나 독감에 걸리면 뇌압 상승, 간 기능 장애를 특징으로 하는 라이증후군에 걸릴 확률이 높아집니다. 따라서 수두나 독감 환자와의 접촉을 피하고, 시기에 맞춰 예방 접종을 시행합니다. 이때 수두 백신은 생백신이므로 정맥용 면역글로불린 투여 11개월 후부터 접종할 수 있습니다.

Q529 가와사키병도 재발하나요?

A 🧑 그렇습니다. 재발이 가능할 뿐만 아니라, 재발할 확률은 처음 발생할 확률보다 훨씬 높습니다. 5세 미만의 어린이가 가와사키병에 걸릴 확률이 0.13%인 것에 비해, 한 번 가와사키병으로 진단받았던 어린이가 다시 가와사키병에 걸릴 확률은 3.83%로 30배에 가까운 차이를 보입니다. 어떤 특징을 가진 환자에게서 더 잘 재발하는지, 재발한 환자들에게서 관상동맥 합병증의 발생률이 더 높은지에 대해서는 추가적인 연구가 필요합니다.

Q530 가와사키병의 장기적인 예후는 어떤가요?

A 🧑 관상동맥 합병증이 없는 가와사키병의 경우 6~8주간 아스피린을 복용하고, 일정 기간 심장 초음파 추적 검사를 받으면 이후 특별한 치료 없이 지낼 수 있고, 운동 제한도 필요 없습니다. 성인이 된 후

협심증, 심근경색이 발생할 확률이 정상인에 비해 높은지에 대해서는 추가적인 연구가 더 필요한 상태로, 건강한 식습관, 규칙적인 운동, 흡연 회피가 추천됩니다. 반대로 관상동맥 합병증이 있는 가와사키병의 경우 관상동맥류의 회복이 확인될 때까지 아스피린 및 항혈전제를 지속적으로 복용해야 합니다. 또 정기적인 심장 초음파 검사, 심전도, 운동 부하 검사 등을 통해 관상동맥류의 상태를 확인해야 합니다. 이러한 검사에서 관상동맥의 협착으로 인한 심근 허혈이 의심될 경우, 관상동맥 조영술로 협착 부위와 정도를 직접 확인해야 하며 상황에 따라 스텐트 삽입이나 관상동맥 우회술과 같은 치료가 필요할 수 있습니다.

3. 심장염

심장의 벽은 가장 안쪽에서 혈액과 직접 맞닿는 심내막, 심장을 뛰게 하는 근육이 있는 심장근육층, 심장을 주머니처럼 둘러싸고 있는 심막(혹은 심낭)의 세 개 층으로 구성되어 있습니다. 각각에 발생한 염증을 심내막염, 심근염, 심막염이라고 부르며 대부분 바이러스나 세균의 감염이 원인입니다. 특히 영유아의 심근염은 수일 안에 급격히 진행해 사망에 이르게 할 수 있는 심각한 병임에도 불구하고 현재까지는 확립된 근본적인 치료 방법이 없습니다. 회복할 수 없을 만큼 심하게 진행한 경우, 유일한 치료 방법은 심장 이식인데 적절한 시기에 공여자가 나타날 가능성이 높지 않아 치료가 어려운 병입니다.

Q531 감염 심내막염은 어떻게, 왜 생기나요?

A 심장 내에 소용돌이치는 듯한 강하고 거친 혈액의 흐름이 있을 때, 이로 인해 심내막이 손상될 수 있습니다. 손상된 심내막에 혈액을 따라 떠돌아다니던 세균이나 바이러스, 곰팡이균이 침투해 증식하면 우리 몸을 보호하기 위한 면역 체계가 작동해 염증 반응을 유발합니다.

감염 심내막염의 발생은 와류(소용돌이치는 혈류)와 균혈증(혈액 내에 균이 떠돌아다니는 상태) 때문이므로 이러한 조건이 쉽게 형성되는 환자들에서 감염 심내막염의 발생 확률이 높습니다. 와류는 심장 내 혈액의 흐름이 비정상적인 경우 즉, 구조적인 심장 질환을 이미 가지고 있는 환자에서 잘 나타나며, 균혈증은 면역력이 저하된 환자에서 발생하기 쉽습니다. 하지만, 정상적인 심장 구조와 면역력을 가지고 있는 사람이라고 해서 감염 심내막염이 전혀 발생하지 않는 것은 아닙니다.

Q532 감염 심내막염에 걸리면 어떤 증상이 나타나나요?

A 발열, 관절통, 근육통, 두통, 오한, 구역, 구토 같은 비특이적인 증상들로 시작할 수 있습니다. 세균, 백혈구, 혈소판 등이 한데 엉겨 붙은 덩어리(증식 조직)가 심내막에 형성될 수 있고, 이 증식 조직으로 인해 심장 판막이 원활하게 닫히는 데에 방해가 되면 혈액이 역류해 심부전을 유발할 수 있습니다. 이는 호흡곤란, 과도한 땀 분비, 운

동 능력 저하 등으로 나타납니다. 증식 조직의 일부가 떨어져 나가 심장으로부터 온몸으로 흩뿌려져서 우리 몸 곳곳의 혈관을 막을 수도 있는데, 특히 뇌혈관을 막을 경우 마비, 의식소실, 언어장애 등 뇌졸중 증상이 나타날 수 있습니다.

Q533 감염 심내막염으로 진단받고 입원해 항생제 치료를 받는데, 적어도 4주간 입원해서 주사 항생제를 맞아야 하네요. 꼭 장기간 입원을 해야만 하나요?

A 장시간에 걸친 대량의 항생제 투여가 치료의 기본 원칙입니다. 4~6주간 입원해 혈액 배양 검사를 통해 확인된 원인균에 따라 항생제를 정맥 주사합니다. 먹는 항생제로는 효과가 충분하지 않을 수 있으며, 이로 인해 심장 내에 증식 조직이 남아 있을 경우 재발의 원인이 될 수 있습니다. 장기간의 항생제 투여에도 원인균이 계속 배양될 경우, 증식 조직을 제거하기 위해 수술을 받아야 할 수도 있습니다.

Q534 감염 심내막염으로 치료 중에 있습니다. 앞으로의 경과가 어떻게 될까요? 그리고 다 나은 뒤에 주의해야 할 점이 있을까요?

A 감염성 심내막염은 사망률이 20~25%나 될 정도로 위험한 질환입니다. 특히 염증이 심내막에 국한되지 않고 심장근육층을 침범해 고름집을 형성하거나 증식 조직이 떨어져 나가 온갖 장기, 특히 뇌혈관을 막는 경우에는 위험할 수 있습니다. 합병증 없이 잘 회복된 경우에는 대부분 좋은 경과를 보이지만, 한 번 감염 심내막염을 앓았던 사람은 재발의 가능성이 있으므로 치과 치료나 침습적인 호흡기 처치를

받기 전에 재발 예방을 위한 항생제를 투여해야 합니다.

Q535 열이 나서 소아과에 갔더니 목이 부었다고 해서 약을 처방받아 복용했습니다. 그런데 2~3일 뒤부터 아이가 축 처지고 잘 먹지도 못해서 응급실을 통해 입원했고 여러 가지 검사를 받은 후 심근염이 의심된다는 말을 들었습니다. 열감기가 심근염으로 진행할 수도 있나요?

A 심근염의 원인 중 대부분을 차지하는 것이 바이러스 감염입니다. 그중에서도 아데노바이러스, 콕사키바이러스, 에코바이러스 등이 흔한 원인으로 확인되었으며, 심근에 침투한 바이러스를 제거하기 위한 우리 몸의 면역 반응이 지나친 경우 심장 근육이 손상됩니다. 이러한 바이러스들은 대부분 호흡기를 통해 침투하므로 심근염은 초기에 발열, 기침, 발진 같은 감기 증상으로 시작할 수 있습니다. 바이러스 감염의 일종인 수족구병에서 심근염으로 진행하는 경우도 있습니다.

Q536 심근염에 걸린 아이는 어떤 증상을 보이나요?

A 염증이 매우 가벼워 특별한 증상 없이 지나가는 무증상 심근염이 있는가 하면, 심장의 기능을 기계를 통해 대체해야만 할 정도로 심한 증상을 보이는 전격성 심근염도 있어, 증상의 정도가 매우 다양합니다. 신생아나 영아의 경우, 발열, 식욕부진, 심부전에 의한  호흡곤란, 과도한 땀 분비, 청색증이 나타날 수 있고, 심기능이 더 떨어지면 저혈압, 쇼크가 발생해 생명이 위태로운 지경에 이릅니다. 유아

나 학동기 연령의 아이들은 병의 경과가 느린 경우가 많아, 급성기 이후에 부정맥이나 확장성 심근병증의 합병증으로 발전하기도 합니다.

Q537 심근염은 근본적인 치료 방법이 없다고 하는데 그냥 좋아질 때까지 기다리는 수밖에 없나요?

A 바이러스 감염에 대한 과도한 면역 반응이 원인이므로 스테로이드, 정맥용 면역글로불린, 다양한 면역 억제제가 효과를 보일 것으로 기대하나 지금까지의 연구 결과로는 어느 것도 확립된 치료 방법으로 사용할 만한 효과를 입증하지 못했습니다. 현재로서는 심부전이 있으면 심장의 수축을 도와주는 강심제를 투여하고, 부정맥이 발생하면 항부정맥제를 투여하는 등 대증치료를 하면서 환아가 스스로 회복할 때까지 기다리는 방법밖에는 없습니다. 약물 치료 중에도 심장의 기능이 계속 악화되면 심장과 폐의 기능을 기계로 대신하는 ECMO를 일시적으로 사용해 볼 수 있고, 회복 불가능할 정도로 심장 근육이 손상되면 심이식을 고려해야 합니다.

Q538 심막염은 무엇이고 왜 생기나요?

A 심막염은 다양한 원인에 의해 심장 근육을 둘러싸고 있는 심막에 발생한 염증성 질환입니다. 염증 과정에서 발생한 삼출액이 심장근육층과 심막 사이의 공간에 고이는데 심장을 압박해 심장박동을 방해할 정도로 그 양이 많아지면 이를 '심장눌림증'이라고 합니다. 심막염의 원인은 감염, 류머티즘 질환, 선천성 심장 기형, 심장 수술, 대사 질환 등 다양하며, 그 원인에 따라 치료도 달라집니다.

Q539 심막염은 어떤 증상으로 나타나며 어떻게 진단하나요?

A 말을 할 수 있을 정도로 자란 아이에게 심막염이 발생했을 때 아이가 맨 먼저 호소하는 증상은 예리하게 찌르는 듯한 느낌의 가슴 통증입니다. 이 통증은 똑바로 누우면 심해지고 몸을 앞으로 기울이면 좋아지는 양상을 보입니다. 그 외에도 기침, 호흡곤란, 복통, 구토, 발열 같은 증상이 나타날 수 있습니다.

이러한 증상을 보이는 환아들은 흉부 X-ray검사를 받아야 하며, 심장이 물주머니처럼 크고 둥글게 보이면 심장 초음파 검사를 통해 심막염을 진단하고, 삼출액의 양과 심장눌림증의 발생 여부를 확인합니다.

Q540 심막염의 치료는 어떻게 이루어지나요?

A 바이러스성 심막염은 비스테로이드성 소염제만으로도 치료가 가능합니다. 하지만 과다한 삼출액으로 인해 심장눌림증이 있으면 갈비뼈 아래쪽으로 주삿바늘을 찔러 넣어 삼출액을 제거해 주어야만 합니다. 삼출액에 고름이 있을 경우에는 응급으로 고름을 모두 제거하는 수술을 받아야 하며 장기간의 항생제 치료가 필요할 수 있습니다.

4. 부정맥

가장 편안한 상태로 잠들 때나 초긴장 상태로 싸움을 할 때도 심장은 스스로 박동수를 조절합니다. 어느 누구도 자기 의지로 심장박동을 빠르게 혹은 느리게 할 수 없습니다. 부정맥은 이러한 심장의 전기 신호 발생과 전달에 이상이 생겨 심장박동이 불규칙해지거나 정상적인 심장박동수의 범위를 벗어나 너무 빨리 혹은 너무 느리게 뛰는 것을 뜻합니다. 소아의 부정맥은 많은 경우 특별한 치료 없이 추적 관찰을 하지만, 심각한 부정맥을 제때에 치료하지 않으면 실신, 급사에 이르거나 서서히 심기능을 저하시켜 심부전에 이르게 할 수 있으므로 정확한 진단과 빠른 대처가 중요합니다.

Q541 지난달에 태어난 아이가 심하게 보채고 잘 먹지 못해 병원에 갔는데 맥박수가 160회였어요. 너무 빠른 줄 알고 깜짝 놀랐는데, 괜찮다고 했어요. 얼마나 빨라야 문제가 되나요?

A 일반적으로 정상 성인의 경우 1분에 60~100번 정도 속도로 심장이 뛰는데, 이것이 곧 심장박동수 또는 맥박수입니다. 소아는 연령에 따라 정상 심장박동수의 범위가 다른데 영아기에는 100~180회/분이다가 자라면서 점점 느려져 학동기에는 70~140회/분, 청소년기에는 성인의 심장박동수와 비슷한 수준에 이릅니다. 정상 범위를 벗어나는 맥박수라고 해서 모두 문제가 되는 것은 아닙니다. 열이 나거나 통증이 있을 때, 울거나 웃을 때, 달릴 때 등 자율신경계가 항진되어 있는 상태에서는 정상적으로 맥박수가 상승합니다. 이는 심장 자체의 문제가 아니기 때문에 원인을 해결해 주면 정상 맥박수로 회복됩니다.

Q542 초등학생 아이가 가끔 가슴이 두근거린다고 해 심전도를 찍었는데 심실조기수축이라는 부정맥이 발견되었습니다. 치료할 필요가 없다고 하는데, 두고 봐도 괜찮을까요?

A 심실조기수축은 동결절에서 발생한 전기 신호가 심실의 근육까지 이르기 전에 심실의 근육 세포가 먼저 흥분해 수축이 일어나는 부정맥입니다. 규칙적인 리듬을 깨고 반박자 빨리 심장의 수축이 일어나기 때문에 예민한 아이들은 심장박동에 문제가 있음을 느끼고 불편함을 호소하기도 합니다. 그러나 심실조기수축이 규칙적인 간격으로 발생하고, 연달아 발생하지 않으며, 심전도 상 일정한 모양을 유지한다면 대부분 양성 경과를 보이므로 치료 없이 추적 관찰해도 무방합니다. 간혹, 전해질 이상, 저산소증, 약물 중독, 심근 손상 같은 원인에 의해 이차적으로 심실조기수축이 발생하는 경우가 있는데, 이때는 원인을 반드시 교정해 주어야 합니다.

Q543 6개월 된 아이가 잘 먹지 못하고 숨 쉬기를 힘들어해 응급실을 방문했다가 상심실성 빠른맥으로 진단받았습니다. 처음 들어 보는데 도대체 어떤 병인가요?

A 상심실성 빠른맥은 소아에서 빈도나 중증도에 있어서 가장 중요한 비중을 차지하는 부정맥입니다. 영아에서 가장 흔한 형태는 방실 회귀성 빠른맥입니다. 동결절에서 발생한 전기 신호가 정상적인 길을 따라 심실로 내려가던 중, 정상 심장에서는 찾아볼 수 없는 부수적인 길(부전도로)에 의해 역행해 심실 위쪽의 정상적인 길로 다시 흘러들어 간 후 이 과정을 반복하면서 제자리를 맴도는데 이로 인해

180~300회의 빠르고 규칙적인 부정맥이 발생합니다.

두근거림, 호흡곤란, 흉통, 실신 같은 증상이 나타날 수 있지만, 영아에서는 보채고 잘 먹지 못하는 등 비특이적인 증상을 보여 늦게 진단될 수 있습니다. 이로 인해 수일 이상 적절한 조치를 취하지 못하면 심장에 영구적인 손상이 남거나 쇼크 상태로 발전될 수도 있습니다.

Q544 응급 처치를 받은 후 정상 심장박동으로 돌아왔습니다. 재발을 막기 위해 당분간 약을 먹어야 한다는데 얼마나 먹어야 하나요?

A 상심실성 빠른맥은 자주 재발할 수 있는 병으로, 6개월~1년 정도 약물 치료가 필요하며, 이후 재발이 없으면 약물 투여를 중단할 수 있습니다. 치료 경과를 살펴보면, 영유아기에 상심실성 빠른맥이 있었던 환자 중 60~90%는 1세 전후로 재발이 멈춥니다. 하지만, 이 중 상당수의 환아들은 수년 후, 학동기부터 다시 재발하는데 이러한 경우, 성인이 될 때까지 지속적으로 재발하는 경향을 보입니다. 따라서 적절한 약물 치료에도 재발이 잦거나, 학동기 이후에 재발이 확인된 소아들에게는 부전도로를 제거하는 근본적인 치료법 즉, 고주파 전극도자 절제술을 고려해야 합니다. 이를 통해 90~95%의 환자들이 재발의 두려움에서 벗어나고 있습니다.

위장 질환

아이가 배가 아프대요

구토, 설사, 복통 등 위장관 증상을 동반하는 질환은 감기 다음으로 소아에게 흔한 질병입니다. 아기의 위장관 증상은 종종 맹장염처럼 수술해야 할 병이 숨어 있기 때문에 부모나 소아과 의사를 당황하게 합니다. 특히 유문협착증, 장중첩증 등은 성인에게는 없고 아이들에게만 발병하는 독특한 질환으로 수술을 해야 하는 경우도 있습니다.

아기는 커 가면서 변을 보는 횟수, 묽기, 색상 등이 점차 변해 갑니다. 큰 소아나 어른에게는 없는 현상입니다. 게다가 아기들은 갖가지 장염에도 자주 걸립니다. 그래서 어떤 변이 좋은지 나쁜지를 구별하는 것이 예상 외로 어렵고 또 중요합니다. 성격이 형성되는 예민한 시기의 소아 변비도 치료가 까다로운 병 중 하나이기 때문에 주의해야 합니다.

구토를 했는데 붉은 피가 보이거나 대변에 피가 섞이는 경우가 있는데, 색소나 과일 등에 의해 붉게 보일 뿐 피가 아닌 경우도 있습니다. 물론 어린 소아에서도 토혈이나 혈변을 보이는 몇 가지 질환이 있는데 부모도 잘 알고 있어야 합니다.

▌ 1. 아기 대변의 특징

아기 변을 설사라고 오해하는 경우가 많은데 주의가 필요합니다. 아기들은 감염성 장염에 자주 걸립니다. 계절에 따라 발생하는 바이러스성 장염, 세균성 장염의 특징과 대처 방법을 알아 두면 좋습니다. 아이가 2주 이상 만성적으로 설사를 한다면, 병적인 설사인 경우도 있지만 그저 잦고 묽은 변으로 대변의 습성이 바뀐 경우가 대부분입니다.

Q545 아기의 대변 모양이나 습성은 큰 소아나 어른 변과 어떤 차이가 있나요?

A 아기는 커 가면서 대변의 모양이나 배변 습성 즉 변의 묽기, 횟수, 곱똥, 색상 등이 크게 변해 갑니다. 어른이 보기에 설사다 싶은

변도 아기에게는 정상인 경우가 허다합니다.

아기의 변은 모유냐 분유냐에 따라 전혀 다르고, 이유식을 하면 음식의 종류에 따라 자주 변합니다. 특히 돌 전의 어린 아기들은 장이 아직 미성숙한 상태이므로 대변의 모습이 큰 아이나 성인과는 많이 다를 수 있습니다. 물기가 많아 보여도, 점액이 다소 섞여 보여도 성인 기준으로 설사라고 섣불리 판단하지 말고 소아과 전문의와 상의해야 합니다.

Q546 녹색 변은 나쁜 변이고 황금색 변은 좋은 변인가요?

A 아기 변이 황금색이면 장이 튼튼하고 아기가 건강하다고 믿는 부모가 많습니다. 이는 근거 없는 잘못된 상식입니다. 피(붉은 피 혹은 짜장면 색처럼 검은 변)가 보이지만 않는다면 혹은 신생아가 오랜 기간 흰색이나 회색 변을 보지 않는다면, 변의 색은 중요하지 않답니다.

아기들은 하루 6~8회 수유를 하고 변을 자주 보기 때문에 대장에서 충분히 소화가 되었어도 녹색 변이나 노란색 변을 볼 수도 있습니다. 대변의 양이 많거나, 기운 없이 처지거나, 열이 나거나, 보채는 등 뚜렷한 장염의 증상이 없다면 녹색 변을 1년 내내 보아도 크게 문제가 되지 않습니다. 물론 황금색 변도 건강을 증명하는 건 아닙니다.

Q547 곱똥(점액변), 몽글몽글 변, 거품 변은 해로운가요?

A 아기의 컨디션이 정상적인 상황이라면 점액이 섞이는 것 자체를 병적으로 보지는 않습니다. 몽글몽글하거나 거품이 섞이는 변도 어린 아기에게는 흔한 일이며 아기의 컨디션이 좋으면 크게 문제 되지

않습니다. 아기의 장이 아직 미숙해서, 이유식을 처음으로 접하다 보니 장이 적응하느라 점액의 변이 일부 섞여 보이거나, 몽글몽글하거나 거품 변으로 보일 수 있습니다. 변이 굳고 딱딱해도 점액의 변이 섞일 수 있습니다. 따라서 곱똥 즉 점액변, 몽글몽글한 변, 거품 변은 그 자체만으로는 병적인 변으로 볼 수 없습니다. 아기의 컨디션, 체중 변화, 다량 설사의 동반 유무, 혈변, 열, 복통 등을 종합적으로 판단해야 병적인지 아닌지 알 수 있습니다.

Q548 모유를 먹는 아기와 분유를 먹는 아기의 변은 다르다고 들었는데 어떻게 다른가요?

A 모유 변은 이렇고, 분유 변은 이렇다고 딱 잘라 말할 수는 없지만 모유를 먹는 아기 변이 분유를 먹는 아기 변보다 더 묽은 경우가 흔합니다. 모유 수유아는 대개 하루 3~4회 변을 보는데 많게는 하루

12번도 정상적으로 볼 수 있습니다. 아기의 컨디션이 좋고, 변의 양이 많지 않고 기저귀에 지리는 정도가 잦다면 크게 걱정할 일이 아닙니다. 특히 체중이 잘 늘고 있다면 모유를 수유하는 아기의 정상적인 변으로 보면 됩니다. 분유를 먹는 아기는 모유를 먹는 아기보다 변이 다소 굳게 보이는 경우가 많습니다. 녹색으로 보이는 경우도 흔한데 정상입니다. 따라서 모유나 분유를 수유하는 방식에 따라서 변은 다양한 차이를 보이므로 서로 비교해서 설사냐 아니냐를 판단하는 것은 적절하지 않습니다.

구분	병적인 설사가 의심되는 경우	확인란	정상적인 잦고 묽은 변으로 판단되는 경우	확인란
컨디션	컨디션이 나쁘거나 체중이 빠질 때(처짐, 소변을 8시간 이상 보지 않을 때, 젖을 빠는 힘이 약할 때 등)		컨디션이 좋고 체중이 잘 늘어날 때	
발열	열이 동반될 때		열이 없을 때	
양	대변의 양이 많을 때(예를 들어, 하루의 변을 다 모은다면 엄마 손바닥으로 3~4개를 넘을 때)		대변은 소량씩 지리는 것이 대부분이고 양이 많지 않을 때(예를 들어, 하루의 변을 다 모아도 엄마 손바닥으로 1~2개를 넘지 않을 때)	
복통 유무	보챔(복통)을 동반할 때		보챔(복통)이 없을 때	
수면 중 배변 유무	밤에 자다가도 다량의 변을 볼 때		밤에 잘 때는 변을 보지 않을 때	

Q549 아기 변이 어떨 때 질병이 숨어 있다고 할 수 있나요?

A 모유를 먹는지, 분유를 먹는지, 이유식을 시작했는지 또는 변의 횟수, 묽기, 점액의 유무(곱똥), 색상, 몽글몽글한 정도 등을 기준으로 아기 변이 나쁜지 좋은지를 판단할 수 없습니다. 변을 정상적으로 자주 보는 아기들은 기저귀발진도 잘 생기므로 기저귀발진만으로도 병적이다 아니다를 구별할 수는 없습니다. 따라서 좋은 변과 나쁜 변의 구분을 위해서는 소아과 전문의와 상의해서 신중하게 판단해야 합니다. 위의 표와 같이 구별할 수 있습니다.

2. 급성 감염성 장염

아기들은 갖가지 감염성 장염(위장염)에 자주 걸리므로 계절에 따라 발생하는 바이러스성 장염, 세균성 장염의 특징과 대처 방법을 알아 두면 당황하지 않고 대처할 수 있습니다. 아이가 토한다면 토하고 설사하는 바이러스성 장염의 증상이거나, 설사와 혈변, 복통을 동반한 세균성 장염일 가능성이 큽니다. 하지만 맹장염(급성 충수돌기염) 등 수술할 병이 숨어 있는 경우가 있으므로 주의를 요합니다.

Q550 아기가 토하고 설사를 해요. 아기들이 걸리기 쉬운 감염성 장염에는 어떤 것들이 있나요?

A 아기는 면역 체계가 아직 다 완성되지 않아 감염성 장염에 자주 걸립니다. 계절별로 유행하는 장염이 정해져 있기도 합니다. 아기들의 감염성 장염은 크게 바이러스성과 세균성으로 나눌 수 있습니다. 바이러스성 장염의 원인균에는 노로바이러스와 로타바이러스가 있으며, 세균성 장염은 이질성 설사를 말합니다. 바이러스성이든 세균성이든 식중독의 원인이 됩니다. 바이러스성 장염이나 세균성 장염은 연중 언제든지 발생할 수 있지만, 겨울철과 여름철이라는 뚜렷한 계절적인 유행 시기가 있는 것이 특징입니다. 바이러스성 장염은 초가을부터 시작해서 겨울철에 흔히 발생하며 늦봄이나 초여름까지 이어집니다. 세균성 장염은 여름철에 주로 유행합니다.

Q551 아기가 장염에 걸리면 어떤 증상을 보이나요?

A 바이러스성 장염의 초기 증상은 반복적인 구토입니다. 이어서 열이 나고 설사를 합니다. 특히 초기에 나타나는 구토는 한나절가량 반복적으로 지속되어 아기가 빠르게 탈수에 빠집니다. 노로바이러스는 설사가 심하지 않고, 로타바이러스는 쌀뜨물 같은 물 설사가 일주일가량 지속됩니다. 가성 콜레라라는 이름이 붙어 있지만, 콜레라와는 무관합니다. 다행히 최근 로타바이러스 예방 접종이 시행되어 로타바이러스 장염 감염이 급속히 줄고 있습니다.

Q552 아이가 계속 구토를 하는데 바이러스성 장염은 아니래요. 무슨 병일까요?

A 반복해서 구토를 하는 증상은 큰 병이 숨어 있는 경우가 있기 때문에 특별히 주의해야 하며, 즉시 소아과 전문의에게 진료를 받아야 합니다. 바이러스성 장염의 첫 증상처럼 반복해서 구토가 이어지는 병은 특히 소아에서 두 가지의 중요한 의학적인 의미가 있습니다.

첫째는 탈수가 빠르고 심하게 진행된다는 것입니다. 반복해서 구토를 하면 먹지는 못하면서 몸의 수액 손실이 계속 진행되어 빠르게 탈수가 이루어지는 것은 물론, 소금기가 강하고 강한 산성 체액인 위액 때문에 전해질 장애 등 심한 탈수로 이어집니다. 둘째는 위장관에 수술이 필요한 병이 있거나 머리에 이상이 있어도 반복해서 구토를 할 수 있어 혹시 심각한 병이 숨어 있는 것은 아닌지 의심해 보아야 합니다. 장꼬임 등 수술할 병도 초기에는 반복해서 구토를 보일 수 있으며, 뇌출혈 등 머릿속의 이상 질병도 연이은 구토를 보일 수 있기 때문입니다. 반복해서 이어지는 구토가 다음의 양상을 보인다면 즉시 소아 과를 방문해야 합니다.

- 기운이 없이 축 처지는 경우
- 소변 안 본 지가 8시간을 넘어설 때
- 구토물에 붉은 피가 섞여 나오거나, 구토물이 피가 소화된 커피 가 루 색(갈색)을 보일 때
- 자지러질 듯한 심한 복통을 보일 때
- 토한 내용물이 녹색을 띨 때(쓸개즙이 섞여 나온다는 뜻으로 장이 막힌 것은 아닌지 의심함)
- 심한 구토를 보이면서 검붉은 혈변을 볼 때

Q553 피나 점액이 섞이거나 심한 복통이 동반되는 설사의 원인은 무엇인가요?

A 초기 증상으로 구토가 심하지는 않으나 설사가 점차 심해지 면서 복통, 열, 점액 변, 혈변 등이 보이고 탈수에 빠지는 경우는 대부 분 세균성 장염입니다. 연중 발생할 수 있지만 주로 무더운 여름철에 심합니다. 가장 증상이 심한 원인은 이질인데 흔하지는 않으며, 살모넬 라 감염이 비교적 흔합니다. 탈수를 막고 항생제 사용 등을 고려해야 하기 때문에 반드시 소아과 전문의와 상의해야 합니다.

Q554 세균성 장염과 비슷한 증상을 보이는 병에는 어떤 것이 있는 지 알려주세요.

A 복통, 설사, 혈변 등을 동반하면서 세균성 장염이 아닌 경우도

있어 주의해야 합니다. 흔하지는 않지만 가장 진단이 까다로운 것이 맹장염과 장꼬임입니다. 주기적으로 자지러질 듯한 심한 복통과 구토, 혈변 등이 동반될 수 있습니다. 2세 이상에서는 맹장염이 비슷한 증상을 보이는데 초기에는 가벼운 장염의 증상을 보이다가 점차 맹장염으로 진행해 갑니다. 드물기는 하지만 수술로 이어지는 큰 병이기 때문에 주의를 요합니다. 따라서 세균성 장염의 증상을 보일 때는 항생제 사용 등을 고려해야 하며, 맹장염이나 장중첩증 등 심각한 병은 아닌지 확인해야 하기 때문에 즉시 소아과 전문의와 상의해야 합니다.

Q555 아기가 장염으로 구토와 설사를 하는데, 어떻게 해야 하나요?

A 바이러스성이든 세균성이든 일차적으로 소아과 전문의와 상의해서 장꼬임, 맹장염 등 심각한 원인이 숨어 있지는 않은지 확인하는 것이 가장 중요합니다. 심각한 병은 없는 것으로 판단되며, 구토나 설사 증상이 아직 약해서 탈수 소견이 심하지 않다면 다음과 같이 식이 조절을 하면서 2~4시간 경과를 지켜봐야 합니다.

가벼운 구토나 설사 대처법

- 가벼운 구토나 설사를 보이는데 장시간 금식을 시키지는 않는다.
- 소량 토했거나 설사가 소량이고 복통이 없다면 먹이면서 경과를 본다.
- 가벼운 구토라면 1시간쯤 쉬었다가 평소 먹던 대로 먹여 본다.
- 소아과 전문의가 처방한 먹는 전해질 용액이 있으면 소량씩 자주 먹여 본다.
- 소량씩 자주 먹여 본다(분유도 모유도 마찬가지).
- 6시간 이상 구토나 설사가 없다면 원래 먹던 음식과 양으로 돌아간다.

• 장염에 도움이 되는 음식은 먹이고 해로운 음식은 피한다.

이것은 경과가 가벼운 아기들을 위한 대처 방법입니다. 구토나 설사가 반복되고 기운이 없어 보이고 복통이 심하다면 즉시 소아과 전문의를 방문해야 합니다. 반면 가벼운 구토나 설사를 보이는 상황이라면 위의 방식으로 수유를 진행하면서 2~3시간 경과를 지켜봐도 됩니다.

Q556 급성 감염성 장염에 걸리지 않으려면 어떻게 해야 하나요?

A 예방이 중요합니다. 계절에 따라 다양한 장염이 유행하기 때문에 불필요한 단체 식사, 외식을 삼가고, 날 음식을 피하며, 외출 후 손 씻기를 생활화해야 합니다. 감염 원인이 옷가지나 이불 등에 묻어 전염되거나 공기 중에도 떠다닐 수 있기 때문에 세탁, 환기, 화장실 청소 등 주위 환경을 깨끗이 하는 것이 중요합니다. 기저귀를 간 후, 음식물을 먹이기 전, 외출했다 집으로 돌아온 후 등 아기를 다룰 때 엄마나 아빠가 자주 손을 씻는 것도 매우 중요합니다.

3. 급성 설사와 만성 설사

아기는 감염성 장염이나 직접적인 장내 감염이 없이도 장염 증상을 보이는 경우가 있습니다. 음식 조절로 좋아지는 비감염성 장염을 항생제, 수액제 사용 등 치료가 필요한 감염성 장염과 구별하기란 쉽지 않습니다. 감염성이든 비감염성이든 설사에 도움을 주는 음식, 해로운 음식을 알아 두면 장염 치료에 많은 도움이 됩니다. 아이가 2주 이상 만성적으로 설사를 한다면, 병적인 설사인 경우도 있지만 그저 잦고 묽은 변으로 대변의 습성이 바뀐 정상인 경우일 수 있습니다. 장기적인 설사가 병적인지, 정상적인 배변 습성의 변화인지 구별하는 것은 중요합니다.

Q557 잦고 묽은 설사 변을 보면 감염성 장염인가요?

A 아기들이 평소와 달리 변을 보는 횟수가 많아지고 묽어지는 경우 약 50%는 바이러스성이든 세균성이든 감염성 장염, 약 50%는 비감염성 장염이 원인입니다. 비감염성 장염이란 바이러스나 세균의 침입 없이 변이 일시적으로 묽어지는 경우를 말합니다. 찬 음식이나 설탕이 많이 든 음식을 많이 먹은 경우 또는 감기에 걸려 항생제 등 약을 먹은 경우 등 원인도 다양합니다.

비감염성은 말 그대로 병원체에 의한 감염이 아니므로 적절히 식이 조절을 하면 저절로 좋아집니다. 따라서 심하지 않을 정도로 변의 횟수가 늘어나고 묽어지더라도 열, 복통, 구토 등 특별한 증상을 동반하지 않고, 아기의 컨디션이 좋을 때는 식이 조절을 하면서 경과를 보면 감염성인지 비감염성인지 알 수 있습니다. 감염성이라면 점차 악화될 것이고 비감염성이라면 빠르게 회복됩니다.

Q558 아기가 아침부터 묽은 변을 두 번 봤어요. 어떻게 할까요?

A  아기가 구토, 열, 복통, 탈수 등이 없이 변을 소량씩 묽게 보고 컨디션이 비교적 좋다면 설사에 해로운 음식, 도움이 되는 음식으로 구분해 음식 조절을 하면서 6~12시간 경과를 보면 됩니다. 평소 하루 한 번 굳게 보던 변이 조금이라도 묽어지면 장염을 의심하지만, 묽은 변을 자주 볼 때는 조금 지켜봅니다. 아기의 잦고 묽은 변의 약 50%가 비감염성이고 대부분 음식 조절을 통해 저절로 좋아지기 때문입니다.

Q559 아이가 계속 설사를 하는데 어떤 음식을 조심해야 하나요?

A 설사에 해로운 음식은 다음과 같습니다. 알아 두면 아이 설사에 대처할 수 있습니다.

묽은 변을 자주 소량씩 보는 아기에게 해로운 음식

- 다량의 우유나 유제품: 모유나 분유를 먹는 아기는 그대로 먹이되 큰 아이들은 다량의 유제품 섭취를 잠시 중단한다.
- 동물성 기름이 너무 많은 음식: 부드러운 쇠고기국에 있는 기름 정도는 괜찮다.
- 설탕이 많이 든 음식
- 콜라, 사이다 등 탄산음료
- 사과, 배: 특수 설탕이 많이 든 과일이라 설사를 악화시킬 수 있다.
- 찬 음료, 찬 음식

Q560 아이가 설사를 하는데, 설사에 도움이 되는 음식도 있나요?

A 😊 설사 증상의 진정에 도움이 되는 음식은 다음과 같습니다. 알아 두면 아이 설사에 대처할 수 있습니다.

묽은 변을 소량씩 자주 보는 아기에게 도움이 되는 음식

(영양분이 포함된 익힌 음식으로 식감이 부드럽고, 소금으로만 간을 했으며, 식물성 기름이 소량 포함된 음식이 좋다.)

- 숭늉: 설사가 악화될 때 처음 먹여 보는 음식으로 적합하며 너무 장시간 먹이지 않는다. 어린 아기들은 먹이던 모유나 분유를 그대로 먹인다.
- 밥죽, 미음죽
- 달걀, 감자가 포함된 죽이나 수프
- 쇠고기죽, 칼국수, 떡국
- 깨끗한 물

Q561 아기가 설사할 때 설사를 멈추는 약(지사제)이나 진통제를 사용해도 되나요?

A 😊 아기가 설사 증상을 보이면 탈수에 빠질까 봐 설사가 멈추는 약(지사제)을 먹이는데, 이것은 잘못된 치료 방법입니다.

설사는 장으로 들어온 바이러스, 세균, 독극물 등 몸에 해로운 것을 빨리 몸 밖으로 빼내려는 우리 몸의 기능입니다. 즉 몸을 보호하려는 방어 작용이라고 할 수 있습니다. 이때 원인에 관계없이 설사를 멈추는 작용을 하는 약을 먹으면 병원체든 독극물이든 해로운 것이 빠져나가지 못해 장에 염증을 일으킬 수 있습니다. 따라서 무턱대고 지사제를 사용하는 것은 오히려 해로울 수 있습니다.

Q562 아기가 심한 설사를 하는데 어떻게 해야 할까요?

A 🧑 아기 설사가 점차 진행되면 비감염성이든 감염성이든 즉시 소아과 전문의와 상의해야 합니다. 드물지만 장꼬임, 맹장염 등 심각한 원인이 숨어 있지는 않은지, 탈수는 어느 정도이며 교정은 어떻게 하는 것이 좋을지, 장염의 원인은 무엇일지 등을 파악해야 합니다. 수술할 병이 숨어 있는지 찾는 기술 중에는 초음파 검사 등이 있지만, 무엇보다 먼저 소아과 전문의와 함께 의논하고 경과 변화를 예의주시하는 것이 좋습니다. 수술할 병은 아닌 것으로 판단되면, 소아과 전문의는 설사의 원인과 탈수의 정도를 판단해 항생제를 사용할지, 먹는 전해질 용액을 사용할지, 링거주사를 맞게 할지 등을 종합적으로 판단합니다. 아기는 몸무게에 비해 물의 양이 많기 때문에 탈수에 쉽게 빠집니다.

Q563 아기가 설사한 지 보름이 넘었어요. 이런 오랜 설사의 원인에는 어떤 것이 있나요?

A 👩 아기들이 2주 이상 설사를 하면 만성 설사라고 부릅니다. 원인은 크게 둘로 나뉘는데, 대변이 잦고 묽은 변으로 바뀐 경우이거나 병적인 설사가 지속되는 경우입니다. 아기의 배변 습관이 변이 묽어지고 횟수가 다소 늘어나는 경우로 바뀔 수 있습니다. 아기들이 만성 설사를 하는 경우 정상적인 배변 습관의 변화가 약 80%, 병적 설사가 길어지는 경우가 약 20%를 차지합니다. 하루에 1~2번 변을 보던 아기

가 하루 3~5회로 묽은 변을 보고 이 증상이 2주 이상 길어지면 탈수가 되고 살이 빠지는 병적인 설사 변이라고 생각하기 쉽지만, 체중도 잘 늘고 탈수도 일어나지 않는 정상적인 배변 습성 변화가 오히려 더 많습니다.

병적인 설사의 원인으로는 세균성 장염, 유당 불내성(우유를 소화하지 못하고 설사하는 병) 등이 있습니다. 이들을 구별하고 원인을 찾아 치료를 시작하기 위해서는 반드시 소아과 전문의와 상의하고 경과를 살피는 것이 좋습니다.

Q564 병적인 설사와 정상적인 잦고 묽은 변으로 배변 습성이 변한 것은 어떻게 다른가요?

A 2주 이상 장기적으로 변이 묽으면서 열이 나고 탈수가 되어 아기가 처지거나, 혈변을 보는 증상이 함께 보인다면 병적인 설사일 가능성이 높습니다. 그런데 보름 이상 설사를 했는데도 아기의 컨디션이 비교적 괜찮아 보인다면 정상입니다.

Q565 병적인 설사와 정상적인 잦고 묽은 변을 확실하게 구별하는 방법 좀 알려 주세요.

A 병적인 설사와 정상적인 잦고 묽은 변으로 배변 습성이 바뀐 경우를 구별할 수 있는 조건들은 다음과 같습니다.

체중의 변화는 어떤가?

설사는 몸의 물기가 빠지고 장기화되면 체중이 감소하므로, 만일 몸무게가 잘 늘어난다면 정상적인 배변 습성 변화로 볼 수 있습니다. 만일 체중이 감소했다면 병적인 설사일 가능성이 높지만 정상적인 배변 습관의 패턴 변화인데 부모가 설사병으로 오해해서 부족한 영양분이 들어 있는 음식으로 식이 조절을 해도 살은 빠질 수 있습니다. 체중 변화가 병인지 정상인지를 구별하는 데 가장 중요합니다만, 부적절한 식이 조절에 의해서 정상인 경우도 살이 찌지 않거나 빠질 수 있습니다.

열, 보챔(복통), 처짐 등이 동반되는가?

이러한 증상이 동반된다면 병적 설사일 가능성이 높습니다.

피가 보이는가?

혈변이 보인다면 병적 설사일 가능성이 높습니다.

자다가(밤 10시부터 아침 6시까지) 변을 보는가?

자다가 다량의 변을 본다면 병적 설사일 가능성이 높습니다.

변의 양이 많은가? 대변 양 점수가 7점이 넘는가?

하루 변의 양을 모두 합쳤을 때 어머니 손으로 3~4개가 넘어설 정도로 변의 양이 많다면 설사에 가깝습니다. 대변의 하루 총 양의 점수(하루의 변 중 손가락 몇 마디 정도의 소량은 점수가 0점, 손바닥 중간 정도는 1점, 손바닥 하나 가득은 2점으로 점수를 매겼을 때)가 7점이 넘으면 설사에 가깝습니다.

Q566 정상적인 잦고 묽은 변으로 대변 습성이 변화하는 대표적인 경우에는 어떤 것이 있나요?

A 어린 아기들이 장기적으로 정상적인 잦고 묽은 변을 보이는 대표적인 경우가 만성 비특이성 설사입니다. 대개 생후 5~6개월을 전후해 평소와는 달리 변이 묽어지는 병입니다. 그러나 살이 빠지지 않

고 탈수가 일어나지 않고 배변 습성의 변화만 일으키므로 병적인 설사는 아닙니다. 즉 병 아닌 병이라고 할 수 있습니다. 이유식을 시작하거나 감기, 장염, 폐렴 등에 걸린 이후 평소와는 달리 변의 횟수가 늘고 묽어지면서 배변 습성이 변해서 계속 지속되는 경우입니다. 하루 3~5회 정도 변을 보는데 주로 아침에는 많은 양의 껄쭉한 변을 보고 오후로 갈수록 소량의 변을 자주 봅니다. 대변에 곱똥(점액 변)이 많이 섞이는 것이 특징이며 이유식을 먹이면 당근 조각, 야채 등 음식 찌꺼기가 그대로 대변에 섞여 나오는 경우가 흔합니다. 점액이 섞이고 음식이 변에 그대로 보이니 소화가 안 된 나쁜 변이라고 오해하기 쉽습니다.

Q567 만성 비특이성 설사는 어떻게 식이 조절을 해야 하나요?

A 아기가 보름 이상 만성적으로 설사를 하면 소아과 전문의와 상의해서 병적인 설사인지 정상적인 잦고 묽은 변으로 배변 습성이 바뀐 것인지 구분을 해야 합니다. 만일 정상적인 잦고 묽은 변으로 배변 습성이 바뀐 상태라면 가장 대표적인 경우가 만성 비특이성 설사입니다. 만성 비특이성 설사는 살이 빠지거나 탈수에 빠지지는 않지만 자주 변을 보고 기저귀발진을 일으키므로 아기와 양육자가 많이 불편합니다.

식이 조절을 통해 변의 횟수가 조금 줄어들고, 변의 묽기도 조금 줄어들면 생활하는 데 큰 불편 없이 지내게 됩니다.

Q568 만성 비특이성 설사를 하는 아이를 위한 식이 조절 방법을 알려 주세요.

A 😎 아이가 만성 비특이성 설사라고 진단받았다면 다음과 같은 방법으로 식이 조절을 하면 효과를 볼 것입니다.

만성 비특이성 설사의 식이 조절

- 분유나 모유는 원래대로 먹인다.
- 모든 약물을 끊는다.
- 이유식은 계속한다.
- 기름진 음식은 양을 늘려 먹인다.(설사를 하면 기름진 음식을 줄여 먹이는 것이 일반적인 음식 조절 방법인데 만성 비특이성 설사에는 오히려 기름진 음식을 늘려 먹이면 변의 횟수가 줄고 묽기도 개선된다.)
- 사과, 배는 피한다.(변을 묽게 하는 특수 설탕이 많은 과일이라 줄이거나 피한다.)
- 물을 많이 먹이지 않는다.(설사가 길어져 탈수가 걱정되어 물을 너무 자주 먹이는 경우가 있는데, 만성 비특이성 설사는 물을 많이 먹이면 오히려 변의 횟수가 많고 묽어지므로 최대한 줄인다.)
- 설탕이 많은 음식 섭취를 줄인다.
- 찬 음식, 찬 음료 섭취를 줄인다.

▍4. 소아 변비

아기가 변을 볼 때 힘들어하고, 변을 참으려고 하거나 변기에 앉는 것을 겁낸다면 변비를 의심할 수 있습니다. 아기의 변비는 흔하면서도 치료가 까다로운 경우가 많습니다. 신생아기에 일시적으로 나타나는 변비, 이유식을 하면서 발생하는 변비, 어린이집에 다니면서 생긴 약물을 이용해 치료해야 하는 변비 등 배변 습성이 잘못된 소아의 변비에는 세 가지 유형이 있습니다. 드물지만 변비가 있는 아이에게 수술할 병 등이 숨어 있을 수 있어 장 특수 촬영 등 특수 검사를 해야 합니다.

Q569 아기가 변보는 걸 힘들어해요. 치료해야 할 변비인가요?

A 상식적으로 아기가 변볼 때 힘들어하고 보채고 피가 보이고 변보기를 미룬다면 변비 증상이 있다고 할 수 있습니다. 즉 아기가 굳은 변 때문에 불편해한다면 변비라고 볼 수 있습니다. 의학적으로는 다음의 증상 중 2가지 이상이 관찰되면 병적 변비라고 합니다.

병적 변비 의심 증상	확인란
일주일에 2회 이하로 변을 본다.	
일주일에 1번 이상 변 지림이 있다.	
변을 참는 행동을 보인다.(변기에 앉는 것을 겁내고, 서서 보려고 하고, 숨어서 보려고 하고, 몸을 꼬는 등)	
굳은 변으로 인한 배변 시 항문 통증을 호소한다.	
장 안에 굳은 변이 만져진다(전문의 진찰을 통해).	
변기가 막힐 정도로 굵은 변을 본다.	

일시적으로 변이 굳어져 힘든 경우는 저절로 호전을 보일 수 있겠지만 변비 증상이 1달 이상 지속된다면 병적인 변비로 보고 소아과 전문의와 상의해야 합니다. 아기나 큰 소아의 변비는 대부분 식이 조절이나 일시적인 약물 치료로 호전됩니다. 그러나 수술로 치료해야 하는 선천성 거대결장증이나 갑상선 기능저하증, 신경근육 질환 등이 숨어 있을 수 있습니다. 변비 증상은 밖으로 보이는 증상에 불과한 경우도 있습니다. 따라서 가벼운 변비라도 증상이 반복 지속된다면 꼭 소아과 전문의와 상의해서 아기 전반의 발달과 성장을 평가하고 변비 증상에 대해 의논하는 것이 좋습니다.

Q570 아이가 변보기를 최대한 미루려 하고 변볼 때 통증을 호소해요. 어떻게 해야 할까요?

A  변보기를 미루고, 변이 굵고 굳으며, 변볼 때 통증으로 힘들어한다면 소아 변비라고 말할 수 있습니다. 흔히 소아에서 병적 변비라고 말할 수 있는 경우는 옆의 표와 같이 나누어 볼 수 있습니다.

Q571 변비 치료에 도움이 되는 음식과 해로운 음식을 알려 주세요.

A 변비에 해로운 대표적인 음식은 바나나와 감입니다. 아이스크림, 치즈, 요구르트 등도 변비를 잘 일으키며, 당근이나 늙은 호박 등도 변비를 잘 일으키는 음식입니다. 일시적으로 변비 증상을 보여 힘들어한다면 이런 음식 섭취를 줄이거나 일시적으로 끊는 것이 변비

구분	꿍꿍 앓는 아기 증후군	영아 배변통	기능성 대변 정체 증후군
나이	생후 2~6주	생후 6~15개월	생후 12개월 이후, 2세를 넘어서면서 증상이 본격적으로 나타나 학령기까지 장기화되기도 한다.
증상	변보기 전에 아기가 얼굴이 빨갛게 변하고 다리를 움츠리면서 자지러질 듯 보챈다. 변보고 나면 증상이 없어진다. 마치 이 나이에서 흔히 경험하는 영아산통과 비슷한 증상을 보인다.	주로 이유식을 시작하면 나타나는데 변볼 때 보채고 힘들어하며, 피가 섞여 보이거나 항문 탈장이 일어나기도 한다.	곡분류 이유식 등 음식에 의해서 변비가 시작된다. 변을 보는 시기를 놓쳐 변이 점차 굵어지고 굳어진다. 변보는 데 통증이 있어 변기에 앉기를 겁내고, 서서 변을 보려고 하고, 변보기 전에 몸을 꼬고, 숨어서 변을 보려는 등 변을 참는 다양한 행동을 보인다. 피가 섞여 보이거나 항문 탈장이 일어나기도 한다.
변 모양	딱딱한 경우는 드물며 대개 변이 묽다.	동글동글한 총알 모양. 포도송이 모양으로 딱딱하고 굳어진 변의 모양을 보인다.	변을 고구마처럼 굵게 본다. 속옷에 변이 넘쳐흘러 변 지림이 자주 나타난다.
원인	변을 보고 싶으면 용을 쓰면서 항문의 근육을 열어 주어야 하는데. 항문을 열어 주는 방식에 아직 익숙지 않아서 나타나는 증상이다.	곡분류 등 새로운 음식을 먹기 시작하면서 변비가 발생한다. 외출이 잦아져 변보는 시기를 놓칠 수 있어 변이 굳어질 가능성이 높다.	변보기를 미루기 때문에 변이 굳어지고, 배변 시 통증이 발생하면서 변을 참는 행동은 점점 심해진다.
치료	직접적인 치료는 필요 없고 시간이 가면 좋아진다. 영아산통 등 이 나이에 보챔이 있는 어린 아기들의 질병을 잘 구별하는 것이 중요하다.	바나나, 감 등 변비를 잘 일으키는 음식은 줄이고. 사과 배 등 변을 부드럽게 만들어 주는 음식 섭취를 늘린다. 변비 증상이 계속된다면 소아과 전문의와 상의해야 한다.	이 나이의 변비에는 약물을 우선적으로 써야 하며, 변기 훈련, 식이 조절 등을 시도해야 한다. 대부분 장기간의 변비 증상을 보이고, 변을 참으려는 행동 장애가 발생해서 치료를 하는 데 상당한 기간이 걸린다.

치료에 도움이 될 수 있습니다.

변비에 도움이 되는 아기들의 음식 조절 방법은 이파리 채소 등을 음식에 적절히 섞어 주고, 과일도 즙보다는 강판에 갈아 먹이거나 통째로 먹여 섬유질의 공급을 늘리는 것이 좋습니다. 사과나 배는 특수 설탕 성분이 있어 변을 부드럽게 하는 성질이 있습니다. 사과나 배는 주스로 먹여도 도움이 됩니다. 물을 자주 마시게 하는 것도 변비를 호전시키는 방법입니다. 입이 짧아 섭취하는 이유식 양이 너무 적은 경우도 변비가 올 수 있으니, 음식 양을 점차 늘려 주어야 합니다. 이유식은 덜 먹고 우유만 많이 먹는 경우도 변비가 올 수 있습니다. 프룬(서양 자두)이 변비에 도움이 됩니다. 복숭아, 콩, 완두, 시금치, 브로콜리, 건포도, 통밀 빵이나 시리얼 등도 변비에 도움이 되는 음식이므로 나이에 맞추어 먹이는 양을 늘려 볼 수 있습니다.

Q572 선천성 거대결장증은 수술하는 병이라는데요. 일반 변비와는 어떻게 구별하나요?

A 아기의 변비가 장기화되면 드물기는 하지만 약 5% 이내로 수술할 병 등이 숨어 있을 수도 있어 반드시 소아과 전문의와 상의해야 합니다. 선천성 거대결장증, 갑상선 기능저하증, 신경근육 질환 등이 그런 병입니다. 습관이 잘못된 변비와 구별해야 하는 대표적인 병이 선천성 거대결장증입니다. 결국은 외과적으로 수술을 해야 하는데 대부분 신생아나 어린 아기일 때 발견되지만, 드물게는 나이가 들 때까지 지속되어 습관성 변비와 구분이 어려운 경우가 많습니다. 선천성 거대결장증의 특징은 다음과 같습니다.

선천성 거대결장증의 특징

돌 전이나 백일 전의 어린 아기인 경우 신생아가 태변을 늦게 본다. 대개 만 48시간 이내에 첫 태변을 보는데 이 시기가 늦어져 고생한 내력이 있다. 변보는 것이 불규칙하고 미루면서 보챈다. 변보기를 미루면 탱탱볼을 넣은 것처럼 심하게 배가 불러 온다. 또 변을 보고 나면 배가 푹 꺼진다. 심한 배부름과 배 꺼짐이 반복된다.

1~2세가 넘은 아기인 경우 출생 이후부터 변비 증상이 있다가 없다가 해서 오랜 기간 애를 먹는다. 변보는 기간이 길어질수록 배가 점차 불러 온다. 심하게 불러 불편함, 복통, 구토, 식욕 저하 증상을 보일 수도 있다. 변보고 나면 배가 푹 꺼진다.

이와 같은 증상을 보일 때는 소아과 전문의와 상의하고 종합병원이나 대학병원에서 정밀 검사를 시행하는 게 좋습니다.

Q573 모유를 먹는 아기인데, 변 안 본 지가 1주일이 넘었어요.

A 모유를 먹는 아기는 병이 없어도 하루 12번까지 묽은 변을 자주 볼 수 있습니다. 체중 증가가 좋고 아기의 컨디션이 좋다면 모유가 소화가 잘된 탓이니 변비 걱정은 안 해도 됩니다. 모유를 먹는 아기는 생후 1~3개월경쯤 변보는 시기가 1~2주일에 한 번으로 늦어지는 경우도 있습니다. 모유에 함유된 카세인이라는 성분이 증가하고 모유가 충분히 소화되어 흡수되기 때문에 나타나는 정상적인 경우입니다. 혹시 숨어 있는 병이 없는지 소아과 전문의와 상의하는 것도 좋습니다.

모유가 부족해서 그럴 수도 있습니다. 이때에는 배부름, 보챔 등은 뚜렷하지 않고 변도 묽게 봅니다만, 체중 증가가 충분하지 않습니다. 즉 정상적인 모유 수유아가 변을 미루는지 모유가 부족한지 구별하는 방법은 체중 변화를 잘 살펴보는 것입니다.

수술할 병인 선천성 거대결장증이 숨어 있어 변을 미뤄 볼 수 있습니다. 이때에는 출생 이후 변보는 것이 시원하지 않아 변을 미뤄 보는 증상이 반복된다든지, 배부름이 자주 관찰된다든지, 배가 부르면서 구토나 보챔, 식욕 저하 등 다른 증상이 동반되는지를 종합적으로 판단해 진단합니다. 변을 미루면서 배가 심하게 불러 오고 변을 보고 나면 배가 푹 꺼지는 소견이 관찰된다면 정밀한 검사가 필요할지 여부를 소아과 전문의와 상의해야 합니다.

또 하나 조심해야 할 병은 선천성 갑상선 기능저하증으로, 치료가 늦어지면 지능 발달에도 영향을 주므로 주의해야 합니다. 드물지만 신생아 검사에서 발견되지 않고 갑상선 기능저하증으로 발전하는 경우에는 아기가 잠을 많이 자고, 변보는 시기가 늦어지고 처지는 등 여러 증상을 보일 수 있습니다. 소아과 전문의와 의논하면 도움이 됩니다.

Q574 아기가 언어, 행동 등 발달이 늦은 편인 데다가 변비도 심합니다. 어떻게 해야 할까요?

A 🧑 아기가 자라면서 행동, 언어 등이 늦어지는 경우가 있습니다. 발달이 늦어지는 아기가 변비 증상을 보이는 경우가 종종 있습니다. 건강한 아기의 변비와 대처 방법, 숨어 있는 병을 주의해야 하는 것 등은 비슷합니다. 그러나 발달이 다소 늦어지는 경우는 몇 가지 추가적인 주의 사항을 덧붙일 수 있습니다.

첫째, 뒤집기, 걷기 등이 늦어지면서 변비가 심한 경우 신경 근육의 질병이 숨어 있을 수 있으니 반드시 소아과 전문의와 상담해야 합니다. 척추나 항문 위치의 기형 등이 있어 발달 장애와 함께 변비가 점점 심해지는 경우가 있기 때문입니다.

둘째, 신경 근육의 질병이 없더라도 발달 장애가 있는 아기는 건강한 아기보다 변볼 때 느끼는 통증에 더 예민하게 반응하기 때문에 치료가 쉽지 않습니다. 변기 사용 훈련이나 변비 치료는 아기가 나이가 더 들어야 가능해집니다. 특히 활동량이 적으면 변비가 자연스럽게 생기기 때문에 변비가 더 자주 발생하고 더 심하게 보이기도 합니다. 이렇듯 발달이 지연되는 아기의 변비는 진단과 치료가 까다롭기 때문에 반드시 소아과 전문의와 정기적인 상담을 하는 것이 좋습니다.

5. 구토

아기들은 잘 토하지만 나이가 들면서 구토 증상이 좋아집니다. 이렇게 나이가 들면서 좋아지는 구토를 생리적인 구토라고 하는데, 위와 식도의 연결 부위 괄약근이 약해서 나타나는 위식도역류증이 그 원인입니다. 드물지만 나이가 들어도 좋아지지 않는 병적인 구토를 보이기도 합니다. 위장관의 기형, 우유 알레르기, 병적 위식도역류증 등 수술이 필요하거나 약물, 특수 분유 등 치료가 필요합니다.

Q575 아기가 자주 토해요. 아기들은 원래 잘 토하나요?

A 토하지 않고 크는 아기는 없답니다. 어린 아기들은 잘 토하지만 체중이 잘 늘고, 나이가 들면서 구토가 점점 좋아지면 생리적인 구토일 가능성이 높습니다. 그러나 구토가 너무 잦거나 양이 많은 경우, 나이가 들어도 호전되지 않고 오히려 악화되는 증상을 보인다면 병적인 구토를 생각해 보아야 합니다.

Q576 어린 아기들은 왜 자주 토하면서 크나요?

A 아기들은 식도와 위의 연결 부위에 있는 괄약근이 대단히 약해서 잘 토합니다. 또한 아기는 모유나 분유를 먹을 때 공기를 먹게 됩니다. 꼭 트림을 시켜야 하는 이유입니다. 공기를 많이 먹으면 잘 토합니다. 나이가 들면서 괄약근이 단단해지고, 공기 먹는 것도 줄어들면 구토를 덜 하게 됩니다.

Q577 병적인 구토증 원인에는 어떤 것들이 있나요?

A 구토의 횟수가 많고 양이 많아 체중이 정상적으로 늘지 않거나, 나이가 들어도 구토가 호전을 보이지 않는 경우에는 병적인 구토를 생각해 보아야 합니다. 병적인 위식도역류증이라고 부릅니다. 위장관의 구조적인 기형, 분유를 먹는 아기의 우유 알레르기, 위와 식도의 괄약근이 특히 약한 경우 등 원인이 다양합니다. 머리에 문제가 있어

도 뇌압이 올라가 잘 토할 수 있습니다. 특히 머리 둘레가 비정상적으로 크거나 발달이 늦어지는 경우에는 조심해야 합니다. 선천적으로 콩팥의 기능이 나쁘거나 몸에 병이 있어도 구토를 하고 살이 잘 찌지 않으며 발달 장애를 보일 수 있습니다.

Q578 아기가 자주 토하는데 어떻게 해 줘야 할까요?

A 갓난아기는 병이 없어도 잘 토합니다. 생리적으로 토하는지 병적으로 토하는지 체중 변화 등을 잘 살펴봐야 합니다. 위와 식도의 연결 괄약근이 약해서 일어나는 잦은 구토는 나이가 들면 좋아집니다. 또 우유를 먹을 때 공기를 먹기 때문에 토하기도 합니다. 다음과 같은 기초적인 주의 사항을 잘 고려해 도와주면 아기의 구토는 많이 좋아질 수 있습니다.

잦은 구토 시 대처법

- 우유는 진하지 않게 정농도로 먹여야 한다. 아기들은 위와 장이 약하기 때문에 우유를 진하게 타면 잘 토하게 된다.
- 아기를 부드럽게 다뤄야 한다. 트림을 시킬 때도 세게 두드리지 말고, 안고 추스를 때도 심하게 움직이지 말아야 한다.
- 트림을 충분히 시켜야 한다. 꺼억 소리가 꼭 나지 않아도 된다. 우유 먹는 중간이나 끝 무렵에 부드럽게 트림을 시켜야 한다.
- 우유를 먹일 때는 공기를 많이 먹지 않도록 젖꼭지를 입안 깊숙이 물리고, 젖병은 입에서 수직이 되도록 세워(너무 기울여 먹이면 공기를 많이 먹게 된다.) 공기가 들어가지 않도록 주의해야 한다.

Q579 아기들의 병적인 구토는 어떻게 구분할 수 있나요?

A 아기들은 자주 토하지만 나이가 들면서 좋아집니다. 그러나 아이의 구토가 다음과 같이 예외적인 경우에는 병적인 원인이 숨어 있을 가능성이 있으므로 주의해야 합니다.

부모가 주의해야 할 아기들의 구토 증상

1. 먹는 대로 반복해서 구토를 하는 경우 적어도 2~3시간 이상 몰아서 계속 토하는 경우는 탈수에 빠지고 수술할 병 등이 응급으로 발생했을 가능성이 있으므로 주의해야 한다.

2. 생후 3주일경부터 시작해서 구토가 점점 심해지는 경우 이때는 유문협착증이 잘 나타나는 시기이므로 주의해야 한다. 유문협착증은 위와 작은 창자(십이지장)의 연결 부위 괄약근이 점점 두꺼워지는 병으로 시간이 지나면서 점차 구토가 심해진다. 간단하지만 수술을 해야 하는 병이다.

3. 구토물이 녹색을 띠는 경우 반복적인 구토에 이어 구토물의 색이 녹색이나 연두색을 띨 때는 주의해야 한다. 장이 막히는 장 폐색이 급격히 일어나면 나타나는 현상이기 때문이다.

4. 아기가 처질 정도로 구토의 횟수와 구토 양이 많은 경우 반복적인 구토로 아기가 처지고 기력이 떨어지며 소변을 본 지 6시간이 넘어설 때는 빠르게 탈수에 빠지고, 병적 질병이 숨어 있을 가능성이 크므로 신속히 소아과 전문의와 상담하거나 응급실에 가야 한다.

5. 아기 체중 증가가 충분하지 못한 경우 구토가 잦은 아기가 체중 증가가 원활하지 않다면 잠복된 질병을 찾아보아야 한다.

6. 구토물에 피가 섞여 보일 때 구토물에 붉은 피가 섞이거나 검은색 혹은 커피 가루처럼 갈색을 띠는 구토물이 보일 때는 주의해야 한다. 어린 아기라도 피를 토하는 질병이 있을 수 있다.

7. 반복적인 구토를 보이면서 자지러질 듯이 보채거나 복통을 호소할 때 장꼬임 등 응급 상황에서는 구토도 문제지만 토하는 사이사이에 자지러질 듯이 보채고 아파할 수 있어 주의를 요한다.

8. 열이 동반될 때 갓난아기는 열이 나는 증상 자체가 중요한 질병 상황을 암시해 준다. 열이 나면서 구토 증상이 이어진다면 소아과 전문의와 상의하고 요로감염 등 숨어 있는 질병 상황을 찾아봐야 한다.

▌6. 급성 복통과 만성 복통

아이들은 배 아프다는 말을 자주 합니다. 다른 증상 없이도, 열감기에 걸려도 배 아프다는 말을 자주 합니다. 급성 복통은 대부분 감기 등에 의해 일시적으로 나타났다 저절로 좋아지지만, 약 10%가량은 맹장염 등 수술할 병이 숨어 있을 수 있으니 주의해야 합니다. 한 달이 넘어설 정도로 자주 아파하면 만성 복통이라고 합니다. 만성 복통은 90%가량이 심리적인 원인으로 저절로 좋아지지만, 10%가량은 수술할 병이거나 간이나 콩팥 이상, 염증성 장질환 등 질병이 숨어 있을 수 있어 주의해야 합니다. 급성이든 만성이든 복통은 진단이 까다롭고 수술할 병 등이 드물지 않게 숨어 있을 수 있으니 반드시 소아과 전문의와 상의하고 경과를 관찰해야 합니다.

Q580 아이가 갑자기 배가 아프다고 해요. 진통제를 먹일까요, 병원에 갈까요?

A 아이의 복통이 적어도 3~4시간 이상 지속된다면 반드시 소아과 전문의와 상의해야 합니다. 원인을 정확히 모르는 상황에서 복통을 감소시키는 진통제를 사용하면 숨어 있는 병이 진행해 가는 동안 경과가 바뀔 수 있어 최종적인 진단에 혼란을 줄 수 있으므로 주의해야 합니다. 복통의 원인을 알고, 의사의 처방에 따른 경우가 아니라면 복통이 있는 아이에게 진통제, 소염제 사용은 피해야 합니다.

Q581 아이가 배가 아프다고 해요. 큰 병인지 어떻게 구별하나요?

A 아이가 배가 아픈 경우 일시적인 증상인지, 맹장염처럼 점차 진행해 가는 큰 병인지를 반드시 구분해야 합니다. 소아과 전문의와 상의, 복부 초음파 검사 등 필요한 검사의 진행, 경과를 예의주시하는 것 등이 필요합니다.

Q582 아이가 배가 아프다고 해요. 아이가 어떤 증상을 보일 때 위험한 건가요?

A 아이들이 배가 아프다고 하면 부모는 물론 소아과 전문의도 당혹해합니다. 복통의 경과를 보면서 흔한 열감기 등에 의한 복통에서 맹장염 등 수술해야 할 병을 구별해 내는 과정이 쉽지 않기 때문입

니다. 복통을 호소하는 모양만 보고 위험한 병이 숨어 있는지를 알아
낼 수 있는 방법은 없습니다만, 적어도 다음과 같은 증상이나 소견을
보인다면 위험할 수 있는 복통으로 봐야 합니다.

위험한 복통의 증상

- 자지러질 듯한 날카롭고 심한 복통
- 아프다가 아프지 않다가를 반복하는 주기적인 복통
- 반복적인 구토를 보이거나 구토의 양상이 이상(녹색 구토, 피를 토
  하는 구토 등)할 때
- 자다가 깨어서 복통을 호소하는 경우
- 아이가 활동이 심하게 떨어져 처질 때
- 안색이 아파 보일 때
- 탈수를 동반할 때
- 배꼽 주위보다는 배의 특정 부위(우측 혹은 좌측, 상부 혹은 하부,
  옆구리, 등 쪽 등)를 아파할 때
- 복통이 만 3일 이상 지속될 때
- 혈변을 보일 때

Q583 아이가 폐렴 치료 중인데, 배도 아프다고 해요.

A 폐렴이 있는 아이들의 약 70%는 복통을 함께 호소합니다. 이
처럼 복통을 호소하지만 예상 외로 신체의 다른 부위의 원인 때문일
수도 있어 주의를 요합니다. 그래서 복통은 부모에게는 물론 소아과
전문의에게도 다루기가 대단히 까다로운 질병입니다.

육아 PiN 처방전 　급성 복통으로 반드시 병원에 가야 하는 질병

1. 맹장염(급성 충수돌기염) 만 2세가 넘어가면 간혹 아이에게도 맹장염이 발병한다. 첫 증상은 감기나 장염의 증상과 유사하며 시간이 흐를수록 복통이 강해지고 우하복부 통증을 호소하기도 한다. 구토와 설사가 자주 합병된다. 소아기는 감기나 장염이 자주 발생하므로 맹장염과 구별하기가 대단히 어렵다. 소아과 전문의와 상의하거나, 복부 초음파 검사를 해야 진단이 가능하다. 시간 경과에 따라 증상이 바뀌어 진행되기 때문에 짧은 시간 간격으로 소아과 전문의를 만나 여러 차례 진료를 받아야 한다.

2. 장중첩증(창자 겹침증) 3세 이하의 소아 특히 돌 전후 아기에게 자주 발생한다. 큰 아이나 성인에게는 드문 병이기 때문에 부모가 적절하게 대처하기 어렵다. 전형적인 증상은 첫째, 창자가 안으로 말려 들어가 주기적이고 자지러질 듯한 보챔이나 복통이 나타난다. 둘째, 장이 막혀 심한 복통에 연이어 반복적인 구토가 발생한다. 셋째, 장이 장 안으로 말려 들어가 마찰로 인한 딸기잼 같은 혈변을 보일 수 있다. 이 세 가지 증상을 모두 보이지 않더라도 장중첩증은 발병할 수 있다. 따라서 주기적 보챔, 반복적인 구토, 혈변이 각각 위험한 증상이므로 이들 중 하나라도 보이면 즉시 소아과 전문의와 상담하거나 응급실을 방문해야 한다.

3. 장 폐쇄(장꼬임증) 장중첩증이 아니라도 장 막힘이 일어나는 장 폐쇄가 발생할 수 있다. 드물기는 하지만 평소 건강하게 잘 지내던 아이에게 갑자기 증상이 나타나 응급 수술을 해야 하는 경우가 있어 주의를 요하는 병이다. 장중첩증도 일종의 장꼬임이므로 증상과 경과 과정이 비슷하다. 따라서 주기적이고 발작적인 복통, 반복적인 구토, 혈변의 증상을 보인다면 즉시 소아과 전문의와 상담하거나 응급실을 방문해야 한다.

4. 요로감염 아이들은 열을 동반하면서 복통을 호소하는 경우가 잦다. 열감기

때문에 편도선염을 앓듯이 배에 있는 임파선이 부어 복통을 호소할 수 있는데 대부분 열감기가 호전되면서 복통도 좋아진다. 맹장염 등은 열이 점차 심해지고 복통도 점점 악화되는 소견을 보인다. 고열이 동반되면서 복통과 구토, 설사를 동반하는 대표적인 아기 질환이 요로감염이다. 어린 아기 때 요로감염의 병력이 있었던 경우도 있지만 없을 수도 있으며, 소변 검사를 시행하지 않으면 알 수가 없기 때문에 주의해야 한다.

5. 췌장염/간염 복통과 함께 구토, 열, 설사 같은 증상이 동반될 때나 복통의 원인을 알 수 없으나 일반적인 열감기에 의한 복통은 아니라고 보일 때 소아과 전문의는 기초 검사를 진행한다. 복통의 원인을 찾기 위해 또 맹장염은 아닌지 확인하기 위해 초음파 검사를 하고, 요로감염을 찾기 위해 소변 검사를 시행하는 등 시시각각 변화하는 복통의 경과에 따라 검사를 시행하면서 진단한다. 이때 시행하는 기초 혈액 검사 중 간염이나 췌장염에 대한 수치를 확인하는 검사가 있다. 소아에게 흔하지는 않지만 간염이나 췌장염에 의한 복통이 유발될 수 있으므로 주의해야 한다.

Q584 변비 때문에 배가 아플 수 있나요?

A 아이들이 변비 때문에 복통을 호소하는 경우는 많지 않습니다. 아이의 복통이 변비 때문이라고 여겨 큰 병을 놓치는 경우가 종종 있어 주의를 요합니다.

변을 미뤄 봐서 배가 아픈 경우는 다음과 같습니다. 평소 변비 증상 등이 없던 아이가 변을 볼 시기를 놓쳐 배 안에 변과 가스가 가득 차 갑자기 배가 아프다고 하는 경우입니다. 아침에 유치원에 가기 직전이나 유치원을 마치고 돌아올 때, 저녁 먹은 후에 이런 발작적인 복통이 잘 일어납니다. 아이가 갑자기 데굴데굴 구르고 식은땀을 흘릴 정도로 심한 복통을 호소합니다. 열이나 구토 같은 증상은 없이 갑자기 심한 복통이 발생하는 것이 특징입니다.

자지러질 듯 심한 복통이므로 급히 진행되는 장꼬임 등을 조심해야 하지만, 시간이 얼마 경과되지 않았고 구토 등이 없다면 소아과 전문의와 상의해서 관장을 해 보는 것도 도움이 됩니다. 관장은 병원에서 하는 것이 안전합니다. 변을 미뤄 본 이유로 생긴 복통은 빠르게 호전을 보이고 다시 증상이 나타나지 않아 진단에 도움을 받을 수 있습니다. 혹시 장꼬임 등 급한 문제가 있더라도 관장을 한 번 하는 정도로는 크게 손해가 될 것은 없기 때문이기도 합니다.

Q585 아이가 심한 복통을 호소하는데 수술을 해야 할 수도 있나요?

A 아이가 배가 아픈데 수술할 병 즉 맹장염 등으로 점차 진행해가는 상황인지를 구별하는 것은 소아과 전문의에게도 쉽지 않은 경우가 많습니다. 따라서 복통을 호소하는 아기는 항상 소아과 전문의와 바로 상의해 복부 초음파 검사 등이 필요한지를 의논하고 경과를 예의주시해야 합니다.

Q586 아이가 배가 아픈 지 한 달이 넘었어요. 왜 그런가요?

A 한 달 이상 복통을 보이는 경우를 만성 복통이라고 합니다. 유치원생, 초등학생, 중학생의 약 20%가 만성 복통을 호소할 정도로 흔합니다. 만성 복통의 원인 중 약 90%는 심리적인 것이라 크게 몸에

이상이 없이도 일어날 수 있습니다. 자라는 과정에서 또 사춘기를 겪으면서 배 아프다는 말을 자주 할 수 있습니다. 약 10%는 병적인 원인이 숨어 있는데, 수술이 필요하거나 약물 치료가 필요한 경우도 있습니다. 또 일부에서는 치료가 필요한 정신적인 문제가 숨어 있어 복통을 호소하기도 합니다.

Q587 아이가 배가 아픈 지 오래됐어요. 죽을 먹이는 게 나을까요?

A 소아 만성 복통은 소아과 전문의와 상담해야 합니다. 장기적인 복통을 호소하는 아이에게는 소아과 전문의와 상담 없이 음식 조절을 하는 것은 도움이 되지 않을 뿐만 아니라 성장기의 아이에게 해로운 결과를 낳을 수도 있다는 점을 명심해야 합니다.

Q588 아이가 반복해서 장기적으로 배가 아프대요.

A 심리적인 복통인지, 병적 복통인지를 구별해야 하므로, 소아과 전문의와 상담해야 합니다. 아픈 내력과 간단한 신체검사로는 이 두 가지를 구분하기가 쉽지 않습니다. 반복적인 진료와 경과 관찰을 통해 구별할 수 있습니다. 만일 장기적인 복통을 호소하는 아이가 다음과 같은 증상이나 소견을 보인다면 위험한 신체적 질병이 잠복되어 있을 가능성이 높습니다.

위험한 만성 복통의 증상

1. 밤에 자다가 깨어 복통을 호소하는 경우 낮 동안에도 아프지만 밤에 자다가 깨어 복통을 자주 호소할 때

2. 복통을 호소하는 위치가 우측이나 좌측, 상부나 하부, 옆구리 통증처럼 배꼽에서 먼 부위의 통증을 호소할 때 배꼽에서 먼 쪽 특정 부위의 복통을 호소할 때

3. **열 증상이 복통에 동반해서 자주 나타날 때** 감기도 없는데 미열이 자주 동반되면서 복통을 보일 때

4. **구토나 설사를 자주 동반할 때** 복통을 호소할 때마다 구토나 설사가 자주 동반될 때, 특히 저녁에 자다가 깨어 복통이 있는데 구토나 설사를 동반할 때

5. **복통을 호소할 때 자지러질 듯이 아파하고 식은땀을 흘리거나, 안색이 아파 보이거나, 아프고 나면 잠을 자야 하는 등 복통의 강도가 심할 때**

6. **구토물이나 설사에 피가 보일 때**

7. **빈혈이 동반될 때** 한창 크는 아기가 나이에 어울리지 않게 창백하고 철 결핍성 빈혈을 동반하면서 복통을 자주 호소할 때

8. **체중 감소를 보일 때** 성장기의 소아가 자주 체중이 빠질 때

9. **항문 주위에 종기가 생길 때** 크론병이라는 염증성 장질환은 초기 증상으로 항문 주위에 고름주머니가 생겨 아파할 수 있다.

Q589 아이가 심리적인 원인으로 배가 아픈 건 어떻게 구별하나요?
A 심리적인 복통의 경우는 위험 증상은 없고, 대개 다음과 같은 양상으로 복통을 호소합니다.

- 밥 먹을 때만 되면 배가 아프다고 한다.
- 배꼽 주위가 아프다고 한다.
- 아플 때도 안색은 크게 차이가 없고 많이 아파 보이지 않는다.

- 구토나 설사를 동반하는 경우가 드물다.
- 자다가 깨어 복통을 호소한 적은 없다.

Q590 개학을 한 이후 자꾸 배가 아프다고 해요. 어떡하지요?

A 아이들은 유치원이나 학교에 처음 들어가거나, 개학을 하거나, 전학을 하면 복통을 자주 호소합니다. 몸에 병이 있는데 우연히 이 시기가 겹쳐 배가 아플 수도 있겠으나 대부분은 심리적인 경우가 많습니다. 위험 신호의 증상이나 소견이 없고, 소아과 전문의의 진료를 통해서도 질병 상황이 아니라고 판단된다면 걱정하지 않아도 됩니다. 단 심리적인 복통은 꾀병과는 다르기 때문에 아이가 유치원이나 학교에 쉽게 적응하고, 불안감을 줄이도록 부모가 도와주어야 합니다.

Q591 중학교에 들어간 아이가 배 아픈 지가 3개월가량 됐고 몸무게가 2kg이나 빠졌어요!

A 초등학교 고학년이나 중학생들은 사춘기에 해당하므로 심리적이고 정신적인 원인으로 복통을 호소하는 경우가 많습니다. 특히 개학이나 전학, 방학 후 등교, 학원 등록 등 생활에 변화를 주는 어떤 일이 있은 뒤 주로 복통을 호소합니다. 중학교에 들어간 아이가 살이 빠질 정도로 위험한 신호를 보이면서 복통을 호소한다면 크게 두 가지 원인 중 하나입니다. 첫째, 정신적인 원인이 숨어 있을 가능성입니다. 그저 심리적으로 불안해 나타나는 복통이라기보다는 치료가 필요한 정신적인 원인 즉 왕따, 적응 장애 등이 원인일 수 있습니다. 둘째,

신체 질환의 이상 질병이 원인일 가능성입니다. 크론병, 궤양성 대장염 등 체중 감소를 일으키는 사춘기 나이의 질병이 숨어 있을 수 있습니다. 따라서 체중 감소 같은 위험 신호를 보이는 소아 복통은 반드시 소아과 전문의와 상의해야 합니다.

Q592 아이가 친구와 다툰 후 배가 아프다며 학교 가기를 싫어해요!

A 학교 다니는 아이가 배가 아픈 경우 집에서나 학교에서 마음의 갈등을 겪는 경우가 많습니다. 그중 대표적인 경우가 친구와의 다툼입니다. 가볍게라도 육체적인 접촉이 있었다면 복통의 원인을 다음 두 가지 중 하나로 판단해야 합니다. 첫째, 육체적인 접촉에 의해 배 안의 주요 장기의 출혈 등이 발생했을 가능성입니다. 간이나 비장 등 배 안에는 부드러운 장기가 많아 명치 등을 맞거나 부딪친 경우 장기 내에 출혈이 발생해 복통은 물론 심하면 쇼크에 빠지기도 하므로 주의해야 합니다. 둘째, 심리적인 경우입니다. 오랜 갈등이 원인으로 정신적인 문제가 숨어 있기도 하며, 가벼운 다툼이 쉽게 해결되지 않고 점점 심해져서 정신적인 문제로 발전해 가기도 합니다. 몸의 상처나 병도 중요하지만 마음의 상처나 병이 커지는 것도 주의해야 합니다.

7. 영아산통

생후 백일 이내의 신생아나 어린 영아가 밑도 끝도 없이, 숨넘어갈 듯이 우는 이유는 배가 고프거나 기저귀가 젖은 경우가 대부분이지만,

위험한 병이 숨어 있을 수 있습니다. 하루 중 특정 시간대만 되면 숨넘어갈 듯 반복해서 우는 경우는 대부분 영아산통입니다. 소아과 전문의의 진료를 통해 다른 위험한 질병 상황이 없음을 확인해야 영아산통이라고 진단합니다. 영아산통은 시일이 지나면 저절로 좋아집니다.

Q593 갓난아기가 자지러질 듯 보채요!

A 생후 1~3개월의 갓난아기가 저녁, 밤, 새벽 등 특정 시간대만 되면 반복해서 숨넘어갈 듯 반복해서 우는 경우가 있습니다. 이때 생각해 보아야 할 경우가 영아산통입니다. 영아산통은 아직 원인이 뚜렷하게 밝혀져 있지 않습니다. 영아산통은 백일 이내의 갓난아기에게 잘 발생합니다. 배가 아픈 듯이 약간 불러 보이고, 다리를 오므리며, 손을 꼭 쥐고 자지러질 듯 보챕니다. 일정 시간이 지나면 보챔이 사그라들지만 다음 날 같은 시간대에 비슷한 방식으로 보챕니다. 소아과 전문의의 진료를 통해 다른 질병 상황이 없으면 영아산통이라고 진단하는데, 시일이 지나면 저절로 좋아집니다.

Q594 아이가 심하게 보채는데 영아산통일까요?

A 갓난아기가 심하게 울면 흔히 영아산통이라고 판단하는데, 이는 대단히 위험할 수 있습니다. 소아과 전문의를 통해 다른 질병이 숨어 있지 않다는 확실한 증거가 있고 적어도 1~2주 경과를 보아야만 영아산통이라고 추측성 진단을 할 수 있습니다. 잠복된 보챔의 원

인을 놓치지 않도록 갓난아기가 끝도 없이 보챌 때에는 소아과 전문의의 진료를 꼭 받아야 합니다. 그리고 간단히 해결할 수 있는 건 아닌지 확인해 보는 것이 좋습니다.

첫째, 아기가 열이 나는지 열을 재어 봅니다. 갓난아기들은 열이 나는 것 자체가 큰 병을 예고합니다.

둘째, 배가 고픈지 확인합니다. 아기는 수면, 더위 등에 따라 수유 간격과 수유 양이 바뀔 수 있으며, 과식으로도 보챌 수 있습니다.

셋째, 기저귀를 살펴봅니다. 대소변을 보는 등 기저귀가 조금만 불편해도 아기들은 심하게 보챌 수 있습니다.

넷째, 아기 옷을 벗겼다가 다시 입히면서 이물질, 옷핀 등이 아기를 고통스럽게 하는 것은 아닌지 확인합니다. 장난감 또는 핀이나 이물 등에 아기가 찔리는 경우가 종종 있습니다.

다섯째, 공기를 많이 먹어 배앓이로 울고 보채기도 합니다. 젖을 정확하게 물리고 수유 중 트림을 잘 시키면 저절로 좋아질 수 있습니다.

여섯째, 집안 분위기를 조용하고 안정되게 해야 합니다. 부부 싸움을 하거나 큰 아이를 꾸중하는 등 집 안이 소란스러우면 아기가 불안해하면서 보챌 수 있습니다. 조용하고 늘 한결같은 집안 분위기를 만들어 주는 것이 중요합니다.

8. 역류성 식도염

큰 아이들이 종종 명치 쪽이나 가슴 쪽이 아프다고 호소하는데, 역류성 식도염입니다. 위산이 식도로 역류하기 때문에 증상이 나타나는데, 타는 듯한 속쓰림이나 통증이 있고, 구토가 잦고 식욕이 저하됩니다. 식생활 습관의 변화와 아주 밀접한 관계가 있습니다. 비만, 과식, 취침 직전의 음식 섭취, 기름진 음식, 운동 부족 등이 원인입니다.

Q595 학교 다니는 아이가 명치와 가슴 쪽이 쓰리고 아프대요!

A 명치나 가슴 쪽이 아프면 소아과 전문의의 진료를 받아 크게 5가지 원인 중 하나를 찾습니다. 첫째, 가슴 근육이나 연골 통증의 문제, 둘째, 폐의 문제, 셋째, 심리적인 원인, 넷째, 위장관의 문제, 다섯째, 심장의 문제 중 어느 것인지 확인합니다. 아픈 내력과 신체 진찰, 필요한 몇 가지 검사를 거쳐 답을 찾습니다.

최근 성인은 물론 소아에게도 역류성 식도염이 늘어나고 있습니다. 위산이 식도로 역류하기 때문에 증상이 나타나는데, 타는 듯한 속쓰림이나 통증이 있고, 구토가 잦고, 식욕이 저하됩니다. 심하면 목이 쓰리고, 목소리가 변하고, 목에 뭔가 걸린 듯 불편하고, 음식을 삼키기가 곤란해집니다.

Q596 역류성 식도염은 먹는 음식과도 관계가 있나요?

A 역류성 식도염은 식사 습관, 섭취하는 음식의 종류 등과 밀접한 관계가 있습니다. 최근 역류성 식도염이 소아에게도 늘어나는 이유는 식생활 습관의 변화와

아주 밀접한 관계가 있습니다. 비만, 과식, 취침 직전의 음식 섭취, 기름진 음식이나 잦은 카페인 섭취, 운동 부족 등이 원인입니다.

9. 토혈과 혈변

아기가 코피를 많이 흘리면서 피를 삼켜 붉은 피를 토할 수 있습니다. 때로는 섭취한 음식의 색깔 때문에 붉은색 구토물이 피로 보일 수 있습니다. 엄마의 젖에 생긴 상처 때문에 피를 토하는 경우가 흔합니다. 아기가 피를 토할 경우 장꼬임 등은 특히 조심해야 할 원인입니다. 붉은색 변도 음식 색소에 의한 것인지 혈변인지를 판단해야 합니다. 토혈이나 혈변이 의심된다면 지체 없이 소아과 전문의와 상의하는 것이 좋습니다. 이제 아기들도 내시경 시술이 가능한 시대가 되었습니다.

Q597 아기가 토했는데 붉은 것이 섞여 있어요. 피가 맞나요?

A 아기가 구토를 했는데 붉은색 혹은 커피 가루 같은 갈색을 토하면 피가 맞는지 확인해야 합니다. 코피를 많이 흘려 피를 삼켜서 붉은 피를 토할 수 있습니다. 또 섭취한 음식의 색깔 때문에 토한 음식물이 붉거나 갈색을 띨 수 있습니다. 피인지 아닌지는 소아과 전문의와 의논해서 구토를 하게 된 과정이나 보챔 등 동반 증상을 보고 확인합니다.

Q598 아이가 피를 토했어요. 어떤 원인이 있나요?

A 아이들에게도 피를 토하는 병이 있습니다. 흔하지는 않지만 음식물, 코피 등과 관계없이 위장관에 병이 있어 토할 수 있습니다. 생리적인 위식도역류증을 넘어서 병적인 위식도역류증의 수준으로 많이 토하면 위산이 식도를 자주 자극하고 상처를 내서 식도염이 발생하고 피를 토할 수도 있습니다. 바이러스성 장염처럼 짧은 기간에 많이 토하는 병이 있어도 심한 식도염이 발생해서 피를 토할 수 있습니다. 또 분유 수유를 하는 아기가 우유 알레르기가 있어도 피를 토할 수 있습니다. 이 외에도 식도정맥류 등 간이 나쁘거나 위궤양, 십이지 장궤양 등 위장관에 염증을 일으키는 병이 있으면 피를 토할 수 있습니다.

Q599 갓난아기도 피를 토할 수 있나요? 혈변이나 짜장면처럼 검은 변을 볼 수 있나요?

A 아기의 컨디션이나 구토의 강도, 보챔, 안색의 변화 등을 종합해 병적인 토혈이나 혈변인지 아니면 분만 당시에 임신부의 피를 먹어서 그런지, 병은 없는지를 구별합니다. 아기의 컨디션이 좋지 않거나 아파 보인다면 응급한 상황인 장꼬임, 신생아 출혈 질환 등이 있을 수 있어 대단히 주의해야 합니다. 생후 1~2개월 된 아기가 피를 토하거나 혈변을 보인다면 모유 수유를 하는 경우 어머니의 젖에 상처가 생겨서 피를 먹은 후 토하는 경우입니다. 그러나 이 나이에도 수술할 병인 갑자기 발생된 장꼬임이나 전신 질환인 출혈성 질환 등이 있을 수 있어 주의를 요합니다.

Q600 붉은색 변 혹은 짜장면처럼 검은색 변이 보입니다. 아이는 멀쩡하고요. 피가 맞나요?

A 대변에 붉은색, 커피 가루 같은 갈색, 짜장면 같은 검은색이 섞이면 육안으로 이것이 피인지 아닌지를 구분하기가 쉽지 않습니다. 만일 이것이 피라면 대부분 큰 병일 수 있습니다. 경과를 보아도 아이는 멀쩡하고 추가적인 구토나 설사 등이 없는 경우에는 섭취한 음식의 색깔 때문에 대변에 붉은색이 보일 수 있습니다. 빙과류, 음료수, 사탕의 붉은 색소, 토마토나 딸기 등 붉은 음식 때문인지 살펴봐야 합니다. 검은색 색소나 음식도 마찬가지인데, 시금치나 철분제 등을 먹는 경우 대변이 검게 보여 음식 때문인지 장 출혈에 의한 피인지를 구별하는 것이 쉽지 않은 경우도 있습니다.

Q601 아기들도 내시경을 할 수 있나요?

A 소아 내시경이 국내에 도입된 지 벌써 25년이 되었습니다. 과거에는 원인도 몰랐던 질병을 어렵지 않게 찾고, 치료가 불가능했던 몇 가지 질환도 요즈음은 내시경으로 치료가 가능해졌습니다. 소아과 전문의 중 주로 종합병원이나 대학병원에 근무하는 소아 소화기병을 전문으로 하는 의사라면 신생아도 부작용 없이 시술이 가능합니다.

　다음과 같은 경우라면 제법 큰 소아는 물론 신생아나 어린 아기도 내시경 검사로 병의 진단이나 치료에 도움을 받을 수 있습니다.

- 못, 핀 등을 먹어 위장관에 이물이 있는 경우(예: 갓 태어난 동생이 사랑받는다고 누나가 못을 먹여 위에 못이 있는 신생아)

- 피를 토하는 경우(예: 힘든 분만으로 스트레스를 받아 위궤양이 발생한 신생아)
- 혈변을 보이는 경우(예: 분유 알레르기로 피똥을 싸는 아기)
- 잦은 구토를 보이고 체중이 늘지 않는 경우(예: 잦은 구토로 역류성 식도염이 생긴 아기)
- 만성 설사에 빠진 경우(예: 태어날 때부터 설사를 하고 살이 찌지 않는 중병을 가진 아기)
- 연령에 어울리지 않게 빈혈이 있거나 잘 치료되지 않는 경우(예: 장벽에 선천적으로 생긴 혈관 기형으로 만성적인 장출혈을 보이는 아기)

Q602 아기가 내시경을 해야 하는데 주의할 점이 있을까요?

A 아기들은 내시경을 할 때 수면 마취나 전신 마취를 해서 검사 중 공포를 없애고 시술 후에라도 정신적인 상처가 남지 않도록 주의해야 합니다. 수면 마취를 하면 시술 후 무얼 했는지 아기가 기억하지 못합니다. 그래서 아기에게 정신적인 상처가 남지 않습니다.

10. 지도 모양 혀와 아프타성 구강 궤양

아이의 혀 부위가 지도 모양으로 움푹 파이고 헐어 보이는데 아파하지는 않는 경우가 종종 있습니다. 지도 모양 혀라고 하는데, 치료가 필요 없고 시간이 흐르면 저절로 좋아집니다. 특별한 병을 앓는 아이가 아니라면 영양 결핍은 없다고 봐도 됩니다. 입에 물집이 잡히고 통증을 느끼며 음식을 잘 먹지 못하는 병이 아기들에게 많습니다. 시간이 가면 대부분 저절로 좋아집니다만, 적절한 식이 조절로 통증을 줄여 주어 탈수를 막고 컨디션을 잘 유지해 주는 것이 중요합니다.

Q&A

Q603 아이 혀가 지도 모양으로 헐었어요. 영양 결핍 증상인가요?

A  입안이 헐고 통증을 느끼는 증상은 아이들에게서 흔히 관찰됩니다. 수족구병, 구내염 등 감기 증상의 일종입니다. 그런데 혀 부위가 지도 모양으로 움푹 파이고 헐어 보이는데 아파하지는 않는 경우가 자주 있습니다. 이를 지도 모양 혀라고 하는데, 원인은 아직 모르지만 치료가 필요 없고 시간이 흐르면 저절로 좋아집니다.

Q604 입안이 헐어서 먹지 못해요. 어떻게 도와주어야 할까요?

A 아이들은 수족구, 구내염 등 다양한 원인으로 입안에 물집이 생기거나 헐어 통증을 느끼는 경우가 흔합니다. 우선 소아과 전문의를 통해 원인을 밝혀야 합니다. 일반적으로 통증을 일으키는 입안 궤양은 다음의 보조적인 치료 방법을 이용하면 도움이 됩니다.

- 젖병보다는 빨대 컵, 빨대, 숟가락을 사용한다.
- 자극적인 음식, 뜨거운 음식, 씹는 음식보다는 부드러운 음식, 시원한 음식, 가끔 찬 음식, 죽처럼 마시는 음식이 도움이 된다.
- 음식 먹기 전에 아이스크림, 셰이크 등 찬 음식을 먹인다.
- 통증이 심할 때는 열이 없더라도 해열진통제를 먹인다.
- 소아과 전문의와 상의하고 처방을 받아 위장 제산제를 입안에 발라 준다.

11. 유문협착증

생후 3주를 전후한 신생아가 심한 구토를 보이는 경우 유문협착증을 의심해야 합니다. 구토는 며칠에 걸쳐 점차 악화되어 먹을 때마다 토하고 보챔이 심해집니다. 계속 토하면 체중이 늘지 않거나 빠지고 아기가 처집니다. 초음파 검사로 진단하며, 간단하지만 수술을 해야 합니다.

Q605 유문협착증이 자주 발생하는 나이와 증상을 알고 싶어요!

A 유문은 위와 작은창자의 연결 부위를 말하며 유문협착증은 이 부분의 근육이 두꺼워지는 병입니다. 아직 발병 원인이 밝혀져 있지 않습니다. 보통 생후 3주를 전후로 심한 구토가 나타나는 것이 특징입니다. 구토는 며칠에 걸쳐 점차 악화되어 먹을 때마다 토하고 보챔

이 심해집니다. 아기는 먹고 싶어 보채지만 먹으면 구토를 합니다. 계속 토하면 체중이 늘지 않거나 빠지고 아기가 처집니다. 생리적으로 토하다 말다를 반복하는 것이 아니고 계단을 올라가듯이 점차 구토가 악화되는 것이 중요한 진단적 단서입니다. 소아과 전문의의 진료와 초음파 검사로 진단하며, 간단하지만 수술을 해야 하는 병입니다.

12. 장중첩증

큰 아이나 성인에게는 드물지만 어린 소아에서 흔한 병이라 쉽게 놓치는 병이 장중첩증입니다. 시간을 놓치면 수술을 받아야 하는 병이라 빠른 진단이 필요합니다. 건강하던 아기가 갑자기 발작적이며 주기적으로 보채고 반복적인 구토를 보이며 혈변을 보이기도 합니다. 발작적 보챔, 반복적인 구토, 혈변은 각각의 증상이 큰 병을 의심해야 하는 위험한 증상이므로 어느 것 하나라도 보인다면 즉시 소아과 전문의와 상담하는 것이 좋습니다.

Q606 장중첩증은 어느 연령대에 자주 발생하나요?
A 큰 아이나 성인에서는 드물지만 소아에서는 흔한 병입니다. 3개월~6세에 발병하지만, 대개 돌 전후로 많이 발생합니다. 특별한 원인 없이 장이 장 안으로 말려들어 가는 병입니다.

Q607 장중첩증 증상을 알고 싶어요!

A 첫 번째 증상은 건강하던 아기가 갑자기 발작적으로, 주기적으로 보채기 시작합니다. 1~2분간 숨넘어갈 듯이 보채다가 5~15분간 증상이 없는 보챔이 반복됩니다. 시간이 흐르면서 아기는 지쳐 처집니다. 두 번째 증상은 반복적인 보챔 이후에 보이는 구토입니다. 장중첩증은 장꼬임의 일종이므로 장이 막혀 심한 구토가 반복되면서 아기가 창백해지고 잠을 자려는 듯 처집니다. 세 번째 증상은 장이 장 안으로 말려들어 가 물리적인 마찰을 일으키면서 장벽이 떨어져 나와 대변으로 나오는데 딸기잼 같은 혈변이 보이기도 합니다. 이때쯤 되면 아기는 쇼크에 이를 만큼 처집니다. 이런 전형적인 코스를 거치지 않고도 장중첩증이 오는 수가 있어 주의를 요합니다.

13. 맹장염

소아에서도 맹장염(급성 충수돌기염)은 드물지 않게 발병합니다. 열, 복통, 구토, 설사는 소아에서 열감기, 장염의 흔한 증상이므로 맹장염을 구별해 내는 것은 대단히 까다롭습니다. 소아들은 전형적인 맹장염의 경과를 따르지 않는 것도 진단이 늦어지는 큰 이유입니다. 진단이 까다롭기 때문에 반복해서 소아과 전문의를 만나 판단하고, 다시 판단하는 과정을 거치는 것이 대단히 중요합니다.

Q608 아이들도 맹장염이 올 수 있나요?

A 소아에서도 맹장염이 발병할 수 있으며 6세가 넘어서면 종종 진단됩니다. 드물지만 2세가 넘어서는 어린 나이에 발병하기도 합니다. 소아에서 열, 복통, 구토, 설사는 열감기, 장염의 흔한 증상이므로 맹장염을 구별해 내는 것은 대단히 까다롭습니다. 전형적인 증상으로는 명치나 배꼽 주위 복통이 있은 후 시간이 지남에 따라 오른쪽 아랫배 맹장 위치로 복통이 옮겨 갑니다만, 소아들은 이런 전형적인 경과를 따르지 않는 것이 특징이기도 합니다.

Q609 소아과 전문의라면 맹장염 정도는 검사 없이도 알 수 있지 않나요?

A 소아 맹장염은 소아과 전문의에게도 진단이 까다로운 병입니다. 딱 보고 알 수 있는 경우는 대단히 드물고, 특히 병의 초기에는 장염인지 단순 열감기인지 구별이 어렵기 때문에 반복적으로 진료를 하면서 경과 관찰을 세밀히 해야 합니다. 초음파 검사 등이 진단에 도움이 되지만, 초기에는 진단하기가 애매할 수 있습니다.

14. 샅굴 탈장

어린 아기가 울 때나 배에 힘을 줄 때 배의 안쪽에 있는 창자가 고환 쪽으로 열려 있는 길을 따라 내려오는 경우가 있는데, 이것을 샅굴 탈장이라고 합니다. 울음을 그치면 덩어리가 사라지고 보이지 않지만, 드물게는 빠져나온 장이 배 속으로 들어가지 않아 장 괴사가 일어나는 응급 상황이 일어날 수도 있습니다. 따라서 샅굴 탈장은 진단이 내려지는 대로 반드시 수술을 해야 합니다. 저절로 닫히지 않으며 복대 등으로도 해결되지 않습니다.

Q610 샅굴 부위에 덩어리가 만져지고 심하게 보채요. 왜 그런가요?

A 갓난아기의 배와 허벅지의 경계 부위인 사타구니에서 종종 덩어리가 발견되는 경우가 있습니다. 어린 아기가 울 때나 배에 힘을 줄 때 잘 발견됩니다. 배의 안쪽에 있는 창자가 고환 쪽으로 열려 있는 길을 따라 내려오는 경우로 샅굴 탈장(서혜부 탈장)이라고 합니다. 울음을 그치면 창자가 다시 배 안으로 들어가 보이지 않습니다. 다음 몇 가지 사항을 꼭 알아 두어야 합니다.

• 울거나 배에 힘을 주면 보이거나 만져지고, 울음을 그치면 쉽게 들어간다면 응급 상황은 아니다. 다음 날 소아과 전문의의 진료를 받아도 된다. 그러나 아기가 울음을 그치지 않을 정도로 덩어리가 매우

커 보이고 쉽게 들어가지 않는 상황이라면 응급한 상황이므로 즉시 응급실을 방문해야 한다. 많은 양의 창자가 탈장되어 돌아가지 못하면서 장 괴사 등 합병증이 올 수 있으므로 시간이 촉박한 응급 상태이기 때문이다.

- 수술은 가급적 일찍 해 주는 것이 좋다. 탈장에 의한 장꼬임 등이 발생해 예상 외로 장 괴사 등 끔찍한 합병증이 발병할 수 있기 때문이다.

15. 간질환

어린 아기나 큰 소아에서 혈액 검사를 했는데 종종 간수치가 높다고 진단되는 경우가 있습니다. 두 돌 전의 어린아이가 간수치가 높은 경우 흔한 원인으로 열감기, 호흡기 질환, 장염을 일으키는 원인인 바이러스가 간을 침범한 경우입니다. 5세 이상 학령기 아이들에게서 간수치가 높게 나타나는 주요 원인은 비만입니다. 그러나 근육병, 윌슨병 등 드물지만 심각한 병이 아무 증상 없이 간수치만 높게 나타나는 경우도 있어 주의를 요합니다. 어머니가 B형간염 보균자인데 출생하자마자 접종을 했지만 아기도 B형간염에 걸리는 경우가 있습니다. B형간염 보균자 아이에게 간염 바이러스를 억제하는 약물을 투약해 간경화나 간암의 발병을 낮추는 기술이 최근 시행되고 있습니다.

Q611 아기가 열이 오래 나서 혈액 검사를 했는데 간수치가 높답니다. 왜 그런가요?

A 아기들은 장기적인 열, 모세기관지염, 장염 등으로 혈액 검사를 종종 합니다. 이때 간수치가 높다는 진단을 받기도 합니다. 두 돌 전의 어린아이가 간수치가 높은 원인은 다음과 같습니다.

- 제일 흔한 경우는 열감기, 호흡기 질환, 장염을 일으키는 원인인 바이러스가 간을 침범한 경우이다. 대부분 원 질환인 열감기나 장염 등이 호전되면 1~3개월 이내에 저절로 정상이 된다.
- 원래 간질환을 가지고 있는 경우 간수치가 높을 수 있다. 이때에는 간질환을 앓은 내력이 있거나, 소아과 전문의가 진찰해서 간이 커져 있는 경우 등 간질환의 소견이 밝혀지기도 한다. 이때에는 보다 정밀한 혈액 검사, 초음파 검사 등을 이용해 원인을 밝혀야 한다.
- 드물지만 근육의 질병, 대사성 질환 등이 잠복된 경우도 있다.

Q612 아이가 초등학생인데 간수치가 높답니다. 왜 그런가요?

A 5세 이상 학령기 아이들에게서 간수치가 높게 나타나는 가장 흔한 원인은 비만입니다. 비만 때문에 지방이 간에 침범해 지방간염을 일으키기 때문입니다. 또 심한 열감기, 폐렴 등을 앓은 후에 일시적으로 간수치가 상승하는 경우도 있습니다. 대개 1~3개월 이내에 간수치

가 정상이 됩니다. 흔히 간염의 원인이 되는 A형간염, B형간염, C형간염 등이 원인이 되어 간수치가 증가하기도 합니다.

윌슨 병도 주의해야 합니다. 간수치가 증가하면서 간이나 뇌에 병을 일으키는, 구리가 대사되는 과정에 이상을 보이는 병입니다. 대사성 질환, 근육병 등이 있어도 간수치가 증가할 수 있습니다.

Q613 제가 B형간염 보균자인데 아기도 간염에 걸렸답니다. 예방 접종도 잘 했는데, 왜 그런가요?

A B형간염은 우리 몸에 들어오면 즉시 해코지를 하지는 않지만, 장기적으로 잠복해 나이가 들면서 간경화, 간암 등으로 진행되기도 합니다. 소아에서 감염 경로는 B형간염 보균자 어머니에게서 아기에게로 전달되는 경우가 가장 흔합니다. 출생 당시 어머니의 혈액, 체액 등이 아기에게 묻어 B형간염이 전달됩니다. 이때 출생하자마자 B형간염 면역글로불린을 예방 접종 하고, B형간염 접종을 동시에 하면 약 90% 이상에서 B형간염이 아기에게 넘어가는 것을 막을 수 있습니다. 이미 어머니의 배 속에서 탯줄을 통해 감염이 이루어지는 등 접종을 잘 해도 5~10%는 감염을 막을 수 없는 경우가 있습니다.

Q614 아기가 B형간염에 감염됐는데 앞으로 어떡하지요?

A B형간염에 감염된 아기에게는 간염 바이러스를 억제하는 약물을 투약해 간경화나 간암의 발병을 낮춥니다. 만일 아기가 B형간염에 걸렸다면 정기적으로 병원을 방문해 진료를 받는 것이 좋습니다.

5장

비뇨생식기 질환

아이가 고추가 아프대요

부모는 갓 태어난 아기의 생식기가 이상이 없는지 궁금해합니다. 아들은 고추가 아프다고 하는 경우, 딸은 질에서 분비물 혹은 피가 나오는 경우 크게 걱정합니다. 걱정만 하기보다는 비뇨생식기 질환에 대해 공부를 하는 것이 더 바람직한 자세입니다. 배워야 알 수 있고 아는 것이 힘입니다. 매일 기저귀를 갈면서 아기의 고추에 대해 걱정을 하기보다는 모르면 책을 찾아 보고 소아과 전문의에게 물어서 확인을 하는 것이 좋습니다.

1. 기저귀 관련 주의점과 질환

기저귀는 되도록 자주 갈아 주는 것이 좋습니다. 하지만 밤에 곤히 자는데 몇 번씩 기저귀를 갈아 줄 필요는 없습니다. 요즈음 기저귀는 흡수력이 매우 좋아 밤새 지내도 별 문제가 없습니다.

Q615 아기가 기저귀를 채우면 2분도 안 돼서 휙 잡아당겨 벗어 버려요. 아이는 그게 재미있나 본데, 정말 힘듭니다. 어떡하면 좋을까요?

A 벨크로가 부착된 기저귀 커버를 천 기저귀 위에 씌우면 아이가 쉽게 뗄 수 있으므로, 기저귀 핀으로 고정하는 기저귀 커버를 이용하는 것이 좋습니다. 일회용 기저귀를 이용하는 경우, 기저귀 덮개 부분을 핀으로 고정해 아이가 쉽게 떼지 못하게 합니다. 기저귀 핀으로 기저귀나 기저귀 커버를 속옷 양쪽에 딱 맞게 고정하고, 아이가 쉽게 벗지 못하도록 위아래가 붙은 우주복 형태의 옷을 입히면 기저귀를 벗기가 힘들어집니다.

아이가 두 돌 무렵에도 계속해서 기저귀를 벗으려고 하면, 배변 훈련 과정을 시작할 기회로 삼고 아이가 원하는 대로 기저귀를 벗겨 줍니다. 이때, 기저귀를 차고 있지 않는 대신 집에서는 배변 연습용 팬티를 입고 있어야 한다고 아이에게 말해 줍니다. 배변 연습용 팬티는 아이가 변기를 이용할 때 혼자서도 벗을 수 있습니다.

Q616 아이의 고추 끝이 붓고 붉어지고 헐었어요. 괜찮을까요?

A 생후 3개월 이내의 신생아기에 음경 끝이 붉어지거나 붓거나 상처가 생기는 경우는 국부적인 기저귀발진일 뿐 특별한 이상이 아닐 가능성이 높습니다. 기저귀발진은 흔하게 나타나는 증상으로 심하게 붓기도 합니다. 아주 심한 경우는 아기가 소변을 보기 힘들 만큼 부을 수도 있습니다. 요도까지 번져 아주 심해지면 흉터를 남길 수 있으므로 가급적 빨리 치료하는 것이 좋습니다. 일반적인 기저귀발진 치료법으로 치료를 하고, 아기가 소변을 보기 힘들어하는 경우에는 따뜻한 물에 좌욕을 시킵니다. 2~3일 집에서 치료해도 발진이 수그러들지 않고 아기가 소변을 보는 데 애를 먹는다면 치료를 받아야 합니다.

신생아기 이후에도 음경 끝에 발진이 생기거나 종창이 생기면 기저귀발진일 가능성이 큽니다. 간혹 세균이나 곰팡이 감염 등 국소 감염이 있거나 자극성 피부염이 원인인 경우가 있습니다. 비누, 샴푸 등을 이용한 과도한 세척, 라텍스 알레르기 등으로 인한 자극성 피부염의 악화로 발진이 생기고 부기가 있는 경우가 의심되면 약한 스테로이드 연고를 바르면 도움이 됩니다. 국소 감염이 의심되는 경우 예방적으로 항생제 혹은 항진균제 연고를 바를 수도 있습니다. 무엇보다도 해당 부위를 공기에 노출시켜 건조시키는 것이 중요합니다. 원인에 따라 치료가 달라지므로 병원을 방문해 정확한 진단 후 치료를 하는 것이 안전합니다.

Q617 기저귀 피부염이란 무엇인가요? 치료는 어떻게 하나요?

A 기저귀 피부염은 기저귀를 차는 부위에 발생하는 일종의 자

극성 피부염을 말하는데, 단일 질환이라기보다는 여러 가지 원인에 의한 증상을 말합니다. 소변·대변의 지속적 접촉과 자극, 젖은 기저귀와 공기가 통하지 않는 기저귀보에 의한 침윤, 칸디다 곰팡이의 감염 등이 원인입니다. 초기에는 피부에 붉은 습진을 보이다가 심하면 비후성 판과 수포 미란이 생기기도 하고 만성화되면 건조해지고 인설이 생깁니다. 치료는 깨끗하게 해 주고 건조시키는 것이 가장 중요하며 기저귀를 자주 갈아 주어야 합니다. 약한 세제로 잘 씻어 주고 헹군 다음에 건조시키고 염증이 심하지 않으면 파우더를 바릅니다. 삼출이 있는 경우에는 습포를 하고 하이드로코티존이 1% 함유된 약한 스테로이드 연고를 발라 주면 효과적입니다. 산화아연이 함유된 연고도 괜찮습니다. 곰팡이 감염이 있는 경우에는 항진균제 연고를 같이 바릅니다.

Q618 기저귀발진이 치료 2일이 지나도 호전되지 않습니다. 왜 그럴까요?

A 원인에 따라 치료가 다릅니다. 예를 들어서 지루성 피부염인 경우에는 스테로이드 연고를 바르고, 농가진이 동반된 경우에는 경구용 항생제를 투여하고, 간찰진인 경우에는 청결을 유지하고 하이드로코티존 연고와 예방 연고를 바릅니다. 칸디다성 기저귀발진은 항진균성 연고를 바르고 발진이 지속되면 원인이 될 만한 음식물이나 다른 요인을 확인해야 합니다. 특히 항문 주위 피부염은 분유 수유를 하는 알칼리성 대변이 원인인 경우가 많습니다. 기저귀를 자주 갈아 주어야 하고 항문 주위에 보호 연고를 발라야 합니다. 연고를 바를 경우

반드시 피부를 완전히 건조시킨 뒤 발라야 합니다. 건조시키지 않고 바르면 수분을 가두어 주어 증상을 더 악화시킬 수도 있습니다.

2. 남아 비뇨 생식기 질환

아들을 키우는 부모는 고추가 너무 작거나 크다든지, 오줌 줄기가 이상하다든지, 고환이 없다든지, 탈장이 있다든지 여러 가지 이상 소견을 고민합니다. 남아 비뇨생식기에 이상 징후가 있다면 다음을 읽고 궁금한 점을 해소한 뒤, 전문가의 도움을 받기를 바랍니다.

Q619 포경수술을 한 페니스와 수술하지 않은 페니스는 각각 어떻게 관리해야 하나요?

A 포경수술을 한 페니스는 자주 비눗물로 씻어 주는 것이 유일한 관리법입니다. 포경수술을 하지 않은 페니스는 특별한 관리가 필요하지는 않습니다. 포피를 억지로 집어넣으려 한다든지 면봉이나 물, 또는 소독약을 이용해 포피 아래를 닦으려 하는 건 불필요할 뿐 아니라 잠재적으로 해롭기까지 합니다. 포피 아래로 치즈처럼 생긴 분비물이 나오는데, 포피와 귀두가 분리되기 시작할 때 세포의 잔여물이 떨어져 나오는 정상적인 현상입니다. 이러한 세포들은 포피 끝으로 서서히 빠져나오는데, 평생 동안 지속적으로 떨어져 나옵니다.

Q620 아기가 신생아 포경수술을 받았어요. 오늘 보니 수술 부위에서 분비물이 나오는 것 같아요. 어떻게 관리를 해야 하나요?

A 약간의 분비물은 정상이며 체내에서 나오는 치유액이 수술 부위에서 스며 나오는 것입니다. 포경수술 후 욱신거리고 때로는 소량의 출혈이 생기는 경우가 보통인데 걱정하지 않아도 됩니다. 첫날에 기저귀를 2장 채우면 성기를 보호하는 데 도움이 되고 아기의 허벅지가 성기를 누르지 않도록 하는 효과가 있어 수술 부위를 보호할 수 있습니다. 첫날 이후부터는 2장을 채우지 않아도 됩니다. 대체로 의사는 바셀린이나 연고를 바른 거즈로 성기를 감싸는데 수술 부위가 청결하면 그렇게 하지 않아도 됩니다. 완전히 아물 때까지 욕조 목욕을 피하는 것이 좋습니다.

Q621 아이가 고추가 아프대요.

A 아이들은 생식기 부위 증상에 대해서는 일반적으로 참고 감추려고 하는 경향이 있습니다. 그런데 아프다고 할 경우, 오랜 시간 참다가 표현한 것일 수 있어 주의를 요하며, 아이가 아파하는 부위를 면밀히 살펴볼 필요가 있습니다. 가벼운 염증일 수도 있겠지만 감돈포경, 고환·부고환염, 고환염전 등과 같이 전문의의 빠른 진단과 처치가 필요할 수 있으니 주의해야 합니다.

Q622 아기 고추가 너무 작아요.

A 함몰음경일 가능성이 있습니다. 이는 평상시 음경이 지나치게 위축되어 실제 크기보다 작아 보이는 현상으로 자라가 긴장 상황에서 목을 움츠리는 모양과 비슷해서 자라고추라고도 합니다.

함몰음경의 원인은 크게 세 가지로 음경 표피 부족, 비만, 삼각인대의 과도한 수축을 들 수 있습니다. 음경 표피 부족은 포경수술 또는 외상으로 인한 과도한 음경 표피 절제로 표피가 부족해져 생기는 현상으로 발기 시에도 표피 크기의 제한 때문에 음경이 완전히 커지지 못하는 경우가 생깁니다. 과도한 비만 때문에 음경이 복부 지방 및 치골 부위 지방에 묻히는 경우에도 함몰음경일 수 있는데 소아 비만아 대부분에서 나타납니다. 성인의 경우에도 비만이라면 지방에 음경이 묻혀 실제보다 작아 보이는 경우가 종종 있습니다. 삼각인대의 과도한 수축은 현수인대에서 유래하는 삼각인대가 선천적으로 과도하게 발달해 긴장을 초래하는 상황(정신적 긴장, 추위, 사우나 등)에서 과도하게 수축해 해면체가 음경 피부 안으로 묻히는 현상 때문에 음경이 유난히 작아 보일 수 있습니다.

선천성 왜소음경일 가능성도 있습니다. 이 경우는 임신 기간 중 엄마의 체내에서 남성 호르몬이 나와서 태아에게 노출되는데, 남성 호르몬 노출이 적은 경우 음경이 충분하게 발달하지 못해서 생깁니다. 이런 경우 생후 1년 이내에 남성 호르몬 연고를 바르거나 패치를 붙여 음경의 크기를 키울 수 있습니다. 유전적으로 작은 경우도 있습니다.

Q623 고추가 너무 크고 좀 검게 보여요.

A 엄마 배 속에서 남성 호르몬에 노출이 너무 많이 되는 경우 태어난 아이의 고추가 너무 커 보이고 검게 보일 수 있습니다. 이를 부신성기 증후군adrenogenital syndrome이라고 하는데 이 경우에는 음경은 크지만 고환이 작습니다. 물론 유전적으로 클 수도 있습니다.

Q624 오줌 나오는 곳이 고추 끝이 아니라 음경의 몸체에 있어요. 왜 그렇지요?

A 출생 전 요도와 성기의 성장이 약간 비정상적으로 이루어져서 요도 하열이라는 병이 발생한 경우로 남아 1,000명당 한 명꼴로 나타납니다. 요도의 입구가 성기의 끝에 있지만 정확한 위치에 열려 있지 않는 1단계 요도 하열은 기형 정도가 경미해 치료하지 않아도 됩니다. 요도 입구가 성기의 몸통 아래쪽으로 위치하면 2단계 요도 하열이고, 입구가 음낭 근처에 있는 3단계 요도 하열도 있습니다. 이 두 경우는 수술로 바로잡을 수 있습니다. 수술 시 포피를 이용할 가능성이 있으므로 요도 하열이 있는 경우에는 포경수술을 하지 않습니다. 간혹 여아에게 선천적으로 요도 하열이 생겨 질 속에 요도가 위치하는 경우가 있는데 이 역시 수술로 바로잡을 수 있습니다.

Q625 오줌 줄기가 가늘고 소변을 보기 힘들어하는 것 같아요.

A 요도구 협착은 소변의 흐름이 막히거나 지장이 생기는 현상으로 어린 남자아이는 누구나 걸릴 수 있지만, 포경수술을 한 남자아이들에게서 더 자주 나타납니다. 소변 줄기가 가늘고, 소변을 보기 힘

들고, 소변이 천천히 나오거나 똑똑 떨어집니다. 간혹 요로감염이 재발되기도 합니다. 원인은 페니스 끝부분에 염증이 생기면서 요도에 반흔 조직을 남기고, 이 반흔 조직이 요도구의 크기를 줄어들게 만듭니다. 치료는 의사가 정도가 심해 치료가 필요하다고 결정한 경우, 간단한 수술로 문제를 해결할 수 있습니다. 절차가 간단한 데 비해 전신 마취가 요구되지만, 수술 후 불편한 증상이 상당히 빨리 사라집니다. 예방법은 거친 소재의 속옷, 세정력이 강한 세탁 세제, 젖은 기저귀를 갈지 않고 오랫동안 방치하기 등, 일정 시간 이상 요도에 염증을 일으켜 상처를 남길 수 있는 모든 상태를 피하는 것입니다.

Q626 아이가 신생아 때 포경수술을 했어요. 그런데 담당 의사 말로는 음경 유착이 생길 수 있다고 합니다. 음경 유착이 뭔가요?

A 인체의 조직이 절개되면 절개된 부위의 가장자리가 아물면서 주변 조직에 딱 달라붙습니다. 포경수술을 받는 동안 음경의 포피가 절개된 후 남은 원형의 가장자리가 아물면서 음경에 유착되는 경향이 있습니다. 포경수술 후 상당량의 포피가 남아 있다면 역시 치료 과정에서 음경에 유착되어 포피가 다시 달라붙을 수 있습니다. 음경 유착은 이 부위를 자주 조심스럽게 뒤로 밀어내면 영구 유착을 예방할 수 있고, 아무런 문제가 되지 않습니다. 담당 의사에게 문의해서 해 줘야 하는 경우라면 방법을 알아 두는 게 좋습니다. 남자아이들은 물론 남자 아기들의 경우에도 정상적으로 발기가 되면 유착된 피부 표면이 잡아당겨지는데 이때 부모가 손으로 밀어 주면서 피부를 분리해 남은 포피 부분을 제거하면 재발을 방지할 수 있습니다.

Q627 아기의 음낭이 부어오르고 너무 큰 것 같아요. 괜찮을까요?

A 걱정하지 않아도 됩니다. 아기의 고환은 음낭이라는 보호용 주머니로 싸여 있는데 이 음낭은 충격으로부터 고환을 보호하기 위해 수분으로 가득 차 있습니다. 간혹 선천적으로 수분이 과다하게 채워져 있으면 음낭이 커 보이고 부어 보이기도 합니다. 음낭수종이라고 하는 이런 증상은 생후 1년 동안 거의 아무런 치료를 받지 않아도 서서히 해결되기 때문에 걱정하지 않아도 됩니다. 하지만 부종의 원인이 샅굴 탈장일지 모르니 병원 진료를 통해 확인하는 것이 좋습니다. 1년 후에도 음낭수종이 유지되는 경우에는 전문의와 상의해서 수술을 해야 하는 경우도 있습니다.

Q628 우리 아들은 태어날 때부터 샅굴 고환이었어요. 의사 말로는 생후 한 달이 지나거나 두 돌쯤 되면 저절로 복부에서 아래로 내려올 거라고 하는데 아직 아무런 변화가 없어 걱정입니다

A 남성의 고환과 여성의 난소는 모두 같은 배아 조직으로부터 태아의 복부에서 성장합니다. 난소는 내부에 그대로 남아 있고, 고환은 임신 8개월 무렵 샅굴 부위 안쪽을 통해 성기 하단의 음낭 아래로 하강합니다. 그러나 정상적으로 태어난 남자 아기의 3~4%, 조산아의 1/3가량이 제때에 이 과정을 거치지 않아 샅굴 고환이 됩니다.

고환의 이동 습성 때문에 사실상 고환이 아래로 하강하지 않기란 쉽지 않습니다. 보통 고환 주위가 지나치게 뜨거워지면 고환은 신체에서 멀찍이 떨어지려 하는데, 높은 온도로부터 정자 생산 메커니즘을 보호하기 위해서입니다. 반대로 너무 차가워지면 정자 생산 메커니즘

을 보호하기 위해 다시 몸 안쪽으로 돌아갑니다. 간혹 고환이 유독 예민해서 많은 시간 몸 안쪽에 들어가 있는 경우가 있습니다.

대부분 왼쪽 고환이 오른쪽 고환보다 아래에 달려 있어 오른쪽이 샅굴 고환이 되는 경향이 많습니다. 따뜻한 욕조에 담겨 있을 때도 한쪽이나 양쪽 고환이 음낭에서 관찰되지 않을 때에만 샅굴 고환이라는 진단을 내립니다. 샅굴 고환이어도 통증을 유발하거나 소변을 보는 데 어려움이 없으며 대개 저절로 내려옵니다. 1,000명 가운데 서너 명 정도가 첫돌 무렵에도 여전히 샅굴 고환이 유지되어, 이 무렵 간단한 시술을 통해 고환을 쉽게 적절한 자리에 위치하도록 할 수 있습니다. 처음에는 호르몬 요법을 이용할 수 있지만 효과가 없는 경우가 많습니다.

Q629 아들 쌍둥이인데 의사 말로는 탈장(샅굴 탈장)이 있어 수술을 해야 한다고 해요. 심각한 증상인가요?

A 신생아의 탈장은 드문 현상이 아니며 특히 남자 아기들, 그 가운데에서도 조산아들에게 많이 발생합니다. 샅굴 탈장은 장의 일부가 고환이 음낭으로 하강하는 경로와 같은 경로인 샅굴 가운데 한 곳으로 빠져나와 샅굴 부위가 불거져 나오는 현상입니다. 처음에는 허벅지와 복부가 만나 주름이 생기는 부위에 혹 같은 게 보이는 경우가 있습니다. 특히 아기가 울거나 움직임이 많을 때 두드러지게 나타나다가 아기가 얌전해지면 다시 들어갑니다. 장의 일부가 계속 음낭 아래로 내려가 있으면 음낭이 확장되거나 부어 보이는데, 이 경우 음낭 탈장으로 진단을 내립니다. 탈장이 생기더라도 불편하지는 않으며, 치료

를 받아야 하지만 증상을 심각하게 여기거나 응급 상황으로 여기지는 않습니다. 하지만 아기의 사타구니나 음낭이 불룩 튀어나와 보이거나 부어 보이면 가능한 한 빨리 담당 의사에게 알려야 합니다.

탈장 진단이 내려지면 가능한 한 빨리 치료를 하는 것이 좋으며, 대개 수술을 합니다. 수술은 대체로 간단하게 이루어지고 완치 가능성이 높으며 하루 정도 입원하는 경우가 대부분입니다. 아주 드문 경우 재수술을 할 수도 있는데, 간혹 나중에 반대쪽 샅굴 부위에서 탈장이 발생하기도 합니다. 영유아 샅굴 탈장으로 진단되었는데도 치료를 받지 않으면 샅굴의 근육질 내벽 사이에 장이 끼어 혈행이 막히고 장의 소화력에 지장이 생겨 구토, 심한 통증, 심지어 쇼크가 일어날 수 있습니다. 아기가 갑자기 아파하면서 울고 구토를 하며 변을 보지 않으면 즉시 담당 의사에게 연락해서 확인해야 합니다. 담당 의사에게 연락이 되지 않는 경우에는 가까운 응급실로 가야 합니다. 응급실로 가는 동안 아기의 신체 하부를 살짝 들어 올리고 얼음 팩을 대면 장이 제자리로 들어가는 데 도움이 될 수 있습니다. 하지만 부모가 손으로 장을 밀어 올려서는 안 됩니다.

3. 여아 생식기 관련 질환

딸아이의 외음부가 너무 검게 보인다든지, 질 출혈 또는 분비물이 나오는 경우 부모는 당황할 수 있습니다. 대부분의 경우 일시적인 문제이므로 걱정 안 해도 됩니다.

Q630 신생아인 딸아이 질에서 분비물(피가 묻기도 해요.)이 자주 나오는데 괜찮을까요?

A 엄마에게서 받은 에스트로겐의 영향으로 며칠간 질 출혈이나 분비물이 나오는 경우가 있는데, 정상입니다. 다른 치료는 할 필요가 없고 기저귀를 갈 때 따뜻한 물로 가볍게 씻어 주면 됩니다. 시간이 지나면 저절로 호전됩니다.

Q631 영유아기의 딸아이 팬티에 분비물(피가 섞이기도 해요.)이 자주 묻어 나오는데 괜찮을까요?

A 질이나 외음부(여성 생식기의 외부)의 염증은 여성이라면 나이를 불문하고 누구나 생길 수 있습니다. 질의 가려움, 냄새가 나는 질 분비물, 간혹 점상질출혈과 질출혈(염증이 섬세한 질막을 자극할 때)이 있을 수 있습니다. 원인은 칸디다균 같은 다양한 종류의 감염 매체에 질막을 감염시키는 자극들(목욕물, 젖은 기저귀, 삽입된 물건, 세정력이 강한 세탁 세제나 비누 등)입니다. 치료는 전문의와 상담해야 하며 조금이라도 출혈이 있다면 반드시 당일에 담당 의사와 상의해야 합니다. 의사는 검사를 하고, 해당 부위에서 배양할 샘플을 채취할 것입니다. 그 결과에 따라 국소 약물이나 경구용 약물 등을 처방할 수 있습니다. 질 속에 삽입된 이물질이 감염의 원인인 경우 이물질을 제거합니다. 담당 의사는 아이에게 질 속에 이물질을 삽입하지 않도록, 혹은 다른 사람

이 삽입하지 못하게 하도록 주의를 주어야 합니다.

Q632 사춘기에 가까운 딸아이 팬티에 분비물(피가 섞이기도 해요.)이 자주 묻어 나오는데 괜찮을까요?

A 🧑 초경 전 질 분비물이라고 하며 사춘기에 가까운 어린 소녀의 정상 호르몬 분비로 상당한 양의 진한 백색 분비물이 나오는 경우입니다. 분비물은 대부분 냄새도 나지 않고 자극성도 없고 산성입니다. 현미경 검사를 하면 큰 핵을 가진 상피 세포가 보이며 염증 세포는 보이지 않습니다. 이러한 증상은 생리적인 현상이며 자연히 소실이 되니 걱정하지 않아도 됩니다.

Q633 제 딸이 질 유착이라는데 어떤 병이고, 치료는 어떻게 해야 하나요?

A 👩 아직 에스트로겐이 분비되지 않는 유아와 어린 여자아이들에게서 소음순(외부 여성 생식기 내부의 음순)이 서로 들러붙는 병입니다. 심한 경우 소변을 보기 힘들 수 있습니다. 원인은 소변이나 땀띠로 인한 염증이 음순의 피부를 벗겨 벗겨진 피부 표면이 달라붙는 것입니다. 음순이 분리될 수 있고 아이가 소변을 볼 수 있으며 딱히 통증이 없다면 유착이 되더라도 걱정할 필요는 없지만, 담당 의사가 음순 치료를 촉진하기 위해 에스트로겐 크림을 처방할 수 있습니다. 유착 정도가 심한 경우, 일정 기간 동안 크림을 발라야 음순이 서서히 벌어집니다. 간혹 의사가 특수한 도구를 이용해 음순을 분리해야 하는 경우도 있습니다. 소변을 보기 힘들거나 음순 아래로 소변이 고이면 요로

감염을 일으킬 위험이 커질 수 있으므로 반드시 치료해야 합니다. 일부 여자아이의 경우 에스트로겐이 분비되기 시작하는 사춘기 전까지 유착 상태가 계속되기도 합니다. 예방은 질 부위를 건조하게 유지해야 하며 젖은 기저귀를 장시간 채우지 않아야 합니다. 재발을 방지하기 위해 합성섬유 소재의 속옷과 팬티를 입히지 않습니다.

4. 오줌 관련 주의점과 질환

신생아 시기의 아이는 대부분 하루에 11~16회 소변을 봅니다. 요즘 기저귀는 흡수력이 뛰어나서 소변 횟수를 알아채기 어려우며 종종 대변과 같이 나오기도 하므로 횟수를 알기가 더욱 어렵습니다. 대부분의 경우 소변의 횟수를 알 필요가 없지만 다음의 경우에는 사정이 다릅니다. 모유가 아직 잘 나오지 않는 모유 수유 초기나 아기가 고열, 구토, 설사 등으로 아플 경우에는 소변을 언제 보았는지, 양은 어떤지, 횟수는 몇 번인지를 확인하는 것이 중요합니다. 8시간 동안 소변을 안 본 경우 탈수를 의심하며, 소변을 보더라도 농축이 되어 매우 진한 소변이 나오고 냄새도 많이 날 수 있습니다.

Q634 소변을 잘 가리던 딸아이가 최근 일주일 내내 바지에 오줌을 싸요. 변기를 이용하라고 계속 상기시켜 주는데, 아이는 매번 괜찮다

고 말하고 잠시 후에 어김없이 오줌을 싸고 말아요.

A 👓 어린아이들이 바지에 실수를 하는 가장 흔한 이유는 놀이에 너무 몰두하는 것입니다. 일정이나 일과가 크게 바뀌어 스트레스를 받거나 정서적으로 혼란스러운 상태일 때도 퇴행하는 모습을 보이기도 합니다. 그러나 간혹, 특히 여자아이들의 경우, 방광염이 원인일 수 있습니다. 그러므로 아이가 자주 오줌을 싸거나 소변 색깔이 뿌옇거나 분홍색을 띠거나 혈흔이 보이거나, 기타 감염 및 염증의 증상이 나타나면 의사에게 상담을 받고, 소변 배양 검사를 받습니다. 감염이나 기타 의료적인 문제가 원인이 아니라면, 때가 되면 실수를 멈춥니다.

Q635 대소변 훈련을 받은 지 거의 1년이 다 되어 가는 딸아이입니다. 아직도 밤에는 기저귀를 차는데, 아침에 일어나 보면 기저귀가 젖어 있어요. 밤에 오줌을 싸지 못하도록 강하게 밀고 나가고 싶은데 언제부터 그래야 할까요?

A 🙂 자다가 오줌을 싸는 문제에 대해 공격적으로 대하는 건 좋은 방법이 아닙니다. 발달상 어쩔 수 없이 오줌을 싸는 것이므로, 위협을 가하거나 벌을 내린다고 상황이 달라지지 않습니다. 대여섯 살쯤 되면 아동의 85~90%가 자다가 오줌을 싸는 현상이 좋아집니다. 그러나 나머지 10~15% 아이들(대개 여자아이보다 남자아이가 더 많다.)이 자다가 오줌을 싸는데, 그 이유는 분명히 밝혀지지 않았습니다. 요인은 유전, 평균보다 작은 방광 크기, 밤에 과도한 소변 배출, 깨기 힘들 정도로 깊은 숙면 등 다양합니다. 가장 좋은 치료 방법은 야뇨 경보기를 이용하는 것인데, 대개 여섯 살에서 여덟 살 이전까지는 권장하지 않

습니다. 야뇨 경보기는 기저귀가 젖으면 아이를 깨우는 도구로, 아이가 변기에 앉을 필요가 생길 때 잠에서 깨도록 길들이는 것이 목적입니다.

아이가 준비될 때까지는 밤에 기저귀를 채우면 가족 모두 편안하게 수면을 취할 수 있습니다. 아이가 자다가 오줌을 싸지 않을 준비가 됐다는 걸 알 수 있는 표시는 아침에 자고 일어났을 때 기저귀가 거의 젖지 않고 뽀송뽀송할 때, 밤에 기저귀가 젖으면 속상해할 때, 낮에 서너 시간 동안 마른 상태를 유지할 수 있을 때, 한밤중에 소변이 마려워 스스로 일어날 때, 낮잠을 자다 마른 상태에서 자꾸 깨고 간혹 밤에 잠을 자다 마른 상태로 깰 때 등입니다.

아이에게 상처 주는 말을 하지 말고 밤에 기저귀를 채우면 아이의 매트리스는 물론 자아도 함께 보호할 수 있습니다. 아이가 기저귀 차는 걸 불편해한다면 밤에 잠든 후에 기저귀를 채울 수도 있습니다. 이 방법이 거추장스럽거나 아이를 깨울까 봐 걱정된다면, 일회용 배변 훈련용 팬티를 고려합니다. 기저귀만큼 무겁지만, 팬티처럼 입힐 수 있습니다. 불편하지만 고무 소재의 방수 시트를 깔면 소변이 새더라도 매트리스를 보호할 수 있기도 합니다.

Q636 아들아이에게 앉아서 소변보도록 가르쳐서 아주 잘 따라 합니다. 그런데 언제쯤 서서 소변보도록 가르치면 좋을까요?

A 아이가 앉아서 소변보는 데 익숙해졌다면, 서서 소변보는 걸 급히 서두르지 않아도 됩니다. 이런 변화를 너무 일찍 도입하면 아이가 혼란스러워하고, 변기에 충분히 앉아 있지 못해 변비에 걸릴 가능

성도 높습니다. 그러므로 기본적인 변기 사용 기술에 숙달될 때까지는 계속 앉아서 소변을 보게 합니다. 서서 소변을 보려면 소변 줄기가 변기 안으로 들어가도록 페니스를 변기 쪽으로 조절해야 하기 때문에, 서서 소변보는 기술은 상당한 신체 조정 능력이 요구되는 까다로운 기술이어서 가능하면 아빠나 다른 남자 어른이 아이에게 요령을 가르치거나 한두 차례 시범을 보여 주는 것이 가장 좋습니다.

Q637 오빠가 서서 소변보는 모습을 본 다음부터 우리 딸은 자기도 똑같이 따라 하려고 해요. 여자들은 그럴 수가 없다고 아무리 설명을 해도 막무가내랍니다.

A 많은 아이가 반대 성을 지닌 사람들이 소변보는 방식을 상당히 흥미로워합니다. 남자아이의 소변 줄기는 밖으로 향하고 여자아이의 소변 줄기는 아래로 향한다고 앉거나 서서 소변봐야 하는 이유를 설명하고, 앉아서 소변보는 여자아이들은 앉아서 쉴 수도 있고 소변과 대변을 동시에 해결할 수 있다는 이점을 알려 주며, 아이를 화장실로 데려가 엄마가 직접 예를 보여 줍니다. 아이가 변기 뚜껑을 마주보고 앉기를 원한다면 그렇게 앉게 해도 무방합니다.

호기심이 왕성한 아이에게는 실제로 서서 소변보게 합니다. 서서 소변본 경험이 썩 편안하지는 않을 것입니다. 아이는 다리에 소변이 흘러내린 느낌을 떠올리며 서서 소변보는 것은 자기에게 맞지 않는다는 걸 인정하게 될 것입니다. 아이가 한동안 계속해서 서서 소변보겠

다고 고집을 부리더라도, 조만간 시들해져서 다른 방법으로 호기심을
돌리는 경우가 대부분입니다.

Q638 아이의 질에서 오줌이 나오는 것 같아요.

A 여아에서 배뇨 후 일어서면 질로 역류되었던 오줌이 흘러나
올 수가 있습니다. 대부분 양이 5~10cc로 적으며 가장 흔한 원인은
음순 유착입니다. 어린 여아에게서 주로 관찰되며, 에스트로겐 연고를
바르거나 박리술로 치료합니다. 그 외에 비만이나 배뇨 시 팬티를 발
목까지 완전히 내리지 않고 배뇨를 하는 등 잘못된 배뇨 자세에서 비
롯된 질 배뇨가 생길 수 있습니다. 이 경우 다리를 최대한 벌리고 소변
을 보게 하면 치료가 됩니다.

Q639 딸아이가 너무 자주 소변을 보고 잘 참지 못합니다. 주위에서
과민성 방광일 수도 있다고 하는데 어떻게 하면 좋을까요?

A 과민성 방광을 가진 여아들의 방광은 실제 크기는 정상이나
기능적으로 용적이 작은 것처럼 작동하며 강력한 비억제성 수축을 보
입니다. 대부분 오줌을 지리기 전까지 뇨의를 느끼지 못하며, 반복적
인 요로감염의 병력도 흔합니다. 흔히 변비가 동반되며 오줌이 새는
것을 막기 위해 발뒤꿈치 위로 꿇어앉는 빈센트 인사 자세를 취하기
도 합니다. 과민성 방광은 대개 자연 해소되지만 그 기간이 다양하며
10대까지 지속되기도 합니다. 치료는 1.5~2시간마다 규칙적으로 방
광을 비우며, 변비와 요로감염이 있는 경우 치료를 해야 하며, 골반 운
동을 시켜야 하고, 심한 경우 항콜린제 항아드레날린제도 투여합니다.

5. 신장계 감염

요로감염은 열이 나는 병의 원인이 되는 증상이나 진찰 소견이 없는 경우 일차적으로 의심을 하는 병입니다. 요로감염은 빠른 진단과 신속한 치료가 중요하며 간혹 진단과 치료가 늦은 경우 신장 손상을 일으켜 2차적 합병증으로 고혈압, 신부전 등이 올 수 있습니다. 아이가 원인이 확실하지 않은 열이 나는 경우에는 반드시 단순 소변 검사와 소변 배양 검사를 하는 것이 좋습니다.

1) 요로감염

증상 소변을 자주 보고, 소변을 볼 때 통증이 느껴진다. 소변을 지리고, 소변에 피가 섞여 나오며, 치골 부위의 위나 옆으로 통증이 느껴지고, 열이 나는 증상이 자주 보인다. 간혹 아무런 증상이 나타나지 않을 때도 있다. 젤라틴 모양의 질 분비물처럼 생긴 물질은 질감염이나 기타 질환의 징후가 아니라, 단지 기저귀의 흡수를 돕는 젤리형 물질이 밖으로 새어 나온 것이므로 걱정하지 않아도 괜찮다.

계절 아무 때나

원인 주로 박테리아가 요도(방광에서부터 시작되는 소변 배출 통로)로 진입할 때 일어난다. 여자아이의 경우 요도가 짧아 박테리아의 이동이 더 쉽기 때문에, 여자아이들이 남자아이들보다 요로감염에 더 잘 걸린다. 간혹 다른 신체 부위에서 혈류를 통해 콩팥으로 박테리아가 진입할 수도 있다. 감염은 요도(요도염), 방광(방광염), 콩팥(신우염, 신우신염),

혹은 세 군데 모두에 영향을 미칠 수 있다. 수분을 충분히 섭취하지 않아도 요로감염을 일으킬 수 있다. 소변의 검사물을 받아 배양해 진단을 확인하고 원인이 되는 유기체를 알아낼 수 있다.

감염 방식 주로 대변의 박테리아가 요도를 오염시켜 일어난다(특히 여자아이의 경우).

기간 항생제로 치료하면 빨리 해결된다.

치료 항생제를 투여한다. 항생제 종류는 소변 배양 검사를 통해 결정한다. 증상이 가라앉더라도 처방받은 항생제를 반드시 모두 복용하고, 수분을 충분히 섭취해야 한다. 크랜베리 주스는 박테리아가 요로 내벽에 들러붙지 못하도록 예방하므로 특히 도움이 될 수 있다. 심각한 요로감염이나 경미한 요로감염이 재발된 경우, 검사를 받아 요로의 건강 상태를 확인해야 한다. 간혹 요로 기형이나 요로 폐쇄 증상이 있어 전문의의 치료가 필요한 경우가 있다.

예방 위생적인 화장실 습관과 기저귀 갈기. 대소변을 본 후에는 반드시 앞에서 뒤를 향해 닦고 손을 씻는다. 수분을 충분히 섭취하고, 기저귀를 자주 갈며, 기저귀를 뗀 아이에게는 순면 속옷을 입히고, 필요할 때마다 소변을 보게 한다.('참아'라고 하지 않는다.) 통기성이 없는 합성직물 소재의 딱 붙는 바지를 삼가고, 거품 목욕과 비누는 자극적일 수 있으므로 피한다.

병원에 가야 하는 경우 요로감염으로 의심되는 증상이 보이자마자 요로가 손상을 입지 않도록 즉시 치료해야 한다.

합병증 콩팥이 손상될 위험이 있지만 요로감염을 즉시 치료하면 그럴 가능성이 없다.

Q640 아기가 열이 나고 오줌 누면서 아파하고 오줌 냄새가 좋지 않아요.

A 요로감염일 수 있습니다. 주로 박테리아가 요도로 진입할 때 일어납니다. 여자아이의 경우 요도가 짧아 박테리아의 이동이 더 쉽기 때문에, 여자아이들이 남자아이들보다 요로감염에 더 잘 걸립니다. 간혹 다른 신체 부위에서 혈류를 통해 콩팥으로 박테리아가 진입할 수도 있습니다. 감염은 요도(요도염), 방광(방광염), 콩팥(신우염, 신우신염), 혹은 세 군데 모두에 영향을 미칠 수 있습니다.

Q641 아이에게 증상이 없는데도 요로감염이 있을 수 있나요?

A 영유아에게는 요로감염이 있어도 열이 난다든지 보챈다든지 설사, 구토 등 비특이적인 증상이 많아 조기 진단이 어려운 경우가 많습니다. 빠르고 정확한 진단이 중요한데 확진은 소변 배양 검사입니다. 소변 검사는 아침 첫 소변이 가장 좋고, 채뇨 후 즉시 또는 30분 내에 검사를 해야 하나, 4℃에서 48시간 동안 보관이 가능합니다.

Q642 요로감염이 자꾸 재발해요. 어떻게 해야 하나요?

A 요로감염이 재발하는 경우 일부(요로감염 소아의 약 1/3)에서는 방광뇨관역류 등 요로 기형이라는 기저 질환이 있는 경우가 있습니다. 대부분의 역류 환자는 보존적 항생제 예방 치료를 하며 심한 경

우에는 수술적 치료가 필요하기도 합니다.

2) 소변 이상(혈뇨, 단백뇨, 세균뇨, 농뇨 등)

검사 아침 첫 소변을 받은 지 30분 이내에 검사해야 한다.

이상 소견 소변의 색이 이상하거나 단백이 나오거나 감염이 되어 아질산염이 나올 수 있다.

소변 색깔별 진단

붉은색 혹은 검붉은색 소변: 혈뇨 혈색소뇨 포피리아병 약물

검은색 소변: 대사성 이상 소견 혹은 약물

녹색 혹은 청색 소변: 간질환 인디칸뇨 카로텐 메틸렌 블루 등 약물 섭취

밀크색 소변: 신증후군 유미뇨 인결정 등

Q643 오줌에 피가 섞여 나온다고 합니다.

A 신장의 사구체에서 나오는 것인지 요로에서 나오는 것인지 피가 나오는 위치를 구별하는 것이 중요합니다. 요로에서 나오는 경우에는 요로감염이 원인이며 일부에서는 결석 혹은 결정 또는 혈관 이상 등이 있을 수 있지만 대부분 경미한 원인이 많습니다. 사구체에서 나오는 혈뇨인 경우 현저한 단백뇨가 동반되지 않는 경우에는 사구체 신장염의 원인을 감별하고 관찰하는 경우가 많으며 현저한 단백뇨가 동반되는 경우에는 신장 조직 검사를 하는 것이 바람직합니다.

Q644 오줌에 단백질이 섞여 나온다고 합니다.

A 정상 소변에도 단백이 포함될 수 있으며 성인에서는 하루에 150mg 이상, 소아에서는 4mg/M2/시간 이상으로 단백이 나오는 경우 단백뇨라고 정의합니다. 간혹 농축이 되거나 오줌이 심한 알칼리성인 경우, 농이 나오는 경우 등에서 위양성이 가능하며 단백뇨가 나오면 정밀 검사를 해 보아야 합니다.

Q645 오줌 누는 횟수나 양이 다르고 배뇨 시 통증을 느끼는 것 같아요.

A 빈뇨는 가장 흔한 배뇨 증상이며 방광 내 염증, 왜소 방광, 불안정 방광, 방광 자극(변비 등으로)으로 생깁니다. 가뭄뇨는 하루 2L 미만으로 배뇨를 하는 경우며 요로감염을 발생시키는 주요 원인입니다. 억지로 참으면 신장 손상이 올 수도 있습니다. 다뇨증은 물을 많이 먹어도 올 수 있지만, 당뇨, 삼투성 이뇨, 요붕증 등을 감별 진단해야 합니다. 감뇨는 탈수가 원인이지만 간혹 순환부전, 신장병 악화, 폐쇄성 요로질환 등으로 신부전이 원인일 수도 있습니다. 기타 배뇨 증상으로 배뇨통, 배뇨 시 힘 주기, 배뇨 시 오줌 줄기 이상, 급박뇨, 요실금, 야뇨증 등은 기전 질환을 검사해 봐야 합니다.

3) 방광뇨관역류

증상 배뇨 시 방광의 소변이 배출되지 않고 거꾸로 신장으로 올라가는 병이다. 소아의 1%에서 발생하며 유전적 혹은 가족적 소인이 있으므로 환자의 형제자매도 검사를 해 보는 것이 좋다.

원인 원발성 병은 유전적 요인이 크며 기타 요로 기형이나 하부 요로 의 폐쇄가 역류를 일으킬 수도 있다. 이 병은 요로감염 환자의 1/3에서 발견된다. 역류 정도에 따라 5단계로 분류하며 정도가 약할수록 호전 되는 경향이 있다.

치료 대부분의 역류 환자에게는 보존적 항생제 예방 요법을 시행하며 저절로 호전되기를 기다린다. 하지만 반복되는 요로감염, 호전되지 않 는 역류 4단계나 5단계의 심한 역류가 있는 경우는 수술적 치료를 한다.

Q646 아이가 방광뇨관역류로 진단되었습니다. 수술을 해야 하나요?

A 🙂 개복 수술은 반복적인 요로감염, 호전되지 않는 역류 4단계 나 5단계의 심한 역류일 때 하며 성공률은 4단계까지는 90%, 5단계 는 80%입니다.

Q647 방광뇨관역류 진단 후 항생제 예방 요법을 권유받았습니다. 꼭 해야 할까요?

A 🙂 신우신염을 방지하고, 역류로 인한 비가역적인 신장 손상의 진행 및 합병증을 예방하며, 자연적인 역류의 소실을 기대해 요로감 염의 예방 목적으로 보존적 항생제 요법을 시행합니다. 대부분의 역류 환자에게 첫 번째로 선택하는 치료 방법으로, 박트림 혹은 세파렉신 아목사실린 등을 급성 감염 치료 용량의 1/4~1/3씩 하루 한 번 투여

하는데 역류가 소실되거나 합병증의 가능성이 현저히 감소할 때까지 지속합니다. 역류 관련 신장 손상의 가능성이 높은 위험인자 즉 1세 이하 어린 연령, 높은 역류 정도, 동반 기형 존재, 방광 기능 장애 동반, 저항성 원인 세균, 상행성 신장, 실질 감염 같은 경우에 시행합니다.

Q648 내시경 수술을 권유받았습니다. 어떤 것인가요?

A 방광경을 통해 요관 개구 밑에 물질을 넣어 부풀리는 수술로, 성공률은 70~80% 정도이고 낮은 정도의 역류에서 성공률이 더 높습니다. 따라서 낮은 등급인 1~2단계의 역류는 보존적 항생제 예방 치료를 하며, 3~4단계의 역류에서는 항생제 예방 치료나 수술 치료가 비슷한 결과를 보여 줍니다.

4) 급성사구체신염(사슬알균 감염 후 급성사구체신염)

증상 갑자기 눈 주위가 붓고 혈뇨가 나오며 고혈압, 신부전, 경련 등 복합적인 증상이 나타난다.

원인 사슬알균의 감염 후 일어나는 면역학적 과민 반응이 원인이다.

감염 방식 목감기를 앓은 1~2주 후, 피부 감염 후에는 3주 전후에 증상이 시작된다.

기간 급성기 증상은 대부분 1~4주 안에 호전된다.

치료 사슬알균의 전파를 방지하기 위해 페니실린을 약 10일간 투여한다. 그 외에는 증상적 치료를 한다.

예방 사슬알균의 감염을 예방하는 것이 무엇보다 중요하다.

Q649 급성사구체신염을 일으키는 신염에는 어떤 것들이 있나요?

A 갑자기 부종, 고혈압, 혈뇨, 단백뇨 등을 보이는 급성사구체신염은 막증식사구체신염, 유전신염, 자반병신염, 루푸스신염, IgA신염 등에서도 나타날 수 있습니다.

Q650 급성사구체신염의 예후는 어떤가요? 후유증은 없을까요?

A 근본 원인에 따라 다릅니다. 사슬알균 감염 후 급성사구체신염이 오는 경우는 만성 신염으로 넘어가는 경우가 드물지만, 간혹 급속 진행 사구체신염이라는 증상 복합체로 넘어가서 신부전이 유발되기도 하고 급성기에 고혈압 심부전 뇌증 신부전 등으로 사망할 수도 있습니다. 기타 감염 후 오는 급성사구체신염은 대부분 사슬알균 감염 후 급성사구체신염과 비슷한 경과를 밟습니다. 단지 유전신염, 막증식사구체신염, 루푸스신염, 자반형신염 등은 기저 질환의 예후에 따르기 때문에 만성사구체신염으로 진행되기도 합니다.

5) 용혈성요독증후군

증상 설사나 폐렴 후 혹은 다양한 비특이 장염, 호흡기 감염 후 갑작스러운 창백, 보챔, 허약, 기면 같은 증상이 나타나며 급성신부전이 온다.
원인 대장균(O157:H7)이나 폐렴균 감염 후 면역학적 반응으로 혈관

내피 세포의 손상과 혈소판의 응집이 생겨 미세 혈관병증, 신장 손상, 혈소판 감소증 등이 생긴다.

감염 방식 독소를 만드는 균의 전파에 의해 생긴다.

치료 설사 연관형은 예후가 그래도 좋은 편이나 급성기 사망률은 5% 미만이고, 급성기후 5%가 투석을 해야 하고, 20~30%에서 만성신부전이 오므로 평생 추적 관찰을 해야 한다. 폐렴알균 연관형은 예후가 더 나쁘고 가족성, 유전성인 경우는 예후가 매우 나쁘다.

Q651 갑자기 창백해지고 보채고 의식이 흐려지고 경련을 해서 응급실을 가니 용혈성요독증후군이라고 합니다. 어떻게 해야 할까요?

A 예후가 좋지 않은 경우가 많고 치료가 힘들고 병증이 오래갑니다. 반드시 입원 치료하는 것이 좋습니다. 신장 기능을 예의 주시해야 하며 장기간 입원하는 경우도 있습니다.

Q652 아기가 피가 섞인 설사를 하고 호전이 되었다가 1~3주 후 갑자기 창백해지고 보채고 의식이 흐려졌습니다. 용혈성요독증후군 진단을 받고 입원 중입니다. 앞으로 어떻게 될지 걱정스럽습니다.

A 설사 연관형은 예후가 좋은 편이나 급성기 사망률은 5% 미만이고, 급성기후 5%가 투석을 해야 하고, 20~30%에서 만성신부전이 오므로 평생 추적 관찰을 해야 합니다.

6) 급성 · 만성 신부전증

증상 신장 기능의 이상으로 오줌 양이 감소하고 혈중 칼륨 농도가 증가하는 등 전해질 이상, 식욕 저하 같은 비특이적 증상 등을 보이는 경우가 많다. 급성으로 오는 경우가 급성신부전이며, 만성적으로 비가역적인 증상을 보이는 경우가 만성신부전이다.

원인 급성신부전은 다양한 원인이 있지만 신장의 염증 탕수 패혈증, 출혈, 심부전 등 신장 전 원인, 요관 폐쇄, 요로 결석 폐쇄 종양, 출혈성 방광염 같은 신장 후 원인으로 나누어진다. 만성신부전은 위의 다양한 원인 등으로 인해 신장에 비가역적인 만성적 손상을 받아서 생긴다.

치료 전해질 교정 치료와 혈액 혹은 복막 투석 치료가 있다. 회복 불능 정도로 신장 손상을 입은 경우에는 신장 이식도 하게 된다.

예방 신장 기능 이상을 발견 시 철저한 원인 규명과 전문적인 관리가 필요하다.

Q653 아이가 급성신부전 진단을 받았습니다. 앞으로 어떻게 될지 걱정입니다.

A 급성신부전의 치료 및 경과는 증상을 일으킨 원인에 따라 다릅니다. 상당수가 정상 회복이 가능하지만 전격성 사구체신염, 양측 신겉질 괴사, 양측신정맥 혈전증 등은 정상 회복이 어렵습니다. 또한 일부에서는 급성신부전증의 회복 후 만성신기능 장애가 오고 고혈압, 신세뇨관 산증, 소변 농축 장애 등 후유증이 남을 수 있습니다.

Q654 아이가 잘 자라지 않고 두통, 피로, 권태감, 식욕부진, 다뇨, 야뇨 증상이 있어 검사를 하니 만성신부전이라고 합니다.

A 맨 먼저 만성신기능 상실의 정도를 알아야 합니다. 악화 요인이 봉잔된 경우 적극적인 치료로 악화의 정도를 경감시키고 식이요법과 전해질 관리, 빈혈 관리, 성장 지연 관리 등을 하는데 결국은 투석을 하다가 신장 이식을 해야 합니다. 이식된 신장의 5년 및 10년 생존율은 73~87%로, 아이들의 경우 골발육의 가능성이 충분한 12세 이전에 신장 이식을 하는 것이 바람직합니다.

7) 네프로제증후군

증상 하루에 대개 2gm 이상의 단백뇨를 보이며 몸이 붓는 증상을 보인다.

계절 잘 발생하는 계절은 없으며 발병 시 혹은 재발 시 감기가 선행하는 경우가 많다. 따라서 감기가 자주 발생하는 환절기에 많다고 할 수 있다.

원인 원인은 대부분 미상이며 10% 정도에서 다른 병(자반증, 루푸스, 감염, 약물)에 2차적으로 오는 경우도 있다.

진단 단백뇨 양을 측정하고 특별한 경우에는 신생검을 시행하기도 한다.

치료 대개의 경우 스테로이드를 투여하며 호전이 안 되면 대량의 스테로이드 혹은 세포독성 약을 투여한다. 합병증이 동반되는 경우 합병증 치료를 한다.

예후 재발할 수 있으나 10대 후반이 되면 대부분 재발 없이 회복된다.

Q655　신증후군이 발생하면 나을 수 있나요? 회복이 안 되면 어떤 치료를 해야 하나요?

A 　신증후군은 스테로이드 치료법이 도입되기 이전에는 발생 시 3개월 내에 대부분 사망한 무서운 병이었으나, 스테로이드 치료법이 도입되면서 대부분 완치되고 있습니다. 호전이 되지 않아 만성신부전으로 진행해 투석 혹은 신이식이 필요한 경우도 있습니다.

Q656　오줌에 단백이 섞여 나온다고 합니다. 어떻게 해야 하나요?

A 　오줌에 단백이 나온다고 다 신증후군은 아닙니다. 단백뇨는 신장의 사구체에서 나오는 사구체 단백뇨가 대부분이며, 간혹 세뇨관성 단백뇨도 있습니다. 사구체 단백뇨인 경우 60% 이상이 서 있을 때 단백뇨가 나오는 기립성 단백뇨입니다.

6. 성적 호기심과 성 정체성 관련

만 3세가 되면 아이들은 남자와 여자를 강하게 인식하며 끼리끼리 어울려 놉니다. 하지만 아이가 좋아하는 장난감이 향후의 성적 취향을 짐작할 수 있는 것은 절대 아니며, 남자아이가 인형을 가지고 논다든지 여자아이의 옷을 입으려고 해도 이상한 것은 아닙니다. 그런 행동을 너무 자주 보이는 경우 의사와 상의를 해 보아도 좋습니다.

Q657 어젯밤 아들과 목욕을 했는데 자기 고추가 제 것보다 훨씬 작다고 이상해합니다. 뭐라고 말해야 좋을지 몰라 당황스럽더군요.

A 사실대로 말해 주면 됩니다. "넌 아직 어리니까 고추가 작은 거다. 네가 어리기 때문에 네 손과 발, 다리, 코 입도 작은 거야."라고 설명해 주면 됩니다. 아빠의 코와 아들의 코, 아빠의 치아와 아들의 치아가 크기가 다르다는 걸 거울로 확인시키면 더욱 좋습니다. 아빠가 아이만 했을 때 찍은 사진과 함께 어린 남자아이와 성장한 어른의 신체적 차이를 간단하게 설명한 그림책을 보여 주면, 아이가 성장 과정을 이해하는 데 도움이 될 것입니다.

Q658 아들이 자기 생식기를 가지고 놀더니 만지면 왜 자꾸 커지냐고 물어봅니다. 뭐라고 말해야 할지 몰라 당황했어요.

A 생식기에 대한 질문을 비롯해 어떤 질문에 대해서든 솔직하게 대답해 주어야 합니다. 그러나 솔직한 대답이라고 해서 반드시 의학적으로나 성적으로 완벽하게 대답할 필요는 없습니다. 그렇게 해도 이해를 못 할뿐더러 오히려 겁을 먹을 수 있습니다. 생식기를 만지면 커지기도 한다고 사실대로만 말해도 충분합니다. 생식기는 중요한 부위라 혼자 있을 때 만지는 것이 좋고, 엄마 아빠가 씻겨 줄 때와 의사가 진료할 때 외에는 아무도 만지게 해서는 안 된다고 말해 줍니다.

Q659 기저귀를 갈아 주면 가끔씩 발기를 해요. 제가 아기의 성기를 너무 많이 만진 건가요?

A 기저귀를 갈거나 목욕을 시키면서 깨끗하게 해 주느라 아기의 성기를 만지는 정도로는 너무 많이 만진다고 볼 수 없습니다. 남자 아기의 성기가 발기되는 건 정상적인 반응입니다. 여자 아기의 음핵 발기는 남자 아기의 경우보다 눈에 덜 띄어서 그렇지 마찬가지로 흔하게 나타납니다. 기저귀가 성기에 닿을 때, 수유를 할 때, 욕조에서 아기를 씻길 때에도 발기가 될 수 있습니다.

Q660 우리 딸은 최근에 기저귀를 갈 때마다 생식기를 가지고 놀아요. 이렇게 이른 시기에 이런 행동이 정상일까요?

A 아기들은 출생 이전부터 성적인 존재입니다. 남자 아기들은 태아 때부터 자궁 안에서 발기하는 장면이 목격되어 왔습니다. 첫돌 중반에 벌써 자신의 생식기를 탐색하는 아기도 있고, 첫돌이 지난 후에 탐색을 시작하는 아기도 있습니다. 이런 관심은 아기가 발달 단계에서 반드시 거치는 건강한 현상입니다. 이런 호기심을 억누르려 하는 것은 잘못된 인식입니다. 다만, 감염될 가능성을 예방하기 위해 손을 씻기는 것이 바람직합니다. 아기가 말을 알아들을 만한 연령이 되면, 생식기는 아주 중요한 곳으로 생식기를 만지는 건 괜찮지만 남들이 보는 데서 만지거나 다른 사람이 만지게 해서는 안 된다고 설명합니다.

Q661 세 살 된 딸아이가 갓 태어난 남동생의 생식기에 집착합니다.

A 사실대로 말해 줍니다. 딸이 자신의 신체와 다른 남동생의 신

체에 대해 궁금해하는 것은 정상적인 행동입니다. 아이들은 자신의 신체와 주변 사람들의 신체를 비롯해 주변에 대한 모든 것에 호기심을 갖는 것이 정상입니다.

Q662 딸아이가 남동생에게 있는 생식기의 정체가 뭔지, 왜 자기한테는 없는지 알고 싶어 해요. 아이에게 어떻게 설명해 줘야 하나요?

A  남자아이들은(아빠 같은 남자 어른들도) 페니스가 있고, 여자아이들은(엄마처럼 여자 어른들도) 질이 있다는 정도로만 간단히 설명해 줍니다. 그러면 남성과 여성의 기본적인 차이를 이해하게 될 것입니다. 아이가 엄마가 편하게 설명할 수 있는 수준 이상으로 더 예리하게 파고들면, 도움이 되는 책을 찾아보거나 아이의 눈높이에 맞게 설명이 된 삽화가 있는 책을 찾아 읽어 줍니다.

Q663 우리 아들이 트럭이나 자동차를 가지고 놀지 않아서 걱정이에요. 인형을 가지고 가상 놀이를 하거나 여자아이들하고 노는 걸 더 좋아하는 것 같아요. 문제가 있는 걸까요?

A 이 연령대에 이르면 대부분의 아이가 자기 성역할을 익힙니다. 그러나 전통적인 성별의 경계를 가로지르는 경우도 드물지 않게 볼 수 있습니다. 공격성이 약한 남자아이들은 다른 남자아이의 공격성을 피해서 여자아이들과 노는 걸 더 좋아합니다. 누나를 따라 하는 과정에서 남성과 여성 사이의 경계를 오가는 남자아이도 있고, 단순히 호기심을 충족시키기 위해 그런 모습을 보이는 남자아이도 있습니다.

Q664 인형 놀이나 여자아이들하고 노는 걸 더 좋아하는 아들, 남자아이들과 어울리게 하려면 어떻게 해야 할까요?

A 🧑 만 3세 무렵이면, 아이가 자신이 누구인지, 앞으로 어떤 사람이 될지 강하게 의식하기 시작합니다. 남자아이들은 대체로 남자아이들과 어울리고, 전통적인 남자아이용 장난감과 게임으로 돌아섭니다. 그러나 때때로 소꿉놀이를 하기도 합니다. 남자아이가 이처럼 아기를 보살피는 행동을 보이면, 놀리거나 야단을 치기보다 격려하고 칭찬해 줍니다. 만 3세 무렵의 남자아이가 인형만 가지고 놀거나, 주기적으로 여자 옷을 입으려 하는 등 의심스러운 모습을 자주 보이면, 아이의 담당 의사와 상의해 봅니다.

6장

감염

감기는 아닌 것 같은데 아이가 열이 나고 아파요

아기를 키우면서 가장 자주 접하게 되는 일이 질병 감염입니다. 간단한 감기부터 폐렴, 중이염, 뇌수막염, 결막염, 장염 등 감염이라는 말은 병을 일으키는 미생물이나 기생충 등이 인체 내로 침입해서 정착, 증식해 몸의 조직을 파괴하거나 독소를 내어 인체에 해를 끼치는 것을 말합니다. 위생 관념의 향상, 예방 백신의 사용, 항생제, 항바이러스제 개발 등으로 과거에 비해서 감염이 인류에 미치는 영향은 감소되고 있지만, 운송 수단의 발달로 전 세계가 하나의 권역이 되어 알려지지 않은 미생물이 순식간에 퍼지는 일이 많아지고 있습니다. 최근에 우리나라에서 발생한 메르스 사태가 바로 그것입니다.

1. 결막염

결막염은 가장 흔한 눈병으로 증상이 의심되면 병원을 찾아야 합니다. 비염증성 결막염과 염증성 결막염으로 나누는데, 비염증성 결막염에는 알레르기 결막염과 자극 물질에 의한 결막염, 자가면역질환의 결막염, 해부학적구조의 이상에 의한 결막염 등이 있고, 염증성 결막염에는 바이러스성 결막염과 세균성 결막염이 있습니다. 결막염은 이렇듯 여러 가지 원인에 의해 발생하고 치료도 원인에 따라 제각기 달라, 혼동하기 쉬우며 어렵게 여겨지는 질환입니다.

Q665 아이가 눈곱이 끼는데 결막염인가요?

A 눈곱은 눈의 삼출물 또는 그것이 마른 것으로 옅은 노란색의 딱지 성질을 가지고 있습니다. 눈곱만으로 결막염을 진단할 수는 없습니다. 눈곱이 생길 수 있는 질환에는 알레르기 결막염, 감염성 결막염, 안검염, 감기 인플루엔자, 눈물주위염, 눈물소관염 등 다양합니다. 일시적이고 경미한 눈곱은 치료의 대상이 아니며, 지속적이며 심한 눈곱의 경우 진료 후 원인에 따라 치료해야 합니다.

Q666 결막염도 열이 나나요?

A 결막염은 크게 비염증성 결막염과 염증성 결막염으로 나뉩니다. 비염증성 결막염에는 알레르기 결막염, 자가면역질환의 결막염, 이물에 의한 결막염 등이 있고, 염증성 결막염에는 세균성 결막염, 바이러스성 결막염이 있습니다. 비염증성 결막염은 발열이 드물고, 감염성 결막염은 발열 같은 전신 증상이 발생하기도 합니다.

Q667 결막염에 걸리기 쉬운 시기가 따로 있나요?

A 비염증성 결막염 중 꽃가루나 풀 등에 의한 알레르기 결막염은 봄철에 많이 발생하고, 집먼지진드기, 반려동물의 털, 곰팡이 등에 의한 알레르기 결막염은 계절에 상관없이 발생합니다. 봄철 각결막염의 경우 이름 그대로 봄철에 주로 발생합니다. 염증성 결막염의 경우 여름철에 좀 더 많이 발생합니다.

Q668 아이가 결막염에 걸렸는데 어린이집에 가지 말아야 하나요?

A 급성 출혈 결막염(아폴로눈병)이냐 유행성 각결막염이냐에 따라 차이가 있습니다. 급성 출혈 결막염의 경우 잠복기가 8~48시간이며, 임상적 증상의 경과는 5~7일로 알려져 있습니다. 그러므로 아이를 어린이집에 보내지 말고 1주일 정도 집에서 돌보는 게 좋습니다. 유행성 각결막염은 잠복기가 5~7일, 증상은 3~4주 정도여서 전염력은 발병 후 2주간 강합니다. 그러므로 격리 기간은 2~3주 정도입니다.

Q669 아이가 분수와 수영장에서 놀았는데 잠복기 없이 바로 결막염이 생길 수 있나요?

A 유행성 각결막염은 잠복기가 5~7일이며 급성 출혈 결막염의 경우 잠복기가 8~48시간입니다. 수영장이나 분수 등에서 논 뒤 하루 이틀 이내에 발생한 결막염은 급성 출혈 결막염이고, 일주일 정도 후에 발생하는 결막염은 유행성 각결막염입니다.

Q670 결막염에 안약을 사용하나요?

A 알레르기 결막염의 경우 국소 항히스타민 안약이나 스테로이드 안약을 사용합니다. 증상의 경감에 따라 전문의와 상의해 사용 기간을 제한합니다. 염증성 결막염과 바이러스성 결막염의 경우는 치료의 목적보다는 세균의 2차 감염을 예방하기 위해 항생제 안약을 사용하는 경우가 있습니다. 세균성 결막염의 경우는 그 원인 세균에 맞춰 항생제 안약을 사용해야 합니다.

Q671 아이가 결막염이라는데 어떻게 해 줘야 할까요?

A 알레르기 결막염의 경우는 발생 원인을 피하도록 하는 게 가장 중요합니다. 그리고 수분을 충분히 공급해 줘야 합니다. 염증성 결막염의 경우 안약을 넣어 주고, 아이의 위생을 철저히 관리해 더 이상의 전파를 막는 것이 중요합니다. 눈곱이 많이 생겨 아이가 불편해 할 때는 따뜻한 물수건을 눈에 대어 충분히 녹인 후 눈곱을 제거해 줍니다.

2. 중이염

중이염은 감기 치료 중 귀의 중이 부분에 염증이 생기는 병으로 2세
이하의 아이들이 자주 걸립니다. 유스타키오관이라고 하는 귀인두관
으로, 귀와 코가 이어져 있는데 이 관을 통해서 귀에서 발생하는 물과
코로 들어온 세균, 바이러스 등이 이동합니다. 감기에 걸리면 귀인두
관에 염증 반응이 생겨 귀에서 발생한 물이 제대로 배출이 안 되어 고
이거나 염증이 귀로 옮아갑니다. 귀인두관의 염증으로 관이 막히거나
좁아져 귀 안의 압력이 낮아지면 압력 차에 의해서 코의 세균이나 바
이러스 등이 귀로 빨려들어 갑니다. 이 밖에도 여러 요인에 의해 중이
염이 발생합니다. 중이염이 발생하면 고열이나 통증을 동반해 심하게
보챕니다. 중이염으로 확인되면 항생제 치료를 하고 항생제 치료에도
호전되지 않으면 고막절개술이나 고막튜브 같은 시술이 필요할 수 있
습니다.

Q672 아기가 자꾸 귀를 만져요.

A 꼭 병이 있어서 귀를 만지는 것은 아닙니다. 많은 부모가 귀지
때문에 아이가 귀를 만지거나 가려워한다고 생각하는데 실제로 귀지
때문에 가렵거나 통증이 생기지는 않습니다. 손가락을 빠는 것처럼
습관성이거나 아토피나 지루성 피부염 등 피부 질환이 있을 때에도
귀를 만집니다. 신경 계통이 귀와 목에 이어져 있어 감기만 걸려도 의

미 없이 귀를 만질 수 있습니다. 하지만 감기와 상관없이 지속적으로 귀를 만진다면 중이염이나 외이도염 등 치료가 필요한 감염에 걸린 건 아닌지 꼭 전문의에게 확인해야 합니다.

Q673 아이가 갑자기 귀가 아프대요.

A 아이가 갑자기 귀의 통증을 호소한다면 반드시 중이염 감염 여부를 확인해야 합니다. 물론 귀인두관의 단순한 압력 변화나 인후염, 충치 등에 의해서도 통증을 유발할 수는 있지만 약하더라도 감기 증상이 있는 경우라면 대개 중이염일 가능성이 높습니다. 귀의 통증이나 고열은 감기 증상의 경중에 상관없이 중이염이 심하게 진행된 형태로 볼 수 있기 때문에 중이염이 확인되는 즉시 충분한 기간 동안 항생제 치료를 해야 합니다. 특히 어린 아기들은 아프다고 말하지 못하기 때문에 울고 보채는 경우가 많습니다. 분유나 모유를 빨면 귀에 압력 변화가 생겨 심하게 보챌 수 있고, 누워 있으면 아프기 때문에 안아 달라고 보챌 수 있습니다. 따라서 어린 아기들이 이유 없이 심하게 보챌 때는 감기 증상의 유무와 상관없이 중이염 감염 여부를 반드시 확인해야 합니다.

Q674 아이 귀에서 진물이 나요.

A 귀에서 물이 나오는 원인은 여러 가지입니다. 샤워를 하거나 수영장에 다녀온 뒤 귀에 들어간 물이 귀지를 녹이면서 같이 흘러나와서 진물처럼 보이는 경우도 있고, 정상 물귀지가 심한 경우도 있습

니다. 외이도에 지루성 피부염이 생겼을 때도 진물이 나올 수 있고, 면 봉이나 여러 다른 원인에 의해 외이도에 생긴 상처가 외이도염으로 진 행되어 나올 수 있습니다. 중이염의 염증이 터지거나 고막에 구멍이 생기는 경우에도 진물이 나올 수 있습니다. 따라서 진물이 나올 때는 정상적인 것인지 염증에 의한 것인지를 반드시 전문의에게 확인해야 합니다.

Q675 아이 귀에서 냄새가 나요.

A 귀에서 나는 냄새는 꼭 염증 때문만은 아닙니다. 가장 흔한 원 인으로 목욕탕이나 수영장을 다녀온 후 귀지가 붇거나 귀 안의 피부 가 붇어서 나는 냄새입니다. 물론 중이염이나 외이도염 같은 염증이나 곰팡이균에 의한 감염에도 냄새가 심하게 날 수 있습니다. 귀에 물이 들어간 후에 냄새가 심하게 난다면 물이 마를 정도의 시간이 지나고 난 뒤에도 냄새가 나는지 꼭 확인하고, 냄새가 계속 난다면 염증이 있 는지 전문의에게 확인해야 합니다.

Q676 아무 증상이 없는 중이염도 있나요?

A 중이염은 흔히 고열, 통증, 진물 같은 증상이 있는 화농성인 급성 중이염과 고열이나 통증 등 염증 반응 없이 단순히 귀에 물만 차 는 비화농성인 삼출성 중이염으로 나뉩니다. 항생제 치료를 해야 하 는 급성 중이염과는 달리 증상이 없는 삼출성 중이염은 특별한 치료 가 필요하지 않고 주기적으로 변화를 관찰하면 됩니다. 하지만 3개월 이상 물이 빠지지 않고 중이에 차 있다면 청력 검사를 해야 하고 고막

튜브 같은 처치가 필요할 수 있습니다.

Q677 중이염 때문에 열이 날 수 있나요?

A 중이염은 흔히 감기와 동반해 발생하기 때문에 중이염에는 열이 나지 않는다고 생각하는 부모가 많습니다. 하지만 감기 증상 없이 중이염만 발생할 수도 있고, 급성 염증 반응인 중이염에는 언제든지 고열이 동반될 수 있습니다. 고열이 발생하거나 심하게 아파 보이는 아이라면 중이염이 심한 상태로 판단되기 때문에 확인 즉시 항생제 치료를 해야 합니다.

Q678 우리 아이는 감기에 걸리기만 하면 꼭 중이염이 생겨요.

A 2세 이하 아이들은 중이염에 잘 걸립니다. 귀인두관이 어른에 비해 길이도 짧고 부드럽고 더 수평으로 놓여 있어서 중이의 공기를 환기시키고 보호하는 데 효율적이지 못하기 때문입니다. 중이염이 감기의 합병증으로 잘 생기기 때문에 감기에 취약한 아이들, 특히 어린이집 같은 기관에 이른 나이부터 다니는 아이일수록 더 잘 걸립니다.

6개월에 4회 이상 또는 1년에 6회 이상 재발하는 재발성 급성 중이염은 원인균을 완전히 퇴치하지 못하거나 다른 균에 의해 재감염된 경우에 발생합니다. 이런 경우 중이염 초기에 항생제 치료 시 충분한 기간 동안 적절한 항생제로 치료할 필요가 있습니다. 재발성 중이염에 자주 걸리는 아이라 하더라도 면역성이 증가하고 귀인두관의 구조와 기능이 좋아지는 나이가 되면 덜 걸리게 됩니다.

Q679 누워서 수유하면 중이염에 잘 걸리나요?

A 아이들은 귀인두관이 취약하기 때문에 귀로 이물질이 쉽게 들어갈 수 있어서 수유 시 중이로 이물질이 들어가 중이염에 쉽게 걸릴 수 있습니다. 이 밖에도 사레들리기도 쉽고, 소화도 잘 안되어 누워서 수유하는 것은 피하는 게 좋습니다.

Q680 귀에 물이 들어가면 중이염에 걸리나요?

A 세균이 많은 더러운 물이 아니라면 물이 들어간 것으로 중이염에 걸릴 가능성은 높지 않습니다. 목욕탕이나 수영장에 다녀온 뒤 귀에 물이 들어갔다면 시간이 지나서 저절로 마르도록 놔두든지 귀를 기울여서 서서히 빼내면 됩니다. 무리하게 면봉 등으로 물을 닦아내려고 귀를 후비다가 상처가 생기면 오히려 외이도염에 걸릴 수 있습니다.

Q681 어제 병원에 갔을 때만 해도 중이염이 아니라고 했는데 오늘 중이염에 걸렸어요.

A 중이염은 감기 치료 중 언제든지 발생할 수 있는 합병증의 하나이고 발생하는 시간은 다양합니다. 오늘 아침에 단순 감기로 진단을 받았다 하더라도 오후에 갑자기 귀에 통증이 생기면서 고막천공이 오기 직전인 심한 중이염으로 진행할 수도 있습니다. 중이염에 자주 걸리는 아이라면 감기 치료 시 반드시 귀를 확인해야 합니다.

Q682 코감기가 오래되거나 감기약 안 먹으면 중이염이 되나요?

A 콧물이 오래 가면 귀인두관에 염증을 일으켜서 중이염이 생길 수는 있습니다. 하지만 꼭 콧물이 오래되거나 감기 치료를 하지 않는다고 해서 중이염으로 발전하지는 않습니다. 반대로 콧물이 생긴 지 얼마 되지 않았거나 감기 치료를 하는 중에도 중이염이 생길 수 있습니다. 감기 치료가 중이염을 줄여줄 수는 있어도 100% 막아 줄 수는 없습니다.

Q683 아이 고막에 구멍이 생겼다고 하는데 위험한가요?

A 중이염이 진행되면서 고막이 터지는 증상인 고막천공이 생길 수 있습니다. 고막천공이 바로 청력 장애로 이어지는 것은 아니고 위급한 상황도 아닙니다. 중이염으로 인해 발생하는 고막천공은 중이염을 치료한 뒤 2~4주내에 저절로 회복되는 게 보통입니다. 고막천공은 귀에 물이 들어가는 상황만 피한다면 일상생활에 지장을 주지도 않습니다.

Q684 중이염은 항생제를 꼭 써야 하나요?

A 삼출성 중이염을 제외한 대개의 급성 중이염은 항생제 치료가 필요합니다. 6개월 미만의 아이는 중이염에 의한 합병증이 심하게 나타날 수 있기 때문에 중이염이 확실하지 않더라도 의심이 된다면 바로 항생제 치료를 합니다. 중이염이 잘 생기는 2세까지는 중이염이 확인되었거나 중이염이 보이지 않아도 통증이나 고열이 심하면 항생제 치료를 합니다. 2세 이상이라면 중이염이 확인되어도 통증이나 고

열이 없으면 항생제 없이 경과를 관찰해 볼 수 있습니다.

Q685 중이염으로 항생제를 너무 오래 먹고 있어요. 괜찮을까요?

A 중이염으로 항생제 치료를 시작하면 대부분의 소아과 전문의는 항생제를 최소 7일 이상 충분히 처방합니다. 그래야만 재발 가능성이 줄어들기 때문입니다. 항생제를 오래 먹는 것을 꺼리고 아이에게 증상이 없으면 멀쩡해 보이기 때문에 항생제 투여를 멈추는 경우가 많습니다. 하지만 중이염에 걸렸을 때 항생제 치료를 충분한 기간 동안 하지 않으면 재발이 잘되고 재발된 중이염은 더욱 치료가 어렵습니다.

항생제를 오래 쓴다고 해서 항상 같은 항생제만 사용하는 것은 아닙니다. 치료에 반응이 적거나 호전되지 않으면 다른 종류의 항생제로 바꿉니다. 보통은 3~4일에 한 번씩 내원해 중이염의 경과를 관찰하므로 그때 항생제 교체를 결정합니다. 만약 다른 병원에서 중이염 진료를 받는다면 이전에 쓰던 항생제 종류를 새로운 담당 의사에게 알려야 치료에 도움이 됩니다. 그리고 3개월 이상 항생제 치료에 반응하지 않거나 물이 많이 찬다면 고막튜브 등 수술적 치료도 고려해 봐야 합니다.

Q686 중이염이 오래되면 청력에 문제가 생기나요?

A 중이염은 청력에 문제를 일으킬 수 있습니다. 급성 중이염이든 삼출성 중이염이든 3개월 이상 지속된다면 청력 검사를 고려해야 합니다. 중이염이 오래 지속된 아이에게서 청력 장애가 발생하면 언어

발달 지연 같은 다른 영역 발달 장애를 동반할 수 있습니다. 따라서 중이염은 충분한 기간을 두고 적절하게 치료해야 합니다.

Q687 중이염으로 수술해야 한다는데 위험하지 않은가요?

A 아이들에게나 성인에게나 수술은 쉬운 일이 아닙니다. 하지만 중이염으로 고막절개술이나 고막튜브를 삽입하는 수술은 마취 문제만 빼면 대개는 안전합니다. 중이염이 오래되었거나 청력 장애가 의심되는 상황이라면 수술에 대한 두려움 때문에 수술을 못 할 이유는 없습니다. 수술로 제대로 치료가 된다면 중이염이나 청력 장애를 교정할 수 있으므로 전문의와 충분히 상담한 후에 수술을 받는 게 좋습니다.

Q688 고막튜브를 넣었는데 언제까지 해야 하나요?

A 대개는 6~18개월 정도 지나면 저절로 빠집니다. 빠지지 않았다면 청력 감소가 정상으로 회복되도록 12~16개월 동안 유지하는 게 좋습니다. 저절로 빠졌든 제거를 했든 대개는 깨끗이 아물기 때문에 별다른 처치는 필요 없습니다.

Q689 중이염에 자주 걸리지 않으려면 어떻게 해야 하나요?

A 꼭 앉아서 수유하는 습관을 들이고 돌이 지나면 젖병을 빨지 않게 하는 게 좋습니다. 공갈 젖꼭지도 될 수 있으면 사용하지 않는 것이 좋고, 감기에 걸리지 않게 위생 관리를 잘 해 줘야 합니다. 비염이 심해지지 않도록 환경 관리가 필요하고 폐렴구균과 Hib 접종도 해야 합니다. 집에 있는 가족들이 흡연을 한다면 반드시 금연을 하는 게 아

이의 중이염 호전에 도움이 됩니다. 집 밖에서 흡연을 한다 해도 입안에 남아 있는 잔류물 때문에 좋지 않은 영향을 끼칠 수 있습니다. 모유 수유는 중이염을 예방하는 데 상당히 도움이 됩니다.

Q690 중이염이 있으면 목욕이나 수영을 할 수 없나요?

A 중이염이 있다고 간단한 목욕이나 수영을 못 하는 것은 아닙니다. 하지만 물속에 오래 있거나 잠수를 하면 압력 변화에 의해서 통증이 발생하거나 중이염이 심해질 수 있습니다. 반면 고막천공이 있거나 고막튜브를 한 경우에는 될 수 있으면 수영을 하지 않는 게 좋고, 하게 된다면 반드시 귀마개를 이용해서 물이 들어가지 않도록 해야 합니다.

Q691 중이염이 있으면 비행기를 탈 수 없나요?

A 비행기는 높은 고도에서도 기내 압력을 조절하기 때문에 중이염에 문제가 되지는 않습니다. 하지만 이착륙 시나 난기류 시에는 압력 변화가 생기기 때문에 통증을 유발할 수 있습니다. 물이나 음료수를 조금씩 마시게 하거나 공갈 젖꼭지를 빨리는 게 좋습니다. 큰 아이의 경우에는 껌을 씹게 하는 것도 좋은 방법입니다.

3. 바이러스성 질환

바이러스는 세균에 비해서 훨씬 작고 구조가 단순해 순식간에 대량

복제가 가능한 특징이 있습니다. 세균에 대해서는 항생제가 많이 개발되어 있지만 항바이러스제는 그만큼 다양하지 않습니다. 주로 예방 접종에 의해서 미리 예방을 하지만 독감을 봐도 알 수 있듯이 매년 다른 변종이 나타나 새로운 바이러스 감염은 더욱 늘어나고 있습니다.

1) 수두

수두는 수두-대상포진 바이러스varicella~zoster virus의 일차 감염으로 인해 전신에 감염 증상이 나타나는 바이러스성 질환이다. 증상은 급성 미열로 시작되고 몸 전체가 가려우며 발진성 수포(물집)가 생긴다. 잠복 기간은 2~3주, 보통 13~17일이며 수두나 대상포진의 수포에서 나오는 액의 직접 접촉 또는 공기를 통해서 전파된다. 감염자의 타액(침)을 통해서도 전파될 수 있다. 수포는 발생 초기일수록 전염성이 강하고, 딱지가 생기면 전염되지 않는다.

Q692 수두 예방 접종을 했는데 수두에 걸리나요?

A 수두 예방 접종을 받은 사람은 대부분(70~90%) 수두에 걸리지 않으며, 심한 수두에 대한 예방 효과가 95% 이상이라고 알려져 있습니다. 수두 백신을 접종받은 후에도 수두에 걸리는 경우를 돌파감염이라고 하는데 발진 양도 적고 대개 경미한 증상을 나타내며 회복도 빠릅니다. 수두 예방 접종을 했지만 수두에 걸릴 수 있습니다.

Q693 수두도 열이 나나요?

A 예방 접종이 보편화되기 전까지 수두는 급성 발열과 발진을 동반하는 대표적인 질환이었으나 접종 이후 경미한 증상으로 발진을 보이는 경우가 많아졌습니다. 잠복기는 10~21일이며 무증상 감염은 드뭅니다. 모든 경우에 발열이 동반되지는 않습니다.

Q694 수두 발진은 흉터가 남지 않나요?

A 수두의 발진은 두피와 얼굴, 몸통에 먼저 나타나며 구심성으로 분포해 나중에는 사지로 발전합니다. 발진은 심한 소양증을 동반하는 홍반으로 시작해 구진을 거쳐 눈물방울 모양의 수포로 되어 24~48시간 이내에 농포화되면 배꼽 모양을 띠며 나중에는 가피화됩니다. 새로운 발진은 산발적으로 3~4일간 출현하며 빠른 속도로 진행해 반점, 구진, 수포, 농포, 가피 같은 모든 발진을 동시에 볼 수 있습니다. 발진은 세균에 의한 2차 감염이 동반되지 않으면 심한 상처를 남기지 않으므로 상처 관리를 잘할 경우 흉터를 남기지 않습니다.

Q695 수두 2차 접종을 해야 하나요?

A 미국에서는 유치원과 같은 집단 내에서 수두가 유행할 때에는 수두의 확산을 예방하기 위해 12개월 이상부터 13세 미만의 소아에 두 번째 수두 백신 접종을 시행하도록 추천하고 있습니다. 국내에는 현재 2회 접종에 대한 방침은 정해져 있지 않습니다.

Q696 아이가 수두에 걸린 아이와 접촉했습니다. 잠복기는 얼마나 되나요?

A 수두는 환자의 타액에 의한 비말 감염이나 직접 접촉으로 퍼집니다. 전염성이 매우 강해서 가족 중 감수성이 있는 사람에게 전파될 확률은 65~86%입니다. 1~4세 소아가 걸리기 쉬우며, 15세까지는 수두 바이러스에 감염되고, 성인은 5% 미만이 감수성이 있다고 합니다. 전파될 수 있는 기간은 발진이 나타나기 전 24~48시간과 발진이 시작된 후 3~7일(수포가 딱지가 될 때까지)입니다. 수두의 잠복기는 10~21일입니다.

처음로
수두에
걸린아이

Q697 엄마가 대상포진일 경우 아이가 수두에 걸릴 수 있나요?

A 아이가 수두 예방 접종을 하지 않았고 수두에 이환된 병력이 없다면 수두에 걸릴 확률이 있습니다.

Q698 아이가 수두에 걸렸었는데 또다시 수두에 걸릴 수 있나요?

A 수두는 주로 소아에게 수두 바이러스에 의해 생기는 질환입니다. 과거 수두를 앓은 사람이 다시 수두에 걸릴 확률은 극히 낮습니다. 그러나 드물게 과거에 수두를 앓았던 사람에게도 수두와 비슷한 발진이 재발하기도 합니다. 엄마에게서 받은 항체가 남아 있는 12개월 이전에 수두가 발생하면 증상이 경미하게 나타나는데 이런 경우 수두가 재발할 가능성이 있습니다.

Q699 수두 접종 때문에 수두에 걸릴 수 있나요?

A 수두 백신은 안전하며 이상 반응이 가볍고 대개 5~35%의 빈도로 나타납니다. 접종자 중 약 20%가 접종 부위의 통증발적 종창을 경험합니다. 3~5%에서 국소 발진이 나타나고, 또 3~5%에서 전신적인 수두 양상의 발진이 생긴다고 보고되고 있습니다. 대개 2~3개의 반전 구진 양상의 발진으로 접종 후 5~26일 사이에 주로 나타납니다. 하지만 백신 접종 후 나타난 발진이 반드시 백신으로 인해 생긴다고 할 수는 없습니다. 백신을 접종받은 후 2주 이내에 생긴 수포 발진은 야생 바이러스에 의한 감염일 가능성도 배제할 수 없습니다.

Q700 아이가 돌 전에 수두에 걸렸는데 돌 지나 접종을 해야 하나요?

A 수두를 앓았던 병력이 확실한 경우에는 평생 면역이 생기므로 예방 접종은 필요 없습니다. 혹여 12개월 이전에 수두에 노출되어 수두 예방 접종이나 수두-대상포진 면역글로불린varicella~zoster immunoglobulin, VZIG을 투여한 아이라면 12개월에 정상적인 스케줄대로 시행하는 수두 접종은 해야 합니다.

Q701 우리 아이는 수두 예방 접종을 못 했는데 수두에 걸린 아이와 접촉했습니다. 아이가 수두에 걸릴까요?

A 면역력이 정상인 12개월 미만의 영아에게는 수동면역이나 능동면역은 추천하지 않습니다. 12개월 이상 정상 소아는 노출 3일 이내에 수두 백신을 접종할 수 있습니다. 수두에 면역력이 없는 사람이 다음과 같은 형태로 수두나 대상포진에 노출되었을 경우 VZIG가 필

요합니다. 같은 집에 거주하는 경우, 친구랑 실내에서 얼굴을 맞대고 함께 있었던 경우, 병원에서 수두 환자와 2~4인실 병실을 같이 사용했거나 더 큰 병실에서 바로 옆 침대에 있었던 경우, 병원에서 대상포진 환자를 만졌거나 껴안은 경우입니다. 수두 병력이 없거나 접종력이 없는 모든 면역 저하자(HIV 감염 포함)는 반드시 노출 후 예방 접종이 필요합니다.

Q702 수두는 약을 먹어야 하나요?

A 수두 발진은 매우 가렵기 때문에 긁어서 발진 부위에 감염과 흉터가 생길 수 있습니다. 가려움을 줄이기 위해 항히스타민을 복용하거나 국소 도포제를 사용합니다. 발열이 동반되는 경우에는 해열제로 열을 낮출 수 있습니다. 이때 saliylates(예, 아스피린) 계열의 해열제를 사용하면 안 됩니다. 수두 감염 시 아스피린을 사용하면 라이 증후군(간과 뇌의 장애)이라는 심각한 합병증을 초래할 수 있기 때문입니다. 수두 발진 발생 24시간 내에 항바이러스 제제(예, acyclovir)를 투여하면 효과를 기대할 수 있습니다. 그러나 일반적으로 건강한 소아의 수두 치료에 경구용 항바이러스 제제를 사용하도록 권장하지는 않습니다. 건강한 소아는 수두에 걸리더라도 잘 치유되기 때문입니다. 하지만 13세 이상 청소년, 만성 피부 질환자, 만성 폐 질환자, saliylates(예, 아스피린)의 장기간 복용자, 스테로이드 복용자(예, 단기간 및 간헐적 사용, 흡입 치료) 등에는 사용합니다.

2) 홍역

홍역은 백신 접종이 시작된 후 발생 빈도는 감소했으나, 30년이 지난 지금에도 근절되지 않고 있는 질환이다. 우리나라에서도 2000~2001년에 홍역이 크게 유행했다. 그 이후 보건복지부는 국가 홍역 퇴치 5개년 사업의 일환으로 홍역 일제 예방 접종 사업을 펼쳐 95% 이상의 백신 접종률을 달성해 현재는 차단되고 있다.

Q703 홍역은 어떻게 걸리나요?

A 홍역바이러스는 RNA바이러스로 전염성이 강해 접촉자의 90% 이상이 발병하며 무증상 감염은 거의 없습니다. 바이러스의 전파는 전구기에 비인두 분비물 비말에 의한 경우가 대부분입니다.

Q704 홍역은 한 번 걸리면 또 걸릴 수 있나요?

A 홍역은 한 번 걸린 후 평생 면역을 획득하는 질환입니다.

Q705 홍역의 잠복기는 어떻게 되나요?

A 홍역의 잠복기는 10~12일이며 증세를 약화시키기 위해 면역 글로불린을 투여한 경우에는 잠복기가 21일까지 길어질 수 있습니다.

Q706 아이가 홍역에 걸렸는데 언제까지 격리를 하나요?

A 발진이 나타나고 5일까지는 호흡기 격리가 필요합니다. 홍역 의심 환자가 학교나 유치원, 학원 등 단체 시설에서 발생한 경우 발견 즉시부터 발진 발생 5일 후까지 집에서 쉬어야 합니다. 면역력이 떨어진 환아의 경우는 질병 발생 기간 내내 격리해야 합니다.

Q707 홍역 확진 검사가 있나요?

A 홍역은 유행 시에는 임상 증상만으로 진단이 가능합니다. 혈청 검사와 바이러스 분리 또는 바이러스 RNA검출(RT~PCR) 등으로 실험실적 진단도 가능합니다. 홍역 IgM항체가 양성이거나 홍역 IgG 항체가 4배 이상 상승 시에 홍역으로 진단합니다. 바이러스 검출이 가능한 검체는 비강 세척액, 인후 세척액 및 인후 도찰, 소변, 전혈, 타액 등인데 흡인물이나 기관지 세척물이 인후 도찰보다 바이러스 분리율이 높게 나옵니다.

Q708 감기 증상 없이 열과 발진만 생기는 홍역도 있나요?

A 이 경우를 경증화된 홍역이라 부릅니다. 예방 접종 실패로 홍역에 대한 불완전한 면역 상태를 가진 사람이 홍역 바이러스에 감염되어 발생합니다. 백신 실패의 원인으로 모체로부터 받은 수동면역항체를 보유하고 있는 상태에서 접종을 했거나, 면역글로불린이나 혈액제제를 투여한 후 충분한 기간이 경과되지 않은 채 홍역 백신을 접종한 경우, 또는 홍역 환자에게 노출되고 면역글로불린을 주사한 경우가 해당됩니다. 이때는 잠복기가 길어 21일까지도 될 수 있습니다.

Q709 홍역 발진은 언제 없어지나요?

A 발진기는 Koplik 반점이 나타나고 1~2일 후에 시작하는데, 홍반 구진성 발진이 목의 외상부, 귀 뒤, 이마의 머리선 및 뺨의 뒤쪽에서부터 생깁니다. 그 이후 첫 24시간 내에는 얼굴, 목, 팔과 몸통 상부, 2일째에는 대퇴부, 3일째에는 발까지 퍼집니다. 발진은 나타난 순서로 사라집니다. 발진은 소실되면서 갈색을 띠고 겨 껍질 모양으로 벗겨지면서 7~10일 내에 사라집니다.

Q710 홍역이 유행한다는데 돌 전 아기는 미리 접종을 해도 되나요?

A 홍역이 유행하는 지역에서 예방 접종은 현재 홍역 단독 접종이 없으므로 6개월 이상의 환아라면 MMR을 줄 수 있습니다. 그러나 돌 전에 MMR을 맞은 경우는 12~15개월에 다시 접종하고 4~6세 때 추가로 접종해야 합니다.

Q711 우리 아이는 달걀, 밀가루 알레르기가 있는데 홍역 접종을 해도 되나요?

A 최근에는 접종 후 아나필락시스 반응이 달걀 항원에 대한 과민 반응이 아니고 젤라틴과 같은 제품 내의 다른 성분에 의한 것이라고 밝혀졌습니다. 따라서 달걀 및 닭이나 깃털 알레르기가 있는 소아에게 접종할 경우 아나필락시스 반응이 발현할 위험성은 증가하지 않습니다.

Q712 홍역의 합병증에는 어떤 게 있나요?

A 호흡기 합병증이 가장 흔하며 약 4% 정도 발생합니다. 주로 기관지염, 모세기관지염, 크루프, 기관지 폐렴의 형태로 나타나고, 약 2.5% 정도는 급성 중이염이 발생합니다. 신경계 합병증은 다른 발진성 질환보다 흔히 일어나는데 뇌염은 1,000명 중 1~2명의 비율로 발생하며 길랭-바레Guillain~Barre 증후군, 반 마비, 대뇌 혈전 정맥염 및 구후 신경염retrobulbar neuritis이 드물게 나타납니다. 홍역에서 회복된 후 홍역 바이러스가 중추 신경계에 지속적인 감염을 일으켜 야기되는 아급성 경화성 전뇌염이 발생할 수 있는데, 홍역 환자 100만 명당 8.5명입니다.

3) 수족구와 구내염

수족구병은 말 그대로 손, 발, 입에 특징적인 수포가 발생하는 병이다. 6개월~4세 사이의 소아들이 여름, 가을철에 흔히 걸리는 급성 바이러스 질환이다. 대부분 콕사키바이러스나 엔테로바이러스에 의해서 생기고 증세가 워낙 특징적이기 때문에 감염 여부를 쉽게 파악할 수 있다. 간혹 손과 발에 생기는 수포의 수가 매우 적거나 물집이 아닌 작고 붉은 발진이라면 파악이 어려울 수도 있다. 고열이 발생할 수도 있지만 대개는 증상이 가벼워 열이 없거나 있어도 미열이며, 입안의 수포가 궤양이 되면 음식을 먹을 때 아프기 때문에 일시적으로 식사량이 줄었다가 저절로 좋아지는 가벼운 질환이다. 하지만 전혀 먹지 못해 탈수가 생기거나 뇌수막염, 뇌염과 같은 신경계 합병증이 발생해 입원하거나 극히 일부에서는 생명을 잃는 경우도 있다. 수족구병은 아직 백신이 개발되지 않아 예방은 불가능하지만 대개는 특별한 치료 없이도 아무 문제 없이 저절로 좋아진다.

Q713 입안에 물집이 생기고 손발에도 물집이 생겼어요.

A 입에 물집이 잡히는 병에는 엔테로바이러스나 콕사키바이러스에 의한 수족구병, 헤르페스에 의한 치은구내염, 곰팡이 감염에 의한 궤양, 아프타성 궤양, 구강벽이나 입술을 씹거나 부딪혀서 생기는 외상성 궤양 등이 있습니다. 여름, 가을철에 입안과 손발에 물집이 생긴다면 수족구병을 가장 먼저 의심해 볼 수 있습니다. 입안에만 물집이 있는 경우에는 전염성을 알아보기 위해 원인을 확인할 필요가 있습니다.

Q714 열이 없는데도 수족구병인가요?

A 수족구병은 대부분 증상이 가볍습니다. 39℃가 넘는 고열이 나는 경우도 있지만 대부분은 열이 없거나 2~3일 정도 미열만 있다가 사라집니다. 수족구병은 열의 유무만으로 판단하지 않습니다.

Q715 수족구병은 손, 발, 입에만 발진이 생기나요?

A 수족구병은 이름 그대로 손, 발, 입에 특징적인 수포가 생기는 질환입니다. 하지만 꼭 손, 발, 입에만 수포가 발생하지는 않고 엉덩이

부터 시작되는 아이도 많습니다. 수포병변이 심한 아이들은 얼굴이나 등, 배, 가슴, 무릎, 팔꿈치 등 전신에 수포가 생길 수도 있습니다.

Q716 수족구병 잠복기는 얼마나 되나요?

A 바이러스가 몸에 들어와서 수족구병을 일으키기까지의 기간은 평균 3~6일입니다. 잠복기와는 별개로 수포나 발열이 생기기 2일 전부터 전염력을 보일 수 있습니다. 따라서 증상이 나타나지 않아도 전염력이 있기에 수족구병이 유행하는 시기에는 어린이집에서 수족구병에 걸린 아이를 계속 격리한다 해도 지속적으로 환자가 발생할 수밖에 없습니다. 형제 중 한 명이 수족구병에 걸려서 다른 형제는 다른 집으로 격리하러 보낸다면 지금이라도 전염을 막아 보고자 하는 의미가 있을 수는 있지만 이미 바이러스에는 노출이 되었다고 봐야 합니다.

Q717 수족구병은 어떻게 옮고, 예방은 어떻게 하나요?

A 대개는 감기와 비슷합니다. 공기를 통한 호흡기 감염도 가능하지만 대개는 물고 빠는 시기의 아이들의 손, 발, 입을 통해서 전염됩니다. 장난감이나 인형이 될 수도 있고 심지어 수족구병에 걸린 아이가 흘린 침이 묻은 손을 빨아도 전염될 수 있습니다. 또한 부모가 집 밖에서 묻혀 오는 경우에도 전염됩니다.

　수족구병을 예방하려면 수족구병이 유행하는 시기에는 아이들이 많이 모이는 곳은 피하는 게 좋고 손발 씻기, 세수, 양치질 등 개인위

생을 더욱 챙겨야 합니다. 바닥을 자주 닦고 장난감도 물로 씻는 게 좋으며, 인형이나 이불 등도 자주 세탁하고, 아이들의 손이 닿는 곳은 항상 닦아야 합니다. 수족구병에 걸린 아이와 그렇지 않은 아이를 같이 볼 때에는 꼭 손을 씻고 교대로 보는 게 좋고, 음식을 하기 전이나 기저귀를 갈고 나면 반드시 손을 씻어야 합니다.

Q718 어른들도 수족구병에 걸리나요?

A 어른이 아이들에게 수족구병을 옮기는 매개체가 될 수도 있지만 드물게는 어른에게 병변이 발생할 수도 있습니다. 증상이 대부분 가벼워 수족구병인지도 모르고 지나가는 경우가 많습니다. 하지만 드물게 심한 고열과 심한 수포가 동반되는 경우도 있기 때문에 수족구병이 유행하는 시기나 아이가 수족구병에 걸린 경우에는 어른도 손씻기 등 개인위생에 더욱 신경 써야 합니다.

Q719 수족구병을 검사로 확인하는 방법이 있나요?

A 수족구병은 엔테로바이러스나 콕사키바이러스에 의해서 생기기 때문에 인두, 대변, 발진 부위에서 채취한 검체에서 바이러스 배양 검사를 하면 확인할 수 있습니다. 하지만 수족구병이 대개 가벼운 병이고 육안으로도 진단이 가능하기 때문에 시간 및 비용적인 측면에서 대개는 검사를 시행하지 않습니다. 수족구병에 의한 심한 신경계 합병증이나 신생아에게 발생한 경우라면 반드시 원인을 확인해야 합니다.

Q720 몇 주 전에 수족구병에 걸렸는데 또 걸렸어요.

A 수족구병은 감기와 같은 바이러스성 질환입니다. 면역을 획득하는 병이 아니라서 언제든지 재감염이 가능합니다. 재감염 때마다 병의 시작 양상이나 진행 양상이 다를 수 있기 때문에 수족구병이 유행하는 시기에는 꼭 확인해야 합니다.

Q721 수족구병으로 생긴 물집은 터뜨려야 할까요?

A 수두처럼 수포를 긁었을 때 흉터가 많이 생기는 질환이 아니고 수포성 발진이 저절로 사라지는 병이라 물집에 손을 댈 필요는 없습니다. 수족구병은 시간이 지나야 사라지는 병으로 연고를 바를 필요는 없습니다. 수포를 심하게 긁거나 병이 좋아지는 과정에서 생기는 딱지를 무리하게 떼어 낸다면 흉터가 생길 수는 있습니다.

Q722 수족구병 발진은 가려운가요? 목욕해도 되나요?

A 수족구병은 대개 가려움증을 동반하지는 않습니다. 여름철에 병변 주변에 땀이 나면서 가려움증이 동반되거나 아토피나 다른 알레르기성 질환이 있으면 가려울 수 있습니다. 가려움증이 생긴다면 항히스타민제 등 가려움증에 도움이 되는 약을 처방받아서 먹거나 칼라민로션 등을 발라 줄 수 있습니다. 수족구병은 목욕을 하는 것과는 아무 상관이 없습니다. 그 대신 수포가 터질 정도로 심하게 문지르면 안 되고 발열이 동반되는 질환이기에 목욕 시간을 길게 하는 것은 좋지 않습니다. 목욕 후 가려움증이 생기는 아이라면 로션을 발라 주는 게 좋습니다.

Q723 수족구병에 걸린 지 한참 됐는데 손발의 껍질이 벗겨지고 손발톱이 빠져요.

A 수포가 심하게 생긴 수족구병에서 회복된 뒤 3~6주 후에 손발톱이 빠지거나 손발 껍질이 벗겨지는 합병증이 발생하는 경우가 종종 있습니다. 정확한 원인은 알 수 없으나 바이러스 증식이 손발톱 바탕질을 손상시켜서 생기는 것으로 여겨집니다. 대개는 일시적이고 특별한 치료 없이 손톱은 대개 3~6개월, 발톱은 9~12개월 내에 정상화됩니다.

Q724 수족구병은 약을 먹어야만 낫나요?

A 수족구병은 감기와 마찬가지로 바이러스에 대한 치료를 하는 병이 아닙니다. 특별한 증상 없이 가볍게 진행된 수족구병은 특별한 치료 없이도 시간이 지나면서 저절로 호전됩니다. 고열이나 구강 내 통증, 못 먹어서 생기는 탈수, 가려움증 등에 대한 대증 요법은 병의 경과와는 상관없지만 아이나 부모에게 편안함을 줄 수 있습니다. 간혹 항바이러스제나 항생제 등을 처방받아서 먹는 경우도 있는데, 수족구병이 확실하지 않거나 헤르페스나 세균 감염이 동반되었을 가능성이 높은 경우입니다.

Q725 수족구병에 걸렸는데 토하고 설사해요.

A 수족구병 자체가 장 이상을 일으키는 것은 아니지만 수족구병을 일으키는 엔테로바이러스나 콕사키바이러스가 장에 염증 반응을 일으키면서 장염 증상을 보일 수 있습니다. 여름철에는 수족구병

이 아니더라도 엔테로바이러스에 의한 장염이 많이 발생합니다. 치료는 일반 장염 치료와 같습니다.

Q726 수족구병인데 자꾸 머리가 아프다고 하고 목이 뻣뻣하대요.

A 여름철에는 엔테로바이러스에 의한 뇌수막염이 상당히 많이 발생합니다. 수족구병인 아이가 병의 경과 중에 자꾸 두통을 호소하고 고열이 지속되면서 목이 뻣뻣함을 호소한다면 반드시 뇌수막염을 의심해 봐야 합니다. 대부분의 엔테로바이러스성 뇌수막염은 다른 뇌수막염에 비해서 비교적 경하게 지나가는 편이라 경과가 좋지만, 간혹 심하게 진행하는 경우가 있어서 수족구병 중에 두통이나 목 뻣뻣함이 있다면 꼭 확인을 해야 합니다.

Q727 수족구병은 언제까지 격리해야 하나요?

A 수족구병의 격리 기간은 정해져 있지 않습니다. 우리나라에서는 대개 1주일을 권장하지만 모든 병변에 딱지가 생기고 난 후나 열이 떨어진 뒤에는 격리를 하지 않아도 됩니다. 열이 떨어지는 기간은 2~3일, 병변에 딱지가 생기는 기간은 1~2주이기 때문에 그사이에 병원에 내원해 확인하면 됩니다.

Q728 수족구병은 언제 입원이 필요한가요?

A 수족구병이 생긴 지 2~3일이 지나도 지속적인 고열이 발생할 때, 입이 아프거나 구토가 심해서 잘 먹지도 못하고 침을 많이 흘릴 때, 8시간 이상 소변을 안 볼 때에는 입원 치료가 필요할 수 있습니다.

두통이 심하거나 목이 뻣뻣해질 때, 경련이 동반되거나 심하게 처질 때에도 입원이 필요할 수 있습니다.

Q729 아이가 수족구병에 걸렸을 때 뭘 먹여야 하나요?

A 아이가 못 먹으면 탈수가 심하게 진행하기 때문에 특별히 음식을 가리지는 않습니다. 입안이 아파서 못 먹는 아이에게는 따뜻한 음식보다는 차가운 음식이나 음료, 아이스크림 등이 좋습니다. 입안의 수포나 궤양 때문에 자극적이거나 신 음식은 통증을 유발할 수 있어서 피하는 게 좋습니다. 젖병이나 모유를 빨 때 통증이 생길 수 있어서 울고 보채는 아이라면 컵이나 숟가락으로 주는 게 더 좋을 수 있습니다.

Q730 구내염과 수족구병은 뭐가 다른가요?

A 구내염은 입안에 생기는 염증성 질환을 통칭해서 말하는데, 흔히 알고 있는 것은 포진성 구협염이라고 하는 헤르판지나입니다. 헤르판지나는 수족구병의 사촌 격으로 손발이나 몸에 수포가 발생하지 않고 입안에만 수포가 발생합니다. 수족구병과 동일하게 콕사키바이러스나 엔테로바이러스에 의해서 생기고 경과나 치료는 비슷합니다.

Q731 신생아도 수족구병이나 구내염에 걸릴 수 있나요?

A 전형적인 수족구병이나 구내염이 생기는 경우는 거의 없으나 엔테로바이러스나 콕사키바이러스에 의한 다른 증상이 나타날 수 있습니다. 다자녀 가정이라면 위의 형제들에 의해서 감염될 수 있고, 첫

째 아이라면 분만 중이나 분만 전후에 직접 감염이 되거나 엄마가 걸린 감염이 전파될 수도 있고, 모유에 의해서 감염될 수 있습니다. 대개는 증상이 나타나지 않는 불현성 감염이지만 생후 1일째부터 증상이 나타나는 경우도 있습니다. 증상이 심한 경우에는 대개 생후 2주 내에 증상이 발생하고 발열을 포함한 여러 증상이 나타날 수 있습니다. 신생아 감염은 언제든지 위험할 수 있기 때문에 항상 주의를 기울여야 합니다.

4) 백일해

백일해는 소아 감염 질환 중 아주 전염력이 높은 질환 중의 하나로, 인간이 유일한 숙주인 보르데텔라균에 의해 생긴다. 면역이 없는 사람 중 80~100%가 감염되며, 5세 이하 소아들에게 특히 발병률이 높다. 연령이 어릴수록 사망률이 높아져 1세 미만 영아의 발병률이 가장 높지만, 우리나라에서는 예방 접종으로 발생률이 현저히 감소한 상태다.

Q732 아이가 감기 걸린 지 오래됐는데 이러다가 백일해가 되나요?

A 그건 아닙니다. 백일해는 보르데텔라균에 의해 생기는 질환으로 일반적인 감기와는 차이가 있습니다. 하지만 아데노바이러스 1, 2, 3, 5형과 B.parapertussis 등 다른 균에 의해서도 유사 백일해 증후군이 생길 수 있으므로 발작적인 기침, 구토 등이 동반된 기침이 14일

이상 지속되는 경우 가까운 소아청소년과 방문이 꼭 필요합니다.

Q733 백일해는 어떻게 걸리나요?

A 백일해 환자와 직접적인 접촉에 의해 전파되거나 기침할 때 나온 비말을 통해 호흡기로 전파됩니다. 백일해에 감염되었지만 특징적인 백일해 증상이 없는 성인이 주요 감염원 역할을 합니다.

Q734 백일해 증상은 얼마나 오래 가나요?

A 3~12일(평균 7일)의 잠복기가 지나면, 6~8주 동안 3단계(카타르기, 경해기, 회복기)를 걸쳐 회복됩니다.

1단계 카타르기: 1~2주 지속되며 콧물, 결막염, 눈물, 경미한 기침, 낮은 발열 등 가벼운 감기 증상이지만 전염력은 가장 강한 시기

2단계 경해기: 기침 시작 후 약 2주 말 정도부터 2~4주 또는 그 이상, 특징적인 발작 기침(짧은 기침이 연발되다가 끝에 길게 숨을 들이쉴 때 '흡'하는 소리가 나는 기침)을 하는 시기

3단계 회복기: 약 1~2주 동안 기침 정도, 횟수, 구토 등 증상이 점차 감소하는 시기

Q735 백일해에 걸리면 격리는 얼마 동안 해야 하나요?

A 3개월 미만 영아나 심장, 호흡기, 신경 또는 근육 질환이 있는 아이들은 입원 치료가 원칙입니다. 그 외 소아들은 효과적으로 항생제 치료를 시작했을 경우 5일간, 항생제 투여가 되지 않은 경우 발작 기침 시작 시점부터 3주간 격리가 필요합니다.

Q736 아이가 백일해 환자와 접촉했어요. 어떻게 해야 하나요?

A 가족 등 가까이서 자주 접촉하는 사람은 연령에 맞는 백신 접종을 해야 하고, 연령이나 백신 접종력에 상관없이 모두 항균제 투여를 받아야 합니다. 예방적 항균제 투여로 2차 전파 방지를 기대할 수 있지만, 기침 증상이 시작된 지 21일이 경과된 후에는 그 효과가 감소되므로 빠른 진단, 치료가 필요합니다.

5) 볼거리

볼거리는 멈프스 바이러스Mumps virus에 의해 생기는 질환으로 85% 정도가 귀밑샘에 염증이 생겨 흔히 유행성 귀밑샘염이라고 한다. 우리나라에서는 1967년 예방 접종이 도입되면서 발생 빈도가 급격하게 감소했으며, 현재는 예방 접종을 받지 않은 소아와 젊은 성인에서 주로 발생한다.

Q737 아이 턱 밑이 부었어요. 볼거리인가요?

A 귀밑샘 비대를 초래할 수 있는 질환은 볼거리 말고도 여러 가지입니다. 경부 임파선염, 귀밑샘 비대를 초래할 수 있는 다른 바이러스 감염(인플루엔자 바이러스, 파라인플루엔자 바이러스, 콕사키바이러스, 거대세포바이러스 등)과 화농성 귀밑샘염, 재발성 비화농성 귀밑샘염과 침샘관 결석 등을 감별해야 합니다.

Q738 볼거리는 어떻게 걸리나요?

A 볼거리는 침의 비말 감염에 의해 전파됩니다. 감염된 바이러스는 비인두와 국소 림프절에서 복제가 일어나 감염 12~25일 후 바이러스 혈증이 발생해 3~5일간 지속되며 수막, 침샘, 췌장, 고환, 난소 등으로 파급되어 특징적인 침샘염과 무균성 수막염을 일으킵니다.

Q739 아이가 볼거리에 걸렸는데 얼마 동안이나 격리해야 하나요?

A 가장 전염력이 높은 시기는 침샘이 붓기 1~2일 전부터 종창 시작 후 5일까지입니다. 그래서 침샘이 붓기 시작한 후 5일간 호흡기 격리가 필요합니다.

Q740 볼거리는 열이나 통증이 없이도 올 수 있나요?

A 볼거리 바이러스 감염자의 약 20%는 무증상, 약 40%는 증상이 비특이적이거나 호흡기 증상만을 나타내고, 30~40%는 전형적인 귀밑샘 종창이 나타납니다. 귀밑샘 비대와 통증이 가장 특징적이며 발열, 두통, 근육통 같은 증상이 드물게 나타나기도 합니다.

Q741 볼거리는 한쪽에서만 생길 수도 있나요?

A 처음에는 한쪽에서 시작해 2~3일 후에 양쪽이 다 감염되나 25%에서는 한쪽만 감염되기도 합니다.

Q742 볼거리는 확진 검사가 있나요?

A 급성으로 발생한 일측성 또는 양측성의 압통을 동반한 귀밑

샘 또는 다른 침샘의 염증이 적어도 2일간 지속되면서 다른 원인이 없는 경우 진단 가능합니다. 혈청학적으로는 볼거리에 대한 IgM 항체 양성, 또는 IgG 항체가 4배 이상 증가한 경우 진단 가능합니다.

Q743 아이가 볼거리라고 진단받았는데 머리가 아프고 목이 뻣뻣하대요. 어떻게 해야 할까요?

A  볼거리 바이러스 감염 후 가장 흔한 합병증으로 뇌수막염이 생길 수 있습니다. 침샘 비대와 동시에, 또는 10일 후에 발생하며 간혹 침샘 비대 없이 오는 경우도 있습니다. 볼거리 환자의 50% 이상에서 뇌척수액 내 백혈구 증가를 보이지만 실제 중추신경계 감염 증상을 보이는 경우는 10% 미만입니다. 예후는 비교적 좋으나 드물게 수두증이나 신경학적 손상, 또는 사망할 가능성도 있습니다.

Q744 볼거리는 약을 먹어야 낫나요?

A 대부분의 환자가 자연 치유되므로 보존적 치료로도 충분합니다. 하지만 통증이 심할 경우 진통제를 투여하며 저작 장애나 췌장염이 심하면 식이 조절, 정맥 영양 공급 등이 필요할 수 있습니다.

6) 헤르페스성 치은구내염

헤르페스성 치은구내염은 단순포진바이러스에 의한 구강, 인두 감염으로, 주로 6개월~만 5세경의 아이들에게 자주 발생한다. 갑작스러운 구강 통증과 침 흘림, 잘 먹지 못하면서 40~40.6℃ 정도의 열이 동반된다. 잇몸이 심하게 부어오르고 구강 내 거의 모든 부위, 그리고 입 주변 피부에 수포가 생길 수 있다. 며칠 지나면 수포가 터지면서 작은 궤양이 생기고 누런 회색빛 막이 생긴다.

Q745 아이가 헤르페스성 치은구내염 진단을 받았어요. 열이 이렇게 오래 나나요?

A 치료하지 않을 경우 7~14일 정도 지나면 증상이 호전되지만 임파선 비대는 몇 주까지 지속될 수 있습니다.

Q746 큰 아이들에게도 헤르페스성 치은구내염이 생길 수 있나요?

A 자주 발생하는 연령 이후 어린이나 청소년, 대학생 등 나이에서는 헤르페스 바이러스 초회 감염이 생기면 치은구내염보다는 인두염, 또는 편도염 양상으로 감염됩니다.

7) 성홍열

외독소를 생산하는 사슬알균 감염에 의해서 상기도 감염에 특징적인 피부 발진을 동반하는 질환이다. 잠복기는 1~7일이고 갑작스러운 발열, 두통, 구토, 복통, 오한 및 인후염 같은 증상이 있고, 24~48시간 후

전형적인 피부 발진이 생긴다. 인후는 심하게 충혈이 되고, 진한 붉은 고기 색깔을 띠며, 혀도 처음에는 회백색으로 덮였다가 시간이 지나면 붉은 딸기 모양으로 변한다. 발진은 3~4일 지나면 사라지는데, 후에는 얼굴, 몸통, 손, 발로 진행되며 꺼풀이 벗겨지기도 한다.

Q747 열, 딸기혀, 두드러기가 생겼어요. 성홍열일까요?

A 발열, 인두염, 전형적인 발진 등이 있으면 성홍열일 가능성이 많으므로 가까운 소아청소년과 진료가 필요합니다. 하지만 항생제 치료에도 반응이 더디거나 눈 충혈 등 다른 증상이 동반되면 가와사키병 등 다른 질환의 가능성도 생각해야 합니다.

Q748 성홍열은 어떻게 걸리나요?

A 주로 호흡기 분비물을 통해 직접 혹은 간접적으로 환자나 보균자와 접촉해 감염됩니다. 드물게는 손이나 물건을 통한 간접 접촉에 의해서도 전파됩니다.

Q749 아이가 성홍열에 걸렸어요. 항생제만 먹으면 나을 수 있나요?

A 적절한 항생제를 10일간 투여하면 나을 수 있습니다. 항생제 치료 시작 1~2일 이후에 임상적인 증상은 호전되지만 총 치료 기간 10일을 채워야만 합니다. 부적절하게 짧은 기간 동안만 항생제를 투

여할 경우에는 인후 부위의 세균이 박멸되는 비율이 떨어져 보균의 위험성이 증가해 오랫동안 전염력이 유지될 수도 있습니다. 중이염, 경부 림프절염, 인후 후벽 농양, 편도 주위 농양 및 기관지 폐렴, 나아가 수막염, 골수염 또는 화농성 관절염 같은 화농성 합병증과 급성 류머티즘열과 같은 비화농성 합병증도 발생할 수 있습니다.

Q750 성홍열에 걸리면 얼마 동안 격리해야 하나요?

A 치료를 시작하고 하루 동안은 호흡기 격리를 해야 하고, 화농성 분비물과 오염된 물건 등은 소독하고, 환자와 접촉한 가족은 잠복기 동안 잘 관찰해야 합니다.

Q751 성홍열과 비슷한 증상이나 발진을 일으키는 질환들도 있나요?

A 인두염이나 발진 등이 경미한 경우에는 풍진, 홍역, 가와사키병, 약발진 등과 감별이 필요합니다. 황색포도알균 감염에도 성홍열과 비슷한 발진이 나타날 수 있습니다.

8) 돌발진

돌발진을 장미진이라고도 하는데 제6형 또는 제7형 사람헤르페스바이러스 감염에 의해 생기는 질환이다. 고열과 약간의 호흡기 증상 또는 위장관 증상이 동반될 수 있으며, 열이 떨어지면 빨간 장밋빛 반점이나 반점 구진이 생긴다.

Q752 병원에서 그냥 열만 나는 바이러스 감염이라고 해열제만 먹이라고 했는데 갑자기 몸에 이상한 발진이 생겨요. 돌발진인가요?

A 돌발진일 가능성이 많아 보입니다. 하지만 열이 나면서 발진이 동반되는 질환은 여러 가지이므로 전문의 진료가 필요합니다.

Q753 돌발진은 어떻게 생기나요?

A 돌발진을 일으키는 바이러스는 사람이 유일한 숙주로 침으로 바이러스가 전파되어 발생하지만 집단적으로 발생하는 경우는 매우 드뭅니다.

Q754 돌발진의 전형적인 증상이 있나요?

A 돌발진은 3세 미만에 발생하는 경우가 95% 이상이며, 특징적인 경과를 보입니다. 돌발진과 관련된 직접적인 증상이 나타나기 전에는 콧물 같은 경미한 감기 증상이나 결막 충혈 같은 증상에 이어서 37.9~40℃ 사이의 고열이 발생합니다. 대부분의 환자가 고열 외에는 특별한 동반 증상이 없으며, 드물게 보채거나 식욕이 감소하는 경우가 있습니다. 고열과 함께 5~10% 정도의 아이에서 경련이 발생할 수 있으며 콧물, 목 통증, 복통, 구토, 설사 등이 동반되기도 합니다. 열이 3~5일 지속되다가 대부분 없어지며, 드물게 24~36시간에 걸쳐 체온이 서서히 떨어지기도 합니다. 발열이 없어진 후 12~24시간 이내에

특징적인 피부 발진이 발생하는데, 장밋빛의 발진이 몸통에서 시작해 목, 얼굴, 팔, 다리로 진행합니다. 가렵거나 물집이나 농을 형성하지는 않습니다.

Q755 돌발진 진단을 받았습니다. 그냥 놔두면 발진이 없어지나요?

A 돌발진에 의한 발진은 대개 1~3일 후에 저절로 사라집니다.

▌4. 곰팡이 질환(아구창, 기저귀 피부염)

아구창은 주로 칸디다라는 진균에 의해 생기는 점막 표면의 감염으로 신생아의 약 2~5%가 앓는 질환입니다. 빠르게는 생후 7~10일에 생기기도 합니다. 영아기에 항생제를 복용하면 반복, 또는 지속적으로 나타날 수 있습니다. 항생제 치료나 다른 확실한 원인이 없는데도 아구창이 지속, 반복된다면 HIV 감염이나 선천성, 유전성 면역 결핍 등의 유무에 대해 검사해야 합니다.

Q756 아기 입안에 백태가 끼어요.

A 아구창일 가능성이 있습니다. 아구창은 혀, 입천장, 볼 안쪽 점막이 진주 빛깔 막처럼 보입니다. 증상은 없을 수도 있고, 통증 때문에 모유나 분유 섭취량이 줄어들 수도 있습니다. 만약 별다른 증상이

없다면 치료가 필요하지 않지만 통증이 있고 잘 먹지 않는 등 증상이 동반될 경우 항진균제 처방이 필요할 수 있습니다.

Q757 아기가 아구창이면 엄마도 같이 치료해야 하나요? 그리고 아기가 아구창인데 모유를 수유하면 엄마도 유선염에 걸릴 수 있나요?

A 모든 경우에 둘 다 치료가 필요한 것은 아니지만 엄마에게도 수유 시 통증, 먹이고 난 후 더 많이 아픈 증상 등 진균 감염이 의심되는 경우 아기와 함께 치료받아야 합니다. 수유모에게도 진균 감염은 최근 항생제 치료, 유두 상처, 아기의 아구창을 그냥 둔 경우에 생길 수 있습니다.

Q758 엄마가 이스트 유선염인데 모유 수유는 어떻게 해야 하나요?

A 모유 수유는 계속해도 됩니다. 하지만 엄마는 항진균제 연고, 아기는 먹는 항진균제로 동시에 치료해야 합니다. 바르는 약으로 좋아지지 않으면 먹는 항진균제를 사용할 수도 있습니다.

Q759 기저귀발진이 지속되면서 아이가 너무 아파해요. 발진 크림만 발라 줘도 될까요?

A 증상이 지속되면서(대개 72시간 이상) 아이가 아파하는 경우 기저귀발진의 원인이 마찰보다는 칸디다균에 의한 것으로 구별해야 합니다. 이 경우는 대증적 치료보다는 항진균제 연고를 발라야 합니다. 소아과 전문의와 상담할 것을 권해 드립니다.

Q760 기저귀발진은 진료를 받아야 하나요?

A 기저귀발진은 환경적 원인에 의한 경우가 많습니다. 습한 환경에 노출될 경우 발생합니다. 기저귀를 차는 것이 이미 습하고 많은 마찰을 겪는 환경이므로 항상 청결을 유지하면서 건조하게 해 주고 공기가 잘 통하게 해 줘야 합니다. 기저귀발진이 하루 이틀 안에 완전히 낫거나 호전되지 않을 경우, 혹은 수포나 고름이 보이면 진료가 필요합니다.

Q761 기저귀발진 후 진물이 나고 딱지가 앉았어요.

A 기저귀발진 후 약해진 피부 보호막에 2차적인 세균 감염으로 인해 농가진이 발생하는 경우가 있습니다. 이럴 때는 항생제 치료가 필요하므로 병원을 방문해 진료를 받아야 합니다.

Q762 아이의 외음부에서 분비물이 나와 속옷에 묻어요.

A 항생제 장기 복용이나 면역력이 떨어지는 특수 상황(소아당뇨)에서 칸디다에 의한 외음부 질염이 생길 수 있습니다. 대부분 항진균제 연고 국소 요법으로 치료가 가능합니다.

Q763 기저귀 피부염이 생겼을 때 약 발라 주는 것 말고 더 신경 써야 할 것이 있나요?

A 기저귀가 젖은 상태로 오래 두지 말고 변을 본 후에는 즉시 갈아 주어야 합니다. 그리고 자극을 일으키는 비누와 물티슈는 쓰지 않는 게 좋습니다. 전염력이 있을 수 있는 피부염의 경우 기저귀를 갈

아 준 후 손을 철저하게 씻어야 합니다.

Q764 머리카락이 가늘어지고 두피가 벗겨지면서 가려워하고 머리가 빠져요.

A 😊 매일 40~100개 정도의 머리카락은 정상적으로 빠질 수 있습니다. 하지만 머리가 빠진 부위가 눈에 보일 정도로 진행되면 병원 진료가 꼭 필요합니다. 원형 탈모나 견인성 탈모는 특별한 치료가 없어도 나을 수 있지만 두피가 얇게 벗겨지면서 탈모가 동반되면 두부 백선이라는 곰팡이 감염일 가능성도 있으니 병원 방문이 필요합니다.

(7장)

알레르기

우리 아이가 아토피래요

알레르기 반응은 사람의 면역 기능 때문에 생깁니다. 음식이나 환경 속의 유발 요인에 반응을 일으켜 발진이 생기거나 부어오르거나 쌕쌕거리는 증상이 나타납니다. 알레르기를 유발하는 물질이 알레르겐인데, 알레르겐은 우리 몸에서 특정한 화학 물질을 분비시킵니다. 이러한 화학 물질이 피부나 눈, 코, 목, 폐 또는 위장관에서 알레르기 반응을 일으킵니다.

유아나 어린이에게는 알레르기 질환이 매우 흔하기 때문에 대부분의 소아청소년과 전문의들은 이러한 문제를 해결하는 데 능숙합니다.

1. 아토피피부염

아토피피부염은 피부에 알레르기 염증이 일어나는 만성 염증성 질환으로, 면역학적 이상과 피부 장벽 기능 이상으로 발생합니다. 면역학적 이상이란 원래는 아무런 반응을 보이지 않아야 하는 물질에 대해 피부가 이상 반응을 일으키는 것을 말합니다. 피부 장벽 기능 이상이란 피부의 보호 기능에 문제가 생겨 외부 물질이 잘 침입할 수 있는 상태를 말합니다. 피부는 여러 겹의 세포가 벽돌처럼 튼튼하게 쌓여 있어서 세균이나 알레르기 물질로부터 우리 몸을 보호합니다.

그런데 피부 장벽 기능에 이상이 생기면 지질, 장벽 단백질 등 세포 성분이 줄어들면서 피부를 보호하는 벽이 무너집니다. 피부 장벽이 무너지면 피부는 수분을 잃어서 몹시 건조해지고, 작은 자극에도 갈라집니다. 그러면 피부 밖의 나쁜 균이나 알레르기 물질이 쉽게 피부 안으로 들어오고, 그 결과 피부가 가렵고 진물이 나며 부종 등이 생깁니다.

Q765 저희 집에는 아토피피부염을 앓는 사람이 무척 많아요. 아기의 아토피피부염을 예방하려면 어떻게 해야 하나요?

A 목욕하는 시간을 줄이고 목욕 직후에 보습제를 충분히 발라줍니다. 보습제는 생각날 때마다 사용해도 좋습니다. 아기의 피부에 수분을 충분히 공급하고 유지하는 것이 가장 중요합니다. 피부가 건

조해지면 약간의 자극만 있어도 쉽게 감염이 일어납니다. 하지만 아토피피부염을 예방하거나 완치시킬 수 있는 방법은 없습니다.

Q766 아토피피부염은 얼마나 흔한가요?

A 아토피피부염은 유아에서 매우 흔합니다. 무릎 뒤나 팔꿈치 안쪽 또는 다른 부위의 피부가 건조하고 갈라지며 각질이 생긴다면 아토피피부염일 가능성이 높습니다. 아토피피부염은 단순히 피부가 건조해지는 것으로부터 심하게 갈라지고 진물이 나는 데 이르기까지 다양한 양상으로 나타날 수 있습니다. 또한 아토피피부염이 있다면 알레르기성 체질, 즉 식품 알레르기나 천식 등 알레르기 질환이 생길 가능성이 더 높습니다. 하지만 아토피피부염은 아기가 성장하면서 저절로 좋아지는 경우가 많습니다. 아토피피부염이 있다면 보습제를 충분히 사용하면서 의사의 지시에 따라 국소용 스테로이드 등 염증을 조절하는 약물을 사용합니다.

Q767 아토피피부염은 왜 생기나요?

A 아토피피부염의 원인은 여러 가지입니다. 유전적인 요인, 환경적인 요인, 심리적인 요인, 다른 질병으로 인한 약물 사용 등과 관련이 있는 것으로 보입니다.

- 부모 양쪽이 아토피피부염이면 아이가 아토피일 확률은 80%, 한쪽이면 50%일 정도로 유전적 요인이 매우 크다.
- 알레르기 체질인 사람이 알레르기를 유발하는 후천적인 조건에 노

출될 때 나타난다.

- 집먼지진드기, 애완동물의 털, 화학섬유나 화장품, 항원성이 강한 음식에 대한 알레르기 반응 등에 의해 발생할 수 있다. 생후 12개월 전의 습진은 음식물, 그 이후의 발진은 꽃가루, 동물의 털 등에 의해 발생하는 경우가 많다.
- 온도나 습도에 민감해 겨울 또는 습한 여름에 심해진다.
- 정신적인 불안감이나 스트레스에 의해 악화되는 경향을 보인다.
- 다른 질병으로 면역 억제제를 사용하는 경우에도 발생할 수 있다.

Q768 아토피피부염 환자의 일반적인 특징에는 어떤 것이 있나요?

A 아토피피부염의 첫 번째 특징인 가려움증은 초저녁과 밤에 심해집니다. 이때 피부를 자주 긁으면 습진, 구진(좁쌀이나 완두콩 크기 정도의 붉은 발진으로 염증 때문에 생김)과 피부가 두꺼워지는 태선화를 거쳐 만성 재발성 피부 병변으로 진행됩니다.

두 번째 특징은 피부 건조증입니다. 여러 층의 세포로 이루어진 피부는 세포와 세포 사이에 세라마이드라고 하는 지방층이 있습니다. 아토피성 피부의 경우, 세라마이드가 적어서 수분을 보존하지 못하기 때문에 피부가 건조해지며 공기가 건조한 겨울에는 이런 현상이 더 심해집니다. 아토피피부염에는 가려움증과 건조 외에 일반적인 피부 질환에서 나타나는 증상도 나타납니다. 급성 아토피성 피부염이라고 말할 때는 심한 가려움증과 홍반성 구진, 피부 벗겨짐, 물집, 비늘 모양의 구진 등이 동반되고, 만성 아토피성 피부염은 태선화와 섬유상의 구진이 특징입니다.

Q769 아토피에 흔히 동반되는 질환에는 어떤 것들이 있나요?

A 흔히 '닭살'이라고 부르는 모공각화증, 손바닥의 많은 주름, 손의 습진, 눈 주위에 건조증과 인설이 덮인 경미한 피부염, 심한 태선화 등 다양한 병변이 나타납니다. 피부염이 오래 지속되면 염증 후 과색소침착이 생겨 눈 주위가 검어집니다. 아래쪽 눈꺼풀의 피부염에 의해 눈 아래 주름이 생길 수 있으며 눈썹을 반복해 긁거나 문질러서 바깥쪽 눈썹이 빠질 수 있고 눈 주위를 자주 비비거나 자극을 주면 심한 경우 시력 저하도 생길 수 있습니다. 그 밖에도 세균, 바이러스, 진균 같은 피부 감염 빈도가 정상인보다 높고, 황색포도상구균 감염, 단순포진, 사마귀, 전염성 연속종(물사마귀) 등이 잘 생깁니다.

Q770 아토피피부염의 후유증에는 어떤 것들이 있나요?

A 아토피피부염은 재발하기 쉽고 만성적으로 진행되는 염증성 피부 질환으로 다양한 동반 증상과 합병증이 생깁니다. 환자가 정서적으로 안정될 수 있도록 하고 조기에 전문의와 상의해 증상이 악화되지 않도록 예방 및 피부 관리에 신경 써야 합니다.

눈 합병증

아토피피부염이 오래되면 여러 신체 장기를 침범할 수 있는데, 그중 가장 흔하고 심각한 질환이 안질환이다. 아토피피부염 환자의 25~50%에서 안과적 증상이 빈번히 나타나는데, 안검염, 각결막염, 단순포진각막염, 백내장, 망막박리 등이 보고되고 있다.

피부 감염

아토피피부염 환자는 면역력이 떨어져 있기 때문에 세균, 바이러스, 진균 등에 의한 피부 감염이 일반인보다 흔하게 발생하며 상처가 잘 아물지 않는 경향을 보인다. 가장 흔한 세균 감염으로는 황색 포도상구균 감염이 있으며, 털구멍에 염증이 생기는 모낭염과 진물이나 고름이 나오면서 황갈색의 딱지가 앉는 농가진 등이 있다.

건조증

건조증은 매우 흔히 나타나는 증상이다. 습도가 낮고 기온이 떨어지는 겨울철에 악화되며 어린선을 동반한 경우에는 지속적으로 나타난다. 아토피피부염 환자의 피지 분비는 정상적이나 지질 성분의 이상이 발견되며 눈으로 보이지 않는 병리학적인 피부염의 소견을 보인다. 따라서 아토피피부염의 건조증은 피부염에 의해 생기는 것으로 추측되며 건조증이 있는 부위에서는 피부 각질층의 장벽 기능이 손상되어 피부를 통한 수분 손실이 정상인보다 증가하고 외부의 자극 물질이나 항원이 쉽게 피부를 통과해 다양한 피부 질환을 일으킬 수 있다.

심상성 어린선

어린선은 물고기 비늘을 뜻하는 말로 임상적으로 전신에 인설(피부에 비늘처럼 하얗게 각질이 일어나는 것)이 나타나는 질환이다. 어린선 중 가장 흔한 형태인 심상성 어린선은 유전성 질환으로 미세한 인설이 전신을 덮고 있어 피부가 전반적으로 거칠며 주로 팔다리에 잘 생긴다. 모공각화증과 잔금이 많은 손바닥 등은 심상성 어린선의 증상인데 흔히 아토피피부염에서 함께 나타난다.

정서적 장애

아토피피부염 환자는 가려움이 심해 피부를 자주 긁고, 잠을 제대로 못 자 예민하고, 장시간 집중하기가 어려워 학습 능력이 떨어질 수 있다. 기분의 변화가 심해 쉽게 우울해하고, 작은 스트레스에도 지나치게 예민하게 반응하며, 만성적으로 불안을 느끼고, 분노에 대해 부적절한 반응을 보인다.

Q771 아토피피부염은 어떻게 진단하나요?

A 🙎 아토피피부염은 환자의 증상으로 진단합니다. 다음과 같은 주증상 3가지 이상, 부증상 중 최소 3가지가 있으면 아토피피부염으로 진단합니다.

주증상	부증상
• 가려움 • 특징적인 피부 발진 모양 및 잘 생기는 부위(유소아에서는 얼굴 및 팔다리의 접히는 부위 바깥쪽, 성인에서는 팔다리의 접히는 부위 안쪽) • 만성, 재발성 경과 • 아토피 질환(천식, 알레르기성 비염, 아토피피부염)의 개인력 및 가족력	• 피부 건조증(xerosis) • 손발의 비특이적인 피부염 • 어린선(ichthyosis) / 손금의 두드러짐 / 모공 각화증(닭살) • 피부 감염의 증가, 세포 면역의 감소 • 유두(nipple)의 습진 • 모공 주위의 두드러짐 • 영유아기의 발병 • 즉시형 알레르기 피부 반응의 양성도 증가 • 구순염 • 높은 혈청 IgE

Q772 아토피에 걸리면 알레르기 검사를 꼭 해야 하나요?

A 🙎 아토피피부염 환자의 80% 이상에서 알레르기에 가장 중요한 역할을 하는 혈청 IgE가 증가합니다. 아토피피부염의 원인 항원으로는 영유아기에는 우유나 달걀 같은 음식물 항원이, 소아기에는 집먼지진드기 같은 흡입 항원이 관여한다고 알려져 있습니다. 그러나 알레르기 검사 시 모든 환자에서 반응이 나오지는 않습니다. 일반적으로 20% 정도에서 알레르기 수치는 정상 범위에 있지만 아토피피부염을 보이는 경우가 있으므로 아토피피부염을 악화시킬 수 있는 원인을 찾아내는 여러 검사를 해 보는 게 좋습니다.

Q773 IgE는 무엇인가요?

A 어떤 환자가 특정 항원에 대해서만 반응을 나타내는 것은 그 원인 물질에 특이적으로 반응하는 특수한 형태의 항체를 가지고 있기 때문입니다. 이러한 항체의 종류로는 IgG, IgA, IgM, IgE가 있으며 이러한 항체가 없으면 여러 가지 세균에 의해 죽음을 맞을 수도 있을 것입니다. 이 중 하나인 IgE는 특히 아토피피부염 같은 알레르기 환자에서 높은 농도로 나타나며 알레르기 반응 과정에 중요한 역할을 합니다. IgG, IgA, IgM의 역할은 아직 완전히 밝혀지지 않았습니다. 알레르기 검사들은 특정 항원에 대한 특이 IgE 항체를 측정하는 것입니다.

Q774 알레르기 검사는 어떻게 하나요?

A 알레르기 검사에는 피부 단자 검사, 혈청 내 특이 IgE 검사, 혈청 내 항원 IgE 검사, 이렇게 세 가지 방법이 있습니다.

1. 피부 단자 검사

안전하고 간편한 검사법으로 신속하게 검사 결과를 알 수 있어 널리 사용되는 방법이다. 여러 가지 항원이 들어 있는 액체를 등이나 팔 같은 피부 위에 소량 올려놓고 그 부위를 소독된 침으로 살짝 긁어 두면 즉시 그 부위가 부어오르며 가려운 발진이 생긴다. 이와 같은 반응을 15분에서 20분 정도 관찰한 후 빨간 발진과 부어오른(팽진) 정도에 따라 판단을 내린다(오른쪽 사진 참조). 일반적으로 발진과 함께 팽진이

아토피피부염을 지닌 여아에서 시행한 단자 검사로 55종의 음식물 및 흡입 항원을 가지고 등에서 실시한 모습

3mm 이상이면 특이 항원에 대한 양성 반응을 보인다고 판독하며, 아토피피부염의 유발 요인으로 진단한다. 양성 반응이 나오면 음식물을 가지고 직접 유발 시험을 해 확진한다. 그러나 이러한 단자 검사는 2세 미만에서는 피부 반응이 약하게 나오므로 시행하기가 어렵고, 약을 먹고 있거나 피부염이 심한 경우에는 시행

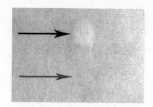

확대 사진으로 집먼지진드기 항원에 홍반(빨간 화살표)과 팽진(검은 화살표)이 3mm 이상 보여 집먼지진드기에 알레르기가 있는 소견을 보임.

하는 데 제한이 따르며, 양성 반응을 판독하는 의사마다 차이가 날 수 있는 단점이 있어 주의 깊게 관찰해야 한다.

2. 혈청 내 특이 IgE 검사

집먼지진드기, 바퀴벌레, 동물의 털이나 꽃가루같이 흡입하거나 달걀, 우유, 밀, 땅콩 같은 음식물 섭취를 통해 알레르기를 일으키는 각각의 항원들에 대한 특수한 IgE의 수치를 측정하는 방법이다. 이러한 검사법은 약물을 복용 중이거나 광범위한 피부염에도 사용할 수 있고 2세 미만의 영유아에게도 실시할 수 있으나, 결과가 나오는 데 시간이 걸리고 비용이 많이 든다.

3. 혈청 내 항원 IgE 검사

알레르기 질환과 관계가 있는 면역글로불린인 IgE의 총량을 측정하는 것으로, 아토피피부염 환자의 약 80% 정도에서 증가되어 있다. 총 IgE의 수치가 정상이어도 피부염의 증상에는 차이가 없으므로 진단에는 제한적으로 사용된다. 그러나 총 IgE가 높은 환자는 천식이나 알레르기 비염 같은 다른 알레르기 질환이 있는 경우가 많으므로 아토피피부염 환자에서 총 IgE가 높게 나오면 다른 알레르기 질환이 있는지 주의 깊게 관찰해야 한다.

Q775 아이가 아토피인데 어떤 음식을 가려야 할까요?

A 아토피피부염을 앓는 아이를 둔 부모는 '어떤 음식이 좋고, 어떤 음식을 피해야 하는가.'를 가장 궁금해합니다. 아토피피부염에 대한 무분별한 정보 때문에 혼란스러워하고, 검증되지 않은 지식을 바탕으로 무리하게 음식을 조절하고, 비과학적인 방법을 동원해 치료하려 하지만 대부분은 환자에게 심한 스트레스와 고통만 줍니다. 음식물 알레르기와 아토피피부염은 밀접한 관계가 있지만, 음식물과 아토피피부염의 연관성만 강조해 불필요하게 음식을 제한하면 결국 영양 결핍을 초래하게 됩니다.

Q776 왜 음식물에 의한 알레르기를 보이나요?

A 인간의 면역계는 여러 질병이나 감염으로부터 우리 몸을 보호하는 기능을 합니다. 음식물 알레르기를 보이는 아이들은 이러한 면역계가 과잉으로 작용한 경우입니다. 우유나 달걀 같은 음식물을 우리 몸에 해로운 물질로 생각해 면역계가 과잉반응을 나타냅니다. 면역계는 몸을 방어하기 위해 IgE라는 항체를 생산하고, 이러한 항체가 혈액과 조직 내를 순환하면서 다양한 세포와 결합해 여러 가지 화학물질을 분비하는데, 이 화학물질이 다양한 알레르기 증상을 유발합니다.

Q777 가장 흔히 알레르기를 일으키는 음식물과 그 빈도는 어떻게 되나요?

A 국내 아토피피부염 환아의 음식물 알레르기 빈도는 아토피 환자 연구 보고서 중 약 18.2%에서 음식물에 의해 아토피가 심해지

는 것을 볼 수 있습니다. 이러한 빈도는 미국의 30%보다 낮은 수치입니다. 가장 흔한 음식으로는 우유, 달걀, 땅콩이 전체의 70~80%를 차지했고 이 외에도 콩, 밀, 생선, 견과류가 있었습니다. 일반적으로 부모는 음식물을 가리면 아토피피부염이 좋아지리라 생각하지만 실제로

음식물을 무조건 가리는 것은 큰 도움이 되지 않습니다. 음식물이 아토피에 관여하는 비중은 연구 보고서에서 보듯이 20%도 되지 않으므로 무조건 육류나 우유, 달걀 등을 피하는 것은 좋은 방법이 아닙니다.

Q778 음식물로 인한 증상에는 어떤 것들이 있나요?

A 음식물에 의해 유발되는 알레르기 증상은 사람마다 다르게 나타납니다. 유아는 눈 주위를 자주 문지르고, 소아는 가려움을 호소하고 얼굴과 몸에 두드러기가 생기는 경우가 많습니다. 이 외에도 토하고 설사를 하거나 배가 아플 수도 있으며, 눈이나 입술 등이 부으면서 심한 경우에는 호흡곤란까지 경험합니다. 이러한 증상은 대개 음식물 섭취 후 바로 나타납니다. 아토피피부염이 있는 어린이에서는 기존의 아토피피부염 자리에 가려움증을 동반하는 홍반이 보이는 발진이 나타나는 것이 특징이며 원인 음식물을 먹으면 아토피피부염 증상이 악화됩니다.

Q779 음식물 알레르기는 평생 가나요?

A 우유, 달걀, 콩, 밀 등 흔하게 알레르기를 유발하는 음식물은 3

세 전후에 자연히 소멸되는 것으로 알려져 있습니다. 하지만 땅콩, 견과류, 생선, 조개 등은 오랜 기간 지속되는 경향이 있으므로 철저한 관리가 필요합니다. 음식물, 특히 땅콩은 적은 양을 섭취해도 알레르기 반응이 심하게 나타나고 일부에서는 사망까지 보고되고 있으므로 캔디, 과자, 아이스크림에 포함되어 있는 땅콩이라도 철저하게 금해야 합니다.

Q780 어떤 음식물을 가려야 하나요?

A 아토피피부염을 비롯한 대부분의 피부 질환에서 돼지고기, 닭고기를 먹으면 증상이 악화된다며 금하는 경우가 많은데 이는 전혀 과학적인 근거가 없습니다. 일부 방송이나 한방에서 식이요법으로 채식을 강조하는 경향이 있는데, 편식을 하면 성장기 어린이에게 필요한 영양분 섭취가 안 돼 성장 장애가 나타날 수 있습니다. 음식물이 의심스러울 때는 피부 반응 검사나 음식물 유발 검사 같은 과학적인 검사를 통해 원인 음식물을 정확하게 진단해야 합니다.

Q781 음식물 첨가물은 어떤 영향을 미치나요?

A 음식물 첨가물은 음식물에 첨가하는 화학물질로 가공보조제, 보존제, 외관개향제 등 종류가 많습니다. 이러한 음식물 첨가물과 아토피피부염과의 상관관계에 대한 연구는 국내에는 물론 외국에도 드뭅니다. 현재까지의 연구에 의하면 음식물 첨가물이 간혹 두드러기를 일으킬 수 있으나, 아토피피부염에는 대부분 영향을 미치지 않는 것으로 알려져 있습니다.

Q782 음식물 알레르기는 어떻게 치료하나요?

A 음식물 알레르기로 진단되면 유일하고 확실한 치료법은 원인 음식물을 식단에서 제거하는 것입니다. 원인 음식물이 포함된 모든 형태의 음식물 또는 음식 가공물의 섭취를 철저히 제한해야 합니다. 예를 들어 우유가 원인 음식물이라면 우유 자체는 물론이고 요구르트, 아이스크림, 치즈 등도 금해야 하며 빵, 케이크, 과자 등 우유를 넣어서 만든 음식도 금해야 합니다.

Q783 음식물 알레르기를 예방할 수 있는 방법은 무엇인가요?

A 아토피피부염의 고위험군은 직계가족 중에 아토피 가족력이 있는 경우입니다. 이러한 고위험군의 일반적인 예방법에는 다음과 같은 것들이 있습니다. 임신 중에는 특별한 음식 조절은 필요 없으며 최소한 4개월간은 모유를 수유하는 것이 좋습니다. 수유 중 산모는 우유, 달걀, 땅콩, 생선같이 알레르기를 일으킬 수 있는 음식은 피하는 것이 안전합니다. 만약 모유를 먹일 수 없는 경우라면 저알레르기성 분유를 추천합니다. 가능한 한 이유식을 늦추며 우유나 달걀같이 알레르기를 잘 일으키는 음식은 돌이 지날 때까지 먹이지 않는 것이 좋습니다. 땅콩이나 생선같이 오랜 기간 알레르기를 일으킬 수 있는 음식은 최소 3년간은 먹이지 않는 것이 바람직합니다.

Q784 아기 피부를 위해 실내 환경은 어떻게 유지해야 하나요?

A 건조한 날씨는 아토피피부염을 악화시킵니다. 특히 겨울철에는 실내 생활이 많기 때문에 집 안의 환경을 일정하게 만들어 주는 것

이 중요합니다. 아파트와 같은 밀폐된 공간은 공기가 건조해지기 쉬우므로 가습기를 사용하거나, 한 시간에 5분 정도 환기를 해 신선한 공기로 순환시키는 것이 좋습니다. 건강에 좋은 습도는 55~60%이지만 겨울철이면 보통 40% 정도로 낮아집니다. 아파트의 경우는 20~30%까지 습도가 떨어지는 경우가 많은데, 가습기를 이용해 55~60%의 적정 실내 습도를 유지하는 것이 매우 중요합니다.

아기에게 가장 이상적인 실내 온도는 20℃로 엄마가 느끼기에 춥지도 덥지도 않을 정도이며, 체온 조절 기능이 미숙한 신생아는 22℃ 정도가 적당합니다. 실내 온도나 습도도 중요하지만 옷이나 활동 정도 등에 따라 실제로 느끼는 온도와 습도가 달라질 수 있으므로 이러한 점 역시 염두에 두고 조절해야 합니다. 따라서 모직이나 합성섬유로 만든 옷, 지나치게 달라붙은 타이즈나 스타킹 등은 피해야 합니다. 머리카락도 가능한 한 짧고 단정하게 관리해 이마나 목에 자극이 되지 않게 하는 것이 큰 도움이 됩니다.

Q785 아토피인 아기 목욕은 어떻게 해야 하나요?

A 샤워보다는 욕조 안에서 10분에서 15분 정도 목욕을 하는 것이 좋고, 물은 약간 미지근한 정도가 좋습니다. 때를 밀거나 타월로 문지르지 않습니다. 목욕용 오일을 사용하고, 목욕 후에는 피부에 있는 수분이 증발하기 전에 가능하면 욕실 안에서 보습제를 발라 줍니다. 목욕은 매일 하는 것이 좋으나, 현실적으로 시간을 내기 어렵다면 최소한 주말에는 욕조 목욕을 하는 것이 바람직합니다.

Q786 아토피인 아기는 보습이 중요하다던데요?

A 보습제는 피부지질의 부족한 방어 효과를 대신해, 피부 각질 층의 케라틴 보습을 증가시키므로 피부를 부드럽고 유연하게 해 줍니다. 따라서 스테로이드 외용제의 사용을 줄일 수 있습니다. 보습제는 아토피피부염으로 약해진 피부를 보호할 뿐만 아니라, 피부가 건조해 지는 것을 막아 더 이상 아토피가 악화되지 않도록 해 장기적으로 예 방이 될 수 있습니다. 특히 건조한 날씨에는 보습제를 자주 발라 주는 것이 좋습니다. 보습제는 오일, 로션, 크림 등으로 나눌 수 있습니다. 아기의 피부 상태에 따라 적절히 선별해 사용해야 합니다.

Q787 아토피의 적, 집먼지진드기를 어떻게 없앨까요?

A 아토피피부염의 원인 항원으로는 영유아기에는 음식물 항원 이, 소아기에는 흡입 항원이 관여한다고 알려져 있으며 이러한 흡입 항원 중 대표적인 것이 집먼지진드기입니다.

집먼지진드기의 방제

집먼지진드기 방제법은 크게 환경적 방제법과 화학적 방제법으로 나 눈다.

환경적 방제법 집먼지진드기의 서식처를 제거하거나 환경적인 변화를 주는 것이다. 집 안의 먼지를 제거하고, 가구나 바닥재를 비닐이나 목재 로 바꾸고, 집먼지진드기의 서식처인 매트리스, 이불, 베개, 카펫 등을 55~80℃ 이상의 물로 최소한 2주에 한 번씩 삶으며, 4시간 이상 건조 시키는 것을 추천한다.

이불을 펴고 갤 때 집먼지진드기가 많이 날릴 수 있으므로 아토피피부염 환자는 자리를 펴거나 정리한 뒤 30분 정도 지나서 방에 들어가고, 이불이나 매트리스 위에서 놀거나 베개를 가지고 장난치지 않는 것이 좋다. 침구류는 자주 햇빛에 말리고, 막대 등으로 두들겨서 터는 것이 좋다.

일반적인 진공청소기로는 집먼지진드기의 30%밖에 제거할 수 없고 빨아들인 먼지들이 실내에 다시 퍼질 수 있으므로 HEPA필터가 부착된 특수 진공청소기를 사용하는 것이 도움이 된다. 방바닥은 카펫을 깔지 말고 물걸레 청소를 한다. 천 소파는 진드기가 살기에 좋으므로 가죽이나 합성피혁제를 선택하는 것이 좋다. 세탁 시 찬물을 이용하면 겉에 붙어 있는 죽은 진드기의 부스러기나 배설물 등은 씻겨 나가나 살아 있는 진드기는 쉽게 제거되지 않으므로, 세탁 시에 benzyl benzoate 같은 살충제를 첨가하면 집먼지진드기를 효과적으로 제거할 수 있다.

화학적 방제법 환경적 방제법은 번거롭고 어렵기 때문에 화학적 방제법이 사용되고 있다. 집먼지진드기의 살충제로는 benzyl benzoate, permethrin, sumethrin, tannic acid, disodium octaborate, tetrahydrate, 액화질소 스프레이 등이 있다. 그러나 독성 같은 문제가 있기 때문에 사용이 간편하면서 저독성인 새로운 해충방제제의 개발이 절실한 실정이다. 집먼지진드기 살충제만으로는 집먼지진드기의 체부와 배설물의 항원은 제거하지 못하므로 고어텍스 소재의 베개 커버의 사용과 진공청소기를 함께 이용하는 것이 집먼지진드기의 제거에 효과적이다.

집먼지진드기를 제거한다고 해서 모든 아토피피부염 환자에서 증상이 호전되지는 않지만 일부 환자에서 현저한 효과를 보이는 경우가 있습니다. 그러므로 침구와 카펫에 대한 관리를 철저히 해야 합니다.

Q788 아토피 아기, 비누는 어떻게 사용하나요?

A 아토피피부염에서 목욕과 비누는 피부의 청결을 유지해 증상의 악화를 막는 데 큰 역할을 하므로 매우 중요합니다.

1. 피부의 산도와 비누

산도 7을 중성이라고 하고 그 이하는 산성, 그 이상은 알칼리성이라고 한다. 피부의 정상적인 산도는 4.5~6.5로, 피부 표면이 약산성일 때 방어 기능이 강해 수분 손실 및 미생물이나 곰팡이가 피부로 침투하는 것을 막아 준다. 아토피피부염 환자의 경우에는 피부의 수분과 지방 함량이 더욱 감소하고 가려움증이 악화될 수 있으므로 중성이나 약산성 비누를 사용하는 것이 바람직하다.

2. 산성 비누와 알칼리성 비누

중성이나 약산성 비누는 사용 후에도 미끈거리는 느낌이 남아 있어 개운함이 덜하지만, 알칼리성 비누로 씻은 후에는 뽀드득하는 말끔하고 상쾌한 느낌이 들어 선호한다. 하지만 알칼리성 비누는 피부의 산도를 변화시켜 해로울 수 있으므로 특히 아토피피부염 환자는 사용하지 않는 것이 좋다.

3. 식물성 비누가 동물성 비누보다 피부에 더 좋을까?

식물 성분 비누는 비누 제조에 필요한 기름 성분을 동물성 기름 대신에 식물성 기름을 사용한 것을 말한다. 하지만 두 가지 모두 알칼리로 중화해 염을 만들기 때문에 식물성 비누가 피부에 더 좋은 것은 아니다.

4. 비누를 이용한 올바른 목욕법

아토피피부염 환자는 미지근한 물로 때를 밀지 않고 목욕을 하는 것이 좋다. 예민한 피부나 아토피피부염 및 알레르기 피부염 환자는 때를 심하게 밀면 증상이 악화되는 경우가 많다. 아토피피부염 환자는 피부에 묻어 있는 각질 세포의 잔해, 분비물, 여러 알레르겐 같은 이물질을 제거하고, 박테리아의 수를 감소시키기 위해 목욕할 때 비누를 사용해야 한다. 비누는 색과 향이 없고 순하면서 씻고 난 뒤 미끈거리는 느낌이 남아 있는 것이 좋다. 목욕 후에는 수건으로 피부를 문지르기보다는 찍어 내듯 살짝 닦고 물기가 마르기 전에 보습제를 바르는 것이 좋다. 머리를 감을 때는 샴푸를 사용한 후 충분히 헹구는 것이 중요하다.

Q789 효과적으로 연고나 크림을 바르는 방법은요?

A 인터넷과 대중매체에서 스테로이드 연고에 대한 부정적인 면을 부각시켜 '스테로이드 공포증'이 생긴 경우도 많습니다. 하지만 모든 약에는 양면성이 있으므로 효과를 많이 내는 방향으로 적절하게 사용하는 것이 바람직합니다.

1. 스테로이드제를 바를 때 고려 사항

스테로이드제는 병변이 발생한 부위와 크기 및 환자의 나이에 맞게 사용해야 한다. 먼저 바르는 부위를 보면 점막, 음낭, 눈꺼풀은 얼굴보다 흡수율이 4배 높고, 얼굴은 손/발바닥에 비해 36배나 흡수율이 높다. 따라서 얼굴에 바르는 스테로이드 연고를 손/발바닥에 바르면 치료 효과가 떨어져 잘 낫지 않고, 반대로 손/발바닥에 바르는 스테로이드 연고를 얼굴에 바르면 부작용이 일어나게 된다. 또한, 환자의 나이에 따라 연고의 흡수율이 달라진다. 유아는 체중에 대한 체표면의 비율이 높고 대사 속도가 느려 성인에 비해 전신적으로 흡수되는 가능성이 높아 부작용이 더 잘 발생한다. 그러므로 성인에 비해 약한 스테로이드제를 짧은 기간 사용해야 하며, 연고를 바른 후 비닐 등으로 덮지 않는 것이 바람직하다.

2. 부작용 없이 사용하는 방법

바르는 스테로이드제의 부작용에는 피부 위축, 스테로이드 여드름, 입 주위 피부염, 자반(멍), 모세혈관 확장, 다모증, 접촉피부염, 감염증 악화 등이다. 강한 스테로이드제일 때, 얇은 피부에 바를 때, 노인이나 소아 가 바를 때, 바르고 비닐 등으로 밀폐할 때 부작용이 더 잘 생길 수 있 다. 피부염이 호전될 때까지는 매일 바르고, 이후에는 일주일에 2번, 피 부염이 잘 치료되면 간격을 길게 해서 사용한다. 소아청소년과 의사의 지시에 따라 사용하면 부작용을 최대한 줄일 수 있다.

3. 효과적으로 연고를 바르는 방법

아토피피부염 환자도 규칙적으로 목욕을 하는 것이 좋다. 목욕 후 3분 이내에 보습제를 바르고, 그 후 병변 부위에 피부 연고를 바른다. 보습 제를 바르고 2시간 정도 지난 뒤에 연고를 바르는 것이 가장 좋지만, 현 실적으로 실천하기 어려우므로 30~40분 후에 연고를 바르는 것이 좋 다. 연고를 하루에 3번 이상 바르는 것은 부작용만 증가시킬 뿐 효과 증진에는 의미가 없기 때문에 아침과 저녁에 하루에 2번씩 바를 것을 권한다. 연고를 바를 때는 부위에 꼼꼼히, 병변의 중심에서 주변으로 퍼지는 방식으로 바른다. 치료 초기에는 작용이 강한 연고를 바르고, 피부 병변이 좋아졌다고 갑자기 끊으면 오히려 증상이 악화될 수 있으 므로 처음보다 다소 약한 제제로 바꾸어 바른다. 같은 스테로이드 제제 라도 연고, 젤, 크림, 로션 순으로 효과가 적다. 피부 병변이 더욱 좋아지 면 재발을 막기 위해 1주일에 2번씩 연고를 바르면서 점차 횟수를 줄인 다. 부작용을 막기 위해 장기간 사용하는 것은 권장하지 않는다.

Q790 체질 개선이 아토피피부염 치료에 도움이 되나요?

A 몸에 좋은 걸 먹거나 발라서 아토피피부염을 완치하거나 없는 체질로 바꾸는 것을 체질 개선으로 생각합니다. 체질은 타고나는 것으로, 현재까지 알려진 방법으로 유전자를 바꿀 수는 없습니다. 그러므로 '체질을 바꾸어서 아토피피부염을 완치시킬 수 있다.'라는 것은 과학적으로 근거가 없는 말이라고 할 수 있습니다. 체질 개선법으로 알려진 민간요법은 보완 대체 의학에 속하며, 한약이나 약초는 자연산이므로 부작용이 없을 것이라는 선입관을 가지고 있어서 이에 대한 많은 관심과 이해가 필요한 실정입니다.

Q791 보완 대체 의학은 무엇인가요?

A 대체 의학이란 정통 의학을 대신한다는 말로, 정통 의학의 부족한 부분을 보충해 준다는 의미이며 보완 의학이라고도 합니다. 최근 미국 국립의료원에서는 공식 명칭으로 보완 대체 의학이라고 규정했습니다. 보완 대체 의학을 외국에서는 서양 의학을 제외한 한의학을 포함한 모든 의학이라고 정의하는 반면, 우리나라에서는 서양 의학과 한의학을 제외한 모든 비정통 의학이라고 정의합니다. 따라서 여기에서는 국제적인 시각에서 한의학을 포함한 아토피피부염의 치료에 대한 보완 대체 요법을 알아보겠습니다.

1. 한약

우리나라에서 가장 많이 사용하는 보완 대체 요법은 한약이다. 우리나라의 한약은 외국의 약초 요법인 허브 치료와 차이가 있다. 외국의 약초 요법은 식물에서 추출한 물질을 이용한 치료법으로 국내에서는 생약을 의미한다. 한약은 동양 의학을 기초로 동물과 식물에서 얻은 물질을 이용한다. 한방에서는 폐(肺)를 피부를 주관하는 기관으로 생각하는데 폐경락과 이와 표리 관계에 있는 대장경락을 통해 침술을 사용한다. 이와 같이 한방에서는 음양오행설과 경락이론을 바탕으로 아토피피부염을 진단하고 치료한다. 치료의 궁극적인 목표는 인체의 음양허실의 편차를 조절하는 것이며, 이는 서양 의학의 면역 조절과 유사하다.

2. 유사 요법

외국에서는 우리나라의 한약과 같은 유사 요법을 시행한다. 이는 건강한 사람에게는 병을 유발할 수 있는 식물이나 광물을 환자에게 극소량을 사용하면 오히려 병을 치료할 수 있다는 이론에서 기원한 서양의 전통적인 보완 대체 요법이다.

3. 중금속 제거 요법

양이온 교환 수지를 이용해 물속에 들어 있는 중금속을 제거한다. 여기에는 연수기로 센물을 단물로 바꾸고, 염소 제거기로 수돗물의 잔류 염소 성분을 제거하는 것이 있다. 이런 물로 목욕을 하면 아토피피부염이 좋아진다고 인터넷이나 대중매체를 통해 알려져 있고, 효과가 있다는 환자도 있다. 하지만 아직까지 많은 환자를 대상으로 한 객관적인 평가가 없으며 효과에 비해 장비 가격이 높다.

4. 온천 요법

온천을 병의 치료 수단으로 이용하는 것이다. 이 밖에 소금을 이용한 소금 목욕, 심해 해수를 이용한 해수 목욕 등이 있다.

5. 건강 보조 식품

아토피피부염과 관계되는 건강 보조 식품으로는 라벤더, 감잎, 달맞이꽃 종자유, 우롱차 등이 있다. 달맞이꽃 종자유는 아토피피부염 환자에게 감소되어 있는 감마 리놀레익산을 보충해 피부를 튼튼하게 한다. 우롱차는 아토피피부염 환자의 피부를 좋아지게 하는 데 효과가 있음이 입증되었다.

6. 그 밖의 전통적인 민간요법

전통적인 민간요법에는 죽염, 들깨기름, 달걀기름이나 호두기름, 알로에 잎의 껍질에서 나온 즙, 국화 꽃잎이나 줄기를 찧은 즙, 마늘즙, 녹두즙, 쑥을 물에 달이거나 식초에 담가 만든 액체 등을 피부에 바르는 방법이 있다. 또한, 창포 잎이나 붉은색 향나무를 달인 물로 목욕을 하거나, 갈근즙, 인종차, 비파차, 국화차, 솔잎차, 율무차, 화분이나 꿀 등을 섭취하기도 한다.

Q792 보완 대체 의학의 문제점은 무엇인가요?

A 아토피피부염이 잘 치료되지 않고 호전과 악화를 반복하는 피부 질환인 까닭에 병원에서 치료했지만 다시 재발하거나 잘 낫지 않는 경우가 많습니다. 그래서 아토피피부염을 병원에서는 치료할 수 없다고 생각하고, 보완 대체 요법에 매달리는 경향이 있습니다. 이런 이유로 우리나라뿐만 아니라 외국에서도 아토피피부염 환자들이 보완 대체 요법을 많이 이용하는 것으로 조사되고 있습니다. 그러나 아직까지 많은 환자를 대상으로 한 객관적인 평가가 없는 대부분의 보완 대체 의학이 자신에게도 효과가 있을 것이라고 단정하는 것은 위험합니다. 또한 아토피피부염이 호전과 악화를 반복하는 특성이 있으므로 어떤 음식을 섭취하거나 약초를 발랐을 때 좋아지거나 나빠졌더라도 반드시 그것이 원인이라고 할 수는 없습니다. 어떤 음식이나 약물, 치료법이 나에게 맞거나 맞지 않는다고 섣불리 단정하면 안 됩니다.

한약이나 약초는 자연산이므로 부작용이 없을 것이라는 선입관을 가지고 있는 사람이 많습니다. 그러나 보완 대체 요법도 흔하게 부작용을 일으킵니다. 가장 흔한 전신적인 부작용은 간독성인데, 대개 약초 요법을 중단하면 간 기능이 정상으로 돌아오지만 드물게 사망하는 경우도 보고되고 있습니다. 또한 중국과 인도의 약초 요법 약제에서 납, 비소, 수은 같은 중금속이 검출된 보고도 있습니다. 드물지만 급성 신부전, 무과립구증, 호흡부전증후군, 확장성 심근병 등도 발생할 수 있으므로 한약이나 약초 요법을 사용할 경우에는 간 기능 및 신기능의 주기적인 검사가 필수입니다. 이 외에도 약초 요법의 국소적인 부작용으로 자극성 및 알레르기성 접촉피부염이 있습니다.

Q793 면역 요법은 무엇인가요?

A 면역 요법이란 알레르기를 일으키는 항원을 아주 소량부터 서서히 양을 늘려 피하 주사해 면역계를 길들임으로써 알레르기 원인 물질에 대한 환자의 반응을 감소시키는 치료법입니다. 이론적으로는 알레르기에서 해방되는 획기적인 방법이지만 알레르기에 대한 면역계는 병원체에 대한 면역계보다 까다롭습니다. 따라서 면역 요법은 환경 요법, 약물 요법 등이 잘 듣지 않고 집먼지진드기나 꽃가루 등 피할 수 없는 원인 알레르기 항원이 확인되었을 경우에 시행합니다. 주로 아토피피부염이 알레르기성 천식이나 비염과 함께 있을 때 면역 요법을 시도합니다. 지금은 집먼지진드기를 포함한 일부 알레르겐에 대해서만 면역 치료를 하지만, 앞으로는 더 많은 알레르겐에 대한 면역 요법이 개발될 것입니다.

Q794 아이의 아토피 예방을 위해 어떻게 식이 조절을 해야 하나요?

A 현재 아토피피부염을 예방하기 위해 임신 기간 동안 산모가 음식을 제한하는 것은 추천하지 않습니다. 그 이유는 태아일 때는 음식에 대해 알레르기성 항체가 거의 발생하지 않고, 임신 기간 동안 우유와 달걀을 먹지 않아도 알레르기가 예방되지 않았다는 연구 결과가 있으며, 음식을 제한할 경우 산모와 아기의 건강에 악영향을 줄 수 있기 때문입니다. 다만, 영국에서는 최근에 땅콩 알레르기가 증가하고 있어서 산모에게 땅콩 섭취를 금지합니다.

우유, 달걀, 땅콩은 영유아에서 음식 알레르기를 자주 일으키는 음식입니다. 엄마가 이런 알레르기를 일으킬 수 있는 음식을 섭취한 지 2~4시간 후에 모유를 통해 소량이 분비된다는 연구 결과가 최근에 보고되었습니다. 이는 모유를 통해 이미 우유, 달걀, 땅콩과 같은 알레르기를 일으킬 수 있는 음식에 대해 항체가 생겼기 때문에 아이가 처음 먹은 음식에 의해 알레르기가 일어날 수 있다고 설명합니다. 따라서 앞으로 좀 더 연구가 이루어져야 하겠지만, 달걀, 우유, 땅콩, 생선과 같은 알레르기를 일으킬 수 있는 음식들을 수유 기간 동안 피하는 것이 아기에게 아토피피부염이나 음식물 알레르기가 발생하는 것을 예방하는 데 도움이 될 것입니다.

Q795 아토피 예방을 위해 모유 수유를 하는 게 좋을까요?

A 요즘에는 모유 성분과 비슷하게 만든 조제분유가 많지만, 모유는 우유 제품에 비해 많은 장점을 가지고 있습니다. 특히, 우유 단백질과 같은 식품 단백질은 체내에 들어와 과민면역 반응을 일으키는

항원 물질로 작용할 수 있으므로 모유가 우유보다 더 안전합니다. 생후 2~4개월 아기는 아직 소화장관 면역계가 미성숙하기 때문에 알레르기가 잘 생길 수 있습니다.

모유 수유가 아토피피부염이 생기는 것을 감소시키고 아토피피부염의 가족력이 있는 경우에 효과가 훨씬 크다는 연구 결과가 다수 발표되었습니다. 그러므로 알레르기 가족력을 갖는 신생아들은 출생 직후부터 최소한 생후 4~6개월까지 모유를 먹이는 것이 바람직합니다.

Q796 저알레르기성 분유를 먹이는 게 아토피에 효과가 있을까요?

A 피부에서는 아토피피부염이나 두드러기, 소화기계에서는 구토·복통·설사, 호흡기계에서는 천식 같은 알레르기 증상을 보이는 아기나 아토피피부염과 같은 알레르기 가족력이 있는 가정에서 태어난 아기에게는 모유가 부족하거나 모유 수유가 불가능한 경우에 항원성을 최대한 감소시킨 대체식을 해야 합니다. 우유에 들어 있는 단백질은 크게 카세인과 유청단백질로 나누는데, 이런 우유 단백질을 잘게 분해하면 단백질의 항원성이 크게 감소해 더 이상 알레르기 반응이 유도되지 않습니다. 저알레르기성 분유에는 eHO~formula와 pFP~fomula 두 가지 종류가 있습니다. 이 중 eHP~formula는 장기능 저하로 소화가 안되거나 영양소의 흡수가 안 되는 것을 보완한 것으로, 여러 가지 원인에 의한 만성 설사나 식품 알레르기에 의한 증상이 있을 때 주로 사용합니다. pFP~formula는 단백질 공급원으로 가수분해물을 사용한 것 외에는 일반 조제분유와 영양 조성이 거의 유사해 알레르기 예방 목적으로 사용합니다. 알레르기 가족력이 있

는 아기에게 신생아 때부터 일반 조제분유와 동일하게 수유할 수 있습니다.

Q797 아토피를 위한 올바른 이유식 방법을 알려 주세요.

A 아토피피부염이 생길 위험이 높은 아기에게 추천하는 이유식은 다음과 같습니다.

- 모유 수유를 알레르기가 없거나 가족력 같은 위험이 없는 아이보다 오랫동안 해야 한다.
- 모유 수유를 하지 못하는 경우뿐만 아니라 모유를 끊고 이유식을 하는 경우에도 첫 6~12개월 동안 저알레르기성 분유를 먹인다.
- 고형식을 시작할 때에는 우유, 달걀과 같은 알레르기성 음식은 1세 이후에 시작하고, 땅콩(땅콩버터 포함)과 기타 견과류, 생선은 최소한 3세 이후에 먹인다.
- 각 음식별로 처음에는 한 번에 한 가지씩 조금씩 주고 점차 양을 늘리되 천천히 종류를 다양하게 늘려야 한다. 알레르기 반응의 상대적인 위험도는 다음과 같다.

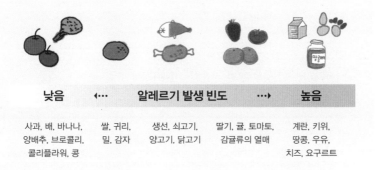

낮음 ←···	알레르기 발생 빈도	···→ 높음
사과, 배, 바나나, 양배추, 브로콜리, 콜리플라워, 콩	쌀, 귀리, 밀, 감자	생선, 쇠고기, 양고기, 닭고기	딸기, 귤, 토마토, 감귤류의 열매	계란, 키위, 땅콩, 우유, 치즈, 요구르트

Q798 아토피피부염의 조절과 치료는 왜 중요한가요?

A 🧑 아토피는 아이의 삶의 질을 떨어뜨립니다. 아토피피부염을 앓는 아이들은 피부의 가려움증과 이로 인한 수면 부족으로 집중력이 떨어집니다. 성장 장애를 일으킬 수도 있습니다. 또 외모 때문에 열등 감을 가질 수 있습니다. 수영장이나 목욕탕에 가는 것을 싫어하는 아이도 많고, 대인관계를 기피해 사회생활에 큰 장애가 생기는 경우도 있습니다. 아토피피부염의 심각성은 아이 자신뿐만 아니라 주위 사람들의 삶에도 좋지 않은 영향을 미친다는 것입니다. 흔한 예로 아토피 피부염을 가진 아이의 부모는 아이가 밤새 가려움을 호소하며 울어서 잠을 제대로 자지 못합니다. 이렇게 만성 수면 부족 상태로 신경이 예민해지면 결국엔 부부 사이도 날카로워질 수 있습니다.

Q799 아토피피부염의 치료는 어떻게 해야 하나요?

A 🧑 아토피피부염이 발생하거나 재발했을 때 적절한 치료를 하지 않아 증세가 더욱 악화되는 경우가 많습니다. 초기일수록 치료가 쉽고 가려움이나 고통이 적으므로 초기에 치료해야 하고, 상태가 악화되지 않도록 관리해야 합니다.

- 소아청소년과 및 피부과 전문의를 찾아서 치료한다.
- 병원은 한 군데에서 꾸준히 치료한다. 아토피피부염을 치료하면서 효과가 빨리 나타나지 않거나 악화되었을 때, 재발했을 때 많은 환자가 병원을 바꾸려고 한다. 아토피피부염이 심할 경우에는 초기 치료에 반응이 늦게 나타날 수 있고, 자주 재발한다. 처음부터 시작과 경

과를 지켜보던 의사가 환자의 아토피피부염의 성격을 가장 잘 알고 있으므로 믿고 처방에 따르는 게 바람직하다.

- 병원을 바꾸면 의사에게 자세히 설명해야 한다. 부득이하게 병원을 바꾼 경우에는 아토피 증세와 이전 병원에서 진료 받았던 치료 내용 등에 대해 자세하게 설명해야 한다.
- 의사의 지시를 정확히 따르며, 궁금한 건 언제든지 질문한다.
- 조급한 마음을 버리고 꾸준히 치료한다. 딱 떨어지는 치료법이 없는 데다 환자가 꾸준히 늘고 있어 검증되지 않은 치료법이 나돌고 있다. 많은 환자와 보호자들이 병원, 한의원, 인터넷 사이트, 방송매체를 전전하면서 아토피피부염에 대한 온갖 지식을 접하다 보니, 일부는 아토피에 관해서는 본인이 더 잘 알고 있다고 생각하기도 한다. 하지만 이런 생각으로 의료진의 처방과 권고를 무시하고 다른 비법을 찾다가 오히려 병이 악화되는 경우가 종종 있다. 빠른 시일 내에 아토피피부염을 완치시키려는 조급함에서 벗어나 의료진의 지시에 따라 치료를 받으면서 아토피피부염을 이겨 내기 위한 올바른 생활 습관을 기르는 것이 중요하다.

Q800 아토피 치료와 재발 방지를 위한 평소 생활 습관에 대해 알려 주세요.

A 피부 청결, 피부 보습, 악화 요인 제거는 아토피피부염 관리의 필수 요소입니다. 가려움증으로 인한 수면 장애로 생활이 불규칙해져 삶의 활력을 잃기 쉽지만, 이럴수록 알맞은 영양 섭취와 운동, 규칙적인 수면을 취할 수 있도록 노력해야 합니다.

아토피피부염의 재발을 막는 생활 습관은 다음과 같습니다.

- 면이나 부드러운 소재의 천으로 된 옷을 입는다.
- 향수 같은 좋은 향기가 있는 제품을 쓰지 않는다.
- 씻을 때는 보습 기능이 있는 부드러운 비누를 사용하고, 미지근한 물을 쓴다. 물기를 닦을 때에는 부드러운 수건으로 가볍게 두드리며 절대 문지르지 않는다.
- 목욕 후 3분 이내에 보습제를 바른다.
- 가능한 한 급격한 온도 변화에 노출되지 않게 한다.
- 땀을 많이 흘리는 활동을 피한다.
- 알레르기가 있다면 카펫을 깔지 않는다.
- 애완동물(금붕어는 제외)은 키우지 않는 것이 좋다.

2. 식품 알레르기

알레르겐이 음식물인 경우 음식물 알레르기라고 합니다. 알레르기 반응은 알레르겐에 노출되는 경우 언제라도 일어날 수 있으며 노출이 반복될 때마다 점점 심해집니다. 하지만 음식물이 알레르겐인 경우 한도 이상 노출되면 오히려 알레르기 반응이 약해지면서 심지어는 나타나지 않을 수도 있는데, 그러다가 다른 요인이 겹치면 나타나지 않던 알레르기 반응이 다시 생길 수도 있습니다.

아토피나 음식물 알레르기 반응이 있는 아기에게 이유식을 일찍 시작하지 말라고 권고하는 경우가 있습니다. 그러면 중요한 영양소가 결핍될 수 있습니다. 현재 통용되는 원칙은 특정 음식을 지나치게 제한할 필요는 없다는 것입니다. 아기가 알레르기 증상을 보이지 않고 집 안에 알레르기 질환의 가족력이 없다면 새로운 음식을 먹이는 일에 편하게 접근해도 됩니다. 새로운 뉴스나 연구 결과가 나오면 주의 깊게 읽어 보고 아기에게 알레르기가 의심될 때는 반드시 의사와 상의해야 합니다.

Q801 유아에서 음식물 알레르기가 생겼을 때 흔히 나타나는 증상 은 어떤 것들인가요?

A 🧑 알레르기성 발진은 흔히 두드러기, 즉 피부가 넓게 부어오르 면서 불그스름하고 가려운 형태로 나타납니다. 두드러기는 신체 어느 부위든 생길 수 있습니다. 그러나 경우에 따라 알레르기 반응에 의해 얼굴이 부어오르거나 토하거나 변비가 생기거나 심하게 보채거나 설 사를 하기도 합니다. 우유 알레르기가 있는 유아라면 변에 피와 점액 이 섞이는 증상이 흔히 나타납니다. 심한 음식물 알레르기에는 드물 게 호흡곤란이 동반되는 경우도 있습니다. 그러나 부모가 알레르기 반응이라고 생각한 것이 사실은 알레르기가 아닌 경우도 많습니다. 따라서 알레르기 반응이 의심될 때는 의사를 찾아가는 것이 무엇보 다 중요합니다.

Q802 음식물 알레르기는 왜 생기나요?

A 🧑 알레르기는 아이가 성장하면서 나타나며 대개 유전적 소인이

있습니다. 가족 중에 아토피피부염이나 천식, 피부 알레르기가 있는 사람이 많다면 아기도 자라면서 알레르기가 생길 가능성이 있습니다. 음식물 알레르기는 알레르기 반응이 없어졌다가 다시 생길 수도 있고 나이가 들어 가면서 음식물의 종류에 따라 알레르기 반응이 점차 약해지거나 아예 없어질 수도 있습니다.

Q803 유아의 알레르기는 어떻게 진단하나요?

A 병력만으로 진단하는 경우도 많습니다. 예를 들어, 아기가 딸기를 먹었는데 조금 있다가 두드러기가 생겼다면 딸기 알레르기라고 판단합니다. 이런 일이 반복된다면 보통 '단자 검사'라고 하는 피부 반응 검사와 혈액 검사를 합니다. 아주 작은 바늘 끝에 의심되는 알레르겐을 소량 묻혀 피부를 살짝 찌른 다음에 국소 반응이 일어나는지 봅니다. 혈액 검사에서는 의심되는 알레르겐에 대한 항체 수치를 측정하는데, 피부 반응 검사에 비해 신뢰성이 떨어진다고 봅니다.

Q804 가장 흔한 식품 알레르기는 무엇인가요?

A 식품 알레르기는 특정한 식품 또는 식품 첨가물을 섭취했을 때 생깁니다. 우유, 달걀, 땅콩, 견과류(아몬드 등), 생선, 조개, 콩, 밀 등 8가지 식품이 식품 알레르기의 90% 이상을 일으키는 것으로 알려져 있습니다.

Q805 유아에서 가장 흔한 식품 알레르기는 무엇인가요?

A 유아에서는 딸기, 땅콩버터, 감귤류(귤이나 오렌지 등), 토마토

그리고 식용 색소에 대한 알레르기가 흔한데, 때로는 생명을 위협할 정도로 심하기도 합니다. 미국의 경우 식품 알레르기로 입원하는 어린이가 연간 9,500명 정도라고 합니다.

분유나 모유에 들어 있는 우유 단백질(모유의 경우는 엄마가 섭취한 유제품 때문)에 알레르기를 일으킨다면 콩으로 만든 분유로 바꾸어 먹일 수 있습니다. 콩 분유에는 우유 단백질은 물론 유당도 들어 있지 않습니다. 콩 분유에도 알레르기가 있다면 성분 조제 특수 분유(우유 단백질과 콩 단백질이 들어 있지 않은 분유)를 사용하기도 합니다.

Q806 유당 불내성이란 우유 알레르기와 같은 병인가요?

A 유당 불내성은 알레르기가 아닙니다. 유당 불내성이란 소장에 우유 속에 들어 있는 유당을 분해하는 효소가 부족한 상태를 가리킵니다. 유당 불내성에는 2가지 유형이 있습니다. 일차성 유당 불내성은 태어날 때부터 전혀 유당을 분해하지 못하는 상태로, 극히 드뭅니다. 이차성 유당 불내성은 후천적으로 생기며 아기가 일시적으로 유당을 분해하는 능력을 잃는 것입니다. 대개 상당 기간 설사를 하는 바람에 한동안 유당이 들어 있지 않은 분유를 먹이고 설사가 좋아진 후에 발생합니다. 유당 불내성을 우유 단백질 알레르기와 혼동해 불필요하게 분유를 바꾸는 부모도 많습니다. 심지어 일부 의사들조차 두 가지 진단을 혼동하는 경우가 있을 만큼 임상적으로 구별이 힘든 때가 있습니다.

Q807 식품 알레르기의 예방에 관한 개념은 어떻게 변해 왔나요?

A 유아의 식품 알레르기를 설명하는 이론은 다양합니다. 유아에게 달걀이나 생우유를 비롯해 부모가 먹는 모든 음식을 되도록 일찍부터 먹인 적도 있습니다. 그 후 알레르기를 피하려면 6개월까지, 심지어 그 후로도 특정한 음식들을 먹이지 않는 것이 좋다는 이론이 대두되었습니다. 현재는 2가지 이론의 중도를 취하고 있습니다. 즉, 아기가 알레르기가 잘 생길 조건을 지니고 있다면 달걀흰자, 유제품, 견과류, 밀, 생선 등 특정한 음식은 좀 더 성숙해질 때까지 먹이지 말라고 합니다. 알레르기를 일으킬 위험 인자가 전혀 없는 아기라면 4~6개월 사이에 이유식을 시작하되 특정 견과류와 유제품은 나중에 먹일 것을 권유합니다. 아토피 등 알레르기 소인이 있는 경우에는 모유수유를 권장하면서 6개월이 되어서 이유식을 하도록 권장합니다.

Q808 왜 식품 알레르기가 늘고 있나요?

A 식품 알레르기가 증가하는 것은 전 세계적인 추세입니다. 미국의 경우 식품 알레르기가 있는 사람이 1200만 명에 이릅니다. 18세 미만인 경우 4명 중 1명, 3세 이하만 보더라도 20명의 어린이 가운데 1명이 식품 알레르기를 지니고 있습니다. 알레르겐에 노출될 기회가 점점 늘어나면서 식품 알레르기가 증가하는 것으로 추정합니다.

Q809 식품 알레르기의 빈도가 성별에 따라 다른가요?

A 식품 알레르기의 빈도는 남녀가 거의 비슷합니다. 그러나 연령과 민족에 따른 차이는 있습니다. 예를 들어, 히스패닉 계열 어린이

는 백인이나 흑인 어린이에 비해 식품 알레르기가 적으며, 5세 미만의 어린이는 나이가 많은 어린이들에 비해 식품 알레르기를 겪을 가능성이 더 높습니다.

Q810　식품 알레르기가 있는데 나이가 들면서 없어질 수도 있나요?

A 식품 알레르기는 성인보다 어린이에게 훨씬 많지만 대다수는 나이가 들면서 없어집니다. 하지만 견과류 알레르기는 없어지지 않을 가능성이 높습니다. 따라서 견과류 알레르기가 있는 어린이에게는 의사의 지시와 감독이 없는 한 나이가 들어서도 함부로 견과류를 주면 안 됩니다.

Q811　아이가 우유에 알레르기가 있습니다. 요구르트나 아이스크림은 괜찮을까요?

A 우유 단백질에 알레르기가 있더라도 대부분 돌이 되기 전에 없어집니다. 따라서 돌이 될 때까지는 요구르트나 아이스크림 등 유제품을 먹지 않는 편이 안전합니다. 그리고 우유 알레르겐 성분이 우유나 아이스크림을 제조하면서 파괴되어 알레르기 반응이 없어지는 경우도 있습니다. 하지만 어린이마다 차이가 있을 수 있으므로 담당 의사와 상의하는 것이 좋습니다.

Q812　유아기에는 특정한 음식들을 피하는 것이 좋을까요?

A 보통 쌀죽으로 시작해서 며칠 간격으로 새로운 음식물을 한 가지씩만 추가하는 방법을 권장합니다. 어떤 음식물에 예기치 못한

반응이 일어났을 때 즉시 문제를 파악하고 대처할 수 있기 때문입니다. 만일 아기가 특정 음식물에 알레르기 증상을 나타낸다면 나이가들 때까지 그 음식을 피해야 합니다. 아기가 그 음식물을 다시 먹을수 있을 정도로 성숙했다고 생각되면 진료실에서 의사의 감독하에 먹인 후 반응을 살펴본 뒤 먹여야 합니다.

Q813 3세까지는 견과류를 먹이지 말라는 기사와 그럴 필요가 없다는 기사를 보았습니다. 누구 말을 믿어야 할까요?

A 땅콩을 비롯한 견과류 알레르기가 점점 늘고 있습니다. 대부분의 식품 알레르기와 달리 견과류 알레르기는 나이가 들어도 좋아질 가능성이 별로 없습니다. 더 큰 문제는 치명적일 수 있다는 점입니다. 3세까지 견과류를 먹이지 말라는 이론은 어린이가 좀 더 성숙해질 때까지 노출을 늦추어 보자는 의도입니다. 그러나 연구 결과가 쌓이면서 최근 이러한 이론을 다시 검토해 보아야 한다는 의견이 대두되었습니다. 알레르기가 있더라도 극히 적은 양의 땅콩을 매일 먹이면서별 문제가 없다면 조금씩 용량을 늘려 가면 대부분 극복할 수 있다고합니다. 이러한 방법을 의학적으로 탈감작이라고 합니다.

Q814 알레르기 반응이 일어나면 어떻게 해야 하나요?

A 아기가 심한 식품 알레르기 진단을 받았다면 2가지 약물을즉시 사용할 수 있도록 준비해 두어야 합니다. 첫 번째는 어린이용 에피네프린 주사입니다. 이 주사는 알레르기 때문에 호흡곤란이 생겼을때 사용합니다. 어린이의 대퇴부에 주사를 놓는데 초보자도 쉽게 사

용할 수 있습니다. 어린이가 쌕쌕거리거나 혀가 부어오르거나 호흡이 곤란하다고 판단되는 경우에는 즉시 에피네프린 주사를 사용한 후 병원에 가야 합니다.

두 번째 약물은 경구용 항히스타민제 시럽입니다. 항히스타민제 시럽은 두드러기 등 가벼운 알레르기 증상에 사용합니다. 아기에게 두드러기가 생긴다면 체중에 따라 적절한 용량의 항히스타민제 시럽을 먹인 후 의사를 찾아가는 것이 좋습니다. 이때 숨 쉬기를 힘들어하는지, 침을 많이 흘리는지, 피부 색깔이 변하는지 등을 주의 깊게 살피고 조금이라도 의심스러운 경우에는 병원에 가는 것이 좋습니다.

Q815 땅콩 알레르기가 있으면 어떤 증상이 생기나요?

A 땅콩 알레르기의 증상은 다양하지만 혀가 부어오르고 두드러기가 생기며, 기도가 좁아져 숨 쉬기가 어렵거나 쌕쌕거리는 증상이 나타날 수 있습니다. 또한 복통이나 구토, 설사 등 위장 관계 증상도 나타날 수 있습니다.

Q816 땅콩 알레르기 증상이 생겼을 때는 어떻게 해야 하나요?

A 30kg이 안 되는 어린이는 어린이용 에피네프린 주사를 2개 이상 사용해야 합니다. 30kg이 넘는다면 성인용 에피네프린 주사를 사용합니다. 어린이에게 땅콩 알레르기가 있다면 에피네프린 주사와 항히스타민제 시럽을 항상 지니고 있어야 합니다. 이러한 약물을 사용해 증상이 가라앉았더라도 반드시 병원에 가야 합니다. 어린이집이나 유치원에 맡길 때도 반드시 땅콩 알레르기가 있다는 사실을 알려야

합니다. 땅콩 알레르기가 있다는 사실을 적은 팔찌나 목걸이를 사용하는 것도 좋은 방법입니다. 스스로 판단할 수 있는 나이가 되면 땅콩이 들어 있는 음식들을 알려 주고 피하도록 교육해야 합니다.

Q817 달걀 알레르기는 노른자가 문제인가요, 흰자가 문제인가요?

A 노른자든 흰자든 모두 알레르기를 일으킬 수 있습니다. 하지만 달걀 알레르기는 나이가 들면서 없어지는 경우가 많습니다. 어느 정도 시간이 지난 후에는 담당 의사와 상의해 달걀 알레르기가 없어졌는지 확인해 봅니다. 대개 달걀을 넣어 조리한 음식을 소량 먹이고 알레르기 반응이 일어나는지 관찰합니다. 이때도 알레르기 반응이 일어날 경우를 대비해 항히스타민제 시럽을 준비해야 합니다.

Q818 고구마를 먹이기만 하면 입 주위에 발진이 돋습니다. 고구마에 알레르기가 있는 것일까요?

A 발진이 입 주변에만 국한되어 나타난다면 식품 알레르기가 아니라 자극성 피부염일 가능성이 있습니다. 이런 경우 의사들은 아기에게 그 음식을 계속 먹여도 안전하다고 판단합니다. 하지만 신체의 다른 부위에도 발진이 돋는다면 얘기가 달라집니다. 식품 알레르기는 대개 몸 전체에 두드러기가 생깁니다.

Q819 해산물을 먹인 후 전신에 두드러기가 돋았습니다. 어떻게 해야 하나요?

A 해산물에 알레르기가 있을 가능성이 높습니다. 의사를 찾아

가 확실한 진단을 받을 때까지는 해산물이 들어 있는 음식을 먹이지 않는 것이 좋습니다. 해산물 중에는 가재, 새우, 게 등 갑각류에 대한 알레르기가 가장 흔합니다. 아기가 해산물에 알레르기가 있다면 항상 에피네프린 주사와 항히스타민제 시럽을 준비해 두어야 합니다.

Q820 돌 미만의 어린 아기에게도 음식물 알레르기로 인한 천식이 있나요?

A 돌 미만 아기의 천식을 확실히 진단할 수 있는 방법은 없습니다. 천식은 상당한 기간에 걸쳐 호흡기 감염에 대한 어린이의 반응을 관찰하고, 가족력이나 다른 알레르기성 질환(아토피피부염이나 식품 알레르기 등)의 동반 여부를 함께 고려해 진단하는 병입니다. 특히 영유아는 바이러스성 호흡기 감염이 있을 때 쌕쌕거리는 경우가 많으므로 천식 진단은 좀 더 나이가 들 때까지 보류하는 것이 좋습니다. 감기에 걸릴 때마다 쌕쌕거린다면 천식이 아닐까 의심해 볼 수는 있습니다. 흥미롭게도 최근 연구 결과 유아기에 어린이집에 다녔던 어린이들은 5세가 될 때까지 그렇지 않았던 어린이들에 비해 천식 증상이 생길 가능성이 더 낮다고 합니다. 즉 세균이나 바이러스 등 호흡기 감염이나 호흡기 알레르겐에 노출되는 기회가 더 많은 것을 원인으로 추정합니다.

3. 호흡기 및 기타 알레르기 반응

우리 몸은 외부에서 이물질(병균)이 침입하면 이를 제거하고 신체를 보호하기 위해서 반응을 보입니다. 이를 면역 반응이라고 합니다. 면역 체계는 이물질 중에서 몸에 해롭지 않은 물질은 면역 세포가 공격하지 않음으로써, 필요 없는 면역 과잉 반응으로부터 우리 몸을 보호합니다. 여기에서 해롭지 않은 이물질에 대해 면역 반응을 보여 조직을 파괴하고 유해한 방향으로 작동하는 것을 면역 과민 반응, 즉 알레르기라고 합니다. 알레르기 질환은 증상이 나타나는 기관에 따라 천식, 아토피피부염, 알레르기 비염, 결막염 등으로 구분하고, 알레르기를 일으키는 물질에 따라 식품 알레르기, 꽃가루 알레르기 등으로 나눕니다.

Q821 집에서 개를 기르는데요, 아기가 개에 대해 알레르기가 생길 수도 있나요?

A 아기도 동물의 비듬에 대해 알레르기가 생길 수 있는데 이때는 증상이 매우 명백합니다. 눈이 붉게 충혈되고 가려워하며 코도 가렵고 막힐 수 있습니다. 심한 경우에는 쌕쌕거리기도 합니다. 새로 애완동물을 키울 생각이라면 그 전에 아기가 그 품종에 대해 알레르기가 있는지 충분히 알아봐야 합니다. 털이 덜 빠지는 품종을 선택하거나 고양이 등 다른 동물을 생각해 보는 것도 좋은 방법입니다. 무엇보다 미리 수의사와 상의해 보는 것이 좋습니다.

Q822 아기들도 호흡기 알레르기가 있나요?

A 유아기에 쌕쌕거리는 소리가 난다면 대개는 상기도 바이러스 감염이며 알레르기가 아닐 가능성이 높습니다. 주변 환경에 있는 알레르기 유발 물질 때문에 유아기에 쌕쌕거릴 가능성은 별로 없습니다.

Q823 유아도 벌침이나 꽃가루 등 공기 속의 알레르기 유발 물질에 대해 알레르기를 일으킬 수 있나요?

A 가능하긴 하지만 대부분의 벌침 알레르기는 이전에 벌침에 한 번 쏘인 적이 있는 경우에 일어납니다. 유아기에는 모기에만 물려도 크게 부어오르기도 합니다. 이것은 알레르기가 아닙니다. 단순히 벌레 물린 데 대한 피부 반응으로 차가운 것을 대 주면 좋아집니다. 꽃가루 역시 코막힘이나 눈의 충혈 및 가려움증을 일으킬 수 있지만 이러한 반응은 대개 어느 정도 나이가 든 후에 나타납니다.

Q824 아기들도 약물 알레르기가 있나요?

A 약물에 대한 이상 반응은 매우 흔합니다. 만약 페니실린 성분을 먹인 후 발진이 돋았다면 약물 알레르기보다는 단순한 부작용일 가능성이 많습니다. 약을 먹인 후 발진이 생겼을 때는 항상 의사에게 보여야 합니다. 피부가 붉고 넓적하게 부어오르며 가려워하는 것 같다면 약 복용을 중단해야 합니다.

Q825 알레르기 주사도 있다던데요?

A 알레르기 주사는 알레르기 유발 물질에 대한 탈감작을 유도하

기 위해 사용합니다. 아주 적은 용량의 알레르기 유발 물질을 주사하면 가벼운 면역 반응을 일으킬 수 있습니다. 이러한 과정을 자꾸 반복하면 알레르기 반응이 점점 약화되는데 이를 탈감작이라고 합니다. 그러나 유아나 걸음마기 어린이에게는 알레르기 주사 사용이 드뭅니다.

4. 비염

알레르기 비염은 알레르기에 대한 면역 반응으로 코 안에 염증이 생기는 질환입니다. IgE라는 항체가 알레르기 원인 물질에 반응해서 코에 염증이 생깁니다. 알레르기 원인 물질(알레르겐)이란 집먼지진드기, 꽃가루, 개나 고양이 등 애완동물의 털과 같은 것을 말합니다. 알레르기 비염 환자의 몸에서는 알레르겐에 대한 특이 IgE 항체를 만듭니다.

　IgE 항체가 만들어진 후에 알레르기 원인 물질이 코 점막에 계속 닿으면 비만 세포 같은 알레르기 관련 세포가 자극을 받습니다. 자극을 받은 비만 세포에서는 여러 종류의 면역 관련 물질들이 흘러나와 코 혈관이나 분비샘을 자극합니다. 그래서 콧물이 많이 나오고 코 점막이 부어서 코가 막히게 됩니다. 또한 신경을 자극해 코가 간지러워 재채기를 하기도 합니다.

Q826 아이가 알레르기 비염이 있다는데, 알레르기 비염의 증상에

는 무엇이 있나요?

A 알레르기 비염의 증상에는 재채기, 맑은 콧물, 코막힘, 코 가려움증 등이 있습니다. 코막힘 증상은 주로 밤에 나타나는데 입으로 숨을 쉬는 경우가 많습니다. 눈 아래 색이 검게 되고 붓는 알레르기 샤이너가 잘 생기고, 코를 손바닥으로 아래위로 문지르는 증상인 알레르기 설루트를 보이기도 합니다.

Q827 아기가 알레르기 비염이 있는데 개나 고양이를 키워도 괜찮을까요?

A 알레르기 비염이 있다고 해서 꼭 개나 고양이에게 알레르기 반응을 나타내는 것은 아닙니다. 병원에서 알레르기 검사를 해서 개나 고양이의 항원에 반응하는지 살펴보는 것이 우선입니다. 만일 개나 고양이에게 반응이 있다면 안 키우는 것이 좋습니다. 꼭 키워야 한다면 거실이나 침실에 들여놓지 않아야 합니다.

Q828 알레르기의 가장 흔한 원인이 집먼지진드기라고 들었는데 어떻게 대비를 해야 합니까?

A 실내에서 알레르기를 일으키는 대표적인 원인인 집먼지진드기는 알레르기 비염 예방에도 굉장히 중요합니다. 집먼지진드기는 천으로 된 가구, 카펫, 담요, 쿠션 등에 많습니다. 베개, 이불 등은 커버를 사용하는 것이 좋습니다. 마스크를 착용하고 HEPA 필터가 있는 진공청소기를 사용하면 도움이 됩니다.

Q829 알레르기 비염 치료 중 면역 요법이 있던데 효과가 있을까요?

A 면역 요법이란 알레르기를 일으키는 물질인 원인 알레르겐의 양을 점차적으로 늘려서 투여해 면역 체계가 다음에 그 알레르겐을 마주했을 때 알레르기 반응을 줄어들게 하는 것을 말합니다. 알레르기 비염에서 면역 치료의 효과는 치료 중단 이후에도 수년 동안 효과가 지속된다고 합니다. 면역 요법은 피부 아래에 주사를 하는 피하 면역 요법과 혀 아래에 넣는 설하 면역 요법이 있습니다.

Q830 알레르기 비염을 일으키는 원인에는 뭐가 있나요?

A 알레르기를 일으키는 물질을 알레르겐이라고 하는데, 알레르기 비염에서는 흡입 알레르겐이 가장 흔합니다. 집먼지진드기, 바퀴벌레, 실내 곰팡이, 애완동물의 털 등이 주된 원인입니다. 계절에 따라 꽃가루, 실외 곰팡이 등이 흔합니다.

Q831 아이가 알레르기 비염이 있는데 알레르기 비염은 무엇인가요?

A 알레르기 비염은 코안의 점막에 알레르기 염증 반응이 생기는 것입니다. 콧물, 코막힘, 재채기, 코 간지러움 증상이 주로 나타납니다. 알레르기 반응은 집먼지진드기, 꽃가루, 곰팡이, 동물 털 등과 같은 알레르기를 잘 일으키는 물질에 대해 우리 몸이 면역 항체를 만드는 것입니다. 이에 의해 알레르기 염증 반응이 생기고 화학 매개 물질 등이 분비되면서 알레르기 비염 증상들이 나타납니다.

Q832 알레르기 비염과 일반 감기에 의한 코 증상은 어떤 차이가 있습니까?

A 소아에서 가장 흔한 비염은 감기 등으로 인한 감염성 비염입니다. 알레르기 비염에 비해서 비교적 증상이 서서히 나타나고, 열이 나는 등 다른 증상을 동반하는 경우가 많습니다. 감염성 비염에서는 콧물이 처음에는 맑다가 점차 누런색으로 변합니다. 하지만 알레르기 비염이 내재되어 있고 이후 바이러스 등에 의한 감염성 비염이 혼합되어 나타나는 경우가 많아서 분리해서 설명이 안 되는 경우도 많습니다.

Q833 우리 아이가 알레르기 비염이 있는데 코막힘 증상이 심합니다. 혹시 알레르기 비염 말고 다른 병을 생각할 것이 있을까요?

A 알레르기 비염이 있으면 코막힘 증상이 있을 수 있지만, 다른 질환들도 생각해야 합니다. 소아에서 코막힘의 가장 큰 원인은 아데노이드 비후입니다. 아데노이드는 코 안쪽에 있는 림프 조직인데 이게 커지면 코가 막히고 부비동염(축농증)이 잘 생깁니다. 또한 비용종이나 비중격만곡(코 안 중간 벽이 휘어지는 것) 등이 있을 수도 있습니다.

Q834 알레르기 비염의 원인 검사에는 어떤 것이 있나요?

A 알레르기 비염의 원인 알레르겐을 확인하는 방법에는 크게 두 가지가 있습니다. 하나는 알레르기 피부 시험과 혈액 검사를 하는 혈청 특이 IgE(면역글로불린 E) 항체 검사법입니다. 알레르기 반응과 관련된 면역글로불린이 면역글로불린 E인데 피부에 특이 알레르겐을 떨어뜨린 후 긁어서 반응을 보는 것이 피부 시험입니다. 혈청학적 검

사는 혈액을 채취해 검사를 하는 것입니다. 하지만 특이 IgE 항체가 양성이 나와도 임상적 질환과 인과관계가 있는지는 의사와 함께 평가해야 합니다.

Q835 꽃가루 알레르기가 심한데 어떻게 하면 예방할 수 있을까요?

A 🙂 꽃가루 알레르기는 일단 꽃가루를 회피하는 것이 제일 중요합니다. 꽃가루가 많이 날리는 계절에는 최대한 외출을 삼가야 합니다. 꼭 외출해야 한다면 마스크를 착용하고 모자나 안경도 씁니다. 집에 돌아와서는 옷을 잘 털고 잘 씻고 양치질을 해야 합니다. 애완동물은 꽃가루 등을 털에 묻혀 오므로 털을 잘 씻고 관리해야 합니다. 창문을 잘 닫고 공기청정기를 사용하는 게 좋습니다.

Q836 알레르기 비염의 약물 치료는 어떻게 하나요?

A 🙂 알레르기 비염의 약물 치료는 경구 투여와 코안의 약물 투여로 나눌 수 있습니다. 소아에서는 경구용 약물을 우선 사용합니다. 일차적으로 항히스타민제를 사용하는데, 이는 콧물, 재채기, 코 가려움증, 눈 가려움 등에 효과가 좋습니다. 요즘에는 류코트리엔 조절제를 많이 사용하는데 효과가 항히스타민제보다 조금 덜하나 천식에 효과가 있어서 알레르기 비염과 천식이 함께 있는 경우에 좋습니다. 다음으로 비충혈 제거제가 있습니다. 이는 코막힘 치료에 도움이 됩니다. 코안에 투여하는 약으로는 비강 내 항히스타민제와 비강 내 스테로이드제가 있습니다. 보조 치료로 식염수로 코안을 세척하는 것도 좋습니다.

Q837 알레르기 비염에서 수술적 치료를 하는 경우가 있습니까?

A 알레르기 비염에서 수술이 치료법은 아니나, 비갑개 비대, 비중격 편향 등 연골 혹은 뼈에 의한 코막힘, 약물 치료에 반응하지 않는 부비동염(축농증) 등은 수술을 할 수 있습니다. 특히 비중격의 편향은 코막힘의 주요한 원인으로 심한 경우 비중격형성술로 치료해야 합니다. 알레르기 비염이 동반된 부비동염의 경우에 약물에 반응하지 않는 경우, 수술을 하기도 합니다.

Q838 알레르기 비염과 함께 알레르기 결막염이 항상 같이 있습니다. 알레르기 결막염은 어떻게 치료하나요?

A 알레르기 비염이 있는 경우 알레르기 결막염이 동반되는 경우가 많습니다. 알레르기 환자의 약 20%에서 알레르기 결막염이 있다고 합니다. 아주 특징적인 증상으로 가려움증이 있고 눈이 따갑고 충혈되고 부을 수 있습니다. 치료는 일단 원인 항원을 회피합니다. 냉찜질, 인공눈물이 도움이 되고, 일반적인 알레르기 치료약을 사용하면 됩니다. 안약은 항히스타민제, 스테로이드제, 충혈제거제 등이 있습니다.

8장

피부 질환

아이가 가렵대요

아기의 피부는 얇고, 외부 자극에 민감하며, 세균 감염에 취약하고, 수분 소실이 잘됩니다. 이러한 아기 피부의 특징은 성인에서는 흔하지 않은 피부 질환이 영유아기에 호발하는 이유가 되기도 합니다. 특히, 미숙아의 피부는 정상 신생아에 비해 더 약하기 때문에 각별히 주의해야 합니다. 아이의 고운 피부를 지켜 주려면 소아에서 흔하게 발생하는 피부 질환과 적절한 대처법을 잘 알아야 합니다. 소아의 피부 질환은 종류가 다양하고 병의 이름도 생소한 데다 사진까지 참조해야 하니 눈 크게 뜨고 집중하기 바랍니다.

1. 습진성 피부 질환

습진은 가려움증과 함께 물집, 작고 둥근 모양의 구진, 붉은 반점, 부기 등이 동반되는 다양한 형태의 피부 질환을 아우르는 용어입니다. 아토피피부염, 땀띠, 접촉 피부염, 지루성 피부염, 간찰진 등 영유아기에 흔히 발생하는 다양한 피부 질환이 여기에 속합니다. 접촉 피부염은 침독, 기저귀 피부염 등을 말하고, 간찰진은 아이들의 목, 겨드랑이, 사타구니의 피부가 짓무르는 것을 말합니다.

Q839 6개월 된 아이의 입 주위가 붉게 변하고 거칠어졌습니다. 침독일까요?

A 6개월 전후로 이가 나기 시작하면 침 분비가 증가하면서 입 주위에 침을 많이 묻힙니다. 아기의 연약한 피부가 장시간 침에 노출될 경우 엄마들이 흔히 '침독'이라 부르는 접촉 피부염이 발생할 수 있습니다. 공교롭게도 이 시기는 이유식을 시작하는 시기와 맞물려 있어 입 주위에 묻은 음식물을 빨리 닦아 주지 않을 경우 접촉 피부염이 악화되기도 합니다.

Q840 만약 침독이라면 어떻게 치료해야 좋아질까요?

A 접촉 피부염의 가장 효과적인 치료는 원인이 되는 물질을 피부에서 제거하는 것입니다. 즉, 침이나 음식물이 피부에 닿아 있는 시

간을 최소화하기 위해 부드러운 손수건으로 자주 닦아 줘야 합니다. 손상된 피부를 통해 수분이 소실되어 건조해질 수 있기 때문에 보습제를 충분히 발라 줘야 합니다. 발적이 심하고 진물이 날 정도로 악화된 경우에는 약한 스테로이드 연고를 바르는 것도 고려해 볼 수 있습니다.

Q841 기저귀발진은 왜 생기나요?

A 기저귀에 의한 접촉 피부염은 기저귀에 의한 폐색, 습기, 마찰로 일차적으로 피부 장벽이 손상되면 소변과 대변에 포함되어 있는 여러 자극 물질(암모니아, 단백 분해 효소 등)과 피부에 상재하는 미생물들이 손상된 피부에 침투하면서 이차적인 염증 반응을 일으키는 순서로 발생합니다. 따라서 기저귀발진의 병변은 특징적으로 기저귀가 닿는 범위 내에만 있고, 정상 피부와 발진 사이에 뚜렷한 경계를 보입니다.

Q842 기저귀발진을 빨리 좋아지게 하려면 어떻게 해야 하나요?

A 기저귀가 닿는 부위를 깨끗하게 해 주고 잘 건조시키는 것이 가장 중요합니다. 소변이나 대변을 봤는지 수시로 확인해 기저귀를 자주 갈아 주고 대소변을 닦아 줄 때에는 문지르지 말고 두드리듯 닦은 후 바로 기저귀를 채우지 말고 한동안 건조시키는 것이 좋습니다. 천 기저귀보다는 흡수력과 통기성이 좋은 일회용 기저귀, 꽉 끼지 않도록 1~2 사이즈 큰 기저귀를 사용합니다. 기저귀를 갈아 줄 때마다 손상된 피부를 자극 물질로부터 보호하기 위해 피부 보호 크림을 발라 주

고, 염증이 심한 부위는 하루에 한두 번 약한 스테로이드 제제를 발라 염증을 가라앉힙니다. 이런 치료에도 반응이 없을 경우, 곰팡이 감염이 동반되어 있을 수 있으므로 의사에게 보이고 항진균제 연고를 처방받아 함께 발라 주어야 합니다.

Q843 더운 여름날에 목과 겨드랑이, 팔다리의 접히는 부위에 붉은 발진이 자꾸 생기는데 땀띠인가요?

A 고온 다습한 환경에서 각질에 의해 땀샘이 막히면 배출되지 못한 땀이 피부 안쪽으로 유입되어 염증을 일으키는 피부 질환을 한진 또는 땀띠라고 합니다. 땀띠는 땀샘이 막히는 위치에 따라 두 가지 형태로 분류할 수 있습니다. 피부의 가장 바깥쪽에 위치하는 각질층에서 막힌 경우 작고 투명한 수포 형태인 수정양 한진, 그보다 조금 더 깊은 표피층에서 막힌 경우 부종을 동반한 홍반, 구진, 수포 형태인 홍색 한진입니다. 수정양 한진은 신생아에서 주로 발생하며 수포가 터지면서 쉽게 치유되지만, 홍색 한진은 소양감과 작열감이 동반될 수 있습니다.

Q844 땀띠는 어떻게 치료해야 하나요?

A 땀 분비가 감소되는 시원한 환경으로 옮겨 주면 수일 이내에 좋아집니다. 꽉 끼는 옷 대신 얇고 헐렁한 옷을 입히고 땀이 많이 난 경우 빨리 씻기는 것도 도움이 됩니다. 과도한 보습 로션이나 연고는 악화인자가 될 수 있으므로 피해야 합니다.

Q845 이제 갓 2개월이 된 아이의 두피와 눈썹, 귀 뒤쪽에 갈색 딱지가 많이 생겼습니다. 어떤 피부 질환인가요?

A 신생아나 유아의 두피, 얼굴, 귀 뒤, 가슴과 사지의 접히는 부위에 붉은 발진과 노랗고 기름진 각질이 쌓이는 형태의 피부 질환을 지루피부염이라고 합니다. 원인은 명확히 밝혀지지 않았지만, 영아 호르몬이 증가함에 따라 피지선이 이에 반응해 활동성이 증가하는 것과 관련이 있을 것으로 생각됩니다. 태열로 알려져 있는 영아 아토피피부염과의 감별이 필요한데, 가려움증이 심하고 건조한 각질이 보이는 경우는 아토피피부염일 가능성이 큽니다.

Q846 지루피부염은 어떻게 치료하나요?

A 보통 생후 1개월경에 발생하기 시작해 생후 4개월까지 서서히 호전되는 경과를 보이며 치료에도 잘 반응하므로 크게 걱정하지 않아도 됩니다. 두피에 발생한 지루피부염은 신생아용 샴푸, 항지루성 샴푸로 매일 머리를 감기고 붉게 변한 염증성 병변에는 약한 스테로이드 연고를 발라 줍니다. 두피에 두꺼운 딱지가 있을 때에는 목욕 전에 올리브유나 베이비오일로 촉촉하게 적신 후 살살 문지르면서 두피 마사지를 해 주면 쉽게 벗겨집니다. 하지만 손톱을 이용해 억지로 딱지를 떼어 내면 염증이 악화되고 이차 감염을 유발할 수 있으므로 주의해야 합니다. 얼굴이나 몸통, 사지에 발생한 지루피부염은 약한 스테로이드 연고를 바르고 진균 감염이 동반된 경우 항진균 연고를 함께 발라 줍니다.

Q847 이제 막 돌이 된 아이인데, 다른 아이들에 비해서 많이 통통한 편입니다. 목과 겨드랑이, 사타구니 등 살이 접히는 곳의 피부가 벗겨지고 진물이 나는데 어떻게 해야 하나요?

A 통통하게 살이 찐 영아들의 목, 겨드랑이, 사타구니는 살이 서로 부딪히고 문질러져서 쉽게 짓무를 수 있습니다. 주름이 있는 피부에 붉은 반점이 생긴 후 피부가 벗겨지고 물 같은 분비물이 생기는 피부 병변을 간찰진이라고 합니다. 손상된 피부를 통한 이차적인 감염, 특히 진균감염이 흔히 있을 수 있고, 농포나 수포가 동반될 경우 이를 의심해야 합니다. 피부 보호 크림을 발라 주고, 이차 감염이 확인된 경우 항생제나 항진균제 연고를 발라 줘야 합니다.

▍2. 감염성 피부 질환

우리 몸은 바이러스, 세균, 진균과 같은 미생물로부터 보호하기 위해 여러 방어 수단을 가지고 있습니다. 우리 몸이 성이라면 피부나 점막은 높은 성벽입니다. 미생물이 이 성벽의 틈새를 뚫고 들어가 여러 가지 피부 질환을 일으킵니다. 이와 같은 방식으로 발생한 피부 병변에는 미생물이 증식하고 있기 때문에 접촉을 통해 주변으로 번지거나 다른 사람에게 전염될 수도 있습니다. 사마귀, 전염성 연속종, 농가진과 같은 피부 질환이 이에 해당합니다. 손상된 피부에 직접 미생물이 침투해 발생하는 피부 질환이 있는가 하면, 호흡기 등 다른 경로를 통해 침투한 미생물이 면역 반응을 유발하고 그 결과 피부 발진이 나타

나기도 하는데, 돌발진, 감염성 홍반을 포함한 여러 바이러스 발진이
이에 해당합니다.

Q848 7개월 아이가 4~5일 동안 고열에 시달리더니 열이 떨어지고
나서 하루 만에 온몸에 발진이 생겼습니다. 이게 열꽃 맞나요?

A 6개월~3세의 영유아가 38~41℃의 고열을 3~5일간 앓다가
열이 떨어진 지 1~2일 후부터 주로 목과 몸통에 작고 붉은 발진을 보
일 때 돌발진으로 진단합니다. 이 질환의 원인은 헤르페스바이러스의
일종인 HHV~6의 감염이며, 열이나 발진 모두 특별한 치료 없이 시간
이 지나면 저절로 호전됩니다. 돌발진에서 보이는 독특한 양상의 발진
을 예부터 열꽃이라고 불렀는데, 넓은 의미로 발열과 동반된 바이러스
성 피부 발진을 통틀어 열꽃이라고도 합니다.

Q849 열꽃은 열이 떨어졌다는 증거라고 하던데 사실인가요?

A 돌발진의 발진은 열이 완전히 떨어진 후 1~2일 만에 발생하
기 때문에 열이 더 이상 없을 것이라는 신호로 여길 수 있습니다. 만
약 발진이 발생한 후에도 열이 지속된다면 처음부터 돌발진이 아닌
다른 바이러스에 의한 감염이거나, 돌발진이 지나간 후 새로운 감염이
연달아 발생한 상황을 생각해 볼 수 있습니다.

Q850 양쪽 뺨이 대칭적으로 붉게 변하더니 엉덩이 주변으로 그물 모양의 특이한 발진이 생겼습니다. 무슨 병인가요?

A 파보바이러스 B19에 의한 감염성 홍반으로 생각됩니다. 전형적인 증상은 고열, 피로감, 전신근육통과 같은 독감 유사 증상 이후 이어지는 특이한 모양의 발진입니다. 마치 뺨을 맞은 것처럼 얼굴에 넓고 붉은 반점이 생기고, 수일 후에는 팔다리부터 시작해 몸통으로 번지는 그물 모양의 발진이 나타납니다. 이러한 발진은 수주에서 수개월간 햇빛, 마찰, 운동 등에 의해 재발할 수 있습니다. 하지만, 발진 모양이 독특하다고 해서 겁먹을 필요는 없습니다. 대부분 특별한 치료 없이 저절로 호전되는 경과를 보입니다.

Q851 발열, 기침과 함께 온몸에 붉은 반점이 생겼습니다. 의사는 바이러스성 발진이라 특별한 치료가 필요 없다고 하는데 괜찮을까요?

A 몇몇 바이러스는 각각 독특한 피부 발진을 일으켜 특별한 검사를 시행하지 않고도 혈액이나 콧물을 통해 임상적인 진단을 내릴 수 있습니다. 하지만 대부분의 바이러스에 의한 발진은 비특이적인 다양한 모양과 분포를 보입니다. 가장 흔한 발진의 모양은 누르면 사라지는 반점과 구진이며 가장 호발하는 부위는 몸통입니다. 1~2주 내에 저절로 사라지며, 가려움증을 동반한 경우 항히스타민제를 복용하거나 스테로이드 연고를 바르는 대증적인 치료를 해 볼 수 있습니다.

Q852 5세 아이의 팔꿈치에 사마귀가 생겼는데 자꾸 긁은 후에 길쭉한 모양으로 번졌습니다. 왜 그런가요?

A  사마귀는 인유두종바이러스 감염에 의해 발생하며, 위치나 모양에 따라 여러 가지로 분류합니다. 가장 흔한 형태인 보통 사마귀의 경우 손가락, 손, 무릎, 팔꿈치처럼 상처가 나기 쉬운 부위에 호발하며, 가려움증으로 인해 긁을 경우 미세한 상처에 바이러스가 옮아 길쭉한 선 모양으로 번질 수 있으므로 주의해야 합니다.

Q853 사마귀를 치료하지 않고 놓아두면 저절로 좋아질 수도 있을까요?

A 냉동 치료, 전기 건조법, 레이저 치료, 소파술 등 치료법은 다양하지만, 치료에 잘 반응하지 않고, 자주 재발하는 경향이 있습니다. 사마귀의 60%가 발생한 지 2년 안에 저절로 없어진다는 연구 결과도 있기 때문에 치료하지 않고 지켜볼 것인지, 치료를 한다면 어떤 방법을 선택할 것인지를 환자의 연령, 질환의 정도에 따라 선택해야 합니다.

Q854 아토피피부염으로 치료를 받는 7세 아이의 눈 주위에 물방울 모양의 작은 발진이 생기더니, 여러 주 동안 서서히 손과 몸통까지 번졌습니다. 어떤 피부 질환인가요?

A 흔히 물사마귀라고 하는 이 질환의 정식 명칭은 전염성 연속종입니다. 폭스바이러스 감염이 원인이며, 2~6mm가량의 중심부가 옴폭 파인 살색의 구진 모양입니다. 겨드랑이나 사타구니 같은 살이 접히는 부위에 흔히 발생하며, 하나씩 떨어져 있기보다는 서로 인접

해 모여 있는 형태로 발견됩니다. 접촉을 통해 다른 부위로 번지거나 다른 사람의 피부로 전염될 수 있는데, 수영장에서 접촉하거나 장난감을 공유할 때에도 전염 가능성이 있습니다.

Q855 전염성 연속종의 치료는 어떻게 하나요?

A 흉터를 남기지 않고 자연적으로 소실되는 질환이므로 손대지 않도록 주의하면서 지켜봅니다. 가려움증을 동반한 염증 반응이 발생할 수 있지만 이는 우리 몸이 바이러스에 대한 면역 반응을 활성화시키고 있다는 증거입니다. 전염성 연속종이 소실되기 직전에 이러한 변화가 나타나기 때문에 걱정할 필요 없습니다. 그러나 수개월에서 수년 동안 만성화되거나 전신의 피부로 번질 수 있기 때문에 전신의 피부 병변을 소파술로 모두 제거하는 것이 가장 효과적인 치료 방법입니다.

Q856 6세 된 아이의 입 주위에 붉은 반점과 얇은 수포가 생기더니 수포가 터지면서 노란 진물이 나오고 이 진물이 말라붙어 노란 딱지가 앉았습니다. 어떤 질환인가요?

A 농가진의 전형적인 증상입니다. 주로 학동기 이전에 호발하며 여름철 외상이나 곤충에 의한 피부 손상이 많은 시기에 발생합니다. 원인은 포도알균이나 사슬알균과 같은 세균 감염으로 한 곳에서 다른 곳으로 번지거나 다른 사람에게 전염될 수 있습니다.

Q857 농가진은 어떻게 치료하나요?

A 병변 부위를 깨끗이 씻고 항생제 연고를 바르면 호전됩니다.

위생 관리를 철저히 하지 못할 경우 다른 부위로 번져 치료가 지연될 수 있으므로 손을 자주 깨끗이 씻는 것이 매우 중요합니다. 피부 병변이 넓거나 고열과 같은 전신 증상이 있는 경우 경구 또는 정맥 항생제 치료가 필요할 수 있습니다.

Q858 아이가 중이염을 앓고 난 후 몸통에 붉고 큰 반점이 생기고 반점 위로 넓은 수포가 생기더니 피부가 심하게 벗겨지기 시작했습니다. 어떻게 해야 하나요?

A 포도알균이 만들어 내는 표피 융해 독소에 의해 발생한 '포도알균 열상 피부 증후군'으로 생각됩니다. 중이염, 화농성 결막염, 인두염 등 포도알균에 의한 감염을 앓고 난 후 입 주변이나 관절의 안쪽에 붉은 반점과 넓은 물집이 발생하고 물집이 터지면서 피부가 벗겨지는 과정을 겪습니다. 심한 경우 전신의 피부가 모두 벗겨져 생명이 위험한 지경에 이를 수도 있습니다. 병변의 크기에 따라 경구 또는 주사 항생제를 빨리 투여하고, 벗겨진 피부는 화상에 준해 치료합니다.

Q859 아이가 평소 손톱 주위에 있는 거스러미를 잡아 뜯는 습관이 있습니다. 어느 날은 손가락이 아프다고 해서 봤더니 손톱 주위가 빨갛게 부어올라 있고 누런 고름이 차 있었습니다. 어떻게 해야 하나요?

A 급성 조갑주위염이 의심됩니다. 손가락 주위의 거스러미를 뜯어내는 습관이나 발톱이 주위의 피부를 파고드는 내향성 발톱에 의해 손발톱 주변의 피부 장벽이 손상되면 이 틈새를 통해 포도알균이나 헤르페스바이러스와 같은 미생물이 침투해 급성 염증을 일으킵니

다. 특히 헤르페스바이러스와 같은 경우 병변의 수포가 터진 후 접촉에 의해 쉽게 전파되므로 주의가 필요합니다. 고름을 제거하고 항생제나 항바이러스제를 투여하는 것만으로도 쉽게 치료가 됩니다.

Q860 이제 갓 돌이 지난 아이가 시도 때도 없이 손가락을 빨아 대더니 결국 손톱 주위가 빨갛게 변했습니다. 얼마 전부터는 손톱 색깔마저 어둡게 변하고 모양도 망가지고 있습니다. 어떻게 하면 좋을까요?

A 만성 조갑주위염이 의심됩니다. 손가락을 빠는 습관이 가장 큰 원인이며 이로 인해 일차적으로 손상된 손톱 주위의 피부에 칸디다 등 곰팡이 감염이 겹쳐지면서 피부 손상이 더욱 악화됩니다. 급성 조갑주위염과는 달리 통증이 심하지 않고 고름집이 만들어지는 경우도 드물지만, 손톱의 색깔과 모양에 변화를 일으키는 특징이 있습니다. 손톱을 빨지 않도록 하고, 손톱 주위에 스테로이드 연고와 항진균제 연고를 함께 발라 주는 것이 좋습니다.

3. 약물 연관성 피부 질환

약물 복용과 관련된 피부 질환은 소아에서 특히 흔하며 매우 다양한 형태로 나타납니다. 온몸에 작고 붉은 반점이 퍼져서 마치 홍역을 앓는 것처럼 보이는 형태가 가장 흔하며, 두드러기처럼 부풀어 오르고 가려움증을 동반하는 경우, 햇볕을 받은 부위에 따갑고 타는 듯한 작열감으로 나타나는 경우, 수포나 농포로 나타나는 경우 등이 있습니다. 마치 양궁의 과녁을 연상케 하는 독특한 모양의 발진이나, 화상을 입은 것처럼 물집이 생기고 물집이 터지면서 피부가 벗겨지는 심각한 형태로 나타날 수도 있습니다.

발진의 발생 시기는 두드러기와 같은 급성 알레르기성 피부 반응의 경우 약물 투여 후 곧바로 발생할 수 있지만, 가장 흔한 형태인 홍역 모양의 발진 같은 경우는 약물 투여 후 7~14일 정도 시간이 지난 후에 나타나기 시작합니다. 따라서 수일간 아무 문제 없이 투여해 온 약물이라 할지라도 발진의 원인일 수 있다는 의심을 쉽게 거두어서는 안됩니다. 체내에 투여된 모든 약물이 이러한 피부 병변을 유발할 수 있지만, 항생제, 진통소염제, 항경련제 등을 투여했을 때 더 흔하게 나타나는 경향이 있어 이와 같은 약물을 투여할 때에는 주의해야 합니다.

Q861 5세 된 아이가 폐렴으로 진단받고 일주일째 항생제를 먹고 있습니다. 오늘부터 온몸에 작고 붉은 발진이 생겨서 병원에 갔더니 약물이 원인일 수 있다고 했습니다. 어떻게 하는 게 좋을까요?

A 약물에 의해 발생한 발진은 원인이 되는 약물을 중단하면 저절로 좋아집니다. 따라서 특별한 치료가 필요하지 않고 심한 가려움증이 동반될 때에만 항히스타민제를 먹이거나 약한 스테로이드 로션을 발라 줍니다. 원인이 되는 약물이 현재 앓고 있는 질환의 치료에 필수적이고, 대체할 만한 다른 약제를 선택할 수 없을 경우에 한해 발진의 양상을 잘 관찰하면서 투여해 볼 수는 있습니다.

Q862 아이가 수일 전부터 열이 계속 나서 해열진통소염제를 복용합니다. 어제부터 둥근 모양의 붉은 발진이 팔다리에 생기더니 발진의 가운데 부분에 물집이 잡히면서 희게 변했고 그 안쪽 부분이 다시 검붉은색으로 변해 마치 양궁의 과녁 모양같이 되었어요. 이런 특이한 발진은 처음이라 걱정이 되는데 괜찮을까요?

A 다형 홍반의 특징적인 모양입니다. 약물이나 감염이 원인으로 알려져 있으며, 주로 손과 발 등 사지에 발생하나, 입술과 구강점막까지 침범하는 경우도 있습니다. 대부분 7~10일간 지속되다가 몇 주에 걸쳐 서서히 호전되며, 발진이 있던 부위에 색소 침착을 남기는 경우가 있습니다. 자주 재발하는 경우, 단순 포진 바이러스의 감염이 원인일 수 있으며 이런 경우에는 항바이러스제 치료가 필요할 수 있습니다.

Q863 수년 전 아이가 항생제를 복용한 후, 등에 3cm 정도 둥글고 붉은 발진이 하나 생겼습니다. 다른 항생제로 변경한 후 곧 사라져서 신경 쓰지 않았는데, 며칠 전 다른 소아과에서 항생제를 복용한 후 그때와 똑같은 자리에 똑같은 모양의 발진이 다시 생겼습니다. 알아보니 몇 년 전에 썼던 항생제랑 같은 성분이네요. 앞으로 이 성분의 항생제는 사용하면 안 되는 건가요?

A 동일한 성분의 약물을 복용했을 때 동일한 자리에 동일한 모양의 발진이 생기는 것을 고정 약진이라고 합니다. 진통소염제, 항생제를 포함한 다양한 약물이 원인이 될 수 있습니다. 복용한 지 몇 시간 내에 나타나는 한 개 또는 몇 개의 크고 둥근 발진이 특징이며, 흔히

통증을 동반합니다. 원인 약물을 지속적으로 투여할 경우, 더 커지고 색깔이 진해져서 검거나 보랏빛으로 변하며 약물을 중단하면 특별한 치료 없이 1~2주 내에 사라집니다. 다만, 주변의 피부에 비해 어두운 색으로 착색된 채 수개월에서 수년간 남아 있을 수도 있습니다. 따라서 약의 이름을 기억했다가 동일한 약을 다시 복용하지 않도록 주의해야 합니다.

Q864 아이가 얼마 전 뇌전증 진단을 받고 항경련제를 복용합니다. 항경련제를 복용한 지 며칠 지나지 않아 팔다리에 붉고 넓은 반점이 생기더니 반점들이 서로 뭉치고 물집이 잡힌 후 물집이 터지면서 벗겨지기 시작하네요. 아이의 피부에 무슨 일이 일어난 건가요?

A 이와 같은 양상의 피부 질환은 피부의 급성 과민 반응에 의한 것으로 침범된 체표면적의 넓이에 따라 스티븐-존슨 증후군(표면적 넓이가 10% 미만인 경우), 혹은 독성 표피 괴사융해증(표면적 넓이가 30% 이상인 경우)으로 분류합니다. 진통소염제, 항생제 같은 약물이나 감염, 특히 마이코플라즈마라고 하는 미생물의 감염이 주원인으로 알려져 있습니다. 전신의 피부뿐만 아니라 눈, 입, 위장관, 요로 같은 점막에도 광범위한 손상을 야기할 수 있고, 손상된 피부를 통한 수분 소실과 2차 세균 감염 등으로 인해 생명까지 위태로울 수 있는 무서운 질환입니다.

Q865 스티븐-존슨 증후군이나 독성 표피 괴사융해증은 어떻게 치료하나요?

A 🙂 원인 약물을 중단하는 것 외에 근본적인 치료 방법은 아직 확립되지 않았습니다. 고용량 스테로이드나 면역글로불린과 같은 약물들이 피부의 과민 반응을 억제할 것으로 기대하고 투여해 볼 수 있으나 아직까지 뚜렷한 효과를 입증하지 못한 상태입니다. 화상에 준해 피부를 관리하고, 충분한 수액 투여를 통해 수분 소실로 인한 탈수를 예방하며, 손상된 피부에 2차 감염이 발생하지 않도록 관리하면서 환자가 스스로 회복하기를 기다려야 합니다. 반드시 입원 치료가 필요합니다. 피부의 침범 부위가 넓거나 내부 장기에 침범이 있을 경우 25%의 사망률을 보일 정도로 예후가 좋지 못합니다.

4. 색소성 피부 질환

피부의 가장 겉을 구성하는 표피층에는 멜라닌 세포가 있는데, 이 세포가 만들어 내는 멜라닌 색소가 피부색을 결정합니다. 멜라닌 색소가 많을수록 피부색이 어두워집니다. 멜라닌 색소는 자외선을 흡수해 피부를 보호하는 천연 보호막 역할을 하며, 자외선에 많이 노출될수록 더 많이 생산되는 특징이 있습니다. 그래서 멜라닌 색소가 적은 백인들은 자외선으로 인한 피부암 발생률이 높습니다.

동양인 신생아에서 흔히 발견되는 몽고점도 이러한 멜라닌 색소와 관련이 있습니다. 멜라닌 세포가 존재하지 않아야 하는 표피층 아래의 진피층까지 멜라닌 세포가 증식해 정상적인 피부색보다 더 어두운 색을 띠는 것입니다. 이 외에도 표피층의 멜라닌 색소가 과도하게 침착되어 발생하는 밀크커피반점이나 멜라닌 색소의 소실로 일부의 피부가 희게 변하는 백반증 등 멜라닌 색소와 관련된 소아기의 질환이 많습니다.

Q866 몽고점은 나이가 들면서 없어진다고들 하는데 정말 그런가요?

A 몽고점은 아시아나 아프리카계의 신생아에서 엉덩이나 아래쪽 등에 흔히 나타나는 청회색의 양성 피부 병변입니다. 엉덩이와 등 이외의 곳에 발생한 몽고점을 이소성 몽고점이라고 하는데, 얼굴에 발생한 경우를 오타모반, 어깨 부위에 발생한 경우를 이토모반이라고 합니다. 전형적인 위치에 발생한 몽고점의 경우, 건강상의 문제를 유발하지 않고 대부분 서서히 옅어지면서 사라지므로 특별한 치료가 필요 없습니다. 약 5% 정도는 성인이 된 후에도 작고 옅게 남아 있을 수 있습니다.

Q867 엉덩이나 등이 아닌 곳에 생긴 몽고점은 잘 없어지지 않는다고 하던데, 어떻게 치료해야 하나요?

A 오타모반, 이토모반을 포함하는 이소성 몽고점의 경우, 엉덩이나 등에 발생하는 일반적인 몽고점과 달리 저절로 없어지기를 기대하기 어렵습니다. 최근에는 기술이 발달해 레이저 치료를 통해 이소성 몽고점을 옅게 만드

는 시도를 해 볼 수 있습니다. 흔적도 없이 완전히 없앨 수는 없지만 환자의 상태에 따라 화장을 하면 큰 표시가 나지 않을 정도까지 호전시킬 수는 있습니다. 적절한 치료 시기나 횟수 등은 환자에 따라 다르므로 의사와 상담하는 것이 좋습니다.

Q868 태어났을 때부터 아이 등에 연한 갈색의 작은 반점이 하나 있습니다. 지켜봐도 괜찮을까요?

A 경계가 뚜렷하고 연한 갈색을 띠는 밀크커피반점은 신생아 중 2%에서 나타나는 흔한 피부 병변입니다. 크기가 작고 한 개만 있는 경우 의학적으로 큰 의미는 없으며 미용적인 문제 이외에 심각한 질환과 관계있는 경우는 거의 없습니다. 다만, 밀크커피반점의 크기가 크고 개수가 여러 개라면 신경섬유종증을 포함한 유전자나 염색체 이상을 가지고 있을 가능성이 있으므로 자세한 진찰 및 검사가 필요합니다.

Q869 몸통과 팔다리에 밀크커피반점이 여러 개 있어 유전자 검사를 받았고, 신경섬유종증 진단을 받았습니다. 어떤 질환인가요?

A 5mm 이상 되는 크기(성인의 경우 15mm 이상)의 밀크커피반점이 6개 이상 발견될 때 신경섬유종증을 의심해 볼 수 있습니다. 밀크커피반점 이외에 다른 증상으로 겨드랑이에 주근깨가 있거나, 얼굴 혹은 팔다리의 뼈에 이상을 초래하기도 하며, 얼굴 주위나 머리에 신경계 종양이 발생할 수 있습니다. 유전자의 돌연변이에 의해 발생하는 질환이므로 유전자 검사를 통해 확진이 가능하며, 50%의 확률로 자

손에게 유전될 가능성이 있습니다. 근본적인 치료는 불가능하며, 여러 가지 합병증의 발생 여부에 대해 주기적으로 검사하고 관리를 받아야 합니다.

Q870 이제 돌이 된 여자아이의 얼굴에 2cm 정도의 밀크커피반점이 하나 있어 걱정입니다. 없앨 수 있는 방법은 없을까요?

A 밀크커피반점은 하나만 있을 경우 건강상의 문제를 유발하지는 않지만 위치에 따라 미용적인 문제로 자존감이 낮아질 우려가 있습니다. 아이 앞에서 걱정하는 모습을 보이기보다는 큰 문제가 아니라고 알려 주고 정서적으로 지지해 주는 게 좋습니다. 레이저 치료로 다소 옅게 만들 수 있으나, 레이저 치료에 대한 반응이 사람마다 다르고 재발하는 경우도 있어 치료 여부는 의사와 상담한 후 결정해야 합니다.

Q871 아이가 5세가 되던 해부터 얼굴에 흰색 반점이 생기더니 시간이 갈수록 점점 커집니다. 어떤 질환인가요?

A 4~5세경에 발생해 크기가 점점 커지는 흰색 반점은 백반증을 의심하게 하는 증상입니다. 여자아이의 얼굴, 손, 목 등에 자주 발생하며, 띠 모양으로 나타나는 것이 소아기 백반증의 특징입니다. 백반증의 원인은 아직까지 뚜렷하게 밝혀지지 않았습니다. 유전적인 성향이 있고 몇몇 자가면역질환(우리 몸의 면역 체계가 우리 몸을 적으로 인식해 공격하는 질환)과 동반되는 경우가 있어 유전적인 요소와 면역학적인 요소가 동시에 작용하는 것으로 추정하고 있습니다.

Q872 백반증을 치료하지 않고 놓아두면 저절로 좋아지나요? 저절로 좋아지지 않는다면 어떤 치료를 받아야 하나요?

A 백반증의 경과는 다양해 예측하기가 어렵습니다. 자연 치유되는 경우가 없지 않지만 매우 드물고 대부분은 그대로 유지되거나 오히려 크기가 커집니다. 백반증의 치료는 크기가 작은 경우 스테로이드 연고나 스테로이드 국소 주사 또는 레이저 치료를 시도하고, 크기가 크거나 산발적인 경우에는 자외선을 이용한 광선 치료를 우선 고려합니다. 치료를 시작하더라도 잘 반응하지 않거나 효과가 매우 더디게 나타나 장기간 치료가 필요할 수 있습니다. 10세 미만의 소아에서 시작된 백반증은 성인보다 치료 경과가 좋은 편입니다.

5. 혈관 이상에 의한 피부 질환

우리 몸의 모든 세포는 혈액을 통해 산소와 영양분을 공급받습니다. 피부에도 모세혈관이 피부의 가장 바깥층인 표피층의 바닥까지 뻗어 있습니다. 살짝 베이거나 까져도 피가 맺힌다거나, 가벼운 타박상에도 멍이 드는 것을 보면 알 수 있습니다. 피부의 혈관에 증식, 확장, 손상 같은 이상이 발생하면 다양한 형태의 피부 병변으로 나타납니다.

Q&A

Q873 6개월 된 아이가 태어날 때부터 등에 1cm 정도의 작고 새빨

간 덩어리가 있었습니다. 주변 사람들은 크면서 없어질 거라고 걱정 말라고 하는데 6개월이 지난 지금 오히려 더 커지고 있어요. 지금이라도 치료를 하는 것이 좋지 않을까요?

A 딸기 혈관종은 피부의 모세혈관 벽을 구성하는 내피 세포가 과도하게 증식해 생기는 질환으로, 짙은 붉은색의 솟아오른 피부 병변으로 나타납니다. 얼굴, 등, 두피에 흔히 발생하며 여자아이, 미숙아에서 발생 위험이 증가합니다. 출생 당시부터 있거나 생후 1주경부터 발생하기 시작해 생후 6개월~1년까지는 점차 커집니다. 이후 특별한 치료 없이도 저절로 크기가 줄어들어 5~7세 때까지 약 75~95%에서 사라집니다. 만졌을 때 이전보다 말랑말랑해지거나 색깔이 옅어지고 있다면 곧 크기가 줄어들 가능성이 높습니다. 아이가 아직 6개월밖에 되지 않았으므로 더 기다려 봐도 될 것입니다.

Q874 태어난 지 3주 된 아이가 뺨에 3cm 정도의 꽤 큰 혈관종이 있습니다. 미용적인 것은 둘째 치고 숨 쉬거나 먹는 데에 지장이 있을까 봐 걱정입니다. 어떻게 하는 것이 좋을까요?

A 딸기 혈관종의 치료 여부는 크기나 위치, 궤양·출혈 같은 합병증 발생 여부, 아이에게 미치는 정신적·사회적 영향, 치료로 인한 합병증의 위험성 등을 고려해서 결정합니다. 특히, 얼굴에 발생해 호흡이나 수유에 영향을 미치거나 눈, 귀 등 주요 기관의 정상적인 발달을 저해하는 경우 치료해야 합니다. 크기가 작고 깊게 위치하지 않은 경우 병변 부위에 스테로이드 주사나 레이저 치료를, 범위가 넓은 경우 혈관의 증식을 억제하는 약(베타차단제)의 복용을 우선적으로 고려할

수 있습니다. 경우에 따라 수술과 항암 치료를 하기도 합니다.

Q875 생후 3주째에 BCG 예방 접종을 한 직후에 이마와 눈 밑에 마치 빨간 볼펜으로 점을 찍은 듯한 발진이 생겼습니다. 무엇일까요?

A 신생아의 모세혈관은 매우 약하기 때문에 자연 분만으로 태어나 얼굴에 심한 압박을 받았거나 예방 접종을 한 뒤 심하게 울었을 때 피부에 있는 모세혈관이 터져서 붉고 작은 점들이 나타날 수 있습니다. 이를 점상 출혈이라고 하며 보통 며칠 안에 저절로 사라지므로 걱정하지 않아도 됩니다.

Q876 4세 아이가 특별히 다친 적도 없는데 어제부터 양쪽 다리에 뻘건 멍이 들면서 무릎이 아프다고 합니다. 오늘은 배가 아프다고 하더니 변에 피가 조금 섞여 나오네요. 아이에게 무슨 문제가 생긴 건가요?

A 양쪽 다리에 멍이 든 것 같은 출혈 반점과 관절통, 혈변을 동반한 복통 증상으로 미루어 보아 알레르기 자반증이라고도 하는 'Henoch~Schönlein 자반증'의 가능성이 있을 것으로 생각됩니다. 피부, 위장관, 관절, 신장 같은 혈관에 발생한 염증이 이 병의 기전으로 알려져 있지만, 무엇이 혈관의 염증을 유발하는지는 아직 정확히 밝혀지지 않았습니다. 피하 출혈반, 복통, 관절통 같은 증상이 몇 주간 지속될 수 있지만 대부분 양호한 경과를 보이며, 신장을 침범한 경우 드물게 만성신부전으로 이행될 수 있습니다.

Q877 5세 남아가 워낙 활발하고 뛰어놀기를 좋아해서 여기저기에 멍이 들어 속상할 때가 많습니다. 멍이 들었을 때는 어떻게 해 주어야 하나요?

A 피부에 멍이 드는 이유는 외상을 당한 부위의 모세혈관이 찢어져 흘러나온 혈액이 피부 아래에 고이기 때문입니다. 1~2주 안에 갈색, 노란색으로 변하면서 서서히 옅어지기 때문에 특별한 치료가 필요하지는 않지만, 멍이 든 지 24시간 안에 냉찜질을 해 주면 혈관을 수축시켜 피부 밑에 고이는 혈액의 양을 최소화할 수 있고, 2~3일 후부터는 온찜질을 해 주는 게 고인 혈액을 분산시켜 멍을 빨리 없애는 데에 도움이 됩니다. 외상을 당한 직후에 그 부위를 문지르면 혈관의 손상과 출혈을 악화시킬 수 있으므로 피해야 합니다.

▌6. 절지동물 교상 및 자상에 의한 피부 질환

한여름 밤, 모기는 최대의 적입니다. 앵앵거리며 단잠을 방해하고 팔, 다리, 얼굴 가리지 않고 구석구석 피를 빨고는 붉은 흔적을 남겨 놓습니다. 유독 아이들이 모기에 더 잘 물리는 이유가 있습니다.

Q&A

Q878 모기에 물린 부위가 심하게 부풀어 오르고 가려움증 때문에 잠도 잘 못 잡니다. 어떻게 해야 하나요?

A 🧑 벌레에 물렸을 때 피부가 부풀어 오르고 가려운 것은 벌레의 침 속에 들어 있는 단백질에 대한 면역 반응 때문입니다. 외부에서 침입한 낯선 물질과 싸우기 위해 백혈구들이 몰려들고 히스타민을 포함한 여러 가지 물질을 분비해 가려움증을 동반한 발진을 일으킵니다. 모기장, 긴 옷, 방충제 등을 이용해 벌레에 노출되지 않는 것이 최선이지만 일단 벌레에 물렸다면 가려움증을 최소화하기 위해 물린 부위에 냉찜질을 해 주거나 스테로이드 연고를 바르고, 먹는 항히스타민제를 투여해 볼 수 있습니다. 시중에 처방전 없이 구입할 수 있는 액상 혹은 젤 타입의 외용제들은 가려움증과 통증을 완화시켜 주고 염증을 억제하는 데에 효과가 있습니다. 30개월 미만의 영유아는 캄파, 멘톨 등 자극적인 성분을 제거한 영유아 전용 제품을 사용해야 합니다.

Q879 며칠 전 아이가 모기에 물린 부위를 심하게 긁은 후 피가 났어요. 오늘은 모기에 물린 자리가 아프다고 해서 봤더니, 며칠 전보다 훨씬 더 부었고 아파서 만지지도 못하게 하는데, 어떻게 하면 좋을까요?

A 🧑 벌레에 물린 자리를 정신없이 긁다 보면 피부에 상처가 나고 피가 나기 일쑤입니다. 손상된 피부를 통해 세균이 침투하면 2차 감염이 일어날 수 있습니다. 감염된 피부의 특징은 붉은색으로 부어오르고 만지면 열감과 통증이 있으며 누런 고름과 같은 분비물이 나오는 것입니다. 이와 같은 증상으로 2차 세균 감염이 의심될 때에는 항생제 연고를 바르거나 경구 항생제를 투여해야 하므로 의사와 상담해야 합니다.

Q880 아이들과 함께 시골에 다녀온 후, 아이들이 모기에 많이 물렸습니다. 남편이랑 저도 같이 있었지만 모기에 별로 물리지 않았는데 유독 아이들만 심하게 물렸습니다. 어른에 비해 아이들이 모기에 더 잘 물린다는 말이 사실인가요? 그렇다면 그 이유는 무엇인가요?

A 모기는 후각과 시각을 이용해 사람을 찾습니다. 날숨에 있는 이산화 탄소와 땀에 있는 젖산 냄새를 특히 좋아하기 때문에 어린이와 임산부같이 신진대사가 활발해 이산화 탄소와 젖산을 많이 만들어 내는 사람을 더 잘 찾습니다. 시각적으로는 짙은 파란색이나 검은색과 같은 어두운색을 좋아합니다. 따라서 모기에 물리지 않으려면 땀을 흘린 후에 빨리 몸을 씻고 밝은색 옷을 입는 것이 좋습니다.

Q881 곤충에 물리지 않으려면 방충제(모기기피제)를 몸에 바르거나 뿌리는 것이 효과가 있나요?

A 시중에 나와 있는 피부에 직접 바르거나 뿌리는 형태의 방충제는 오랫동안 여러 나라에서 그 효과가 입증되었을 뿐만 아니라, 소아(제품마다 연령 제한이 다를 수 있으므로 반드시 확인 필요), 임신부, 수유부를 대상으로도 안전성이 확보되었으므로 비교적 안전하게 사용할 수 있습니다. 물론 상처나 염증으로 손상된 피부, 눈과 입 주위에는 바르지 않도록 유의하고, 성인에 비해 피부가 약한 소아는 농도(10~30%)가 낮은 제품을 사용하는 것이 좋습니다. 식물에서 직접 추출한 천연 물질도 방충제로 사용 가능하나, 화학제품들에 비해 지속 시간이 짧으므로 피부가 장기간 노출될 경우에는 효과를 보기 어려울 수 있습니다.

Q882 모기나 벌레에 물려서 걸릴 수 있는 감염병에는 어떤 것들이 있나요?

A 2016년 모기를 매개로 전염되는 것으로 알려진 지카바이러스가 남미와 동남아 등지에서 유행해 전 세계의 임신부들을 소두증에 대한 두려움으로 떨게 했습니다. 이와 같이 모기, 진드기 같은 절지동물은 바이러스나 세균, 기생충 감염의 매개체가 될 수 있으므로 해당 질환이 유행하는 국가를 방문하거나 국내에서 유행할 경우에는 특히 주의를 기울여야 합니다. 모기를 통해 전염되는 질환으로는 말라리아, 일본뇌염, 황열, 뎅기열, 지카바이러스 등이 있고, 진드기가 매개체로 작용하는 감염병으로는 쯔쯔가무시병, 흔히 살인진드기 병으로 알려져 있는 중증 열성 혈소판 감소 증후군 등이 있습니다.

Q883 벌에 쏘인 자리가 붓고 아픈데 어떻게 해야 하나요?

A 벌에 쏘였을 때는 먼저 벌침이 피부에 남아 있는지 살펴봅니다. 벌침이 남아 있을 경우 신용 카드처럼 납작하고 단단한 물체로 살살 긁어 제거합니다. 핀셋이나 손가락으로 제거하다 보면 침에 남아 있던 독이 체내로 들어갈 수가 있으므로 피해야 합니다. 침을 제거한 후에는 쏘인 부위를 비누로 깨끗하게 씻고, 냉찜질을 합니다. 쏘인 부위를 높게 유지하면 부종이 악화되는 것을 막을 수 있습니다. 부종, 통증, 가려움증 같은 증상에 대해서는 진통소염제 및 항히스타민제의 투여를 고려해 볼 수 있습니다. 두드러기, 호흡곤란, 구토, 복통, 저혈압, 실신 등이 함께 나타나는 심한 알레르기 반응의 발생 가능성을 고려해 몇 시간 동안 충분히 경과를 관찰하는 것이 좋습니다.

7. 상처 및 흉터 관리

걸음마를 뗀 아이는 이곳저곳을 누비며 신나게 뛰어다닙니다. 그러다 부딪히고 넘어져 멍이 들고 생채기를 만들기 일쑤입니다. 다친 아이를 야단치기 전에 상처를 다스리는 법을 알아야 합니다.

Q884 놀이터에서 놀다가 넘어지면서 무릎이 까졌습니다. 어떻게 치료해 줘야 할까요?

A 찰과상은 아이들이 경험하는 피부 손상 중 가장 흔한 형태입니다. 적절한 방법으로 치료하지 않으면 딱지가 앉은 후 흉터가 남거나 주변부의 정상 피부에 비해 진하게 착색될 수도 있습니다. 이러한 문제를 미연에 방지하기 위해서는 상처 부위를 세정제나 식염수로 깨끗이 세척한 후 거즈로 물기를 닦아 냅니다. 만약 식염수가 없는 상황이라면 수돗물을 사용해도 됩니다. 세척 후 상처의 상태를 살펴 얕고 오염되지 않았으면 곧바로 폐쇄성 습윤 드레싱을 해 줍니다. 습윤 드레싱은 진물이 넘치지 않는다면, 자주 갈아 주는 것보다 3~5일간 유지하는 것이 좋습니다. 진물이 많은 경우 두껍고 흡수력이 좋은 폼 타입, 진물이 많지 않고 얼굴과 같이 얇은 피부의 상처에는 접착력이 좋은 하이드로콜로이드 타입의 습윤 드레싱 제제가 좋습니다. 상처가 깊거나 더러운 물질에 오염되었을 때에는 추가적인 조치가 필요할 수 있으므로 가까운 병원을 방문합니다.

Q885 넘어져서 까진 상처에 항생제 연고를 바르고 반창고를 붙이는 것보다 습윤 드레싱을 해 주는 것이 더 좋은가요?

A  초기 상처에 적용할 수 있는 드레싱에는 전통적인 거즈 드레싱과 폐쇄성 습윤 드레싱이 있습니다. 상처 주위를 소독하고 거즈와 반창고로 고정하는 거즈 드레싱은 경제적이고 진물을 흡수하며 상처를 보호하는 장점이 있지만, 상처가 건조해지고 딱지가 앉게 되며 세균 감염에도 취약할 뿐만 아니라 드레싱을 제거할 때 회복 중인 조직도 함께 떨어질 수 있는 단점들이 있습니다. 폐쇄성 습윤 드레싱은 여러 실험을 통해 상처에 딱지를 형성시키지 않고 습윤 상태로 폐쇄유지 했을 때 상처 치유 속도가 빠르다는 것이 증명되었습니다. 다양한 습윤 드레싱 제제들이 개발되어 약국에서 쉽게 구입할 수 있습니다.

Q886 딱지가 앉은 자리는 왜 자꾸 가려운가요?

A 딱지 주변에서 느껴지는 참기 힘든 가려움은 상처 치유 과정에서 정상적으로 분비되는 히스타민이라는 물질에 의한 것으로 특별한 조치가 필요하지 않습니다. 간혹 딱지 주변의 틈새를 통해 발생한 2차적인 감염으로 인해 가려움증이 유발되기도 하므로 누런 고름과 같은 진물이 나온다면 딱지를 제거하고 항생제 연고를 바르거나 경구 항생제를 복용해야 합니다.

Q887 상처가 났을 때 소독을 하고 연고를 바르는 것은 반드시 해야 하는 것 아닌가요?

A 깨끗한 상처에는 가급적 소독제를 쓰지 않는 것이 좋습니다. 가정마다 소독약과 연고를 한두 개는 기본으로 구비해 놓고 모든 상처를 소독하고 연고를 발라 줘야 상처가 빨리 낫습니다. 하지만 소독약은 오염된 상처가 아니라면 가급적 사용을 삼가는 것이 좋습니다. 그 이유는 소독약이 상처 주위의 정상 세포도 파괴할 수 있기 때문입니다. 그뿐만 아니라 무분별한 연고 사용도 지양해야 합니다. 깨끗한 상처의 경우, 충분한 세척과 인체의 면역 기능만으로도 세균 감염을 충분히 방어할 수 있는 데다가 스테로이드나 진통소염제가 포함된 연고 제제를 상처에 바르면 가려움증이나 통증에는 도움이 될 수 있으나 상처 치유 과정에 필요한 물질들을 억제해 치유를 더디게 할 수 있습니다.

Q888 상처가 발생한 지 3주째입니다. 초기 상처 관리를 잘 해서 더 이상 진물도 나지 않고 잘 아물었습니다. 지금부터는 상처 관리를 위해 어떤 일들을 해야 하나요?

A 갓 재생된 피부는 아직 약하기 때문에 쉽게 건조해지고 상처가 날 수 있으므로 보습제를 일정 기간 발라 주는 것이 좋습니다. 또한 SPF 15 이상의 자외선 차단제를 바르면 피부에 색소가 침착되는 것을 예방해 원래의 피부색을 회복하는 데 도움이 될 수 있습니다. 실리콘으로 만든 젤 시트를 상처 부위에 붙이면 압박 효과로 인해 켈로이드와 같은 흉터가 생기는 것을 방지할 수 있습니다.

Q889 찢어진 상처가 아물면서 피부가 불룩 솟아오르더니 단단한 덩어리가 되었습니다. 시간이 지날수록 점점 더 심해지는데 어떻게 해야 하나요?

A 일반적으로 상처에서 진물이 멈추고 피부의 가장 바깥층이 재생될 때까지 3주 이내의 시간이면 충분합니다. 하지만 손상된 피부가 완전히 회복되기까지는 몇 개월에서 몇 년의 시간이 걸리며, 이 시기에 원래 상처의 경계를 넘어 과도하게 증식한 흉터를 켈로이드라고 합니다. 피부색이 어두울수록 더 잘 발생하는 것으로 알려져 있으며 주로 목, 귓불, 사지, 몸통 상부에서 흔하게 관찰됩니다. 켈로이드 발생 부위에 스테로이드 주사를 놓거나, 상처 부위에 압박을 가하는 방법, 켈로이드를 수술적으로 제거하는 방법 등이 있습니다. 한 가지 방법을 선택하기보다 복합적인 치료를 병행하는 것이 좋습니다.

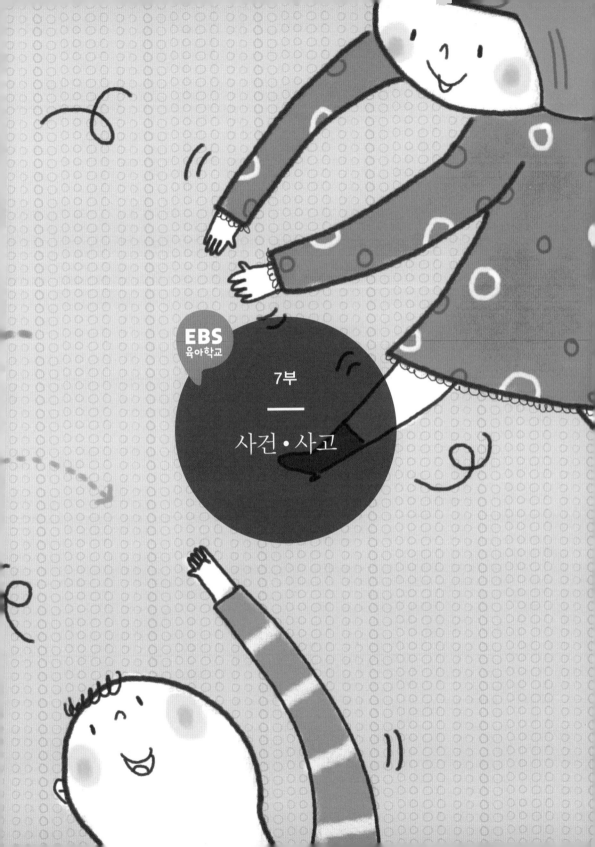

EBS
육아학교

7부

——

사건·사고

아이들의 사고는 부모가 긴장을 늦추지 않고 아이를 주시하더라도 눈 깜짝하는 사이에 벌어집니다. 아이가 한눈을 팔다가 큰 사고를 당해 병원을 방문하는 경우도 많습니다. 특히 6개월이 지나면서 기어 다니고 돌이 되면서 걷기 시작하면서 사고의 위험은 크게 증가합니다. 호기심이 많아지고 위험한 물건은 사방에 널려 있습니다. 아이에게 위험한 물건에는 손을 대지 말고, 위험한 장소에는 가지 말고, 위험한 행동을 하지 말라고 아무리 가르치려 애쓰고 경계를 해도 한순간 아이는 부모의 통제를 벗어나 위험에 노출됩니다.

부모가 아이의 뒤를 따라다니며 모든 사고를 예방할 수는 없지만, 아이에게 자주 일어날 수 있는 사건과 사고의 예방법과 대처법을 안다면 사고를 줄일 수 있습니다. 사고가 나더라도 적절한 조치를 취할 수 있어 사고의 위험과 흔적을 많이 줄일 수 있습니다.

아이에게 자주 발생하는 사건 · 사고

1세 미만의 주요 사고 유형(단위: 건, %)			
순위	사고 유형	합계	비율
1	침대, 소파, 의자 등에서 추락	2,011	35.2
2	전지, 장난감(교구) 및 생활 소품 등 삼킴	469	8.2
3	방, 거실 등에서 넘어짐/미끄러짐	391	6.8
4	밥솥, 냄비 등 가정용 주방 제품으로 인한 화상	321	5.6
5	유모차 등에서 추락	149	2.6
6	문, 방문 등에서 눌림/끼임	106	1.9
7	기타	2,264	39.6
	합계	5,711	100.0

1~3세 걸음마기의 주요 사고 유형 (단위: 건, %)			
순위	사고 유형	합계	비율
1	방, 거실 등에서 넘어짐/미끄러짐	4,529	13.5
2	침대, 소파, 의자 등에서 추락	3,268	9.7
3	유모차, 자전거 등에서 추락	1,207	3.6
4	놀이터 기구 등에서 추락/넘어짐	1,123	3.3
5	창문, 방문 등에 눌림/끼임	997	2.9
6	정수기, 다리미, 고데기 등 가정용 기기로 인한 화상	949	2.8
7	구슬, 장난감 등 완구 삼킴	860	2.6
8	눈썹 미는 칼, 커터 칼, 가위 등에 찔림/베임	830	2.5
9	어린이집, 유치원 등 보육 시설에서 넘어짐/미끄러짐	479	1.4
10	생선 등 어패류의 가시가 목에 걸림	438	1.3
11	화장실, 세면대 등에 부딪침/미끄러짐	398	1.2
12	엘리베이터 문 등에 부딪침/끼임	357	1.1
13	쇼핑 카트에서 떨어지거나 부딪침	243	0.7
14	애완견 등 애완 동식물 등에 물림/쏘임	235	0.7
15	기타	17,759	52.7
	합계	33,672	100.0

4~6세의 주요 사고 유형 (단위: 건, %)			
순위	사고 유형	합계	비율
1	침대, 소파, 의자 등에서 추락	2,893	19.8
2	방, 거실 등에서 넘어짐/미끄러짐	1,849	12.7
3	놀이터 기구 등에서 추락/넘어짐	1,287	8.8
4	자전거 등에서 추락/넘어짐	869	5.9
5	창문, 방문 등에서 눌림/끼임	753	5.2
6	구슬, 장난감 등 완구 삼킴	496	3.4
7	어린이집, 유치원 등 보육 시설에서 넘어짐/미끄러짐	393	2.7
8	생선 가시가 목에 걸림	375	2.6
9	가정용 주방 제품에 베임/찔림	175	1.2
10	애완견 등 애완 동식물 등에 물림/쏘임	169	1.2
11	기타	5,327	36.5
	합계	14,586	100.0

1장

이물질

아이가 뭔가 삼킨 것 같아요

아이들은 이물질을 먹거나 신체의 일부에 넣는 일이 흔합니다. 이물질의 종류와 이물질이 들어간 부위에 따라 예후가 달라집니다. 만약 아이가 갖고 놀던 물건이 없어지면 반드시 확인을 해야 하고, 아이에게 이상한 현상은 없는지 살펴야 합니다. 아이가 호흡이 거칠어지거나, 숨을 잘 못 쉬거나, 입 주위에 이물질이 묻어 있거나, 잘 안 먹는 등 여러 가지 의심스러운 상황이 보이면 즉시 병원을 방문해야 합니다. 가능하면 물건의 크기와 종류를 알고 담당 의사에게 알려야 합니다.

Q890 아이 귀에 곤충이 들어갔어요.

A 가능하면 빨리 병원으로 데려가는 것이 좋습니다. 데려가면서 손전등으로 귀를 비추어 곤충을 귀 밖으로 나오게 하는 것이 좋습니다. 하지만 너무 적극적으로 하거나 벌레가 커서 몸통을 돌리지 못할 경우 고막 쪽으로 더 들어가면 더욱 고통스러울 수 있으므로 조심스럽게 처리해야 합니다.

Q891 아이 귀에 금속이 들어갔어요.

A 밖에서 보이는 경우 자석을 이용해 빼 봅니다. 자석이 귓속으로 들어가야 할 만큼 깊이 있다면 시도하지 말고 바로 병원으로 데려가는 것이 좋습니다.

Q892 플라스틱이나 나무로 된 물질이 아이 귀에 들어갔어요.

A 밖에서 보일 경우 종이 클립을 펴서 순간접착제를 한 방울 떨어뜨린 다음 이물질에 붙여서 빼낼 수 있습니다. 하지만 접착제가 피부에 묻지 않게 해야 합니다. 특히 아이가 무서워하거나 도와주는 사람이 없고 아이의 협조가 어려운 경우라면 아이를 바로 병원으로 데려가는 것이 좋습니다.

Q893 뾰족하고 딱딱한 물질이 아이 귀에 들어가 아이가 다쳤어요.

A 외이도에서 피가 나거나 갑자기 귀가 아파서 보챌 경우 빨리 병원에 가야 합니다.

Q894 아이 눈에 이물질이 들어갔어요.

A 눈에 이물질이 들어간 경우 각막에 상처가 날 수 있습니다. 이는 시력에 영향을 미칠 수 있으므로 서둘러 병원에 가야 합니다. 특히 각막은 통증과 연관되므로 아이가 아파하면 즉시 안과로 가는 것이 좋습니다. 만약 모래나 기타 자극이 적은 물질이 눈에 들어가면 아이를 꼭 잡고 미지근한 물을 눈에 흘려보내 씻겨 나오게 합니다. 위 눈꺼풀을 밖으로 잡아당겨 아래 눈꺼풀 위로 덮고 몇 초간 유지하면 눈물을 흘려 이물질이 나올 수 있습니다. 아이가 울어도 너무 걱정하지 않아도 됩니다. 그래도 불편해하면 반드시 병원에 가야 합니다. 맨눈으로 확인해도 발견되지 않는 미세한 이물질이나 눈 주위 구조에 박혀서 잘 안 나올 수 있습니다.

Q895 아이가 날카로운 물질에 눈을 다쳤어요.

A 가능하면 빨리 안과 의사와 상담해야 합니다. 이물질이 박혀 있는 경우 제거하려 하면 안 됩니다. 이물질이 없는 경우 아이를 반쯤 기대앉게 하고 거즈나 수건, 미용 티슈 등으로 눈을 살짝 덮고 119에 도움을 청해야 합니다. 심각한 상처가 아니어도 확인해야 합니다.

Q896 아이가 동전(또는 구슬이나 바둑알)을 삼켰어요.

A 원칙적으로 방사선 흉부 및 복부 사진을 찍어 이물질을 확인해야 합니다. 이물질을 삼키고도 전혀 괴로워하지 않는다면 변 상태를 확인하면서 2, 3일 기다려 봅니다. 하지만 아이가 목이나 가슴의 통증을 호소하거나, 색색거리는 소리를 내거나, 침을 흘리거나, 토하거나, 삼키기 힘들어하는 경우 식도에 이물질이 박혀 있을 수 있습니다. 이럴 경우 병원에서 특수 기구를 이용해 이물질을 제거해야 합니다.

Q897 아이가 뭔가 먹었는데 자석이나 건전지 같아요.

A 반드시 내시경이 가능한 병원에서 사진을 찍어 위치와 종류를 확인해야 합니다. 건전지의 경우 식도에 끼면 식도가 괴사되어 녹아내릴 수 있습니다. 자석도 마찬가지입니다. 한 개는 큰 문제가 없으나 두 개면 붙어서 장 점막을 괴사시킬 수 있어 즉시 제거해야 합니다.

Q898 아이 코에서 악취가 나고 막혀 있어요. 코피도 자주 나요.

A 축농증에 의한 비염일 수도 있으나 코에 이물질이 들어 있는지 확인해야 합니다. 아이들은 장난감이나 이물질을 코나 귀, 기타 신체에 넣는 경우가 흔합니다. 밖에서 보아 이물질이 관찰되는 경우, 아이를 안정시키고 핀셋을 이용해 꺼낼 수 있으나 다칠 위험이 있으므로 가능하면 병원에서 좀 더 자세히 관찰해 제거하는 것이 안전합니다. 밖에서 안 보이면 안을 볼 수 있는 기구가 필요하므로 병원에 가야 합니다. 주로 동그란 장난감 총알이나 음식물이 들어간 경우가 많습니다.

Q899 아이의 피부에 이물 조각과 파편이 박혔어요.

A 일단 깨끗한 물과 비누로 씻긴 다음 환부를 잘 관찰하고, 이물질이 깊이 박혀 있으면 병원에 데려가 제거하는 것이 좋습니다. 손으로 함부로 만지면 염증이 심해질 수 있습니다. 얕게 박혀 있으면 핀셋을 이용해 제거할 수도 있지만 아이가 아파하는 경우 얼음 팩 등을 이용해 감각을 줄인 다음 시도해 봅니다. 시간이 지날수록 감염의 위험이 높아지므로 직접 하기 곤란하다고 판단되면 병원을 방문하는 것이 가장 좋습니다. 유리 조각은 눈으로 확인되지 않는 경우가 많고 제거가 쉽지 않으므로 병원을 방문해 치료해야 합니다. 깊은 상처나 지저분한 상처는 파상풍 주사의 병력을 확인해야 합니다.

독

아이가 벌레에 물렸어요

예전에는 야외 활동을 해야만 벌 또는 곤충에 쏘이거나 물리는 위험
에 빠졌는데 요즘은 아파트에도 숲처럼 조경을 하는 경우가 많아 평
소에도 주의해야 합니다. 아이들을 데리고 산책하거나 야외에서 활동
하면 위험은 훨씬 높아집니다. 벌이나 곤충에 쏘이면 통증이 유발되
지만, 곤충의 종류나 아이의 체질에 따라 심한 알레르기 쇼크에 빠질
수 있으므로 당분간 아이를 관찰하면서 병원에 데려가야 할지 확인
합니다. 이 밖에도 평소에 아이가 노출될 수 있는 생활 속 독과 그에
대한 대처 방법을 알아 두었다가 위급 상황 시 잘 대처해야 합니다.

Q900 아이가 벌에 쏘였어요. 침이 보여요.

A 핀셋이나 손으로 만지면 안 됩니다. 잘못하면 독액이 상처 속으로 더 들어갈 수 있습니다. 신용 카드의 넓은 면을 피부 위에 붙이고 모서리를 상처를 향해 밀어 나가면 침을 제거하기가 쉽습니다. 꿀벌이나 말벌의 경우 심각한 반응을 보일 수 있으므로 꼭 병원을 방문해야 합니다. 200명 가운데 1~10명 정도는 몇 분~몇 시간 후에 전신에 초과민 반응을 보입니다. 생명을 위협하는 초과민 반응은 벌에 쏘인 후 5~10분 내에 시작됩니다. 얼굴이나 혀가 붓고 목소리가 변하면서 음식물을 삼키기 힘들고 기침, 호흡곤란, 천명 등이 나타나거나, 저혈압으로 인한 현기증이나 실신 같은 증상이 나타나 응급처치가 필요할 수 있으므로 즉시 119에 연락해야 합니다.

Q901 개미(또는 거미)에 물렸어요.

A 국내에 있는 대다수 개미나 거미, 심지어 지네에 물려도 초과민 반응을 보이는 상황까지 가지는 않습니다. 물리면 일단 비눗물로 씻고 물린 부위가 붓거나 아파하면 냉찜질이나 차가운 찜질을 해 줍니다. 벌레 물린 데 바르는 약이나 베이킹파우더 등을 발라 줄 수도 있으나 정도가 심하다고 생각되면 병원에 가서 연고를 처방받아야 호전이 빠릅니다. 드물게 아이에게 호흡곤란이나 발열이 있으면 거미나 불개미를 찾아서 병에 넣어 병원에 가지고 가는 것도 필요합니다.

Q902 아이가 개한테 물렸어요. 어떻게 해야 하나요?

A 가정에서 키우는 개나 고양이는 대부분 접종을 하기 때문에 큰 문제는 없습니다. 박쥐, 너구리 등 특이 반려동물이나 야생 동물에 물리면 광견병에 걸릴 수 있습니다. 먼저 아이의 상처 부위를 비눗물로 15분 동안 조심해서 씻어 줍니다. 약을 바르지는 말고 피가 나면 출혈 부위를 눌러서 지혈해야 합니다. 검사를 위해 동물을 잡아 두되 물리지 않도록 조심해야 합니다. 가벼운 상처라면 항생제를 먹일 필요는 없지만 항생제가 필요한 경우가 있으므로 병원을 방문해야 합니다.

Q903 아이가 고양이한테 물렸어요.

A 고양이에게 물리면 감염의 가능성이 높습니다. 림프절이 붓고 빨개지며, 만지면 아플 수 있습니다. 특히 생후 6개월 미만의 새끼 고양이에게 긁히거나 물리면 고양이 발톱 병이 생길 수 있으므로 증상 발현 여부를 유심히 살펴봐야 합니다. 주로 물린 뒤 7~12일 사이에 나타나며 항생제로 치료해야 하기 때문에 병원에 가야 합니다. 화농성 림프절이 생겼다면 후유증이 생길 수 있으므로 임의로 절개 배농을 해서는 안 됩니다. 바늘로 배농을 할 수는 있으나 기본적으로 항생제 치료를 해야 합니다.

Q904 아이가 유치원에서 다른 아이에게 물렸어요.

A 인간의 입안에는 각종 전염성 미생물이 삽니다. 살이 찢어지지 않았다면 걱정할 필요가 없습니다. 살이 찢어진 경우는 순한 비누

와 미지근한 물을 이용해 약 10분간 물린 부위를 씻습니다. 가능하면 흐르는 물에 씻거나 물을 부어 씻어야 합니다. 그리고 병원에 가서 감염 여부를 확인합니다. 예방을 위해 항생제를 처방할 수 있습니다.

Q905 아이가 뱀에 물렸어요. 어떻게 해야 하나요?

A 우리나라에 서식하는 뱀은 4과 8속 14종이며 이 중 3종이 독사로 알려져 있는데, 남한에서는 살모사가 위험합니다. 독사는 상악에 있는 독니로 물기 때문에 2개의 큰 자국이 납니다. 어린아이는 몸집이 작아서 아무리 독이 소량이라도 치명적일 수 있기 때문에 항독소를 투여해야 합니다. 4시간 안에 정맥 내로 주사해야 하기 때문에 가능하면 빨리 치료가 가능한 응급실로 아이를 데려가야 합니다. 12시간이 넘으면 주사해도 소용이 없을 수 있습니다.

뱀에 물리면 우선 환아를 안정시키고 30분 내에 입으로 독을 빨아내는 게 도움이 될 수 있지만 주의해야 합니다. 독을 빨 때 입안에 상처가 있으면 그 사람도 위험할 수 있기 때문입니다. 허리띠, 넥타이, 붕대 같은 것으로 물린 자리보다 5~10cm 중심부를 동맥혈류는 유지되고 정맥혈류는 정지될 정도로 압박해야 합니다. 하지만 너무 압박해 동맥의 흐름을 막아서는 안 되기 때문에 수시로 맥박을 확인해야 합니다. 손가락, 발가락, 목, 머리, 몸통에 지혈대를 묶으면 절대 안 됩니다. 가능하면 뱀의 머리 모양을 기억해 병원에 알리면 치료에 도움이 됩니다.

Q906 아이가 바다에서 해파리에 쏘였어요.

A 해파리의 종류에 따라 독성이 다른데, 바다의 말벌이라고 하는 상자해파리는 강력한 독을 가지고 있습니다. 아이가 해파리에 쏘이면 물에서 나오게 하고 물린 부위에 손을 대거나 긁지 못하게 해야합니다. 깨끗한 물이나 식수, 혹은 알코올을 사용해서 씻거나 바르지말고 물린 부위를 따뜻하게 해서 식염수로 씻어 주면 좋습니다. 식염수를 못 구하면 바닷물로 씻기고 병원에 데려가야 합니다.

해파리의 침이나 촉수가 피부에 남아 있다면 카드를 이용해 제거합니다. 잘못하면 더 큰 통증을 유발할 수 있으니 조심해야 합니다. 촉수를 제거한 뒤에는 진통제를 복용하는 것이 좋습니다. 일반적으로식초가 효과가 있다고 알려져 있으나 해파리의 종류에 따라 차이가있으므로 확인되기 전까지는 사용하지 않는 것이 좋습니다. 촉수를제거하고 통증을 다스린 후에는 따뜻하고 깨끗한 물로 씻고 항생제연고를 바른 뒤 거즈 등으로 감싸 줍니다. 잘못하면 악화되므로 급한처치를 마무리하면 빨리 병원에 가서 치료해야 합니다.

Q907 아이가 담배를 먹었어요.

A 담배 한 개비에는 15~20mg의 니코틴이 들어 있는데 영아 치사량의 2배에 해당합니다. 하지만 위에서는 니코틴이 천천히 흡수되고 흡수된 니코틴의 작용으로 구토를 일으켜 삼킨 양이 다 흡수되지는 않습니다. 하지만 빨리 토하게 해야 하고, 여의치 않으면 빨리 병원에 가서 위세척 및 응급처치를 해야 합니다. 담뱃재에는 니코틴이 거의 들어 있지 않습니다.

Q908 어른이 마시다 남긴 술을 아이가 먹은 것 같아요.

A 🧑 아이가 있는 집에서는 술을 아이들의 손이 닿는 곳에 놔둬서는 안 됩니다. 아이들이 술을 마시면 생명이 위협받을 수 있습니다. 술은 마시면 2~3시간 내에 완전히 흡수됩니다. 마신 분량에 따라 흥분, 운동 실조, 의식 장애, 혼수, 저혈당에 의한 경련, 쇼크 같은 증상이 나타날 수 있습니다. 만약 아이가 술을 마신 것을 발견했다면 즉시 구토를 유도하고 병원에 가서 저혈당 확인과 함께 고농도 포도당 정맥 주사가 필요할 수 있으며, 추가적인 치료를 해야 합니다.

Q909 아이가 화장품을 먹었어요.

A 👩 일반 가정에 있는 화장품, 학용품, 세제 등은 무독성으로 판명되는 경우가 대부분입니다. 무독성 노출은 두 가지 부류로 나뉘는데 하나는 어떠한 용량에서도 독성이 없는 물질이 있고 또 하나는 많은 용량을 투여하면 독성이 있을 수 있는 물질이 있습니다. 시중에 나와 있는 대부분의 화장품은 다량을 섭취하지 않으면 상대적으로 안전하며 특히 유아용 제품은 안전합니다. 하지만 분말 형태의 화장품은 흡입하면 폐렴, 저산소증, 기도폐쇄에 의한 사망을 유발할 수 있는데 주로 아기들의 기저귀를 갈아 주다가 사고가 발생할 수 있으니 주의해야 합니다.

Q910 아이가 비누를 먹었어요.

A 🧑 비누를 먹으면 구토를 유발하지만 독성은 없습니다. 세탁용 분말 세제와 비누 제품은 저독성으로 약간의 점막 자극을 일으켜 위

장염을 일으킬 수 있습니다. 가정용 액체 세제도 저독성입니다. 가정용이 아닌 일반용 액체 세제는 독성을 가지고 있습니다. 하지만 옥살산이 포함된 녹이나 잉크 지우개용 표백제는 부식성이 있고 신 손상을 초래할 수 있습니다. 가정용 표백제는 위장관 자극을 일으킬 수 있지만 식도 손상을 초래하는 경우는 드뭅니다. 액체 샴푸는 세제와 비누로 구성되어 무독성이지만 건성 샴푸는 유해한 물질이 포함될 수도 있습니다.

화장품을 포함한 세제, 표백제, 비누 등을 먹으면 반드시 제품이나 제품의 성분을 확인해서 병원에 가야 합니다. 복용한 양도 확인해야 합니다.

3장

동상과 화상

아이가 뜨거운 물에 데었어요

부드럽고 촉촉한 아기의 피부는 엄마가 부러워할 정도입니다. 하지만 피부가 그만큼 얇고 연약해서 아이들은 성인보다 외부 온도에 훨씬 민감합니다. 뜨거운 것에 대해 매우 취약해서 약간의 노출에도 쉽게 화상을 입을 수 있습니다. 전기나 화학물질, 특히 저온에 의한 동상 역시 매우 심각한 문제를 일으킬 수 있습니다. 초기에 잘 대처하면 상해의 정도를 줄일 수 있지만 이런 위험에 노출되지 않도록 평소에 노력하는 것이 가장 중요합니다.

Q911 아이가 추위에 너무 노출된 거 같아요. 동상일까요?

A 어린아이들은 추위에 매우 취약해 동상에 걸리기 쉽습니다. 특히 손가락, 발가락, 귀, 코, 뺨이 동상에 잘 걸립니다. 동상에 걸리면 환부가 아주 차갑고 희거나 잿빛으로 변하며 간혹 흰 반점이 생기기도 합니다. 아이가 조금이라도 동상의 증상을 보이면 즉시 부모의 몸으로 따뜻하게 해 줘야 합니다. 부모의 피부 특히 겨드랑이로 밀착시켜 주는 것이 좋습니다. 그리고 가능한 한 빨리 병원에 가야 합니다. 손상된 부위가 화상을 입을 수 있기 때문에 손상 부위를 마사지하거나 난로 등 뜨거운 곳 근처에 노출시켜서는 안 됩니다. 뜨거운 물로 서둘러 녹이려 하면 피부 손상이 더 심해질 수 있습니다.

체온보다 약간 높은 39도 정도의 물에 동상에 걸린 손가락과 발가락을 담급니다. 그렇게 할 수 없는 부위는 조심스럽게 온찜질을 해 줍니다. 원래 피부색으로 돌아올 때까지 30~60분간 계속해야 합니다. 따뜻해지면 빨개지고 약간 부으며 물집이 생길 수 있습니다. 심한 동상은 괴저가 생길 수 있습니다. 서서히 피부를 건조시키고 다시 차가워지지 않게 주의한 뒤 병원에 가서 치료를 받아야 합니다. 병원으로 가는 동안 다시 얼면 손상이 훨씬 심해질 수 있으므로 따뜻하게 유지하도록 각별히 주의를 기울여야 합니다.

Q912 옷에 불이 붙었어요.

A 아이의 옷에 불이 붙으면 코트나 담요, 침대 시트, 이런 게 없으면 부모의 몸이라도 이용해서 불을 꺼야 합니다. 아이가 놀라서 뛰어다니면 안 되므로 몸을 낮추거나 뉘어 굴려서 불을 끕니다. 아이의 화상 부위에 붙지 않게 옷이나 이물질을 제거해야 합니다. 만약 옷이나 이물질이 피부에 붙어 있어 분리가 힘들면 반드시 찬물(10~15℃)에 그 부위를 담그거나 물을 뿌리면서 즉시 병원에 가야 합니다. 억지로 떼어 내서는 안 됩니다. 불타는 옷에 의한 화상은 매우 심해질 수 있습니다. 또한 화재 시 가스 흡입에 대해 관찰해야 하고 입 주위를 자세히 살펴야 합니다. 만약 연기 흡입이 있다면 즉시 병원에 가서 폐나 기관지 손상이 있는지 확인해야 합니다. 늦으면 사망에 이를 수도 있습니다.

Q913 아이의 피부가 뜨거운 물에 닿았어요.

A 화상 피해는 온도와 노출 시간에 비례해서 심해집니다. 노출 시간을 줄이기 위해 원인을 제거해야 하고 온도를 낮추기 위해 찬물(10~15℃)에 15~30분 정도 씻어 내야 합니다. 찬물로 씻어 낸 후 피부의 색깔이 변했는지, 물집이 생겼는지 확인합니다. 아이가 너무 보채면 통증 때문일 수 있으므로 진정시키고 해열제를 먹입니다.

처음에는 붉게 보이다가 나중에 수포가 생길 수도 있기 때문에 경과를 지켜본 뒤, 수포가 생기거나 붉은 상태가 심할 경우에는 수포를 터트

리지 말고 병원에서 치료하는 것이 흉터나 후유증을 줄이는 데 도움
이 됩니다. 화상 부위가 넓거나 손, 발 생식기, 얼굴 등이 노출된 경우
는 반드시 병원으로 데리고 가야 합니다. 치료가 끝난 후에도 피부의
색소가 침착되는 경우가 있는데 햇빛에 노출되면 검게 착색될 수도 있
습니다. 완전히 자기 피부색으로 돌아오는 데는 몇 개월에서 몇 년이
걸릴 수 있습니다.

Q914 1도, 2도, 3도 화상이 있다고 하던데 어떻게 다르고 처치는 어
떻게 해야 하는지요?

A 초기 처치가 마무리되면 화상을 평가하는데 두 가지를 기준
으로 상태를 파악합니다. 첫째, 화상의 정도로 1도, 2도, 3도로 구분
합니다. 이렇게 구분하는 이유는 치료와 예후가 다르기 때문입니다.
둘째, 화상의 침범 면적으로 구분합니다. 이때 1도의 면적은 포함하지
않습니다. 1도는 표피에 국한되어 약간 붓거나 붉게 변하는 정도입니
다. 2도는 수포가 생깁니다. 시간이 지나 수포가 생길 수 있는데 역시
2도이지만 얕은 2도입니다. 2도는 얕은 2도와 깊은 2도로 나뉘는데
화상의 깊이에 따라 분류합니다. 진피유두층에 국한된 화상과 진피심
층까지 침범한 화상으로 표피성과 심재성으로 나눕니다. 3도는 피부
전층이 손상되어 피하 조직까지 침범됩니다.

2도 이상은 병원에서 치료받아야 후유증이 작습니다. 특히 심재성
2도와 3도 화상은 피부 이식의 가능성이 생기기 때문에 반드시 화상
을 전문적으로 치료할 수 있는 병원에 가야 합니다. 상처의 넓이가 소
아의 경우 화상의 10%, 성인은 15%가 넘으면 입원 치료가 필요하며

얼굴, 목, 손, 발, 외음부의 경우는 적극적인 병원 치료가 필요합니다. 신체 기능에 문제가 될 수 있기 때문입니다.

Q915 하수구를 뚫는 약품이 아이의 피부에 묻었어요.

A 수산화나트륨, 배수관 청소 약품, 그 밖에 부식을 일으키는 산성 물질은 매우 위험합니다. 뜨거운 물이나 불보다 더 큰 화상을 일으킬 수 있습니다. 마른 화학물질은 고무장갑을 끼거나 깨끗한 수건을 이용해 살짝 털어 내야 합니다. 제품 용기에 해독제가 표기되어 있다면 해당 해독제를 이용하고 그렇지 않으면 비누를 이용해 대량의 물로 깨끗이 씻어 내야 합니다. 아이가 호흡하기 곤란해하면 부식성 연기를 마셔 폐의 손상 가능이 있으므로 빨리 병원에 가야 합니다.

낙상

아이가 높은 곳에서 떨어졌어요

뒤집고 기고 걷는 정상적인 발달 과정에서 아이들은 넘어지거나 높은
곳에서 떨어지는 낙상 사고에 처할 위험이 증가합니다. 대근육 운동과
반사 신경이 아직 충분히 발달되지 않았기 때문입니다.

Q916 아이가 넘어지면서 머리를 부딪쳤어요.

A 활동이 많은 아이는 자주 머리를 다칩니다. 어린아이를 침대

나 소파에 혼자 두고 주의를 기울이지 않으면 낙상 사고가 생길 수 있으니 주의해야 합니다. 다친 후 별다른 외상이 없다면 하루 정도는 증상이 나타나는지 주의 깊게 관찰합니다. 상처를 동반한 심한 두부 외상이 있을 때는 즉시 병원에 가서 치료를 받아야 합니다. 다음과 같은 이상 증상이 있을 때는 진료를 받아야 합니다.

- 2~3시간 이상 지속되는 의식 소실
- 점점 심해지거나 진통제에 반응이 없는 두통
- 평소보다 처지고 잠을 오래 자며 깨지 않는다.
- 심한 구토가 지속된다.
- 귀나 코에서 피가 나거나 맑은 액체가 흐른다.
- 얼굴과 머리에 함몰된 자국이 보인다.
- 말이 어눌하거나 걸을 때 비틀거린다.
- 경련 증상
- 사람을 잘 알아보지 못한다.

Q917 아이가 넘어졌는데 두피와 이마가 찢어졌어요.

A 두피는 다른 곳보다 혈관이 많아서 작은 상처에도 출혈이 많거나 멍이 잘 듭니다. 가벼운 찰과상이나 타박상으로 멍만 든 경우는 소독을 하고 지켜볼 수 있으나, 열린 상처와 출혈을 동반한 경우는 가까운 병원을 방문해 치료를 받는 것이 좋습니다.

Q918 아이가 넘어지면서 목이 꺾였어요.

A 목이나 등을 심하게 다친 경우는 신경 손상이 악화될 수 있

으므로 아이를 움직여서는 안 됩니다. 119에 연락해 도움을 요청하고 의식 상태를 관찰하며 머리가 움직이지 않게 주변을 받쳐 줍니다. 목 부상이 의심될 때는 병원에서 진료를 받아 보는 것이 좋습니다.

Q919 아이 뼈가 부러진 것 같아요.

A 성장기 어린이의 골절은 후유증이 남을 수 있으므로 병원에 가서 진료를 받아야 합니다. 아이가 다치는 순간 부러지는 소리가 나거나, 심한 통증을 호소하고 다친 부위를 움직이지 못하는 경우 골절을 의심할 수 있습니다. 심한 골절은 뼈의 모양이 바뀌지만 미세 골절은 심한 통증과 골절 부위의 조직이 부어오르는 양상으로 나타날 수도 있습니다. 뼈가 부러진 상태에서 움직이면 주변의 신경과 근육에 손상이 생길 수 있으므로, 자나 책 등으로 부목을 대고 천으로 부드럽게 감아 고정해야 합니다. 심한 출혈이 동반될 때는 깨끗한 천으로 상처를 누르고 상처 상부를 천으로 감아서 살짝 압박합니다.

Q920 눈 주변과 코를 부딪쳐 심하게 멍들었어요.

A 눈을 싸고 있는 안와골과 코뼈는 작은 충격에도 쉽게 부러집니다. 광대뼈가 부러지면 얼굴 윤곽이 비대칭으로 바뀔 수 있습니다. 눈이 움푹 꺼지거나 한쪽 눈의 사시, 심한 안구 통증, 심한 코막힘이 있으면 얼굴뼈의 골절을 의심할 수 있습니다. 눈과 코 주변에 심한 충격을 받았을 때는 단순 X선 촬영보다 얼굴 컴퓨터단층검사(CT스캔)가 정확한 진단에 도움이 됩니다.

5장

기타 사고 및 상해

아이가 놀다가 다쳤어요

아이는 집 안에서 다치는 일이 많습니다. 최대한 위험 요소를 줄이고 주의 깊게 아이를 관찰하며 가르치고 경계해도 아이들은 부모의 통제를 벗어나므로 수시로 다칩니다. 모든 사고를 예방할 수는 없지만 사고 후 적절히 대처하면 피해를 최소화할 수 있습니다. 기본적인 응급조치를 숙지하고 소독약과 거즈, 반창고 같은 응급처치 용품들을 구비해 둬야 합니다. 집에서 가까운 병원의 연락처 등을 알아 두면 사고 상황에 침착하게 대처할 수 있습니다.

Q921　아이가 콘센트에 젓가락을 끼웠는데 감전되었으면 어떡하죠?

A 　최대한 빠르게 관련 기기의 접속을 끊거나 콘센트로부터 아이를 분리해 전류를 차단해야 합니다. 이때 전류가 통하지 않는 비금속 제품인 고무장갑, 나무 사다리, 쿠션, 옷을 이용해 아이를 분리해야 합니다. 아이가 숨을 쉬지 않으면 즉시 심폐 소생술을 시행합니다. 감전에 의한 화상은 일반 화상과는 달리 겉으로는 멀쩡하지만 콩팥에 큰 피해를 줄 수 있습니다. 피오줌을 보는 경우도 있습니다. 손가락 끝에만 화상 모양이 보이는 경우도 있지만 실제로는 상당한 감전 화상의 영향이 있을 수 있습니다. 그러므로 가능한 한 빨리 아이를 안정된 상태로 병원으로 옮겨야 합니다.

Q922　아이가 경련하면서 쓰러졌어요.

A 　경련 증상은 가벼운 질환인 열성 경련일 수도 있고, 간질과 같은 발작성 질환일 수도 있습니다. 대부분 비정상적인 뇌 내부의 전기 자극에 의해 일어나는데, 발작의 종류에 따라 다른 모습을 보입니다. 대경련의 경우 다음과 같은 증상을 보입니다. 의식이 소실되고 눈이 한쪽으로 쏠리며 몸과 팔다리가 뻣뻣해집니다. 경련이 길어지면 호흡 곤란으로 청색증이 생깁니다. 경련 증상이 발생하면 아이 주변을 정리하고 침대나 푹신한 바닥에 눕힙니다. 목과 상체의 옷을 느슨하게 하

고 아이를 옆으로 눕힙니다.

입에 든 것만 간단하게 제거하며 재갈은 물리지 않습니다. 호흡곤란이 심한 경우 인공호흡을 할 수 있습니다. 발작은 약 복용이나 기타 독성 물질을 섭취한 경우에도 발생할 수 있으므로 주변에 먹은 흔적이 있는지 확인해야 합니다. 경련이 20분 이상 지속되거나 호흡곤란이 이어지면 뇌 손상으로 이어질 수 있으므로 경련 증상이 보이면 최대한 빨리 병원에 가는 것이 최선입니다. 약을 먹이거나 손가락을 따는 것은 아무 도움이 되지 않습니다.

Q923 아이 귀에 이물질이 들어갔어요.

A 귀를 아래쪽으로 하고 머리를 흔들거나 가볍게 두드리면 이물질이 빠져나올 수 있습니다. 곤충이 들어간 경우는 손전등을 비추어 나오도록 유도할 수 있습니다. 금속이 들어간 경우 자석을 이용해 꺼낼 수 있습니다. 귓구멍보다 큰 이물질이 들어 있거나 깊이 들어가서 빠지지 않으면 무리하게 시도하지 말고 병원에 가는 것이 좋습니다. 귀에서 피가 나거나 상처가 생긴 경우도 병원에서 치료를 받아야 합니다.

Q924 아이가 눈을 찔렸어요.

A 눈을 다쳤을 때는 다친 눈을 압박하지 않는 것이 중요합니다. 식염수로 세척하는 것도 피하는 것이 좋습니다. 뭉툭한 곳에 눈을 가볍게 찔렸고 상처가 없다면 10분 정도 냉찜질을 합니다. 눈에 출혈이나 멍이 있거나 잘 보이지 않거나, 눈을 자꾸 비비고 통증을 호소하면

진료를 받아야 합니다. 뾰족하거나 날카로운 물질에 눈을 찔리면 이 물질을 제거하지 말고, 깨끗한 수건이나 티슈로 눈을 덮은 후 즉시 병원으로 이송합니다. 눈의 이물질을 잘못 제거하면 더 큰 상처가 생길 수 있습니다. 병원에 도착할 때까지 눈을 비비거나 만지지 않아야 합니다.

Q925 아이가 목욕하다 욕조에 빠진 후 의식이 없어요.

A 무호흡이 길어지면 뇌손상이 생길 수 있기 때문에 바로 심폐소생술을 시행해야 합니다. 금세 의식을 회복한 경우에도 병원 진료는 받아야 합니다. 구토 증상을 보이면 옆으로 누이고, 저체온증의 위험이 있으므로 따뜻하게 해 줍니다. 비교적 큰 아이라도 목욕할 때 욕조에 혼자 두면 안 됩니다.

Q926 문에 손가락이 끼었어요.

A 서랍이나 문틈에 손가락이나 발가락이 끼이면 심한 통증이 유발됩니다. 통증을 줄이기 위해서는 냉찜질을 해 줍니다. 다친 손가락이 심하게 붓거나, 모양이 틀어지거나 잘 펴지지 않는 경우, 골절을 의심해 볼 수 있습니다. 골절이나 손가락이 틀어진 경우, 혹은 찢어진 상처가 생겼을 때는 병원에서 치료를 받아야 합니다. 손톱이 손상되었을 때는 손톱을 바로 제거하지 말고 자연스럽게 손톱이 자라 나오면서 빠지도록 내버려 두는 것이 좋습니다. 찢어진 손톱은 반창고로 고정하거나 병원에서 봉합합니다. 피가 날 때는 상처를 소독하고 매일 거즈를 갈아 주면서 상처가 나을 때까지 물이 들어가지 않게 합니다.

Q927 햇볕을 쬐면서 오래 논 후 아이가 아파해요. 일사병인가요?

A 🧑 더운 날씨에 외부 활동을 많이 하면 열이 오르고 탈수 증상이 나타날 수 있습니다. 가벼운 증상을 소모성 열사병이라고 하며 가장 흔한 열손상입니다. 증상은 땀을 많이 흘리고 갈증, 두통, 근육 경련, 현기증, 메스꺼움 등이 나타나며 체온은 38~40℃까지 오를 수 있습니다. 시원한 곳에서 휴식을 취하고 수분 섭취를 하면 자연 회복됩니다. 심한 탈수 증상과 구토를 호소하고 잘 먹지 못하면 병원에서 수액을 맞는 것이 좋습니다. 일사병은 조금 더 심한 질환으로 41℃ 이상의 고열과 설사, 경련 증상, 의식 소실 등을 동반합니다. 일사병이 의심되면 찬물이나 얼음으로 체온을 낮추면서 빨리 병원으로 이송해야 합니다.

Q928 아이가 넘어진 후 발목이 붓고 아파해요. 다리를 삔 건가요?

A 🧑 뼈와 뼈 사이를 이어 주는 인대에 부상을 입는 것을 삐었다(염좌)고 합니다. 아동기에는 관절이 유연하고 뼈와 연골의 성장이 완료되지 않아 성인에 비해 인대 부상이 잘 생기지 않는 편입니다. 하지만 심한 충격이나 뒤틀림을 받는 경우 발목과 무릎, 손목 등을 삘 수 있습니다. 심한 통증을 호소하며 붓습니다. 골절인지 염좌인지 알아보기 위해 엑스레이 검사를 받아야 할 수도 있습니다. 발병 초기에 부목을 대고 냉찜질과 압박을 하면 부상의 정도를 줄일 수 있습니다. 다친 팔다리를 사용하지 말고, 병원에서 필요한 검사를 받고 치료를 받아야 합니다.

Q929 아이가 넘어진 후 입술이 찢어졌어요.

A 넘어지거나 부딪히고, 음식을 먹다 깨무는 등 다양한 원인으로 혀와 입술에 상처를 입을 수 있습니다. 입술과 혀는 피부 재생이 빠른 편이라 대부분 빠른 시간 안에 아뭅니다. 출혈이 심할 때는 냉찜질을 하거나 거즈 등으로 압박해 지혈을 시도할 수 있습니다. 입 안쪽 깊숙한 곳의 상처는 10~15분 정도 기다려 보고 피가 멎지 않으면 병원에 가야 합니다. 입술 안쪽과 피부까지 관통된 상처가 아니면 대부분 봉합하지 않으나 상처가 깊고 크면 봉합이 필요할 수도 있습니다.

Q930 영구치가 빠졌어요.

A 유치가 빠진 경우는 문제가 되지 않습니다. 추후에 영구치로 대체가 되고 빠진 이를 다시 이식하지 않기 때문입니다. 영구치가 빠진 경우는 적절한 조치가 이루어진다면 재이식이 가능하므로 빠진 치아를 잘 관리해야 합니다. 사고 직후 빠진 치아를 흐르는 물에 씻어 물에 적신 거즈에 싸서 가까운 치과를 방문해야 합니다. 빠지거나 부러진 이가 목으로 넘어가면 질식할 수 있으므로 꼼꼼하게 확인해야 합니다. 부러진 이도 버리지 말고 가지고 치과를 방문해 상담을 받는 게 좋습니다.

Q931 아이 목에 이물질이 걸렸어요.

A 이미 이물질이 목구멍 안에 들어가서 입 밖에서 꺼낼 수 없는 경우 제거하기가 어렵습니다. 조심하지 않으면 오히려 이물질이 더 깊이 들어갈 수 있습니다. 부드러운 이물질은 아이의 양 뺨을 쥐고 입을

벌려 핀셋을 이용해 제거합니다. 목구멍 깊숙이 이물질이 박힌 경우 제거를 시도하면 구토 증상으로 질식을 유발할 수 있으므로 병원에 가서 제거하는 것이 좋습니다. 질식 증상을 보이면 응급처치가 필요합니다.

Q932 아이가 구슬을 삼켰어요.

A 아이가 이물질을 삼켰지만 힘들어하는 기색이 없다면, 저절로 변으로 나오기를 기다려 볼 수 있습니다. 대개는 2~3일 안에 배출됩니다. 그러나 아이가 음식을 삼키기 힘들어하거나 가슴의 통증을 호소하거나 토하는 경우 이물질이 식도에 걸려 있을 수 있습니다. 이런 경우 내시경을 통해 이물질을 제거해야 합니다. 동전 모양 배터리를 삼킨 경우 부식성 위염의 위험이 있으므로 꼭 병원에 가야 합니다.

Q933 아이 체온이 너무 낮아졌어요.

A 장시간 추위에 노출된 후, 열 소실량이 생산량을 넘어가면 체온이 정상 이하로 떨어질 수 있는데 이 경우를 저체온증이라고 합니다. 저체온증에 빠지면 피부가 차갑고 창백해지며 입술이 파래지면서 오한 증상이 생기며 처집니다. 저체온증이 더 심해지면 오한 증상이 사라지며 근력이 떨어지고 의식이 흐려집니다. 저체온증이 의심되면 담요로 감싸 주고 따듯하게 해 주며, 심한 저체온증은 즉시 병원에 가야 합니다. 반복적인 해열제 섭취도 저체온증의 원인이 될 수 있습니다.

Q934 코피가 멈추지 않아요.

A 대부분의 코피는 감기 증상 후 코점막이 손상되거나, 아이가 코를 파서 생기는 경우가 많습니다. 외상에 의해서도 심한 코피가 유발될 수 있습니다. 코피가 지속되면 아이를 앉히고 엄지와 검지로 콧방울을 감싸서 5분 이상 압박합니다. 코피가 지속되면 콧속에 부드러운 솜을 넣고 같은 방법으로 압박합니다. 그래도 출혈이 지속되면 병원에 갑니다. 코피가 잘 멈추더라도 자주 반복되면 진료를 받아 보는 것이 좋습니다. 코감기 증상이 지속되거나 잘 때 건조하면 코피가 자주 반복될 수 있습니다.

Q935 콧구멍에 콩이 들어갔어요.

A 이물질이 눈에 보이는 곳에 있으면 손으로 제거할 수 있으며 깊이 위치하지 않으면 핀셋을 이용해 제거할 수 있습니다. 코를 풀도록 유도해 제거할 수도 있으나, 날카로운 이물질이나 콧속 깊이 위치해 제거하기가 힘들면 병원에 가 도움을 요청합니다.

Q936 아기가 팔이 아프다며 들지 않아요.

A 놀다가 팔이 당겨지거나 넘어진 경우 팔꿈치나 어깨 탈골이 발생할 수 있습니다. 전형적인 경우 심한 통증을 호소하고 팔을 움직이지 못하는데, 통증이 심한 경우 얼음찜질을 하거나 부목을 이용해 통증 부위를 고정하면 도움이 됩니다. 그리고 즉시 가까운 병원으로 가는 것이 좋습니다. 경험이 많은 전문의의 도움을 받으면 탈구된 부분이 원상 복구되어 순식간에 통증이 사라집니다.

Q937 아이 피부가 찢어졌어요.

A 피부가 찢어진 상처는 파상풍에 노출될 위험에 있습니다. 10세 이하 아이는 파상풍 접종을 실시했다면 안전하지만, 접종을 안 했거나 미룬 경우는 파상풍 접종이 필요합니다. 그 밖에 동반된 감염 증상이 나타나지 않는지 주의 깊게 살펴보고 환부 주위가 빨갛게 붓고 열감이 있거나 고름이 나오는 증상이 있으면 병원을 방문해 치료를 받아야 합니다. 가벼운 타박상은 냉찜질을 하면 부기가 빨리 빠지며 멍이 든 부위는 추후에 온찜질과 마사지를 하면 도움이 됩니다.

피부가 찢어지지 않았지만 긁히고 피가 나는 상처를 찰과상이라고 합니다. 살균한 거즈나 깨끗한 천으로 상처 부위를 닦아 주고 모래나 이물질이 들어 있다면 물로 씻어 줍니다. 출혈이 심하면 환부를 압박해 지혈합니다. 상처를 소독하고 항생제 연고를 사용합니다. 환부가 광범위하거나 출혈이 지속되면 병원에서 전문적인 처치를 받아야 합니다. 크게 찢어진 상처는 거즈나 천으로 압박해 지혈하면서 병원에 가야 합니다. 찢어진 상처는 꿰매지 않으면 나중에 심한 흉터가 생길 위험이 있습니다. 얼굴의 상처는 성형외과에서 봉합하며, 사지나 복부의 상처는 일반적인 외과에서도 처치가 가능합니다.

Q938 아이가 못에 발바닥을 찔렸어요.

A 통증이 심하고 출혈이 지속되면 병원에 가서 치료를 받습니다. 녹슬거나 더러운 물체에 찔리면 파상풍의 위험이 있습니다. 파상풍은 살이 썩어 들어가는 질환이 아니라 근육이 마비되는 병입니다. 아이들은 파상풍 접종을 적극적으로 시행하는 시기이므로 성인에 비

해 파상풍 위험이 거의 없는 편입니다. 깨끗한 나사나 못, 바늘에 찔린 경우는 출혈이 심하지 않으면 간단한 소독과 지혈로 충분합니다. 지저분한 물체에 찔리거나 지혈이 되지 않는 깊은 상처는 병원에서 치료를 받는 것이 좋습니다.

Q939 아이 손가락이 잘렸어요.

A 손가락 발가락의 절단은 적절히 대처하면 회복이 가능합니다. 절단 부위를 압박해 지혈하고 잘린 부위를 흐르는 물로 씻은 후 깨끗한 물에 적신 거즈에 감싸서 시원하게 보관해 병원에 가져갑니다. 절단면이 깨끗하고 다친 지 수 시간 이내에 병원에 가면 재접합이 가능합니다.

Q940 배를 다친 후 아이가 처져요.

A 복부 외상 후 발생한 내출혈을 의심할 수 있습니다. 복부에 심한 타박상을 입은 후 장기나 복강 내 출혈이 생기면 혈압이 떨어지고 심장박동이 빨라지며 의식 소실이 생길 수 있습니다. 혈압이 떨어져서 의식이 소실되는 것을 쇼크 상태라고 하며 생명 유지에 위협을 받는 응급 상황입니다. 응급 수술이 필요할 수 있으므로 병원에서 치료를 받아야 합니다. 급성 출혈은 부상 후 수 시간 이내에 발생하지만 천천히 진행되는 경우도 있으므로 면밀한 증상 관찰이 필요합니다.

EBS
육아학교

8부

—

특별한
아이 육아

EBS 육아학교 출산 후에 아이가 정상적이지 않다는 얘기를 들으면 부모는 마음이 무너질 겁니다. 출산 전에 아무런 증상이 감지되지 않았다면 더욱 감당하기 힘든 고통일 겁니다. 하지만 아이에게는 그 무엇보다 부모의 관심과 사랑이 절실하게 필요합니다.

의학 기술의 발달로 예후도 좋아지고, 물리치료 등 장기적인 치료 과정 역시 과거보다는 훨씬 좋아졌습니다. 하지만 개선이 어려운 만성적인 질환인 경우에는 장애를 극복하려고 하기보다는 아기가 장애를 갖고 사는 법을 배우도록 하는 것이 목표가 되어야 합니다.

부모에게도 장애가 없는 아이를 키우는 것보다 훨씬 힘든 과정이겠지만 그만큼 삶에 대한 보상도 크다는 것을 잊으면 안 됩니다. 포기와 두려움보다는 극복을 위해 의사 혹은 주변에 비슷한 경험을 가진 부모들과 협력해 공감하고 공부하면서 아이를 위해 또한 부모 자신을 위해 노력해야 합니다.

쌍둥이, 재혼 가정의 아이들, 형제자매가 많은 아이, 입양아 등의 경우 부모에게 육아가 더욱 힘든 일일 수 있겠지만 그 어려움을 극복한 뒤 얻는 성취감 또한 클 것입니다. 선택의 문제가 아니라 반드시 극복해야 한다는 것이 전제 조건이므로 부모 스스로 공부하고 노력해야 합니다.

1장

아기와 부부 생활

아이가 생겼어요

아기의 탄생은 결혼 생활에 새로운 깊이와 의미를 부여하는 중요한 사건입니다. 하지만 부모가 된다는 것은 두 사람 모두에게 만만치 않은 스트레스를 안겨 주기도 합니다. 가끔씩 아기 키우는 일에서 다른 곳으로 눈을 돌려 여유를 찾아야 한다는 사실은 누구나 알고 있지만, 실천하기가 말처럼 쉽지는 않습니다. 신경을 써서 돌봐야 하는 것은 아기뿐만이 아닙니다. 자칫하면 부부 관계가 소원해지거나 문제가 생길 수 있기 때문입니다. 아기가 태어난 후에 생길 수 있는 문제를 살펴보고 부부간의 친밀감을 유지할 수 있는 방법을 생각해 보겠습니다.

Q941 아기가 태어난 후로 저희는 둘 다 항상 피곤하고, 서로를 위한 시간을 전혀 갖지 못하는 것 같습니다. 어떻게 하면 좋을까요?

A 믿을 만한 베이비시터를 알아봅니다. 그리고 정기적으로 방해받지 않고 두 사람이 함께할 시간을 마련합니다. 가까운 곳을 산책해도 좋고 영화를 보거나 저녁을 먹어도 좋습니다. 정기적으로 약속한 시간은 반드시 지켜야 합니다. "집을 벗어나 두 사람이 데이트를 즐기는 시간을 갖지 않으면 결혼 생활이 생기를 잃어요. 정기적으로 데이트할 시간을 반드시 마련해야 합니다. 그러지 않으면 삶이 단조로워지고 금방 스트레스가 쌓이기 쉽답니다." 이렇게 말하는 분도 있습니다. 결혼 생활이 행복해야 아기를 포함한 모든 가족이 행복하다는 것을 명심해야 합니다.

Q942 항상 아기 이야기만 하다 보니 부부 사이가 이전처럼 가깝지 않다는 생각이 듭니다. 어떻게 해야 하나요?

A 당장은 아기에 대한 이야기가 가장 재미있을 겁니다. 하지만 아기 이야기 외에 다른 이야기를 전혀 하지 않는다면 삶이 좁아진 듯한 느낌이 들 것입니다. 밖에서 일을 하는 사람은 집에 들어오면 잠깐이라도 긴장을 풀고 직장에서 있었던 일을 얘기하고 싶을 것입니다. 집에서 아이를 돌보는 사람은 아이에게서 벗어나 자기 시간을 갖고 싶을 것입니다. 상대방을 향해 원망을 표현하기 전에 서로 상대방의 마

음을 이해하려고 노력하고, 상대방이 원하는 것을 들어주려고 노력해야 합니다.

Q943 아내는 모처럼 외식을 해도 2개월 된 아기 생각만 하느라 잘 먹지도 않습니다. 자꾸 집에 가 봐야 하지 않느냐는 소리만 합니다. 이럴 땐 어떻게 해야 할까요?

A 두 사람만의 시간을 갖기로 했는데 아기 생각을 떨치지 못한다면 집에서 가까운 장소를 선택하는 것도 좋습니다. 집이 가까우면 아무래도 안심이 될 것입니다. 정 시간을 내기가 어렵다면 커피나 먹을 것을 가지고 아파트 단지 내에 있는 공원에 가서 잠깐 앉아 있다 와도 좋습니다. 중요한 것은 그 시간만큼은 오직 서로에게만 집중해야 한다는 것입니다. 짧은 시간일지라도 서로에게 집중하며 이야기를 나누면 만족감이 커질 것입니다. 초보 부모로서 아기에게 집착하느라 결혼 생활에 장애를 느낀다면 전문적인 상담이 필요할 수도 있습니다.

Q944 성생활은 언제쯤 다시 시작하는 것이 좋을까요?

A 자연 분만을 하면서 외음부 절제술을 받은 경우 아기를 낳은 후에도 한동안 매우 불편하기 때문에 부부관계에 관심조차 없을 것입니다. 물론 남편은 다를 수도 있습니다. 시간이 지나면서 호르몬의 균형이 회복되고 상처가 아물면 아내도 서서히 욕구가 돌아옵니다.

제왕 절개술을 받았다면 복부가 아물기까지 시간이 필요합니다. 산부인과 의사들은 보통 4~6주 후에는 성생활을 다시 시작할 수 있다고 말합니다. 하지만 회복 속도와 기타 여러 가지 요소에 따라 사람마다 차이가 많습니다.

한 가지 중요한 점은 친밀한 신체 접촉도 건강한 부부관계의 일부라는 점입니다. 남편이 자기에게도 관심을 보여 달라는 신호를 보낸다면 친밀한 신체 접촉으로 성생활을 대신할 수 있습니다.

Q945 출산 후에 살이 많이 찐 것 같고 가슴에서 젖도 흘러나옵니다. 스스로 생각해도 별로 매력적인 것 같지 않아요. 어떻게 하면 남편에게 좀 더 매력적으로 보일 수 있을까요?

A  운동을 비롯해서 어느 정도 노력이 필요하지만 시간이 지나면서 조금씩 개선됩니다. 임신 전에 입었던 옷들은 아직 맞지 않겠지만 마음에 드는 새 옷을 입어 보는 것으로도 기분이 좋아질 수 있습니다. 머리 모양을 새롭게 해 보는 것도 좋습니다. 이러한 작은 것들이 모여 자신감을 회복시켜 줍니다. 자신감이 넘치는 여성은 매력적으로 보이게 마련입니다. 또한 남편은 출산의 고통에 공감해 주고 아내에게 친절하게 대해 주어야 합니다. 출산의 영향에서 어느 정도 회복이 되고 모유 수유도 문제없이 진행된 후에 아내가 외모 문제에도 신경을 쓰도록 격려해 줍니다. 함께 외출하는 것은 매우 좋은 방법입니다.

Q946 아기를 키우다 보니 항상 피곤해서 두 사람 모두 성적인 욕구를 느끼지 않습니다. 괜찮을까요?

A 오래도록 행복한 부부관계를 이어 가기 위해서는 정신적, 정

서적, 신체적 친밀감이 모두 중요합니다. 한때는 자발적으로 열정적으로 성생활을 했던 부부라도 시간이 지나면 의도적으로 계획을 세워야 할 필요가 있습니다. 그러나 성생활을 무시한다면 대부분 결혼 자체가 위기를 맞게 됩니다. 아내는 자신의 상태를 남편에게 충분히 설명해야 합니다. 남편이 생각만큼 도움이 되는 역할을 충분히 해 주지 못한다면 그것 또한 성적인 욕구를 방해하는 요인이 될 수 있습니다. 남편의 욕구에도 세심하게 신경을 쓰는 것이 좋습니다. 부부 사이가 멀어지는 이유가 꼭 성생활이 뜸해지는 것 때문만은 아닙니다. 감정적인 친밀감이 떨어지는 것이 더 큰 문제입니다.

Q947 갑자기 친구가 없어져 버린 것 같아요. 모든 일이 직장과 아기를 중심으로 돌아가는 것 같습니다. 어떻게 다시 균형을 회복할 수 있을까요?

A 다른 부부들, 특히 어린 자녀를 키우는 부부들과 어울린다면 결혼 생활에 큰 도움이 됩니다. 연구에 따르면 부부가 함께 만나는 친구들이 많을수록 이혼할 가능성이 줄어든다고 합니다. 성격이 긍정적이며 특히 삶의 과정을 비슷하게 겪는 다른 부부들과 어울리는 일은 재미있을 뿐만 아니라 서로 유용한 정보를 주고받을 수도 있으며 감정적으로도 든든한 버팀목이 됩니다. 그들도 똑같은 상황을 겪고 있거나 겪은 지 얼마 안 되기 때문입니다. 예를 들어 아기가 아파서 어린이집에 갈 수 없을 때 아기를 봐 줄 사람을 소개해 주는 등 어려운 문제에 부딪칠 때 큰 도움을 얻을 수 있습니다. 이러한 친구들을 롤모델로 삼거나 심지어 반면교사로 삼을 수도 있습니다.

2장

일하는 엄마

일과 육아, 둘 다 잘하고 싶어요

엄마 아빠가 모두 일을 하나요? 그렇다면 풀타임으로 일하나요, 파트타임으로 일하나요? 아기를 어린이집에 맡겨야 하나요, 아기를 돌보는 사람이 따로 있나요? 일과 육아의 병행에는 정답이 있을 수 없습니다. 각자 형편에 맞게 최선의 방법을 선택하면 됩니다. 그러나 어떤 방법을 택하더라도 부모 입장에서 불안감이 남는 것은 사실입니다. 이번 장에서는 이러한 결정을 내릴 때 고려해야 할 점들을 생각해 보고 최선의 방법은 무엇인지를 함께 고민해 봅니다.

Q948 저희는 부부 중 한 명이 집에서 아기를 돌봐야 한다고 생각합니다. 이때 고려해야 할 점은 무엇인가요?

A 우선 누가 집에 머물 수 있는지 생각해 봅니다. 또한 각자 직업의 특성을 생각해 보고 재택근무가 가능한지도 따져 봅니다. 재택근무가 가능하고 직장 분위기가 이해심이 많고 타이트하지 않다면 직장 복귀가 훨씬 쉬울 것입니다. 그러나 매우 바쁘게 돌아가는 직장이라면 쉽지 않을 것입니다. 이것은 여성 혼자만 고민해야 할 문제가 아니라 반드시 부부가 함께 생각해 보아야 할 문제입니다. 요즘은 아빠가 아기를 돌보는 가정이 늘어나고 있습니다. 엄마가 아기를 돌봐야 한다는 생각은 편견에 불과합니다. 놀랄 정도로 세심하게 아기를 잘 돌보는 아빠도 많습니다.

Q949 직장에 복귀하려고 하는데 풀타임으로 일할 수도 있고 파트타임으로 일할 수도 있습니다. 돈 문제를 빼놓고 생각한다면 각각의 장단점은 무엇일까요?

A 파트타임을 선택하는 경우에 급료는 반만 받으면서 사실상 직장에서 온갖 잡일을 떠맡게 되는 경우가 많습니다. 아기를 키우면서 직장 일을 병행할 수 있다는 장점에 마음이 끌리게 마련이지만 사실상 스트레스가 만만치 않습니다. 직장의 분위기와 고용자 및 동료들의 태도, 경쟁이 얼마나 치열한지, 배우자는 얼마나 도와줄 수 있는지

등의 요소가 중요합니다. 경제적으로 어려워지면 대부분 아빠는 일에 전념하고 엄마는 육아와 일을 병행해야 하는 경우가 많습니다. 반면, 집에서 아기를 보거나 파트타임으로 일하는 아빠도 많습니다. 사회적으로도 남자가 집에 있다고 이상하게 보는 시선은 많이 줄었습니다.

Q950 엄마 아빠가 모두 직장에 나간다면 아기에게 해로울까요?

A 두 사람이 모두 직장에 다니면서도 행복한 가정을 꾸려 가는 모습은 얼마든지 볼 수 있습니다. 자녀와 배우자와 직업 중에서 어떤 부분을 우선적으로 고려할지는 사람과 환경에 따라 크게 달라집니다. 무엇보다 일이 중요하다고 생각하거나 반드시 일을 계속해야만 하는 경우라도 아기를 안전하고 사랑이 넘치는 환경에서 키워 줄 수 있는 곳을 찾는다면 아기는 잘 자라납니다. 한편 집에서 아기를 키우는 데 전념한다고 해서 아이들에게 좋은 롤모델이 되지 못하는 것은 아닙니다.

다만 야심을 가지고 한 직장에서 높은 자리까지 오르고자 하는 사람에게는 이러한 방식이 적합하지 않을 수도 있겠습니다. 출산과 육아를 마치고 다시 직업을 갖고자 하는 여성을 돕는 기관들이 늘어나고 있습니다. 집에 머무는 동안 조금씩 시간을 내어 봉사 활동을 하는 것도 소중한 경험이 됩니다. 대부분의 봉사 기관에는 자원봉사자들이 나중에 직업을 얻을 때 유용하게 사용할 수 있는 기능들을 가르쳐 주는 프로그램이 마련되어 있습니다.

Q951 직장에 나가기 전에 아기와 충분한 애착 관계를 형성하려면 얼마 동안 집에 머무는 것이 좋을까요? 집에 머물러 있으면 지루하지 않을까요?

A 육아 휴직의 가장 중요한 점은 출산 후에 회복할 시간을 갖는다는 점과 모유 수유에 전념하여 모유를 먹이는 데 성공할 가능성이 높다는 점입니다. 연구에 따르면 육아 휴직 기간이 길수록 엄마의 건강이 더 좋은 것으로 나타났습니다.

아기들을 키우며 집에 있는 것을 매우 좋아하는 사람이 있는가 하면 직장에서 부딪히는 새로운 도전을 그리워하는 사람도 있습니다. 직장에 나간다고 해서 집에 머무는 부모들보다 자녀에 대한 사랑이 덜한 것은 아닙니다. 어떤 부모는 아이들이 자라 학교에 다닐 때 숙제나 과외 활동을 도와주는 것이 더 중요하다고 생각합니다. 자녀가 10대가 되었을 때 부모가 집에 머물며 여러 가지 어려움을 함께 풀어 나가는 것이 중요하다고 하는 사람도 있습니다. 아이 곁을 떠나기 어렵다면 온라인 수업을 통해 평소에 배우고 싶었던 것들을 배우는 것도 권할 만합니다. 아기를 키우면서도 조금만 짬을 낸다면 해 볼 수 있는 일이 의외로 많습니다.

중요한 것은 사람은 저마다 다르다는 점입니다. 직장에서 매우 유능하다는 평가를 받고 자신도 일을 사랑한다고 믿었던 여성이 집에 머물며 아기를 키우는 데 전념하며 훨씬 큰 만족감을 얻는 경우도 있습니다. 미처 몰랐던 또 다른 자신을 발견한 것입니다.

Q952 저는 항상 일을 깔끔하게 처리하고 직장에서도 똑 부러진다는 소리를 들어 왔습니다. 그런데 아기를 낳고 난 후 아침에 집을 나서기까지 해야 할 일이 너무 많아서 정신이 없습니다. 뭔가 좋은 방법이 있을까요?

A  아기를 낳은 여성들에게서 흔히 볼 수 있는 모습입니다. 아기로 인해 삶에 큰 변화가 일어났고, 아침에는 챙겨야 할 것이 한두 가지가 아니라는 사실을 받아들여야 합니다. 따라서 밤에 미리 준비를 해 두는 것이 좋습니다. 예를 들어, 출근길에 아기를 어린이집에 맡겨야 한다면 전해 주어야 할 물품들을 미리 싸서 문간에 둡니다. 아침에 아기에게 입힐 옷과 엄마가 입고 출근할 옷도 미리 준비해 두고, 심지어 커피머신도 스위치만 누르면 되도록 준비해 둡니다. 엄마가 아침에 서둘지 않으면 아기도 안정되어 덜 보채게 됩니다. 집을 나서기 전에 차분한 시간을 조금이라도 함께 가질 수 있다면 아기와 엄마에게 모두 도움이 될 것입니다. 특히 남편의 역할이 무척 중요합니다. 부부가 집안일을 나누어서 해야 합니다. 한 사람이 저녁을 준비하는 동안 다른 사람은 아기의 옷을 갈아입히고 모유나 분유를 먹인다거나, 한 사람이 운동을 하는 동안 다른 사람은 아기를 씻긴다거나 하는 식으로요.

Q953 어린이집, 소규모로 아이를 돌보아 주는 가정집, 할머니나 외할머니, 아기 돌보는 사람을 고용하는 것 중 가장 좋은 방법은 무엇일

까요?

A 고려할 점이 많고 사람마다 생각이 다르기 때문에 절대적으로 옳은 답이 있을 수 없습니다. 아이가 몇이냐도 중요한 요소입니다. 아침에 출근하느라 바쁜 와중에 챙겨야 할 아이가 둘이라면 어린이집에 보내기가 쉽지는 않습니다.

집에서 할머니가 돌봐 주시는 경우에는 어린이집에 보내는 것보다 아이에게 주는 자극이 적어서 문제가 생기지는 않을까 하고 걱정을 하는 경우도 있습니다. 2, 3세가 될 때까지는 큰 문제가 없다고 생각합니다. 그 이후에는 다른 아이들과 함께 지내는 방법을 비롯하여 기본적인 기능들을 익혀야 합니다. 어린이집에 보내지 않더라도 집이나 다른 장소에서 다른 아이들과 어울릴 기회를 자주 제공하여 사회성을 길러 주어야 합니다.

소규모로 가정집에서 아기를 돌봐 주는 형태의 어린이집이 좋을 수도 있습니다. 우선 주변의 평판이 어떤지 알아봅니다. 그런데 어린이집을 운영하는 사람이 자기 아기도 함께 돌본다면 운영자가 자기 아기에게 더 신경을 쓰고 편애하지는 않는지 살펴야 합니다. 또한 이런 곳에서는 인력이 부족하기 때문에 아기들을 밖에 데리고 나가지 못하는 경우가 많습니다.

직장에 다니는 엄마 중 1주일에 2번 정도는 집에서 아기를 돌볼 수 있다 하더라도 일관성을 위해 주중에는 아기를 계속 어린이집에 맡겨야 하나 고민할 경우도 있습니다. 정답은 없습니다. 대개 아이들은 규칙적으로 반복되는 일정을 더 편안하게 받아들입니다. 일정에 변화가 생기면 부모와 떨어지는 것을 힘들어할 수 있습니다. 그러나 한편으로

- 허가를 받은 곳인가? 규모가 너무 작다면 허가를 받지 않은 곳일 수도 있다.

- 비용은 얼마나 드는가?

- 아기를 돌봐 주는 시간은 어떻게 되는가? 오후 6시 정도에 아기를 데려와야 한다면 맞벌이 부부는 매우 힘들 수도 있다.

- 쉬는 날은 언제인가? 부모가 휴일에도 일을 해야 한다면 그때 아기를 돌보아 줄 수 있는지 알아보아야 한다.

- 위치가 집이나 직장에서 가까운가?

- 아기가 아플 때는 어떻게 해야 하는가? 대부분 이러저러한 증상이 나타나면 집에 있어야 한다는 규정이 있다.

- 아기를 돌보는 사람은 충분한가? 이상적으로는 아기 3명당 1명의 보육 교사가 있으면 좋다.

- 보육 교사들은 얼마나 오랫동안 근무한 사람들인가? 아기들이 안정감을 느끼려면 일정한 사람이 계속 돌봐 주는 것이 좋다.

- 보육 교사들의 연령은 어떤가? 너무 젊고 경험이 없는 사람은 곤란하다. 반면 계속 기어 다니거나 이제 막 걸음마를 시작해서 쉴 새 없이 움직이는 아이들을 돌보려면 신체적, 정신적으로 건강하고 젊은 사람이 유리할 수도 있다.

- 평판은 어떤가? 주변의 부모들에게 충분한 정보를 얻는 것이 좋다.

- 미리 알리지 않고 방문하거나 아기를 보려고 할 때 우호적으로 맞아 주는가?

- 어떤 활동이 제공되는가? 연령에 적절하며 창의적이고 흥미로운 활동인가? 아기들이 밖에 나가 몸을 움직이고 맑은 공기를 쐴 시간이 있는가? 어떤 시설이 갖추어져 있는가?

- 전화를 해도 되는가? 때에 따라서는 어린이집에 전화 연락을 해야 하는 경우가 생긴다.

- 음식은 어떻게 제공하는가? 식품 알레르기가 있는 아이를 충분히 보호할
  수 있는가? 제공되는 메뉴에 인스턴트식품이나 주스 같은 것이 있는가?
- 아기를 돌보는 사람들의 태도는 어떤가? 아기에게 충분히 따뜻하고 관심이
  있는가?

는 엄마와 아기, 단둘이 지내는 시간이 늘어난다는 장점도 있습니다.
개인적으로 저는 아기와 많은 시간을 함께 지내는 쪽을 추천합니다.

Q954 어린이집에 보내기 가장 좋은 때는 언제인가요?

A 의학적으로 말한다면 8주 이전의 아기는 면역 기능이 아직 성
숙하지 않았기 때문에 어린이집에 보내지 않는 것이 좋습니다. 또한
이 시기에는 열이 나도 단순한 감기인지 심각한 병인지 감별하기가 매
우 어렵습니다. 이때 열이 난다면 반드시 의사에게 보여야 합니다. 3, 4
개월부터는 환경이 안정되어 있고 아기를 돌보는 사람의 수가 충분한
곳이라면 아기들은 잘 적응합니다. 환경이 깨끗하고 연령에 따라 적절
한 자극을 제공하며 따뜻하고 사랑이 넘치는 선생님들이 아기를 자
주 안아 주고 보살펴 준다면 나이가 좀 어려도 큰 문제는 없습니다.

Q955 아기가 아픕니다. 그래도 어린이집에 보내는 것이 좋을까요?

A 열이 나거나 설사를 하거나 결막염이 생겼거나 토한다면 어린
이집에서 받아 주지 않을 것입니다. 발진이 생긴 경우에는 정확한 진
단이 중요합니다. 예를 들어, 알레르기 발진이라면 다른 아기들에게

옮길 가능성은 없습니다. 따라서 의사가 알레르기 발진이라고 진단했다면 어린이집에 가도 좋습니다. 코가 막히거나 가볍게 기침을 하는 정도라도 1, 2주 지속될 가능성이 있으므로 잘 판단해야 합니다. 중요한 것은 아기가 어떻게 아프냐 하는 것입니다. 단순한 감기이고 하루 이틀 정도면 상태가 호전될 정도라면 어린이집에 보내도 좋습니다. 중이염이 생길 수 있는 소인을 가지고 있는 아이라면 어린이집에서 중이염에 더 자주 걸리게 됩니다.

부모는 아이를 어린이집에 보내면 아기가 더 자주 아프지 않을까 걱정합니다. 어린이집에 있는 아기들끼리 병을 옮기기 때문입니다. 그러나 2개월 정도 지나면 아기 스스로 어느 정도 면역을 갖추게 되어 점점 극복해 나갑니다. 어린이집에 보내려고 마음먹었다면 이러한 현실을 인정해야 합니다. 당분간은 아기가 아파서 직장을 쉬어야 하는 일이 더 자주 생길 수도 있습니다.

3장

선천성 결함

우리 아이에게 장애가 있대요

아무리 노력해도 선천적인 결함을 가지고 태어나는 아이들이 있습니다. 그럴 때 부모가 지나치게 우울해하면 아이는 더 힘듭니다. 또한 가족들 역시 불편해 가족 전체가 불행해질 수 있습니다. 결함의 정도에 따라 예후와 성장이 달라지지만 수술이나 노력 여하에 따라 장애를 극복하고 사회생활을 할 수 있습니다. 성장함에 따라 아이들이 스스로 잘 생활할 수 있도록 부모와 가족, 사회가 각별히 도와주어야 합니다. 장애를 당당하게 알리고 국가의 도움을 정당하게 요청해야 합니다.

1. 구순구개열

윗입술이나 구개(입천장)의 일부가 갈라져 자라면서 하나로 결합되지 않는 것입니다. 입술이 갈라지는 구순열만 나타나는 경우도 있지만, 구개열만 나타나는 경우가 더 많습니다. 증상이 나타난 아기의 약 40%에서 두 가지 증상이 모두 나타납니다.

발생 빈도 신생아 700명당 1명꼴로, 연간 약 5,000명에게 발생한다.

취약 대상 아시아인과 북미 원주민에게서 흔하고, 아프리카계 미국인에게서는 드물다. 조산아나 다른 결함을 지닌 아기들에게서 더 많이 나타나기도 한다.

원인 네 건 가운데 한 건 정도는 유전이 원인이다. 그러나 질병과 특정한 약물, 필수 영양소 부족(특히 엽산), 그 밖에 출산 전 환경에 부정적인 영향을 미치는 여러 요인 역시 입술과 입천장의 정상적인 발달을 방해할 수 있으며, 각각의 요인과 유전적인 요인이 결합되어 나타날 가능성이 높다.

관련 질환 대체로 젖을 빨기 어렵기 때문에 수유에 문제가 있을 수 있어 특별한 방법을 취해야 한다. 대개 똑바로 앉힌 자세에서 먹이거나, 소량을 먹이거나, 구멍이 큰 젖꼭지를 이용하거나, 전용 주사기를 이용한다. 구순열만 있는 경우는 일반적인 모유 수유가 가능하다. 구강 내 장치를 이용하면 구개열이 있는 아기도 모유 수유를 할 수 있다. 중이염이 흔하게 발생하므로 세심한 관리가 필요하다.

치료 대개 수술을 하는데 생후 몇 개월 지나서 하는 경우도 있다. 언어치료와 치아 교정 등을 한다.

예후 치료를 받으면 좋아진다.

Q956 우리 아기가 구순구개열이랍니다. 어떻게 하죠?

A 아기의 구순구개열 정도를 확인해야 합니다. 입술에 국한됐는지, 입천장까지인지, 아니면 목까지 있는지에 따라 치료와 예후에 많은 차이가 있습니다. 치료는 이비인후과나 성형외과에서 담당하는데, 수술로만 치료가 가능합니다. 수술 시기는 상태에 따라 성형외과에서 결정합니다. 전신마취를 해야 하므로 응급이 필요한 경우가 아니면 연기하기도 합니다. 심하면 2회에 걸쳐 수술을 하기도 합니다. 요즘은 성형외과 기술이 좋아져 미용적 측면의 수술 결과는 매우 좋습니다. 치료를 잘 받으면 정상인과 큰 차이가 없으니 전문의와 상담하기 바랍니다.

Q957 구순구개열로 태어났는데 먹이는 게 걱정입니다. 수술하면 해결될까요?

A 구개열이 있는 아기는 빠는 힘도 약하고 젖꼭지를 무는 것도 어렵기 때문에 수유가 다 끝나기도 전에 지쳐 버립니다. 젖병의 젖꼭지에 십자형으로 구멍을 크게 내거나, 짤 수 있는 형태로 된 특수 젖병을 사용해 빠는 것을 도와줄 수 있습니다.

수술을 해도 발음에 문제가 생길 수 있으며 입천장의 조직과 기능이 부족하기 때문에 언어 치료 또는 추가 수술이 필요할 수 있습니다. 또한 입천장 근육의 결함으로 중이염에 걸리기 쉽기 때문에 유아기부터 적절한 이비인후과 진찰과 처치를 받아야 합니다. 구개열 환아의 치아는 정상적인 아기와 다른 경우가 종종 있고 치아와 턱뼈의 성장에 영향을 미쳐 성장하면서 얼굴의 모양이 변할 수 있기 때문에 치조열(잇몸 갈림증)에 대한 뼈 이식 수술이나 얼굴뼈 성형술을 전후해서 치과의 도움을 받는 것이 좋습니다.

2. 뇌성마비

뇌 손상에 의한 신경근 이상입니다. 가벼운 수준부터 장애 수준까지 운동 기능이 손상될 수 있습니다. 아기는 젖꼭지를 빨거나 물기를 힘들어할 수 있으며, 계속해서 침을 흘리고, 자발적으로 움직이는 일이 거의 없으며, 팔이나 다리를 약하게 떨고, 다리를 벌리기 힘들어하며, 운동 기능 발달이 지연되고, 한 손만 사용하거나 양손을 모두 사용하지만 발을 사용하지 않는 등 특이한 자세로 기고, 발끝을 세워서 걷습니다. 근육이 몹시 뻣뻣하거나 늘어지기도 하는데, 이런 현상은 세 돌 무렵이 되기 전까지는 뚜렷하게 나타나지 않을 수도 있습니다. 정확한 증상은 뇌성마비의 세 가지 종류, 곧 경직형 뇌성마비, 불수의운동형 뇌성마비, 운동실조형 뇌성마비가 각기 다릅니다.

발생 빈도 안전한 출산으로 발생 빈도가 감소하고 있지만 연간 1만 건 정도 발생한다.

취약 대상 조산아와 저체중아, 남자 아기에게 많이 나타나고, 흑인 아기보다 백인 아기 중에서 더 흔하게 나타난다.

원인 뇌성마비의 원인은 대부분 밝혀지지 않았지만, 태어날 때 신생아의 뇌에 산소가 충분히 전달되지 않은 것과 관련이 있다. 조산이나 저체중아, 엄마와 태아 사이에 Rh 혈액형이나 A, B, O 혈액형이 불일치한 경우, 임신 초기 풍진에 걸린 경우 등 여러 가지 위험 요인이 있다. 뇌나 척수의 감염으로 발생할 수도 있다.

관련 질환 발작, 언어 장애, 시력 장애, 청력 장애, 치아 결손, 지적 장애

치료 완전 치유는 불가능하지만 조기에 치료하면 잠재력을 발휘할 수 있도록 도울 수 있다. 물리치료를 받거나 부목 같은 기형 교정 기구를 이용하고, 특수 가구와 기구를 이용해 지속적으로 운동을 한다. 필요하면 수술을 받거나, 발작이 일어나면 약물을 이용하고, 필요하면 근육 이완제를 복용한다.

예후 경우에 따라 다르다. 증상이 가벼운 경우 적절히 치료를 받으면 거의 정상적으로 생활할 수 있다. 증상이 심각한 경우 장애아로 지낼 수도 있다. 상태가 점차 악화되지는 않는다.

Q958 조산아인데 뇌성마비가 많다는 얘기를 들었어요. 어쩌죠?

A 조산아라고 다 뇌성마비가 되는 것은 아니지만, 출산 시 아이의 상태와 출산 후 조산에 의한 후유증 등으로 뇌성마비가 생길 수도 있습니다. 요즘은 의학의 발달로 조산아 중 상당수가 적극적으로 관리를 하면 정상아와 같이 후유증 없이 자랄 수 있습니다. 출산 시 힘들었던 아이라 하더라도 반드시 뇌성마비가 생기는 것도 아닙니다. 또

한 조기에 뇌성마비를 발견한다면 완전한 회복은 어렵지만 여러 가지 추가 치료를 통해 정상에 가까운 생활을 할 수도 있습니다.

Q959 뇌성마비에 대한 치료가 걱정입니다. 뭐부터 해야 하나요?

A 뇌성마비는 지능에는 문제가 없으나 전반적인 근육 활동의 장애가 나타나는 증상입니다. 간질 발작과 함께 2차적인 심리적 고통이 따릅니다. 특별한 치료법이 있는 것이 아니어서 여러 전문가가 협조해 관리하는데, 부모의 적극적인 역할이 중요합니다. 부모가 전문가가 되어야 아이의 관리가 용이합니다. 여러 의료진이 팀을 구성하는데 소아과 의사, 물리의학과 재활 의사, 정형외과 의사, 물리와 직업 치료사, 안과 의사, 언어 병리학자, 복지 사업가와 심리학자 등이 함께합니다. 뇌성마비 관련 단체들의 상담을 받으면 도움이 될 수 있습니다.

뇌성마비 아동은 진단 후 곧바로 물리 요법을 실시합니다. 필요하면 근육의 길이를 늘이는 수술을 권하기도 합니다. 약물은 경련을 줄이거나 비정상 움직임을 막기 위해 사용하지만 별로 효과적이지 않습니다. 때로는 직접 주사약의 주입이 도움을 줍니다. 도움을 주는 추가적인 치료들이 개발되고 있습니다.

3. 다운증후군

경미한 정도부터 심각한 정도까지 지적 장애가 나타나고, 특정한 얼굴 모양, 무척 큰 혀, 짧은 목 같은 징후가 나타납니다. 뒤통수가 납작하고, 귀가 작으며 간혹 끝이 접히기도 합니다. 코가 납작하고 평퍼짐한 특징이 보이기도 합니다. 청력과 시력이 약할 수 있으며, 다양한 형태의 장기 이상, 특히 심장이나 위장관에 이상이 있을 수 있습니다. 다운증후군 아동은 대체로 키가 작고, 느슨한 근긴장 때문에 발달 지연으로 이어지기도 합니다. 대체로 아주 다정하고 애교가 많습니다.

발생 빈도 연간 약 2,800명, 대략 1,300명 가운데 1명꼴로 다운증후군이 나타난다.

취약 대상 부모가 다운증후군 아기를 출산한 경험이 있거나, 엄마나 아빠에게 염색체 재배열이 나타났거나, 엄마가 35세 이상이거나 아빠가 45~50세 이상인 경우, 인종과 경제적인 수준과 관계없이 영향을 받을 수 있다. 부모의 연령이 높을수록 발생 위험이 높다.

원인 대부분 엄마나 아빠에게서 물려받은 염색체 수가 정상보다 많아, 아기의 염색체가 46개가 아니라 47개가 되기 때문에 발생한다. 21번 염색체는 2개가 정상인데 3개여서 '3염색체성 21'이라고도 한다. 약 4% 정도는 21번 염색체에 영향을 미친 특정한 사고에 원인이 있다. 예를 들어, 부모의 21번 염색체 일부가 잘려 나가 다른 염색체에 붙어 버린 경우가 있다(염색체 전위). 이 경우 부모는 여전히 유전자 물질을 적당량으로 지니고 있기 때문에 계속 정상적으로 생활한다. 하지만 이렇게 늘어난 염색체가 아이에게 전달되면, 아이는 21번 염색체 물질 과다로 다운증후군이 될 수 있다. 매우 드물게, 수정란에서 세포 분열이 일어나는 동안 일부 세포에서 염색체 과다 현상이 나타나는데 모든 세포에서 그러지는 않는다. 이러한 현상을 모자이시즘이라고 하며, 모자이시즘이 있는 아이는 모든 세포에 영향을 받은 것이 아니므로 다운증후군의 특징을 일부만 나타낸다.

관련 질환 구강 질환, 시력과 청력 약화, 심장 질환, 위장 결함, 갑상선 기능 장애, 알츠하이머병을 포함하는 조로증, 호흡기 질병과 백혈병, 암 발병률이 높다.

치료 산전 검사를 통해 태아의 다운증후군을 진단할 수 있다. 출생 후 수술로 심장과 그 밖의 심각한 의료적 이상 증상을 바로잡을 수 있다. 경미하거나 중간 정도의 지적 장애를 보이는 다운증후군 아동은 조기에 전문적인 교육 프로그램을 이용하면 IQ가 향상된다.

예후 다운증후군 아동들은 대부분 능력이 뛰어나다. 조기에 치료를 시작하면 이러한 능력을 끌어낼 수 있다. 심각한 지적 장애를 보이는 경우는 10% 미만에 불과하다. 많은 아이가 일반 학교에 다닐 수 있으며, 대학에 진학하는 경우도 있다. 성인이 되어서는 보호 시설이나 장애인을 위한 보호 작업장에서 생활하는 경우가 많지만, 일부는 독립적으로 생활하고 일한다.

Q960 우리 아이 얼굴이 다운증후군 같아요. 어쩌죠?

A 얼굴 모양만 가지고 다운증후군을 진단하지는 않습니다. 반드시 염색체 검사를 통해 확인해야 합니다. 여러 가지 특징이 있기 때문에 그 특징들에 맞는다면 꼭 검사해 봐야 합니다. 다운증후군도 상당히 종류가 많아 완전히 정상인 경우부터 위중한 선천성 결함을 가진 경우까지 다양합니다. 만약 특별한 이상이 없는데 얼굴만 다운증후군이 의심된다면 실제 다운증후군으로 나온다고 하더라도 후유증

이 적을 가능성이 높습니다. 특히 산전에 검사를 했는데도 다운증후군이라면 너무 걱정하지 말고 병원을 방문해 전문의와 상의하는 것이 좋습니다.

Q961 39세인데 임신을 계획 중입니다. 나이가 많으면 아이가 다운증후군 가능성이 높다고 하는데 걱정입니다. 가능성이 얼마나 높을까요?

A 산모의 나이가 증가할수록 다운증후군 임신 가능성도 높아집니다. 일반적인 출산 빈도는 생존 출산의 600~800명 중 한 명꼴입니다. 하지만 연령에 따라 차이가 큽니다.

다운증후군 임신 가능성(소아과학 교과서, 2001.)						
19세 이하	20~24	25~26	30~34	35~39	40~44	45세 이상
1/2300	1/1600	1/1200	1/880	1/290	1/100	1/46

이와 같은 확률로 나이에 따라 다운증후군 임신 가능성이 증가합니다. 그러나 다양한 산전 진찰 및 검사를 통해 대부분 다운증후군 여부를 알 수 있으므로 반드시 산부인과 전문의와의 상담을 통해 결정하는 것이 좋습니다.

4. 발과 발목의 기형

발목이나 발에는 세 가지 형태의 기형이 나타날 수 있습니다. 가장 경미한 형태는 발의 앞부분이 안쪽으로 구부러지는 중족골 내전증입니다. 출생 당시부터 기형이 나타나지만 생후 몇 개월이 지난 후에야 기형으로 진단될 가능성이 높습니다. 발의 기형 가운데 가장 일반적인 형태는 발뒤꿈치가 예각으로 구부러져서 발바닥이 위쪽과 바깥쪽을 향하는 외반구족입니다. 가장 심각하고 가장 드문 형태는 발이 안쪽과 아래쪽으로 휘어진 내반첨족입니다. 양쪽 발이 모두 굽은 경우 양쪽 발가락이 서로 마주 보게 됩니다. 발의 기형은 아프지 않으며, 아기가 서거나 걷기 전까지는 불편하지 않습니다.

발생 빈도 800명 가운데 1명꼴로 발생한다.

취약 대상 여아에 비해 남아에서 발이나 발목의 기형이 두 배 정도 많이 나타난다.

원인 자궁 안 태아의 위치 때문에 발생하지는 않는다. 그런 경우는 출생 후 저절로 교정된다. 대부분 유전과 환경적인 요인이 결합한 탓에 발목과 발을 지지하는 근육이나 신경에 이상이 생긴 것으로 본다. 그러나 이분척추나 신경 질환, 근육 질환과 관련이 있는 경우도 있다.

관련 질환 내반첨족인 경우 정상적인 걸음걸이로 발을 위아래로 움직일 수 없어, 아이는 의족에 의지한 것처럼 걷는다. 양쪽 발이 모두 기형인 경우, 발의 측면이나 심지어 발끝으로 걷기 때문에 이 부분의 조직이 손상되고 다리 기형으로 발전한다. 간혹 다른 결함도 동반될 수 있다.

치료 발과 발목의 기형이 경미한 경우 운동만으로도 치료가 가능하다. 심각한 경우에는 석고 붕대를 이용하거나 수술을 하면 비틀어진 발이 차츰 부드럽게 제 형태를 찾아, 발을 정상적으로 위아래로 움직일 수 있다. 최상의 결과를 얻으려면 조기에 소아정형외과 전문의에게 진단과 치료를 받아야 한다.

예후 조기에 전문가의 치료를 받으면 대부분 자라서 평범한 신발을 신고, 스포츠에 참여하며, 활동적인 생활을 할 수 있다.

Q962 한 달 된 아이의 발목이 너무 휘었어요. 못 걸으면 어떡하죠?

A 병원에 가서 확인해 봐야 합니다. 만약 자궁에서 태아의 발 위치 때문이라면 대부분 출생 후 저절로 교정이 됩니다. 하지만 발목이 안쪽이나 바깥쪽으로 휘어져 있거나, 발뒤꿈치가 휘어져 있거나, 발끝이 굽어 보이면 반드시 정형외과에 가서 확인을 해야 합니다. 조기에 전문가의 치료를 받으면 자라서 정상적인 활동을 할 수 있습니다.

Q963 아이가 만곡족이어서 수술이 필요할 수 있다고 합니다. 꼭 수술을 해야 하나요? 다른 방법은 없나요?

A 만곡족의 아이들은 가능한 한 빨리 비수술적 치료를 시작해야 합니다. 도수 치료, 테이핑, 연속적인 석고 붕대 등으로 치료하지만 상당수는 3~12개월 안에 수술 치료를 받아야 합니다. 수술에 의한 부작용이 없는 것은 아니나 최근에는 의료 기술의 발달로 예후가 매우 좋은 편입니다. 수술이 필요한데 하지 않으면 추후에 기형으로 인한 장애가 발생할 수 있습니다.

5. 선천성 심장병

태어날 때부터 크거나 작게 존재하는, 모든 심장 기형을 일컫습니다. 청진기로도 결함을 진단할 수 있지만, X선, 초음파, 심전도 검사 같은 더욱 정밀한 검사를 통해 심장의 기형 여부를 확인할 필요가 있습니다. 기형의 유형에 따라 심장 기능이 한 가지 이상 저하되어 있을 수 있습니다. 증상은 출생 당시부터 나타나기도 하고, 성인기 이전에는 뚜렷하게 나타나지 않기도 합니다. 손가락과 발가락, 입술 주위 피부가 푸른색으로 변하는 청색증이 가장 일반적인 증상입니다.

발생 빈도 미국의 경우 125명 가운데 1명꼴로 선천성 심장병을 지니고 태어난다.

취약 대상 임신 기간에 풍진을 앓은 엄마에게서 태어난 아이와 다운증후군 아이들에게 나타날 확률이 높다. 심장병을 앓는 형제자매가 있는 아이도 가능성은 있지만 비교적 낮다.

원인 유전적인 원인이 아닐까 짐작하나, 대부분 정확한 원인이 밝혀지지 않고 있다. 풍진 같은 특정한 바이러스에 감염되거나 탈리도마이드, 암페타민, 알코올 같은 일부 화학물질에 노출되면 출생 전 심장 기형을 초래할 수 있지만, 간혹 우발적인 유전적 결함도 원인이 될 수 있다.

관련 질환 체중이 증가하지 않고 성장이 저조하거나, 피로, 허약, 호흡 곤란, 심장 쇠약으로 빠는 힘이 약하기 때문에 젖을 잘 빨지 못한다.

치료 가장 일반적인 심실중격결손증 같은 심장 결함은 치료를 받을 필요가 없다. 결손 정도가 작으면 대체로 저절로 닫힌다. 치료법은 결손 정도에 따라 다양해서 발견 즉시 혹은 아동기 후반에 수술을 한다. 다른 형태의 심장 결함은 약물이나 심장 이식으로 치료하기도 한다. 경우에 따라 아무런 증상이 나타나지 않는 결함도 나중에 생길지 모를 문제를 예방하기 위해 치료하기도 한다. 간혹 출생 전에 심장 결함이 진단되어, 약물 치료를 하기도 한다.

예후 선천성 심장병은 대부분 치료가 가능하다. 드물게 아주 심각한 일부 심장병은 치료가 불가능하거나 치명적일 수 있다. 그러나 심장 잡음이 있는 아이들 대부분이 행동에 제약을 받는 일 없이 정상적인 생활을 할 수 있다.

Q964 심장에 잡음이 있어 초음파 검사를 했는데 심실에 구멍이 있습니다. 의사 선생님은 지켜보자고 하는데 불안합니다. 뭘 해야 할까요?

A 안타깝지만 부모가 해 줄 수 있는 것이 없습니다. 심실의 구멍은 정상적으로 출생한 경우에도 40%에 가깝게 나타납니다. 하지만 대체로 저절로 닫힙니다. 추후에 닫혔는지 초음파로 확인해 봅니다. 만약 문제가 있다면 수술과 약물 치료가 필요할 수 있습니다. 또한 늦게 닫히더라도 시간에 따라 심장이 자라면서 구멍이 줄어들어 큰 문제가 없을 수 있습니다. 그러나 간혹 심장이 커지면서 구멍도 같이 커지는 경우가 있으므로 꼭 심장 초음파로 경과 관찰을 해야 합니다.

Q965 건강하던 3세 남자아이가 갑자기 가슴이 아프다고 합니다. 심장병이 아닌지 걱정됩니다.

A 선천성 심장병의 가능성은 매우 낮습니다. 선천성 심장병은 3

세경에 갑자기 나타나는 경우가 극히 드뭅니다. 대부분은 출생 후 얼마 되지 않아 접종받으면서 진찰 과정에서 발견됩니다. 아이들은 증상의 호소를 매우 주관적으로 표현하므로 좀 더 상세하게 물어보거나 소아청소년과 전문의와 상담하는 것이 좋습니다. 다른 원인에 의한 통증일 가능성이 높기 때문입니다.

명치가 아픈 경우가 많은데 식도 및 위장과 심장의 위치가 가까워서 종종 통증을 호소하는 경우가 많습니다. 폐도 가슴에 넓게 퍼져 있는 중요한 기관이라 확인이 필요합니다. 선천적인 심장병은 아니더라도 후천적인 심장병이 있을 수 있으므로 증상이 지속되거나 반복된다면 반드시 소아청소년과 전문의의 진찰을 받아야 합니다.

6. 유문협착증

장의 개폐부 근육이 두꺼워지거나 비대해져 개폐부가 막히면서, 점차 심각하고 강하게 내뿜는 현상으로 30cm 이상 멀리 토합니다. 선천성 질환으로 여겨지며, 대개 생후 2, 3주 무렵에 시작되고 변비를 동반합니다. 근육이 두꺼워진 부분은 의사가 만졌을 때 덩어리처럼 느껴질 수 있습니다. 근육 경련도 뚜렷하게 나타납니다.

발생 빈도 남자 아기의 경우 200명 가운데 1명, 여자 아기의 경우 1,000명 가운데 1명꼴로 나타난다.

취약 대상 여성보다 남성에게 흔하고, 간혹 가족 내력으로 나타난다.

원인 발생 원인은 알려지지 않았다.

관련 질환 탈수증

치료 아기의 체액 수준이 정상이 된 후에 수술하면 거의 안전하고도 완벽하게 성공한다.

예후 아주 좋다.

Q966 아기가 한 달 되었는데 구토를 해요. 유문협착증일까요?

A 한 달 된 아이가 구토를 한다면 유문협착증에 대해 생각해 볼 수 있습니다. 하지만 한두 번 토한 걸로 유문협착증을 의심하지는 않습니다. 위에서 십이지장으로 넘어가는 곳에 유문이 있는데 이 부분이 커지는 것이 유문협착증입니다. 아이가 한 달쯤 자라면 유문도 같이 커져 좁아지면서 막혀 우유나 음식이 십이지장으로 넘어가지 못하고 식도로 역류하면서 구토를 유발합니다. 아이가 구토를 많이 하면 탈수가 급격히 진행되어 위험해지므로 반드시 병원을 방문해 검사를 받아야 합니다. 유문협착증은 수술을 하면 좋아집니다. 그래서 수술 자체보다는 탈수가 아이를 더 위험하게 만들 수 있다는 것을 명심해야 합니다.

Q967 아이가 유문협착증으로 수술을 받아야 된다고 합니다. 수술하지 않고 치료하는 방법도 있다던데 가능할까요?

A 🧑 유문협착증은 기본적으로 수술이 필요한 병입니다. 물론 수술 외의 방법이 없는 것은 아닙니다. 하지만 아이가 수술을 받을 여건이나 상태가 아닌 경우에 한해 어쩔 수 없이 선택하는 방법이지 결코 수술에 대한 대안은 아닙니다. 수술 후 예후도 좋습니다. 주치의와 의논해 수술을 하는 것이 좋습니다.

▎ 7. 이분척추

척수를 보호하는 척추 곧 등뼈는 둥근 고리가 여러 개 길게 붙어 있는 모양입니다. 태아가 발달을 시작한 지 며칠 동안 고리들이 양쪽으로 벌어져 있다가 이내 한데 붙습니다. 그런데 그 고리가 완전히 붙지 않고 계속 벌어져 있는 것을 이분척추(척추 개방)라고 합니다. 조금 벌어진 틈은 아무런 증상을 나타내지 않아서, X선 촬영을 해야 확인됩니다. 그러나 척추를 덮은 피부 위로 옴폭 들어간 자국이나 작은 털 뭉치가 눈에 띌 수도 있습니다. 혹은 그 틈새가 제법 커서 척수막의 일부가 돌출되고, 지름 2.5~5cm에서 크게는 포도송이만 한 붉은 자줏빛 낭포나 혹(수막류)이 그 사이를 메울 수도 있습니다. 이 수막류가 척추 하단에 있는 경우, 하지가 허약해질 수 있습니다. 가장 심각한 경우 척수 자체가 벌어진 사이로 돌출됩니다. 이 경우 보호해 줄 막이 거의 혹은 전혀 없기 때문에 척수가 새어 나옵니다. 이 부위는 주로 상처로 뒤덮이고, 다리가 마비됩니다. 방광과 장의 조절에 이상이 생기기도 합니다.

발생 빈도 미국에서 태어난 아기 2,000명 가운데 1명에게 발생하지만, 네 명 가운데 한 명 정도는 이분척추가 드러나지 않은 것으로 추정된다. 다행히 심각한 형태는 거의 드물게 나타난다. 최근 몇 년 동안 이분척추 같은 신경관 결손을 지니고 태어난 아기의 수가 거의 20% 감소했다. 임신부가 임신 전과 임신 첫 2개월 동안 엽산 보충제를 복용하고 엽산이 들어 있는 빵과 시리얼을 섭취한 덕분으로 보인다.

취약 대상 이미 이 질환이 있는 아이를 낳은 경우, 이후 임신에서도 같은 질환이 있는 아이를 낳을 확률이 40건 가운데 1건 정도로 추정되며, 가족 가운데 두 아이가 이분척추를 지녔다면 확률은 5건 가운데 1건으로 증가한다. 이 질환을 앓는 아이의 사촌들 중에서는 두 배가량 확률이 증가한다.

원인 현재까지는 밝혀진 바가 없다. 불리한 태아기 환경과 더불어 유전도 어느 정도 영향을 미치는 것 같다. 영양 섭취도 관련이 있는데, 특히 엽산 섭취 부족과 관련이 있다.

관련 질환 척추가 눈에 띄게 벌어진 경우 감염 위험이 있다. 이 질환을 가진 아기의 약 70~90%가 뇌수종도 앓는다. 하지 마비와 무감각, 방광과 장의 통제력 손상도 나타난다.

치료 경미한 결함은 치료가 필요 없다. 수술로 낭포를 제거하고, 뇌수종은 션트를 삽입해 치료한다. 상태가 심각한 낭포를 제거하고 벌어진 척추를 교정하며 근육과 피부로 그 위를 덮는다 하더라도, 하지 마비는 수술로 치료할 수 없다. 물리치료를 받거나, 부목이나 휠체어를 이용해야 한다. 기형을 예방하거나 최소화하기 위해 석고 붕대를 할 수도 있다. 수술 전에 옷으로도 낭포에 압박을 가하지 않도록 주의해야 한다. 여러 분야의 전문의가 한 팀을 이루어 치료를 하는 것이 효과적이다. 이분척추는 주로 혈액 검사, 초음파 검사, 양수 검사 같은 산전 검사를 통해 발견한다. 이분척추를 개선하기 위한 태아 수술은 현재 실험 단계에 있다.

예후 상태의 심각성 정도에 따라 다르다. 대부분은 상태가 덜 심각해, 활발하고 생산적인 생활을 할 수 있다. 여성 대부분은 아이를 낳을 수 있지만, 임신 고위험군에 속한다.

Q968 5세 된 아이가 다리를 다쳐 사진을 찍었는데 이분척추가 의심된다고 합니다. 찾아보니 매우 심각한 병인 것 같은데 괜찮을까요?

A 심한 이분척추는 기본적으로 성장 과정 중에 잘 걷지 못하며 배뇨와 배변에 문제가 생깁니다. 아이가 이미 5세이고 걷거나 배뇨 배변에 별다른 문제가 없었다면 아마 심하지 않은 이분척추증일 겁니다. 이분척추는 정도에 따라 다양한 예후를 보이는데 심하지 않은 경우는 정상적인 생활을 하는 데 지장이 없고 우연히 발견되기도 합니다. 하지만 성인에서는 동통으로 발현되기도 합니다. 드물게는 가벼운 외상 또는 척추를 굽혔다 펴는 운동으로 증상이 갑자기 나타나거나 악화되는 수도 있습니다. 그러므로 일단 확인이 되면 전문의를 찾아서 정밀 검사를 하는 것이 좋습니다. 앞으로 임신 계획이 있다면 임신 전부터 시작해서 최소 2개월까지 엽산 영양제를 보충하거나 엽산이 풍부한 음식을 먹는 것이 좋습니다.

Q969 아이가 이분척추로 진단을 받았는데 수막척수류이며 심한 경우라고 합니다. 치료 과정과 예후가 궁금합니다.

A 👩 이분척추 중에서도 매우 심한 형태이며 신경학적 증상은 결손 부위에 따라 다양하게 나타나지만 결손 부위가 높을수록 심합니다. 수두증이 동반되는 경우도 많습니다. 출생 직후 감염 예방을 위해 항생제 치료를 시작하며 출생 수일 내로 수술을 시행해야 합니다. 출생 시 마비가 심하거나 다른 기형을 동반하면 예후가 매우 나쁩니다. 치료 환아의 10~15%가 4세 이전에 사망하며 생존자 중 70%는 정상 지능을 가집니다. 하지만 학습 장애와 경련성 질환이 흔합니다.

8. 자궁 내 변형

자궁이 너무 비좁아서 태아에게 외부적인 압력이 가해져, 장기나 신체 부위가 한 군데 이상 변형된 현상입니다.

발생 빈도 아기 100명당 2명꼴로 발생한다.

취약 대상 자궁은 좁은데 태아가 유독 큰 경우, 기형이거나 작은 자궁 혹은 자궁근종이 있는 자궁에서 태아가 자라는 경우, 양수가 충분하게 공급되지 않은 경우, 태반이 특이한 곳에 위치한 경우, 한 자궁을 다른 태아와 공유한 경우, 산모가 작고 초산일 때, 자궁 속 태아의 위치가 비정상적인 경우 흔하게 나타난다.

원인 자궁의 상태에 따라 태아의 신체 부위가 지나치게 압박을 받은 것이 원인이다. 경우에 따라 감염, 약물, 질병과 같은 환경적 요인과 유전적 요인이 결합해 나타나기도 한다.

관련 질환 변형의 종류에 따라 다르다.

치료 변형 부위가 차츰 정상적인 형태로 잡혀 가기 때문에 대개는 치료할 필요가 없다. 그러나 척추의 좌우가 비정상적으로 굽은 척추측만증, 굽은 발, 고관절 탈구 등 일부의 경우는 치료를 해야 한다.

예후 대부분 좋은 편이다.

Q970 임신을 했는데 자궁근종이 있다고 합니다. 아기에게 무슨 문제가 있을 수 있을까요?

A 자궁근종은 자궁의 근육층이 커지는 것입니다. 자궁의 근육층이 커지면 근육이 자궁 안쪽으로도 자라 아기가 자라야 하는 자궁 내부의 공간이 좁아지게 됩니다. 그로 인해 여러 신체 부위가 압박을 받거나 아기의 움직임이 자유롭지 못해 기형이 발생할 수 있습니다. 자궁근종의 위치, 크기 등에 의해 영향을 받으므로 반드시 산부인과에서 산전 진찰을 통해 확인해야 합니다.

Q971 만삭인데 아이가 2,300g으로 너무 작다고 합니다. 원인에 따라 예후가 나쁠 수 있다고 하는데 걱정이 많습니다. 어떻게 해야 하나요?

A 자궁 내 발육 지연으로 생각됩니다. 자궁 내 발육 지연은 출생체중이 10% 미만인 경우를 말하는데, 3% 이하는 심한 편이고 3~10%는 중간 정도의 발육 지연으로 판단합니다. 일반적으로 2,500g

이하면 3% 미만으로 생각하므로 심한 자궁 내 발육 지연으로 보입니다. 또한 자궁 내 선천성 기형이 동반되기도 합니다.

아기, 태반, 산모에 따라 각각 원인이 다릅니다. 가정 형편이 어려워 산모의 영양이 부족한 경우가 많습니다. 이런 경우 체구에 비해 머리가 큰 비대칭형 혹은 불균형형의 성장 지연으로 분류하는데 산모의 영양 섭취 불량, 쇠약 외에도 고혈압, 자간전증 등에 의해서도 발생합니다. 출생 후 영양 공급을 적절히 해 주면 예후가 좋습니다. 하지만 머리와 몸통이 모두 작은 대칭형 발육 지연은 태아에게 심각한 영향을 주는 질병 즉 염색체 질환, 유전 질환, 기형, 모체의 심한 고혈압, 선천성 감염 등에 의한 태아 손상의 가능성이 높아 예후가 좋지 않습니다. 또한 상당히 힘들게 출산을 하는 경향이 있어 예후에 악영향을 미칩니다.

9. 자폐증

자폐증 아이는 타인은 물론 심지어 부모와도 정상적인 인간관계를 형성하지 못합니다. 출생 당시부터, 또는 생후 2년 반 이내에 증상이 나타납니다. 증상은 천차만별입니다. 증상이 약한 경우, 언어 발달이 약간 늦고 보통 아이들에 비해 사회적 상호 작용을 무척 어려워합니다. 심각한 경우 부모나 다른 사람에게 미소 짓거나 반응을 보이지 않고, 안아 주거나 만지는 걸 싫어합니다. 같은 말을 수도 없이 반복하거나 이상한 언어 패턴을 보이는 등 언어 문제가 두드러지게 나타납니다.

특이한 자세, 본인은 의식하지 못하는 버릇, 강박 관념, 특정한 의례 형식에 대한 집착, 발작적으로 비명을 지르고 팔을 펄럭이는 등 변덕스럽고 적절하지 않은 행동 등이 나타나고, 간혹 자해를 하기도 합니다. 지능은 정상이지만 반응을 보이지 않아 지적 장애나 청각 장애가 있는 것처럼 보이기도 합니다. 자폐증은 간혹 소아정신분열증과 혼동되며, 가끔 소아정신분열증의 전조로 나타납니다.

발생 빈도 1,000명 가운데 2~6명 정도 발생하는 것으로 추정된다.

취약 대상 남자아이가 여자아이에 비해 서너 배 더 높게 나타난다.

원인 자폐증은 한 가지 원인으로 나타나지 않는다. 연구자들은 수많은 유전자가 자폐증을 일으킨다는 사실을 확인했다. 엄마가 임신 중에 흡연을 한다든지 하는 환경적인 요인 역시 자폐증의 원인이 될 수 있다. 출생 전에 바이러스에 노출되는 등 생물학적 요인, 면역 체계의 문제, 유전적인 요인으로 자폐증이 발생할 수 있음을 거론한 여러 연구가 있다. 육아 방식이나 최근에 접종한 백신과는 관련이 없다.

관련 질환 행동 및 발달상의 문제가 나타난다.

치료 치료법은 없지만, 일부 아이들은 행동 수정 요법, 자극 요법, 특수 교육, 약물을 통해 도움을 받기도 한다. 자폐증을 일찍 발견해 조기에 의료적 개입을 시작하면 긍정적인 결과가 나타나기도 한다. 적절한 관리와 훈련, 정보를 이용하면 가정에서 가족이 자폐아를 도울 수 있다. 나머지 가족 구성원이 상담을 받는 것도 도움이 된다. 글루텐과 카세인이 함유된 음식을 제외하는 등 식생활 개선으로 효과를 보는 경우도 있다. 새로 식이요법을 시작하기 전에 아기의 주치의와 상의하는 것이 좋다.

예후 많은 아이가 의료적 개입을 통해, 혹은 나이가 들면서 증상이 개선된다. 정상적이거나 거의 정상적인 생활을 하는 경우도 있다. 조기에 개입해 치료를 받으면 상당히 전망이 좋다.

Q972 2세 남아인데 영유아 검진에서 언어와 사회성 지연이 심해 정밀 검사를 했더니 자폐증이 의심된대요. 어떡해야 하나요?

A 유전적 경향이 중요하고 임신 시 흡연이 영향을 줄 수 있으나 부모의 직접적인 잘못으로 인해 자폐증이 생기는 경우는 극히 드뭅니다. 그러니 죄의식을 가지지 않는 것이 중요합니다. 여러 가지 뇌 검사에서 이상 소견이 발견되는 것으로 보아 양육 상의 문제와는 별 상관이 없는 것으로 생각됩니다. 어떻게 해야 좀 더 증상을 개선시켜 정상생활을 할 수 있게 도와줄 것인가를 고민해야 합니다. 현재까지 확실한 치료법은 없지만, 행동 수정 요법, 자극 요법, 특수 교육, 약물을 통해 도움을 받기도 합니다. 자폐증을 일찍 발견해 조기에 의료적 개입을 시작하면 극적으로 긍정적인 결과가 나타나기도 합니다.

Q973 아이가 자폐로 진단을 받았습니다. 치료를 잘 받아야겠지만 예후가 궁금합니다. 아이가 자라서 정상적인 생활을 할 수 있을까요?

A 긍정적인 답변이 되지 못할 것 같아 안타깝습니다. 약 2/3는 일생 동안 다른 사람의 도움이 필요하거나 수용 시설에서 지내야 합니다. 5~20%는 어느 정도는 호전되지만 다른 사람의 도움이 필요하

며 독립적인 생활에는 한계가 있습니다. 1~2%는 스스로 직장을 얻어 독립생활이 가능합니다. 이들의 특징은 지능이 정상적인 수준이고 상대방과 의사소통이 어느 정도는 된다는 것입니다. 지능이 70 이상이고 대화가 가능한 언어 발달이 있으며 원만한 가족 관계가 형성되어 있으면 비교적 예후가 양호합니다.

10. 태아 알코올 증후군

임신 기간에 엄마가 과도하게 알코올을 섭취한 경우 태아에게 나타나는 여러 가지 증상과 징후입니다. 가장 흔한 증상은 저체중, 지능 장애, 머리와 안면·팔다리·중추신경계의 기형이며, 신생아 사망률이 높습니다. 임신부가 알코올을 적당히 섭취한 경우에는 아이에게 분명한 영향을 드러내지 않을 수도 있습니다.

> **발생 빈도** 정상 출산 750건 가운데 1건 정도 나타난다.
> **취약 대상** 알코올 섭취량이 많은 여성에게서 태어난 아기. 임신 기간에 과도한 음주를 한 여성의 30~40% 정도가 태아 알코올 증후군이 있는 아기를 출산하는 것으로 나타난다.
> **원인** 임신 기간의 알코올 섭취. 대개 하루에 맥주나 와인, 소주 대여섯 잔 정도 섭취한 경우가 원인이 될 수 있다.
> **관련 질환** 발달 장애
> **치료** 각각의 장애에 대한 치료가 각기 다르다.
> **예후** 문제의 정도에 따라 다르다.

Q974 평소 가끔씩 술을 즐기는 편인데 임신을 했어요. 조금씩 마시는 것도 문제가 될까요?

A 술을 간혹 마셨다면 안 마시는 것이 좋습니다. 술에 대한 체질적 반응이 개인마다 다르기 때문에 본인의 느낌만으로 괜찮다, 안 괜찮다 판단하는 것도 문제가 될 수 있습니다. 그리고 한 번에 많이 마시는 것도 문제지만 소량이라도 지속적으로 마시는 것 또한 문제가 될 수 있으므로 피하는 것이 좋습니다. 물론 술을 약간씩 마시는 것이 모두 문제를 일으키는 것은 아니지만 양을 가늠하기 힘들고 소량만 마신다고 이상이 안 생기는 것이 아니기 때문에 가급적 안 마시는 게 좋습니다. 담배를 같이 피우면 더욱 악화될 수 있으므로 절대 삼가야 합니다.

Q975 태아 알코올 증후군이 위험한 병인가요?

A 엄마의 술 섭취 정도에 따라 차이가 날 수 있으나 일반적으로 얼굴 기형, 선천성 심장 질환, 관절 및 사지 근육 질환, 정신지체 등 전신적인 장애가 발생할 수 있고 예후는 좋지 않으며 특별한 치료 방법도 없습니다. 만약 첫째가 태아 알코올 증후군으로 태어났다면 둘째를 임신하면 반드시 술을 끊는 것이 좋습니다.

11. Rh 부적합 신생아 용혈성 질환

아이가 엄마의 혈액과 맞지 않는 아빠의 혈액형을 물려받은 경우 발생하는 질환입니다. 이전 임신이나 낙태, 유산, 수혈 등을 통해 엄마의 몸에 아기의 혈액형에 대한 항체가 형성되어 있는 경우, 이 항체가 아기의 적혈구를 공격하는 것입니다.

발생 빈도 예방 기술이 발달하면서 크게 감소하고 있지만, 미국에서는 여전히 연간 7,000명 가운데 1명꼴로 발생한다.

취약 대상 아빠로부터 Rh 양성 혈액형을 물려받았는데 엄마가 Rh 음성 혈액형인 아기

원인 엄마의 혈액에 들어 있는 항체가 아기의 혈액 세포를 침입자로 여겨 공격한다.

관련 질환 심각한 빈혈과 황달이 뇌 손상으로 이어지거나, 분만 직전이나 직후에 아기가 사망한다.

치료 대개 아기의 혈액을 다른 혈액과 완전히 교환한다(교환수혈). 즉시 수혈을 하지 않아도 되는 아기도 있지만, 심각한 빈혈이 일어나므로 4~6주 후에는 수혈을 해야 한다. Rh 음성인 엄마가 처음 Rh 양성인 아기나 태아를 출산(혹은 유산이나 낙태)한 뒤 72시간 이내에 Rh 면역글로불린이라고 하는 백신을 접종 받는 것이 다음 번 임신을 위한 최선의 예방법이다. 임신 기간 중반쯤에 경구용 백신을 복용할 수도 있다.

예후 치료를 받으면 대체로 좋아진다.

Q976 제가 Rh 음성입니다. Rh 양성인 태아를 출산 예정인데 너무 무서워요. 어떡하죠?

A 이 경우 가정 분만은 절대 안 됩니다. 반드시 병원에서 출산해서 첫째가 태어난 후 Rh 면역글로불린이라고 하는 백신을 투여해야 다음 임신 시 위험을 최소화할 수 있습니다. 첫째의 경우도 심하면 아기의 혈액을 다른 혈액과 완전히 교환해야 합니다(교환수혈). 즉시 수혈을 하지 않아도 되는 아기도 있지만, 심각한 빈혈이 일어나므로 4~6주 후에는 수혈을 해야 합니다. 적혈구가 깨져서 빈혈이 생기기 때문에 깨진 적혈구로 인해 황달이 발생합니다. 이때 빌리루빈이라는 물질이 생기는데, 너무 많이 생기면 뇌에 침착되어 핵황달이라는 큰 후유증이 발생합니다. 핵황달이 생기면 뇌성마비부터 시작해 청력장애가 될 수도 있습니다. 엄마가 Rh 음성인 경우는 적절한 검사와 분만 시 발생하는 여러 문제를 예방하기 위해 종합 병원에서 출산하기를 권합니다.

(4장)

쌍둥이, 다둥이, 형제자매 육아

쌍둥이, 어떻게 키우죠?

가족은 개개인의 성격에 따라 관계가 형성될 수도 있지만 티격태격하면서 다양한 형태의 관계를 형성합니다. 가족은 성장기 인성에도 중요한 영향을 미칩니다. 부모는 형제간의 관계에 개입해야 할 때와 중재해야 할 때, 방관해야 할 때를 잘 판단해야 합니다.

Q977 두 아들이 친구처럼 지내길 바라 같이 놀게 하는데 경쟁이 너

무 심해요.

A 형제간의 경쟁 심리는 걱정할 필요 없습니다. 대부분 부모의 사랑과 관심을 얻기 위해 경쟁할 때 생기는 자연스러운 결과입니다. 부모는 부정적이든 긍정적이든 절대로 비교해서는 안 됩니다. 그 대신 경쟁이 최소화되도록 규칙을 잘 정하고 스스로 규칙을 만들어 지키도록 도와주는 것이 좋습니다. 부모가 아무리 공정하게 하더라도 아이들은 감정적으로 미숙하기 때문에 자기중심적으로 해석합니다. 규칙을 따르지 않는다고 무조건 혼을 내는 것도 좋지 않습니다. 아이들의 경쟁이 나쁜 것만은 아닙니다. 동기 부여라는 기능도 있기에 발전의 동력으로 작용하기도 합니다. 다만 경쟁이 지나쳐 상대방에게 상처를 주는 상황이라면 차라리 당분간 경쟁을 못 하게 하는 것이 도움이 됩니다.

Q978 1살 차이인 연년생 남매를 키우고 있습니다. 둘이 무조건 똑같이 나누려고 해서 고민입니다.

A 무엇이든 똑같이 나누는 것과 공평하게 나누는 것은 다릅니다. 그러니 공정한 부모가 되는 것이 더 바람직하다고 봅니다. 아이들을 각자 그대로의 모습으로 대합니다. 아이가 다 다른데 같은 기준을 적용하는 것이 더 문제가 될 수 있습니다. 똑같은 물건을 원하는 것이 아니라 똑같은 사랑을 원하는 것이 아닌지 고민해 보아야 합니다. 꼭 기억해야 할 것은 아무리 공정하게 대우하려고 하더라도 둘을 동시에 만족시키는 것은 불가능하다는 것을 부모 스스로 인정해야 아이들을 미워하지 않게 될 것입니다.

Q979 동생은 누나를 잘 따르는데 누나는 싫어해요.

A 큰아이들은 동생이 자신을 추종하면 처음에는 좋아하지만 너무 지나치면 점차 싫증을 내고 동생을 귀찮아합니다. 동생을 잘 돌봐주지 않는다고 큰애에게 화내기보다 동생의 짜증 나는 행동에 화가 날 수 있겠다고 공감해 줘야 합니다. 큰애가 자신의 시간을 갖도록 도와주면, 좀 더 여유를 가지고 동생을 잘 대해 줄 겁니다. 큰애가 자신의 장난감을 나눠 주려고 하면 칭찬해 줍니다. 큰애에게 더 이상 맞지 않는 소유물이 있다면 그것을 물려줄지 여부는 큰애 스스로 결정하게 합니다. 부모가 마음대로 큰애 물건을 동생에게 주거나 가지고 놀게 하면 악감정이 생길 수 있습니다.

Q980 언니는 동생을 예뻐하는데 동생이 귀찮아해요.

A 큰아이들은 어린 동생을 장난감, 저절로 움직이는 살아 있는 인형, 애완동물로 착각하는 경향이 있습니다. 동생은 처음에는 따르지만 나중에는 저항하게 됩니다. 특히 독립을 하려고 애쓰는 유아는 부모의 지시도 힘든데 또 다른 사람이 자신을 조종하려 드는 것을 견디지 못합니다. 큰아이에게 이런 상황을 설명하고 인형을 돌보게 하거나 블록 쌓기, 클레이 등 둘이 협력하면서 놀 수 있는 활동이나 동생에게 책을 읽어 주도록 제안하는 것이 좋습니다.

Q981 형제를 키우는데 남자애들이라 잘 지낼 줄 알았는데 매일 싸우는 것 같아요.

A 형제간의 다툼은 나이 차이가 적을수록 심할 수 있습니다. 남

자 형제는 몸싸움을 하면서 체력도 기르고, 갈등도 해결하며, 사회적 기술도 습득하고, 다른 사람과 어울리는 법도 배우는 등 현실 세계에서 살아남기 위한 준비를 한다고 이해해야 합니다.

몸싸움은 어릴수록 말로 해결할 줄 모르기 때문에 발생합니다. 부모가 편애하거나 한쪽 편을 들면 싸움이 더 커지고 아이들은 상처를 받습니다. 형제를 비교하거나 경쟁심을 지나치게 키우면 역효과가 날 수 있습니다. 부모가 서로 비난하거나 부담을 주지 않고 양보하고 잘 지내는 법을 보여 주는 것보다 더 좋은 교육은 없다고 생각됩니다. 아이들의 문제에 가능하면 개입하지 않는 것이 좋으나 해결점이 보이지 않는다면 타협안을 제시하거나 다른 해결 방법을 제안해서 중재하는 것이 좋습니다. 그래도 해결되지 않는다면 각자에게 타임아웃제를 시행해 냉각기를 유도하는 것도 좋습니다. 특히 잘잘못을 따지는 일은 주의해야 합니다. 감정의 문제는 논리로 해결되지 못하는 경우가 많습니다.

Q982 재혼을 하게 되었는데 남편과 제가 각자 아이를 데리고 있는데 걱정이에요.

A 이혼 가정이 많아지면서 재혼 가정 또한 늘고 있습니다. 아이들의 연령이 낮을수록 새로운 가족에 적응이 쉽고, 나이가 들수록 복잡해집니다. 아이가 적응하려고 애쓰는 동안 최대한 아이의 생활을 일관되게 유지하는 것이 중요합니다. 취침 전 일과, 목욕 시간, 식사 시간 등 예측 가능한 일상을 지속적으로 유지합니다. 또한 친부모와 단둘이 지내는 시간을 갖는 것이 좋습니다. 가족이 합쳐지면서 생긴 형

제자매의 문제는 기존의 가족 내 갈등과 유사한 감정을 가질 수밖에 없고 해결은 전통적 가족 내 갈등 해결 방법과 유사한 방식으로 해결할 수 있습니다. 하지만 재혼 가정만의 특별한 도움이 필요한 특수한 문제도 있을 수 있으므로 그때에는 전문가에게 도움을 요청하는 게 좋습니다.

Q983 큰애가 4세이고 작은애가 2세 반인데 자는 시간을 어떻게 해야 할까요? 같은 시간에 재워도 되나요?

A 정해진 원칙이 있는 것은 아니지만 나이 터울이 적다면 같이 재우는 것이 여러 면에서 효율적입니다. 이를 닦고 목욕하고 책을 읽어 주는 등 동시에 처리할 수 있습니다. 혹시나 큰아이에게 늦게 자도 좋다고 하면 작은아이가 큰 아이에 대한 특혜로 오해할 수 있으므로 잠을 더 안 자려 할 수 있습니다. 같은 시간에 잔다고 해서 취침 전 행동도 모두 같아야 하는 것은 아닙니다. 나이 차이가 난다면 같은 시간에 재우기보다 큰아이는 자신의 일과를 스스로 처리하도록 해야 합니다.

Q984 둘째 아이에게 첫째 아이만큼 관심을 주지 못해 죄책감이 느껴져요.

A 거의 모든 부모가 둘째 이후의 아이들에게 첫째만큼 관심을 쏟을 수가 없습니다. 하지만 둘째가 2류라는 기분으로 성장한다고 보기는 힘듭니다. 때로는 첫째 때 시행착오를 통해 좀 더 효과적인 육아를 할 수도 있습니다. 아이들은 출생 순서와 관계없이 필요한 관심의

양과 방식이 다르고, 욕구도 다릅니다. 다만 부모의 사랑이 다르다고 느껴지는 행동은 피하는 것이 좋습니다.

Q985 막내가 일반 침대를 사용할 만큼 자라서 일곱 살 형하고 같은 방을 사용하게 하려는데 큰애가 질색을 하네요.

A 큰아이의 마음은 충분히 이해가 갑니다. 자신만의 공간이 축소되고 침범되는 느낌을 받는 것은 당연합니다. 그러니 다그치거나 몰아붙이지 말고 차근차근 동생과 한방을 사용해야 하는 상황을 설명해 줍니다. 지나치게 거부감을 표현하면 아이의 방을 분리해 전체는 아니지만 자기만의 공간을 만들어 줍니다. 동생이 건드리지 못하게 자신의 물건이나 영역을 인정해 주는 것도 방법입니다. 동생과 한방을 사용하는 것에 대한 장점도 설명해 줍니다. 같이 대화하고 밤에도 외롭지 않고 청소도 같이 할 수 있다고 말입니다.

Q986 둘째를 출산한 지 한 달이 안 되었는데 큰애가 너무 배려를 잘합니다. 혹시 속마음을 억누르고 있는 건 아닌가 걱정입니다. 나중에 불만을 한 번에 분출하지 않을까요?

A 모든 아이가 같은 행동을 하는 것은 아닙니다. 둘째가 생겼다고 질투나 퇴행만 하는 것은 아닙니다. 정반대의 반응을 보이는 아이도 있습니다. 큰애가 새 식구에게 잘 적응한다고 반드시 분노를 참는 것은 아닙니다. 누나나 형의 역할을 즐기고 있을 수도 있습니다. 부모가 적절히 큰아이의 역할을 주면서 부모의 사랑이 변하지 않았다는 것을 알게 해 주는 것이 중요합니다.

한편 부모의 걱정대로 부모의 사랑을 잃게 될까 봐 두려워서 자신의 감정을 누르고 있을 수도 있습니다. "동생이 생기니 어때? 언니(형)가 되니 기분이 어때?" 등 대화로 아이의 감정을 파악해 봅니다. 엄마(아빠)도 아기 때문에 힘들다고 말해 줍니다. 그러면 아이도 부정적인 속내를 보일 수 있으며 이때 이해해 준다면 도움이 될 것입니다. 큰아이의 착한 행동과 마음을 당연하게 여기기보다 칭찬해 주고 언제나 사랑한다고 얘기해 주는 것이 좋습니다.

Q987 3세 되는 큰애가 동생이 태어난 후 매달리고 짜증을 내는 일이 많아졌어요. 대소변도 못 가리고 기저귀를 채워 달라고 합니다.

A 동생에게 부모의 사랑을 빼앗겼다고 생각하기 때문에 큰아이는 퇴행(대소변, 언어, 행동 측면), 공개적이거나 은밀한 분노(동생, 부모, 혹은 둘 다를 향한), 수면장애, 식사 투쟁, 강화된 분노 발작 등 매우 다양한 반응을 보입니다. 부모가 화가 나 큰애를 혼내려다 상황을 악화시키는 경우가 많습니다. 큰애의 목적은 아기 짓을 해서 관심을 끌려는 것임을 명심해야 합니다. 이때 부모는 아이를 이해하는 행동과 말을 해서 아이를 안심시켜야 합니다. 아이가 성숙한 행동을 하면 칭찬해 주고 인정해 줍니다. 기회 있을 때마다 큰아이에게 관심을 주고, 큰아이의 생활의 변화를 최소화해 줍니다. 잠들기 전에 책을 4권 읽어 주었다면 2권으로 줄이지 말고 아침에 옷 입기 전에 아이를 안아 주었다면 안아 주는 시간을 생략하거나 줄이지 않는 것이 좋습니다.

Q988 3세 딸이 신생아인 둘째를 안으려고 하고 자기가 돌보겠다고 떼씁니다. 하지만 아이가 다치거나 아플까 봐 걱정이에요.

A 신생아는 조금만 잘못하면 다칠 수 있을 만큼 약하기 때문에 유아가 다루면 위험합니다. 그러나 큰애의 행동을 무조건 금지하거나 나무라면 동생과 친해지고 싶고 인정받고 싶은 마음을 무시당했다고 생각해 버림받는 느낌이나 소외받는 느낌을 갖습니다. 큰아이가 신생아를 안아 올리거나 안고 돌아다니면 안 되지만 포옹은 할 수 있습니다. 큰애가 갑자기 흥미를 잃거나 다른 관심이 생기면 아이를 밀쳐 낼 수 있으므로 즉시 대응할 수 있도록 부모가 긴장을 풀어서는 안 됩니다.

Q989 큰애는 지금껏 큰소리쳐 본 적이 없을 만큼 착한데 둘째는 계속 말썽입니다. 그래서 큰애를 더 편애하게 됩니다. 어쩌죠?

A 순한 아이를 키우다 까다로운 아이를 키우면 상대적으로 육아가 더 힘들 수밖에 없습니다. 아이에게 손이 많이 가는 시기는 부모도 힘들므로 순한 아이가 예뻐 보일 수 있습니다. 하지만 그런 마음을 표현하면 둘째는 더 까다로워집니다. 즉 악순환이 됩니다. 그러므로 까다로운 아이를 인정하고, 아이의 장점을 찾아 주어 강한 기질을 다룰 수 있도록 도와줘야 합니다. 두 아이를 똑같은 방식으로 사랑하는 것은 불가능하지만 각기 다른 방법으로 똑같이 사랑하는 건 가능합니다.

Q990 2세 반 아들이 둘째가 태어난 뒤부터 아기한테 젖을 물리면 저를 괴롭히면서 관심을 유도합니다. 하지만 힘이 들어 관심 줄 여력이 없어요. 어쩌죠?

A 🧑 큰아이의 행동은 일반적이고 정상적입니다. 그러니 죄책감까지 느낄 필요는 없습니다. 대다수의 큰아이는 둘째가 태어나면 경쟁심을 느낄 수밖에 없으며 그것을 표현하는 방법으로 아이가 생각할 수 있는 건 엄마를 괴롭히는 일입니다. 이런 아이의 마음을 인정하고 수유를 하는 동안에도 큰아이와 엄마가 같이 할 수 있는 일을 하는 것이 좋습니다. 수유하면서 책을 읽어 주거나 자동차 경주 놀이나 퍼즐 맞추기 놀이를 도와줍니다. 큰애와 둘만의 시간을 가지는 게 좋습니다. 잠시라도 큰애에게 집중해 주면 부모가 자신을 사랑하지 않는다는 불안감에서 벗어나는 데 도움이 됩니다. 동생에게 노래를 불러 주거나 즐겁게 해 주는 임무를 맡기고 잘한다고 칭찬하는 것도 좋습니다.

Q991 쌍둥이가 벌써 18개월이 되었어요. 둘이 친합니다. 어떻게 해야 앞으로도 잘 키울 수 있을까요?

A 👩 쌍둥이를 쌍둥이라 부르지 말고 각자의 이름을 부르세요. 쌍둥이를 한 사람처럼 취급하면 성장과 지능 발달이 저하될 수 있습니다. 아이 각자가 자신이 좋아하는 옷을 입게 합니다. 장난감도 각자 갖게 합니다. 공정하게 대하면서 차이를 인정하는 게 좋습니다. 일란성이면 더욱 적극적으로 차이를 표현해야 합니다. 외모는 닮았지만 각자의 인생과 미래가 있으며 좋아하거나 싫어하는 게 다른 것이 당연하

다는 것을 주지시켜야 합니다. 재능 역시 차이가 나고 노력에 따라 결과도 달라진다는 것을 받아들이게 해야 합니다. 가능하면 부모가 두 아이와 따로 있는 시간을 잠깐이라도 마련하는 게 좋습니다. 차별이란 편애를 뜻합니다. 차이는 인정하되 차별해서는 안 됩니다.

Q992 쌍둥이를 임신했습니다. 두려워요. 어떻게 해야 하나요?

A 쌍둥이는 대체로 예정일보다 빨리 출산하니 미리 출산 준비를 하는 것이 좋습니다. 육아에 필요한 물건을 모두 갖춰 놓고 출산 전에 미리 사용해 봅니다. 다른 쌍둥이 부모들이 최고의 조언자이므로 그들의 경험을 활용하는 것도 좋습니다. 그러나 쌍둥이 부모들하고만 모인다든지, 쌍둥이 모임에 참석하는 아기들만 상대하는 등 지나치게 배타적이면 안 됩니다. 쌍둥이와 외둥이는 차이가 있기 마련이지만, 외둥이들과의 관계를 완전히 차단하면 대부분의 아이들은 쌍둥이가 아니므로 또래 아이들과 정상적인 사회성 발달이 어려워질 수 있습니다.

Q993 쌍둥이 육아는 어떻게 해야 하나요?

A 가능한 한 쌍둥이를 동시에 움직이게 하는 게 좋습니다. 동시에 수유할 수 있도록 같은 시간에 깨우고, 같이 목욕을 시키며, 같은 유모차에 태워 같이 산책합니다. 무릎에 나란히 엎드리게 하거나, 한 명은 어깨 위로 안아 트림을 시킵니다. 동시에 트림시키기가 어려우면 교대로 트림을 시킵니다. 출산 초기에는 매일 목욕을 시키지 않아도 되므로 매일 밤 한 명씩 돌아가면서 목욕을 시킵니다. 쌍둥이를 한 침

대에 눕히면 아기가 뒤집을 수 있을 무렵 영아 돌연사 증후군 위험이 증가할 수도 있습니다.

Q994 쌍둥이를 혼자서 보기 너무 힘들어요.

A 한 아이도 부모 혼자 보기 힘든데 둘은 거의 불가능합니다. 반드시 부부가 집안일과 육아를 분담해야 합니다. 아기들이 엄마 아빠 모두와 익숙해지고 엄마 아빠 역시 그래야 하므로 아기들을 교대로 맡아 보아야 합니다. 주변에 도와줄 사람이 없다면 유모차, 아기그네, 유아용 의자 같은 편리한 도구를 이용합니다. 아기 놀이터는 쌍둥이들이 자랄수록 안전한 놀이 공간이 되어 줄 것입니다. 유모차는 쌍둥이용을 선택하는 게 좋습니다. 마트의 좁은 통로를 지나다닐 일이 많으면 좌석이 옆으로 나란히 있는 것보다 앞뒤로 있는 것이 더 실용적입니다. 카시트는 두 개를 구입해 자동차 뒷좌석에 설치해야 합니다.

Q995 쌍둥이 모유 수유는 어떻게 해야 하나요? 모유 수유가 어려울 것 같아요.

A 양쪽 유방을 모두 이용합니다. 쌍둥이에게 모유 수유를 하면 체력적으로 많이 힘들지만, 젖병 두 개를 준비하느라 정신없이 허둥대거나 엄청나게 소비되는 분윳값에 시달리지 않아도 된다는 장점이 있습니다. 아기의 다리를 뒤로 빼서 베개로 아기를 받치고 아기의 몸통이 엄마의 앞쪽에 오게 해 '옆구리에 끼기 자세'로 안고 각자 한쪽 유방을 물게 합니다. 수유를 할 방향을 바꿔 물려야 선호하는 쪽 없이 양쪽의 젖을 다 잘 먹을 수 있습니다. 더욱이 한쪽 유방이 다른 쪽 유

방보다 모유 분비가 원활하지 않을 경우, 그쪽 유방의 젖을 먹는 아기는 모유를 덜 먹고, 반대쪽 유방의 젖을 먹는 아기는 능숙하게 젖을 잘 빠는 경우를 예방할 수 있습니다. 모유 수유만 하기 어려울 경우한 아기는 분유를 먹이고 다른 아기는 모유를 먹이거나, 한 번은 분유한 번은 모유를 번갈아 먹입니다. 기운을 잃지 않고 모유 공급을 원활하게 하기 위해 엄마는 영양을 충분히 섭취하고 충분히 휴식을 취해야 합니다.

누가 어떤 수유 방법으로 어느 쪽 젖을 먹었는지, 누가 어제 목욕을했는지 꼼꼼히 기록해 놓아야 합니다. 기록하지 않으면 잊기 쉽기 때문에 아기 방에 노트를 놓아두거나 칠판에 기록합니다. 예방 접종, 질병 등에 대해서도 기록하고 누가 아팠는지도 꼭 기록해 둡니다.

Q996 쌍둥이는 잠을 어떻게 재워요?

A 둘 다 같이 재웁니다. 생후 몇 개월까지는 부모가 잠이 모자라기 마련인데, 쌍둥이가 밤에 아무 때나 깨면 더욱 잠이 모자랄 것이므로 한 아기가 울면 다른 아기도 깨워서 동시에 젖을 물립니다. 낮에 아기에게 젖을 물릴 때는 그 틈을 이용해 부모도 눈을 붙이거나 앉아서 쉽니다.

5장

입양아

입양을 생각합니다

입양은 결코 쉬운 일이 아닙니다. 자신이 직접 낳은 아이도 최선을 다
해 키우는 게 만만치 않은 일이기 때문입니다. 입양을 단지 아이를 갖
고 싶고 키우고 싶다는 모성이나 부성의 감정만으로 접근하는 것은
아이에게나 어른에게나 불행의 원인이 될 수 있습니다. 단순히 육아
에 대한 책임감의 문제가 아니라 서로의 인생에 대해 충분히 성찰하
고 심사숙고해 결정해야 합니다. 부모가 없는 아이에게 부모가 되어
줌으로써 생기는 가족 간의 애착과 그 아이가 성인이 되어 행복한 삶
을 누리고 아이와 삶의 유대감을 공유하는 것은 말로 표현하기 힘든

행복으로, 어떤 것으로도 대체하기 힘듭니다. 하지만 부모로서의 역할을 제대로 하기 위해서는 부부가 함께 노력해야 하며 반드시 부부가 상의하고 협력해야 합니다. 입양에 대한 준비만큼 중요한 것이 부부의 입양에 대한 의지와 사랑이라는 것을 명심해야 합니다.

Q997 입양을 생각하고 있습니다. 어떻게 해야 할까요?

A 입양 기관을 이용하는 경우, 몇 년에 걸쳐 온갖 절차를 밟은 뒤 어느 날 문득 아기를 맞을 준비가 전혀 되어 있지 않은 상태에서 아기를 맞게 됩니다. 그런가 하면 개인적으로 입양하는 경우, 입양하기로 한 아기의 출산 예정일보다 일찍 입양 합의가 이루어지기 때문에, 입양 부모는 생물학적 부모들이 임신 기간에 준비하는 것과 비슷하게 미리 아기를 맞을 준비를 할 수 있습니다. 입양을 하기로 결심한 시점부터 실제로 아기를 맞이하기까지 걸린 시간이 얼마이든 간에, 몇 가지 단계를 밟으면 무난히 준비할 수 있습니다.

입양 부모가 겪게 될 상황을 미리 의논하는 것이 좋습니다. 입양을 지원하는 모임을 찾는 것도 좋은 방법입니다. 분만에 대해 이해를 하고 신생아도 힘들다는 사실을 숙지해야 합니다. 처음에는 흥분해 신생아를 너무 자극해 무리하는 경우가 있으니 조심해야 합니다. 좀 더 큰 아이를 입양하면 지금까지의 성장 상황을 파악해야 합니다. 미리 신생아 다루는 요령, 목욕, 기저귀 갈기, 수유, 안는 법 등을 배워야 합니다. 육아교실을 이용하거나 도우미를 고용하는 것도 좋습니다.

Q998 부모가 됐다는 생각이 들지 않아요.

A 분만이나 입양 서약서 서명은 부모가 되는 기술적인 절차일 뿐이고 부모가 되려면 사실상 정서적인 적응 과정이 상당 기간 필요합니다. 내가 낳은 아이든 입양한 아이든 아기를 보는 순간 당장 애착이 생기는 건 아닙니다. 며칠, 몇 주, 심지어 몇 달을 보내면서 서서히 애착이 형성됩니다. 아기와 며칠 밤낮을 보내면서 금세 부모가 된 걸 '느끼는' 부모는 거의 없고, 기본적인 육아 기술을 익히고 신생아와 조화롭게 생활을 꾸려 가면서 비로소 자신이 부모라는 느낌을 갖게 됩니다.

자신이 부모라는 사실을 체득하기가 쉽지 않지만 아기는 기꺼이 부모를 받아들인다는 사실을 기억해야 합니다. 아기를 사랑하고, 보호하며, 아기에게 필요한 모든 것을 제공하는 당신이야말로 아기에게 진정한 부모입니다. 아기에게 '엄마', '아빠'라는 말을 듣기 훨씬 전에 이미 이 사실을 깨닫게 될 것입니다.

Q999 아이가 너무 울어요.

A 대체로 건강한 신생아가 많이 웁니다. 아기들이 의사를 전달할 방법은 우는 것밖에 없기 때문입니다. 아기가 지나치게 자극을 받거나 잘못된 방식으로 자극을 받는 경우에도 많이 웁니다. 아기를 쉬게 해 주어야 합니다. 아기를 조심조심 대하고, 아기 주위에서는 말소리도 낮춥니다. 몇 주 동안 조용한 분위기에서 지내면 아기의 울음이 잦아들 것입니다.

여전히 아기가 많이 울면 영아산통이 원인일 수 있습니다. 영아산통은 부모나 육아 방식 때문이 아니라 생후 3개월이 지나지 않은 신

생아에서 대부분 나타나는 아주 흔한 경향입니다

Q1000 입양 숙려제와 입양 허가제가 있다는데 그게 뭔가요?

A 2012년 입양특례법이 시행되면서, 입양 절차가 법으로 규정되었습니다. 먼저, 친부모가 입양에 대해 마음을 바꿀 수 있는 숙려 기간이 7일로 정해졌습니다. 친부모는 아기가 태어난 지 7일 뒤에야 입양에 동의할 수 있습니다. 양부모는 입양 기관에 입양을 신청한 뒤 가정 조사를 받고, 입양 부모 교육을 수료한 뒤, 가정법원에서 입양 허가를 받아야 합니다. 입양을 결심했다면, 중앙입양원 홈페이지(www.kadoption.or.kr)를 찾아보면 다양한 관련 정보를 얻을 수 있습니다.

Q1001 입양 뒤 계속 우울한 마음이 듭니다.

A 산후우울증이 순전히 호르몬 때문이라면 입양 부모는 우울증에 걸리지 않아야 할 텐데, 많은 부모가 입양 후 우울증에 시달립니다. 산후우울증의 원인이 무척 다양하고, 그 가운데 일부 요인이 호르몬과는 전혀 관계가 없다는 뜻이기도 합니다.

예를 들어 입양을 하든 출산을 하든, 지금까지 익숙하게 지내 온 방식과는 생활이 크게 달라집니다. 하루 시간을 보내는 방식을 비롯해 돈을 지출하는 형태부터 지출 금액까지. 새로운 생활에 익숙해지려면 어느 정도 시간이 걸릴 것입니다. 잠을 충분히 잘 수도 없고, 배우자와 분위기 있는 밤을 보낼 수도 없으며, 자유 시간은 꿈도 못 꿉니다. 육아에 적응할 때까지 불안하고 부담스럽고 우울한 기분을 느낍니다.

우울증의 또 다른 원인은 초보 부모라면 누구나 경험하는, 자신감이 무너지는 느낌을 들 수 있습니다. 초보 부모라면 누구나 모든 일이 서툰 데다 소질도 없는 것 같다는 생각을 하게 마련입니다. 이처럼 입양 후 우울증을 겪는 원인 중 일부는 일반 산후우울증의 원인과 같기 때문에, 역시 동일한 원인에 대한 치료를 받는 것이 도움이 됩니다.

Q1002 부모님이 입양한 저의 애를 예뻐하지 않는 것 같아요.

A 조부모가 생물학적 손자에게 애착을 보이는 건 당연합니다. 조부모는 입양된 손자를 쉽게 혹은 충분히 사랑할 수 있을지 자신이 없고, 입양에 실패할까 봐 두려워 냉담한 태도를 보이는지도 모릅니다. 또 친손자를 볼 수 없다는 실망감 내지 죄책감이 해소되지 않았고, 마음 깊은 곳에서는 친손자를 볼 수 있을 거라고 믿기 때문인지도 모릅니다. 그래서 아이를 입양한 데 대해 화가 나 있을 수도 있습니다.

입양한 아이를 맞이할 때 생물학적인 손자를 맞이할 때처럼 부모님이 동참하도록 하는 게 바람직합니다. 아기가 집에 도착하면 수유 방법과 트림시키기, 목욕시키기, 기저귀 가는 법 등에 대해 부모님께 조언을 구합니다. 부모님이 가까이 살면 편리할 때 아기를 봐 달라고 부탁해도 좋습니다. 무엇보다 부모님이 아기와 친해질 수 있도록 충분한 시간을 마련해야 합니다. 아기와 친해지면 사랑하게 될 것입니다.

Q1003 입양한 아이의 건강이 걱정됩니다.

A 입양된 아이든 그렇지 않은 아이든, 모든 아이의 유전자 구성은 불안정합니다. 입양아의 생물학적 부모 양쪽의 병력에 대해 최대한 완벽하게 알아 두고, 나중에 아기에게 병이 생길 때 주치의에게 관련

자료를 제출하면 도움이 됩니다. 또한 아기가 중병에 걸려 친엄마의 도움(조혈모세포 이식 등)을 얻어야 할 상황에 처할 수도 있습니다. 이에 대비해 입양 서류를 작성할 때 친엄마의 행방을 알 수 있도록 합니다. 국내 입양인 경우 가능한 한 친엄마의 주민등록번호가 입양 서류에 기재되도록 합니다.

해외에서 입양한 경우, 한국에는 드문 병균이나 기생충이 아기 몸에 잠복해 있을지도 모릅니다. 소아과 의사에게 아기가 태어난 나라에 대해 알리고, 아기가 도착하자마자 검사를 받아야 합니다.

Q1004 입양한 아이에게 입양 사실을 알려야 할까요?

A 과거와 달리 요즘은 입양 사실을 말해야 할지 말아야 할지를 문제 삼지 않습니다. 오늘날 전문가들은 아이가 자신의 입양 사실에 대해 알 필요가 있고 알 권리가 있으며, 친척이나 친구들이 무심코 내뱉은 말을 통해서가 아니라 부모를 통해 직접 사실을 전해 들어야 한다고 이구동성으로 말합니다. 또한 전문가들은 입양 사실을 아기 때부터 차츰 알려 주어, 아이가 자라면서 입양 사실을 완전히 편안하게 받아들이도록 하는 것이 가장 좋은 방법이라는 데에 뜻을 같이합니다.

입양을 기념하는 스크랩북을 만들어 아기에게 주는 것도 좋은 방법입니다. 아기가 집에 온 첫날 부모와 함께 찍은 사진과 기념품을 보관하고, 아기를 처음 품에 안았을 때와 아기를 처음 집에 데려온 날의 느낌, 아기를 맞이한 과정을 자세하게 기록한 일기를 보여 줍니다. 아기를 맞이할 날을 기다리는 동안 양부모와 낳아 준 부모가 함께 찍은 사진이 있다면 더욱 좋습니다.

EBS육아대백과 소아과 편

초판 1쇄 인쇄 2017년 2월 1일 | **초판 1쇄 발행** 2017년 2월 6일

지은이 이창연 강일송 박양동 정유주 안병환 전은영 이지웅
황진복 유호연 정재열 이재은 박귀옥 이정무 경예찬
기획 EBS육아학교pin | **진행** casalibro
본문 디자인 명희경 | **본문 그림** 홍시야
펴낸이 김영진

본부장 나경수
개발실장 박현미 | **책임편집** 박은식
디자인 팀장 신유리 | **디자인 관리** 당승근
사업실장 백주현 | **영업** 이용복 방성훈 정유 | **국제업무** 박지영
마케팅 민현기 김재호 정슬기 김선영 허성배 엄재욱 김은경 류다현
지원 오형식 이형배 양동욱 오경신 강보라 손성아 이은비

펴낸곳 (주)미래엔 | **등록** 1950년 11월 1일(제16-67호)
주소 06532 서울시 서초구 신반포로 321
미래엔 고객센터 1800-8890
팩스 (02)541-8248 | **이메일** bookfolio@mirae-n.com
홈페이지 www.mirae-n.com

ISBN 978-89-378-8938-7 04370
ISBN 978-89-378-8937-0 (세트)

＊북폴리오는 ㈜미래엔의 성인 단행본 브랜드입니다.
＊책값은 뒤표지에 있습니다.
＊파본은 구입처에서 교환해 드리며, 관련 법령에 따라 환불해 드립니다.
　다만, 제품 훼손 시 환불이 불가능합니다.

북폴리오는 참신한 시각, 독창적인 아이디어를 환영합니다.
기획 취지와 개요, 연락처를 bookfolio@mirae-n.com으로 보내주십시오.
북폴리오와 함께 새로운 문화를 창조할 여러분의 많은 투고를 기다립니다.

이 도서의 국립중앙도서관 출판예정도서목록(CIP)은 서지정보유통지원시스템 홈페이지(http://seoji.nl.go.kr)와
국가자료공동목록시스템(http://www.nl.go.kr/kolisnet)에서 이용하실 수 있습니다.
(CIP제어번호 : CIP2017001634)